刑事诉讼法案例教程

CRIMINAL PROCEDURE LAW CASE COURSE

姚显森 主编

法律出版社
LAW PRESS · CHINA
北京

图书在版编目(CIP)数据

刑事诉讼法案例教程 / 姚显森主编. -- 北京 : 法律出版社, 2023
ISBN 978 - 7 - 5197 - 2099 - 5

Ⅰ. ①刑… Ⅱ. ①姚… Ⅲ. ①刑事诉讼法－案例
Ⅳ. ①D925.205

中国版本图书馆 CIP 数据核字(2018)第 055332 号

刑事诉讼法案例教程
XINGSHI SUSONGFA ANLI JIAOCHENG

姚显森 主编

责任编辑 徐 蕊 李 雪
装帧设计 鲍龙卉

出版发行 法律出版社
编辑统筹 总编室
责任校对 王 丰
责任印制 吕亚莉
经　　销 新华书店

开本 710 毫米×1000 毫米 1/16
印张 24.25 **字数** 480 千
版本 2023 年 11 月第 1 版
印次 2023 年 11 月第 1 次印刷
印刷 北京虎彩文化传播有限公司

地址:北京市丰台区莲花池西里 7 号(100073)
网址:www.lawpress.com.cn
投稿邮箱:info@lawpress.com.cn
举报盗版邮箱:jbwq@lawpress.com.cn

销售电话:010 - 83938349
客服电话:010 - 83938350
咨询电话:010 - 63939796

书号:ISBN 978 - 7 - 5197 - 2099 - 5　　**定价**:84.00 元

凡购买本社图书,如有印装错误,我社负责退换。电话:010 - 83938349

编写说明

该教材分设十八章，每章分为提要、法考重点、主要内容、教学案例、资料链接以及讨论思考六个部分。为便于在使用案例教材时掌握基础知识，在主要内容部分增加了“知识背景”。为扩大教材的信息量，将教学案例区分为章节案例和综合案例。具体而言，在“本章提要”部分，主要介绍各章的主要内容。在“法考重点”部分，总结提炼近五年法律职业资格考试考点，既能够满足法学专业学生参加法律资格考试的需要，又有利于扩展该教材的适用范围。在“主要内容”部分，先简要介绍该章节的知识背景，然后列举说明该章节最典型的案例，并着力将该案例的分析与讲解作为该章节的知识框架和分析模块。这部分案例有案情简介外，还结合案例提出与本章教学内容有关的问题，同时给学生以提示，即考虑这一问题的思路及相关的法律知识，帮助学生掌握运用所学知识解决实际问题的思路和方法。针对提出的问题，书中提供了参考答案，帮助学生检查自己的思路是否正确。在“综合案例”部分，安排所在章节中涵盖面更广泛的典型案例，并按照一定的逻辑关系，综合安排，系统分析，既总结前面的知识，又试图涵摄后面章节的内容。该部分的案例，由于所需要的知识内容更多，因而难度也更大，但更贴近实际案例，也更利于培养学生解决实际问题的能力。该部分的案例选自裁判文书网、检察案例、全国各高校校刊、报纸杂志、公检法机关的刊物和部分刑事诉讼法案例书籍。为集中说明刑事诉讼法学中的某些问题，我们对原来的案例都作了适当的加工和改写。在“资料链接”部分，介绍与所在章节内容直接相关的重点资料，旨在帮助读者拓展阅读视野和提升认知水平。在“讨论思考”部分，引导读者从多个角度，发散思考刑事诉讼案件理论与实践问题。

该教材通过案例引出法律问题，既便于教师引用具体案例组织讨论和优化授课效果，又能够丰富教学手段，活跃课堂气氛，引导学生通过具体案例更好地理解抽象法学范畴。该教材按照《刑事诉讼法学》教材的章、节顺序编排，以案例评析的形式对刑事诉讼法学的基本概念、基本知识、基本理论作了全面系统的归纳和阐释，有利于教师教学与学生学习。法学是实践性很强的学科，案例教学在法学教学中具有举足轻重的地位。案例教材直接决定案例教学的质量和效果，在法学实践教学尤其是刑事诉讼法实践教学中具有极为重要的意义。本书可供高等院校法学专业师生教学使用，也可供参加国家法律职业资格考试、法硕联考的考生，律师，法官，检察官等法律职业人士以及刑事案件当事人及其代理人参考使用。

目　　录

第一章　刑事诉讼概述

◈ 本章提要

刑事诉讼是指国家司法机关依照法定程序办理刑事案件的活动。刑事诉讼法是国家的基本部门法之一，也是有关刑事诉讼程序的法律规范的总称。保证刑法的正确实施，惩罚犯罪、保护人民，以及保障国家安全和社会安全、维护社会主义社会秩序是我国刑事诉讼法立法目的中三个相互联系、不可分割的方面。刑事诉讼法学作为一门独立的法学学科，其研究对象包括刑事诉讼法律规范、刑事诉讼理论和刑事诉讼实践。

◉ 法考重点

刑事诉讼的特征；刑事诉讼法的含义；刑事诉讼法的立法目的、根据和任务；刑事诉讼法的基本理念；刑事诉讼、刑事诉讼法和刑事诉讼法学的关系。

第一节　刑事诉讼与刑事诉讼法

△ 知识背景

一、刑事诉讼

诉讼是指以言词形式表现的纷争，是诉的行为与讼的现象的结合。从其形式意义上讲，诉讼是指将有争执的事项交由裁判者予以解决。从实质意义上讲，诉讼是国家活动的组成部分，是历史的产物。在阶级社会中，诉讼是指国家司法机关在当事人和其他诉讼参与人的参加下，依照法定程序，处理具体案件的活动。

刑事诉讼是指国家司法机关依照法定程序办理刑事案件的活动。在我国，刑事诉讼是指公安机关（含国家安全机关、军队保卫部门等）、人民检察院和人民法院在当事人和其他诉讼参与人的参加下，依照法律规定的程序，追诉犯罪，确认被追诉人是否承担刑事责任的活动。刑事诉讼具有以下特征：

（一）刑事诉讼是公安司法机关为实现国家刑罚权而进行的一种专门活动

刑事诉讼所要解决的主要问题是被告人的刑事责任问题，即确定被告人是否有罪，应否处以刑罚，以及处以何种刑罚的问题。在刑事诉讼中，公安司法机关正是依照法律规定的职权，通过侦查、起诉、审判等一系列诉讼活动，对犯罪进行揭露、证实和追究，从而实现国家刑罚权。换言之，刑事诉讼是国家为追究犯罪而进行的专门活动，是实现国家职能的形式。这是刑事诉讼的本质特征，它既使刑事诉讼与民事诉讼、行政诉讼甚至宪法诉讼区别开来，又表明这种国家同犯罪作斗争、实现国家刑罚权的特定活动不同于其他国家机关、社会团体、企事业单位和个人所进行的活动。

（二）刑事诉讼是公安司法机关在当事人及其他诉讼参与人参加下共同进行的活动，或者说刑事诉讼是公安司法机关的活动与诉讼参与人活动的有机结合

公安司法机关在刑事诉讼中无疑处于主导地位，他们根据国家法律所赋予的各项诉讼职权，决定、指挥、影响着整个刑事诉讼的进程。但这并不意味着刑事诉讼仅仅是公安司法机关单方面的活动，如果没有证人、鉴定人、辩护人等诉讼参与人的参加，特别是如果没有自诉人、犯罪嫌疑人、被告人等当事人的参加，刑事诉讼是不可能顺利或完整地进行下去的。以犯罪嫌疑人、被告人为例，在诉讼过程中，如果犯罪嫌疑人、被告人死亡，就应当撤销案件，或者不起诉，或者终止审理。因为如果没有了犯罪嫌疑人、被告人，就没有追究刑事责任的对象，整个刑事诉讼活动就会失去目的和意义，国家的追诉活动就应该终止。可见，诉讼参与人的诉讼活动也是刑事诉讼的重要内容。但需要注意的是，当事人以及其他诉讼参与人在刑事诉讼中行使诉讼权利，履行诉讼义务，主要是在公安司法机关的主持下进行。

（三）刑事诉讼具有严格的法律性质，必须依照法律规定的程序和方式进行

由于刑事诉讼关系到国家的根本利益、公民的民主权利、财产权利、人身自由甚至生命安全重大问题，为了使诉讼得以顺利进行，案件能得到客观、公正的处理，国家法律对如何进行刑事诉讼活动，规定了一系列的原则、制度、程序和方式，公安司法机关、当事人以及其他诉讼参与人都必须遵照执行，不得违反、超越或颠倒。如果违反法定的诉讼程序，就要承担相应的法律后果。例如，《刑事诉讼法》第 3 条规定："人民法院、人民检察院和公安机关进行刑事诉讼，必须严格遵守本法和其他法律的有关规定。"又如，第一审人民法院对于涉及国家秘密或者被告人是不满 18 周岁的未成年人的案件，如果进行了公开审判，或者应当回避的审判人员没有回避的，第二审人民法院就应当以法庭审理违反法律规定的诉讼程序为由，裁定撤销原判，发回原审人民法院重新审判。

刑事诉讼在理论上有狭义和广义之分。狭义的刑事诉讼仅指法院的审判活动。即刑事诉讼的主体仅指审判机关、公诉机关或公诉人以及自诉人、被告人、被害人，而不包括公安机关；刑事诉讼程序仅限于法院的审判程序，而排斥起诉前的侦查、审查起诉和审判后的执行程序，即刑事诉讼重点关注的是公诉人提起公诉或自诉人提起自诉以后，法院与控、辩双方以及控辩双方相互间的诉讼活动。这种理论的依据主要是诉讼三职能学说，即在整个刑事诉讼过程中，控诉方行使控诉职能，被告方行使辩护职能，法院通过对案件的审理，最终确定被告人是否有罪、应否受到处罚以及处以何种处罚，从而履行其审判职能。在起诉前的侦查、审查起诉阶段，由于控辩双方的身份尚未

确定,而只是为提起公诉做准备,不能成为一个独立的诉讼阶段;而在判决生效后的执行阶段,控辩双方的身份已经消失,诉讼已经结束,故不应纳入刑事诉讼的范畴。

广义的刑事诉讼则包括侦查、起诉以及执行等诉讼程序,诉讼主体包括公安机关、检察机关、审判机关、执行机关以及当事人和其他诉讼参与人。笔者认为,侦查、执行程序在刑事诉讼中具有十分重要的地位。侦查是提起公诉和进行审判的前提与基础。在侦查阶段,公安机关、人民检察院依法行使侦查权,履行侦查职能,这一阶段的任务和活动的内容具有不同于起诉与审判阶段的特点,应当作为刑事诉讼活动中一个独立的阶段;而就执行程序而言,如果没有执行,法院的判决、裁定就会成为一纸空文,诉讼的最终目的也就无法实现。所以我国的刑事诉讼是从广义的角度理解的,即侦查程序甚至立案程序和执行程序都是作为独立的诉讼程序规定在刑事诉讼法典之中的。

二、刑事诉讼法

刑事诉讼法是国家的基本法律之一,它是国家制定或认可的调整刑事诉讼程序的法律规范的总称。在我国,刑事诉讼法是公安机关、人民检察院、人民法院等国家专门机关和诉讼参与人进行刑事诉讼活动所必须遵循的法律规范的总称。

刑事诉讼法是国家专门机关和诉讼参与人进行刑事诉讼活动所必须遵守的行为规范。刑事诉讼活动必须严格按照刑事诉讼法规定的程序进行。刑事诉讼法涉及刑事诉讼活动的全过程,其内容十分广泛:它规定了刑事诉讼的基本原则和制度;刑事诉讼中的专门机关及其权力、义务;刑事诉讼中的诉讼参与人及其权利、义务;刑事诉讼证据的收集与运用;刑事诉讼各个阶段的任务和进行的程序、方法等。

关于刑事诉讼法,也有狭义与广义之分。所谓狭义的刑事诉讼法,专指单一的一部刑事诉讼成文法典,如《法国刑事诉讼法典》《意大利刑事诉讼法典》以及我国 2018 年 10 月 26 日经第十三届全国人民代表大会第六会议修订通过,并于 2018 年 10 月 26 日生效的《中华人民共和国刑事诉讼法》等。广义的刑事诉讼法则是指国家制定或认可的涉及刑事诉讼程序的全部法律规范总和,它包括了法典在内的一切法律、法令、决议、命令、条例、规定中有关刑事诉讼程序的规定。对于刑事诉讼法的概念,我们应当从广义上来理解。因为世界上任何一个国家,无论其刑事诉讼法典有多完备,都不可能将刑事诉讼实践中所出现的和可能遇到的问题都规定在法典中,并且由于客观形势或犯罪表现形态的变化,必将出现原刑事诉讼法典尚未明确规定的一些新情况、新问题,或者是原法典的某些规定已经过时,需要颁布一些单行法规、补充规定和实施细则对法典加以修改或完善。因此,从广义上理解刑事诉讼法,有利于全面了解和掌握国家关于刑事诉讼活动的各项规定,从而全面贯彻执行与刑事诉讼程序有关的一切法律规定。

在我国,广义的刑事诉讼法主要包括:《中华人民共和国刑事诉讼法》;全国人民代表大会及其常委会制定的其他法律、法令中有关刑事诉讼程序的规定,如《中华人民共和国法院组织法》《中华人民共和国检察院组织法》等;全国人民代表大会及常委会就有关刑事方面所作的补充规定和立法解释；最高人民法院、最高人民检察院、公安部、国家安全部、司法部等，就办案过程中如何具体运用刑事诉讼法以及有关法律、法令所作的司法解释规定等。应当明确的是，《中华人民共和国刑事诉讼法》是我国刑事诉讼法的最主要形式，也是公安司法机关进行刑事诉讼活动的基本法律依据，最高人民法院、最高人民检察院、公安部等对具体应用刑事诉讼法所作的司法解释，不得与宪法和刑事诉讼法的规定相抵触。

按照法从不同角度的分类，就刑事诉讼法的性质而言，它属于：(1)程序法。法按其内容、作用可分为实体法与程序法。实体法是规定实体内容（如权利、义务、罪与刑等）的法律；程序法是规定诉讼程序和行政执法程序的法律。刑事诉讼法规定了国家行使刑罚权的程序，是与刑事实体法——刑法相对应的程序法。现代法治国家越来越重视程序法的价值，认为程序法与实体法应当并重。(2)公法。法按其涉及国家和个人的关系，可分为公法和私法，这是罗马法的传统分类。公法是调整国家与个人之间关系的法律，私法是调整个人与个人之间关系的法律。刑事诉讼法调整的是刑事诉讼中的国家专门机关与当事人及其他诉讼参与人的关系，特别是与犯罪嫌疑人、被告人和被害人的关系，因而它属于公法。(3)基本法。我国法律按其层次分为根本法、基本法和一般法律。根本法指国家的根本大法——宪法；基本法是必须由全国人民代表大会通过的重要法律；一般法律则由全国人民代表大会常务委员会通过。我国刑事诉讼法的制定必须经全国人民代表大会通过，是在我国法律体系中占重要地位的基本法。

第二节　刑事诉讼法的立法目的和任务

△ 知识背景

一、刑事诉讼法的立法目的

刑事诉讼法的立法目的，是指国家制定和规范刑事诉讼法律和刑事诉讼程序所要达到的预期目标。我国《刑事诉讼法》第1条规定："为了保证刑法的正确实施，惩罚犯罪，保护人民，保障国家安全和社会公共安全，维护社会主义社会秩序，根据宪法，制定本法。"根据这一规定，我国刑事诉讼法的立法目的应当包含以下相互联系、不可分割的内容：

（一）保证刑法的正确实施

刑法和刑事诉讼法的关系是相辅相成、缺一不可的。刑法是实体法，它规定了什么是犯罪以及对犯罪如何运用刑罚进行惩罚。但是，当犯罪行为发生后，只有严格按照刑事诉讼法所规定的立案、侦查、起诉、审判、执行等一系列诉讼程序处理刑事案件，才能准确惩罚犯罪，保证案件质量，保护公民的合法权益，维护国家和社会的利益。因为，刑事诉讼法作为程序法，它明确规定了追究、惩罚犯罪的国家专门机关及其职责分工,以使刑法的正确实施有了组织上的保障;同时明确规定了这些权力行使的制约和监督机制,以防止司法专横、司法腐败的产生,保证惩罚犯罪与保障人权的统一。离开了刑法,定罪量刑就会无标准,刑事诉讼就会失去意义;相反,如果只制定刑法而不制定刑事诉讼法,如何实施刑法就没有据以遵守的规范,刑法的正确实施就难以得到保障。因此,制定刑事诉讼法首先就是要保证刑法的正确实施。

(二)惩罚犯罪,保护人民

刑事诉讼法通过保证刑法的正确实施,在科学收集、运用证据,准确认定案件事实,正确运用法律的基础上,对犯罪分子加以惩罚,从而有效地保护广大人民群众的根本利益和合法权益不受犯罪行为的侵害,完成刑事诉讼的任务。刑事诉讼法不仅是赋予国家机关一定权力的法律,也应当是限制国家权力滥用以防止公民个人权利受到侵害的法律,应当通过程序保障制度赋予被追诉者与国家追诉机关相抗衡的能力和机会,以使其能抵御国家权力的非法侵犯。因此,通过及时惩处犯罪来保护公民的人身、财产和生命等合法权利,以及在打击犯罪的同时保障无罪的人不受刑事追诉,只是保护人民的一个重要方面。刑事诉讼中的"保护人民"还应该具有以下含义:保障包括犯罪嫌疑人、被告人、被害人在内的所有诉讼参与人的诉讼权利,使之得到充分地行使;在对有罪的人进行追诉时,做到程序公正合法,事实认定准确,定罪正确,量刑适当,以保障有罪的人受到公正的对待。

(三)保障国家安全和社会安全,维护社会主义社会秩序

我国是社会主义国家,任何犯罪行为都侵害了社会主义的一定法律关系,都将对国家安全、社会公共安全或社会主义社会秩序造成危害,必须予以法律的制裁,刑事诉讼法正是通过保证刑法的正确实施,准确及时地查明犯罪,严惩危害国家和社会利益的犯罪,从而用力地保障国家安全和社会公共安全,维护社会主义社会秩序。

二、刑事诉讼法的任务

《刑事诉讼法》第2条规定:"中华人民共和国刑事诉讼法的任务,是保证准确、及时地查明犯罪事实,正确应用法律,惩罚犯罪分子,保障无罪的人不受刑事追究,教育公民自觉遵守法律,积极同犯罪行为作斗争,维护社会主义法制,尊重和保障人权,保护公民的人身权利、财产权利、民主权利和其他权利,保障社会主义建设事业的顺利进行。"据此规定,我国刑事诉讼法的任务可以划分为三个具体任务。

(一)保证准确、及时地查明犯罪事实,正确应用法律,惩罚犯罪分子

刑事诉讼法作为程序法,其基本功能就是从诉讼程序方面保证刑法的正确实施,以实现国家刑罚权。因此,保证准确、及时地查明犯罪事实,正确应用法律,惩罚犯罪分子,就成了刑事诉讼法的一项首要任务。所谓"准确",就是要客观反映案件事实真相,这是保证刑事诉讼法任务得以完成的前提。我国刑事诉讼法所确立的一系列原则、制度和程序,首先就是为了查明犯罪事实,这要求公安司法人员在办理刑事案件过程中,必须深入地进行调查研究,收集和运用确实、充分的证据证明是否有犯罪事实的

发生，犯罪分子是谁以及与定罪量刑有关的情节等问题，切实查明案件的真实情况。所谓“及时”，就是要求公安司法机关在法定期限内完成刑事诉讼各个阶段的任务。刑事诉讼法根据同犯罪行为作斗争的需要，并从我国的实际情况出发，对于各种强制措施，以及侦查、起诉和审判的期限都作了明确规定，公安司法机关只有严格按照刑事诉讼法规定的时限，及时进行侦查、起诉、审判活动，才能准确、全面地获取犯罪证据，迅速打击犯罪分子，提高公民同犯罪分子作斗争的积极性，提高诉讼效率，尽量减少犯罪行为给国家和人民造成的损失。准确和及时是查明犯罪事实活动中互相依存、不可分割的两个方面：准确是及时的前提和基础，如果只要求及时而不要求准确，就会放纵犯罪，冤枉好人，及时就失去目的和意义；与此同时，及时又是准确的保证，因为刑事案件本身的特点决定了只有及时才能保证达到准确的要求，如果程序的运作不及时，犯罪证据就有可能毁损甚至灭失，犯罪分子就可能破坏现场、逃跑、串供或伪造证据，从而使准确查明犯罪事实失去了可靠的保证。

在准确、及时查明犯罪事实的基础上，公安司法机关还必须正确应用刑法、刑事诉讼法及有关法律，分清罪与非罪、此罪与彼罪的界限，把握量刑轻重的尺度，对实施犯罪行为的人正确定罪量刑，公正地惩罚，以维护国家和法律的尊严。

（二）保障无罪的人不受刑事追究

刑事诉讼法在保证准确、及时惩罚犯罪的同时，还必须保障无罪的人不受刑事追究，这是我国刑事诉讼法任务中相互依存不可分割的两个方面，也是社会主义民主法制的必然要求。在我国，公民的人身自由和民主权利是受宪法、法律保护的。任何公民，只要他没有触犯国家法律，没有构成犯罪或具有法律规定的免予追究刑事责任的情形，就不应当被追究刑事责任，这就要求公安司法机关在办理刑事案件过程中，严格遵循法律规定的诉讼程序，客观全面地调查和收集证据，充分保障诉讼参与人依法享有的各项诉讼权利，特别是要注意保障犯罪嫌疑人、被告人依法行使辩护权，如果发现对无辜公民错误进行刑事追究，应当本着实事求是的精神，及时予以纠正。只有这样，才能有效地防止发生错误，保障无罪的人不受刑事追究。准确、及时地惩罚犯罪和保障无罪的人不受刑事追究，是我国刑事诉讼法任务中对立统一的两个方面。如果打击犯罪做到了“准”字当头，就不会伤害无辜，就能够保障无罪的人不受刑事追究；反之，如果能够保障无罪的人不受刑事追究，也必然更有利于准确惩罚犯罪。

（三）教育公民自觉遵守法律，积极同犯罪行为作斗争

教育公民自觉遵守法律，积极同犯罪行为作斗争，是刑事诉讼法的又一重要任务。公安司法机关通过立案、侦查、起诉活动，特别是通过法庭的公开审判活动，运用具体、生动的实例，揭露犯罪、证实犯罪，对旁听群众进行法制宣传教育，既可以增强公民的法律意识，提高公民遵守法律的自觉性和同犯罪行为作斗争的积极性，同时也可以使那些具有犯罪潜在因素，可能实施犯罪行为的危险分子受到教育，使他们不敢轻举妄动，以身试法，从而对于预防和减少犯罪，促进社会稳定，加强社会治安综合治理具有

十分重要的意义。

刑事诉讼法上述三项具体任务是相互联系、不可分割的，必须全面理解，正确贯彻执行。因为只有实现上述三项具体任务，才能最终实现刑事诉讼法的根本任务，即维护社会主义法制，尊重和保障人权，保护公民人身权利、财产权利、民主权利和其他权利，保障社会主义建设事业的顺利进行。

【案例】

[案情简介]

被告人甲和乙都是某市公安局职员，为帮助某市人民检察院提起公诉的刘某减轻罪责，两被告人甲和乙商量，帮刘某出具有立功表现的假证明，于是将两份刘某有立功表现的假证明交给某市人民法院。一审判决时法院认定刘某有立功表现，以贪污罪判处刘某有期徒刑1年，缓刑2年。

案发后，某市人民法院就被告人甲和乙徇私舞弊案进行了公开审理，经过合议庭评议认为：甲、乙为使刘某减轻处罚，为其出具有立功表现的假证明，其行为干扰了司法机关的正常活动，主观上是故意的；但在客观方面，二被告人的行为并没有使有罪的刘某不受追诉，也没有包庇刘某贪污、受贿的犯罪事实和情节。因此，二被告人的行为没有同时具备徇私舞弊罪的四个构成要件，不构成徇私舞弊罪。根据《刑法》的规定，二被告人的行为并不是法律明文规定的犯罪行为，不得定罪处罚。

[问题]

刑事诉讼法的任务是什么？

[解析]

我国《刑事诉讼法》第2条规定："中华人民共和国刑事诉讼法的任务，是保证准确、及时地查明犯罪事实，正确应用法律，惩罚犯罪分子，保障无罪的人不受刑事追究；教育公民自觉遵守法律，积极同犯罪行为作斗争，维护社会主义法制，尊重和保障人权，保护公民的人身权利、财产权利、民主权利和其他权利，保障社会主义建设事业的顺利进行。"

本案中体现出我国《刑事诉讼法》的三大任务：一是保证准确、及时地惩罚犯罪；二是保证无罪的人不受刑事追究，保护公民的合法权利；三是教育公民自觉遵守法律，维护社会主义法制。(1)保证准确、及时地惩罚犯罪。刑事诉讼法作为程序法，主要是解决犯罪和刑事责任问题。由于犯罪行为破坏性极大，所以必须准确、及时地进行诉讼活动，这样才能惩罚犯罪。刑事诉讼法关于期限的规定，即鲜明地体现了准确、及时的特点。本案中，刘某因犯贪污罪被判处有期徒刑1年，缓刑2年，即体现了刑事诉讼法的这一任务。(2)保证无罪的人不受刑事追究，保护公民的合法权利。我国刑事诉讼法在实现惩罚犯罪的同时，也兼顾保障人权，这里不仅包括被害人，也指犯罪嫌疑人和被告人。任何公民，无论根据刑法及相关法律规定是否应受刑事追究，有关司法机关都应该保护其合法权益。本案中虽然二被告人的行为对诉讼活动有一定影响,但没有构成刑法上规定的犯罪行为,就不能对他们追究其刑事责任。《刑事诉讼法》明确规定了要保护公民的合法权利,如采取强制措施时都有明确的程序规定,同时,也赋予公民控告权等防御性的诉讼权利等。(3)教育公民自觉遵守法律,维护社会主义法制。本案依法进行了公开审判即是对群众进行法治教育的需要。

【综合案例】

【综合案例一】

[案情简介]

2021年6月21日,甲市某国有百货公司发生"6·21"特大火灾事故。公诉机关指控7名被告人所犯的罪名共有5个,它们分别是:玩忽职守罪、滥用职权罪、重大责任事故罪、消防责任事故罪、过失致人死亡罪。甲市中级人民法院分别对7名被告人开庭审判。经甲市中级人民法院开庭审理的7人中:甲市某国有百货公司,维修科职员刘某被判处有期徒刑10年;安保科负责人周某被判处有期徒刑5年;公司副经理李某被判处有期徒刑8年;公司总经理张某被判处有期徒刑7年;公司机电科负责人员姜某被判处有期徒刑7年;王某和梁某全部被判有期徒刑5年。

[问题]

本案中哪些方面体现了刑事诉讼的特征?

[思路]

刑事诉讼是与国家的刑罚权相联系的,用以确定在具体案件中国家刑罚权的存在与否及其可以适用的范围。在刑事案件中,国家刑罚权的存在是以有犯罪行为发生且构成犯罪并应当追究其刑事责任为条件的,刑事诉讼活动的主要内容是确认犯罪事实是否已经发生、被控告的人是否实施了犯罪、是否应当追究被控告者的刑事责任、依其刑事责任是否应当给予或者免除刑事处罚、处以何种刑罚及其幅度如何。刑事诉讼活动是多方行为,其活动主体以控诉方、辩护方和审判方为主干并有其他许多人员参加,刑事诉讼需要由上述机关和人员以特定的诉讼行为共同加以完成。刑事诉讼的特征有以下几点:(1)刑事诉讼是行使国家刑罚权的活动;(2)刑事诉讼具有国家干预性;(3)诉讼的结果和过程与公民的人身自由、财产权利直接相关;(4)当事人和其他诉讼参与人有权或者有义务参加刑事诉讼;(5)刑事诉讼必须依照法定程序进行。

在本案中,甲市某国有百货公司"6·21"特大火灾事故,7名被告人涉嫌对这一特大火灾事故负有刑事责任。市检察机关依据职权,主动对案件进行了侦查并在侦查的基础上对案件提起公诉,指控7名被告人犯有玩忽职守罪、滥用职权罪、重大责任事故罪、消防责任事故罪、过失致人死亡罪。审判机关在检察机关起诉后对案件依照法定程序进行了审判,被告人及其辩护人参与了整个审判过程。这一诉讼的中心内容是解决7名被告人在甲市某国有百货公司发生“6·21”特大火灾事故中的刑事责任问题，以确定在这一具体案件中国家刑罚权的存在与否及其可以适用的范围。这个过程体现了国家专设的裁判机关人民法院对于产生纠纷的一定社会关系的调整。

【综合案例二】

[案情简介]

A市D区人民检察院指控被告人袁某、秦某犯抢夺罪。2022年8月19日上午10时许，被告人袁某、秦某驾驶摩托车，窜到A市D区东环路伺机作案。当看到被害人齐某从建设银行取钱出来，就尾随跟踪齐某，趁被害人齐某不备，伸手抢走齐某的皮包(内有人民币7500元、存折和一个苹果手机)，被告人秦某驾驶摩托车载着袁某迅速逃离现场。案发后，于2022年8月21日凌晨2时许，被告人袁某、秦某二人被公安机关抓获。公诉机关认为：被告人袁某、秦某趁人不备，抢夺他人财物，数额较大，其行为触犯《中华人民共和国刑法》的相关规定，均构成抢夺罪。

A市D区人民法院审理后认为：A市D区人民检察院指控被告人袁某、秦某趁人不备，抢夺他人财物，数额较大，其行为构成抢夺罪，缺乏确凿、充分的证据。公诉机关起诉指控被告人袁某、秦某抢夺仅有被害人齐某的指证、二被告人在公安机关所作的有罪供述两个方面的言词证据证明，没有其他证据加以佐证。作案人所骑摩托车车牌号未看清。同时，公诉机关的指控证据还存在以下瑕疵：(1)没有提取关键物证：皮包、赃款、存折及手机。(2)公安机关于2022年8月21日凌晨2时许抓获被告人袁某后，没有及时组织被害人辨认并制作辨认笔录。因此，在本案存在证明被告人没有作案时间的辩护证据，且指控证据不能确实无误地完全排除辩护证据的情况下，对被害人齐某的指证、二被告人在公安机关所作的有罪供述，本院不能确认其真实性。综上所述，本案控方指控证据不够充分，辩方举证的辩护证据无法排除，案件事实不清。最后，A市D区人民法院对检察院起诉指控的抢夺罪不予认定，作出事实不清、指控的犯罪不能成立的无罪判决。

[问题]

我国《刑事诉讼法》的目的和任务是什么？

[思路]

我国《刑事诉讼法》第2条规定：“中华人民共和国刑事诉讼法的任务，是保证准确、及时地查明犯罪事实，正确应用法律，惩罚犯罪分子，保障无罪的人不受刑事追究，教育公民自觉遵守法律，积极同犯罪行为作斗争，以维护社会主义法制，保护公民的人身权利、财产权利、民主权利和其他权利，保障社会主义建设事业的顺利进行。”我国《刑事诉讼法》的三大任务是：(1)保证准确、及时地惩罚犯罪。刑事诉讼法作为程序法，主要是解决犯罪和刑事责任问题的。(2)保证无罪的人不受刑事追究，保护公民的合法权利。我国刑事诉讼法在实现惩罚犯罪的同时，也兼顾保障人权，这里不仅包括被害人，也指犯罪嫌疑人和被告人。任何公民，无论根据刑法及相关法律规定是否应受刑事追究，有关司法机关都应该保护其合法权益。(3)教育公民自觉遵守法律，维护社会主义法制。本案依法进行了公开审判即是对群众进行法治教育的需要。

我国《刑事诉讼法》第1条规定："为了保证刑法的正确实施，惩罚犯罪，保护人民，保障国家安全和社会公共安全，维护社会主义社会秩序，根据宪法，制定本法。"我国《刑事诉讼法》的目的可分为直接目的与根本目的。其直接目的为惩罚犯罪与保障人权；其根本目的是维护社会主义社会秩序。我国刑事诉讼的直接目的包括惩罚犯罪和保障人权两方面。所谓惩罚犯罪，是指通过刑事诉讼活动，在准确、及时地查明案件事实真相的基础上，对构成犯罪的被告人准确适用刑法，以抑制犯罪，以及通过刑事诉讼程序本身的作用来抑制犯罪。所谓保障人权，是指在刑事诉讼惩罚犯罪的过程中，保障公民合法权益不受非法侵犯。惩罚犯罪与保障人权既对立又统一。所谓统一，是指作为刑事诉讼目的的两个方面，惩罚犯罪与保障人权共处于刑事诉讼的统一体中，贯穿刑事诉讼程序的始终，相互依赖。一方面，正确惩罚犯罪与保障被害人权利以及无罪的人不受刑事追究是统一的。同时，正确惩罚犯罪也离不开程序性权利的保障。另一方面，保障人权也不能离开惩罚犯罪。尽管惩罚犯罪和保障人权两大刑事诉讼目的存在统一性，但二者之间也存在矛盾和冲突。在刑事诉讼中，实体正义与程序正义、惩罚犯罪与保障人权的冲突，本质上是不同利益之间的冲突，在我国司法实践中常常表现为追求对个案被告人的惩罚而牺牲诉讼的某项制度或程序。

任何法律制度的设计和运行都必须符合一定的立法目的和任务。在刑事诉讼发展历史上曾出现的不同类型的诉讼模式，无不与刑事诉讼的目的和任务有着密切的关系。以惩罚犯罪为刑事诉讼唯一目的任务，相应地就产生了纠问主义的刑事诉讼模式；以惩罚犯罪和保障人权作为刑事诉讼的目的任务，相应地就产生了现代刑事诉讼模式，由于惩罚犯罪和保障人权双重目的的偏向不同，相应地出现了偏重维护社会秩序、以惩罚犯罪为主的职权主义诉讼模式和偏重自由、以保障人权为主的当事人主义诉讼模式。我国现行刑事诉讼法以惩罚犯罪和保障人权作为自己的双重目的任务。

▲ 资料链接

1. 陈光中主编：《刑事诉讼法》（第7版），北京大学出版社2021年版。

2. 姚莉主编：《刑事诉讼法学》（第3版），中国法制出版社2023年版。

3. 宋英辉：《刑事诉讼法学》（第6版），中国人民大学出版社2019年版。

4.《刑事诉讼法学》编写组编：《刑事诉讼法学》（第3版），高等教育出版社2019年版。

5. 王爱立主编：《中华人民共和国刑事诉讼法释义》，法律出版社2018年版。

◈ 讨论思考

1. 简述刑事诉讼的含义及特征。
2. 简述刑事诉讼法的含义及特征。
3. 刑事诉讼法的目的和任务是什么？
4. 我国刑事诉讼法的基本理念是什么？
5. 阐述刑事诉讼、刑事诉讼法和刑事诉讼法学的关系。

第二章　刑事诉讼的专门机关和诉讼参与人

◈ 本章提要

本章是刑事诉讼主体部分，属于刑事诉讼基本范畴。刑事诉讼主体在刑事诉讼法学研究中占有重要的地位。刑事诉讼主体是指根据法律的规定和诉讼的需要参与刑事诉讼活动，在诉讼中享有一定诉讼权利、承担一定诉讼义务的国家专门机关和诉讼参与人。刑事诉讼主体包括刑事诉讼的专门机关和诉讼参与人。刑事诉讼职能是指一定的诉讼主体为实现特定的诉讼目的，在刑事诉讼中所具有的作用和功能。刑事诉讼有三种基本职能，即控诉职能、辩护职能和审判职能，应当遵循刑事诉讼的基本原则以处理这三者间的关系。

◉ 法考重点

刑事诉讼主体范围；刑事诉讼的专门机关的地位及职权；刑事诉讼的诉讼当事人、诉讼参与人及其他诉讼参与人的权利和义务；刑事诉讼职能；刑事诉讼的控诉职能、辩护职能和审判职能三者间的关系。

第一节　专 门 机 关

△ 知识背景

刑事诉讼中的专门机关，是指依照法定职权进行刑事诉讼活动的国家机关，包括人民法院、人民检察院和公安机关。我国《刑事诉讼法》第 4 条规定："国家安全机关依照法律规定，办理危害国家安全的刑事案件，行使与公安机关相同的职权。"该法第 308 条规定，军队保卫部门对军队内部发生的刑事案件行使侦查权。对罪犯在监狱内犯罪的案件由监狱进行侦查。军队保卫部门、中国海警局、监狱办理刑事案件，适用《刑事诉讼法》的有关规定。因此，国家安全部门、军队保卫部门、中国海警局和监狱在办理特定的刑事案件时，是刑事诉讼的专门机关。另外，国家在各级海关设立的侦查部门，享有侦查权，专门负责走私案件的侦查工作，属于刑事诉讼中的专门机关。刑事诉讼中的专门机关是国家机构的重要组成部分，在刑事诉讼中居于主导的地位。在刑事诉讼中，这些机关分别行使侦查、检察、审判和执行职能，实行分工负责、互相配合、互相制约的原则,共同完成打击犯罪、保障人权的任务,共同保障国家安全和社会公共安全,维护社会主义社会秩序。为了保证这些专门机关在刑事诉讼中能顺利履行自己的职责,法律规定了其组织和活动的一系列原则,赋予这些专门机关相应的职权。刑事诉讼中的专门机关有权采取强制性措施;有权依法收集调取证据,查明案件事实;有权依其职责适用法律,作出具有国家强制力的决定或裁判。

一、人民法院的性质、任务和职责

根据我国《宪法》第128条、第131条和《人民法院组织法》第2条的规定,人民法院是国家的审判机关,代表国家独立行使审判权。人民法院的任务是审判刑事案件、民事案件和行政案件,并且通过审判活动,惩办一切犯罪分子,解决民事、行政纠纷,以保卫人民民主专政制度,维护社会主义法制和社会秩序,保护社会主义的全民所有的财产、劳动群众集体所有的财产,保护公民私人所有的财产,保护公民的人身权利、民主权利和其他权利,保障社会主义建设事业的顺利进行。

我国《刑事诉讼法》第3条规定:"审判由人民法院负责。"第12条规定:"未经人民法院依法判决,对任何人都不得确定有罪。"可见,人民法院是唯一有权审理并定罪量刑的专门机关,而审判是刑事诉讼的核心和最重要的阶段,只有经过人民法院审判,才能确定被告人是否有罪,应否判处刑罚及判处何种刑罚。

我国《刑事诉讼法》和《人民法院组织法》赋予人民法院以下职权:(1)对犯罪嫌疑人、被告人决定逮捕、拘传、取保候审和监视居住;(2)在必要的时候,可以进行勘验、检查、查封、扣押、鉴定和查询、冻结,以调查核实证据,查明案件的事实真相,保证判决的顺利执行;(3)收缴和处理赃款、赃物及其孳息;(4)行使某些判决和裁定的执行权;(5)向有关单位提出司法建议等。

二、人民检察院的性质、任务和职责

我国《宪法》和《人民检察院组织法》规定,中华人民共和国人民检察院是国家的法律监督机关,行使检察权。人民检察院的任务是镇压一切叛国的,分裂国家的和其他危害国家安全的活动,打击犯罪分子,维护国家的统一,维护人民民主专政制度,维护社会主义法制,维护社会秩序、生产秩序、工作秩序、教学科研秩序和人民群众生活秩序,保护公民的合法财产,保护公民的人身权利、民主权利和其他权利,保障社会主义现代化建设的顺利进行。另外,人民检察院通过检察活动,教育公民忠于社会主义祖国,自觉地遵守宪法和法律,积极同违法行为作斗争。

我国《刑事诉讼法》第3条规定:"检察、批准逮捕、检察机关直接受理的案件的侦查、提起公诉,由人民检察院负责。"第8条规定:"人民检察院依法对刑事诉讼实行法律监督。"根据我国《人民检察院组织法》的规定,各级人民检察院行使下列职权:(1)对于叛国案、分裂国家案以及严重破坏国家的政策、法律、法令、政令统一实施的重大犯罪案件,行使检察权。(2)对于直接受理的刑事案件,进行侦查。(3)对于公安机关侦查的案件进行审查,决定是否逮捕、起诉或者不起诉;对于公安机关的侦查活动是否合法，实行监督。(4)对于刑事案件提起公诉，支持公诉；对于人民法院的审判活动是否合法，实行监督。(5)对于执行机关的执行刑罚活动是否合法，进行法律监督。

人民检察院在刑事诉讼中的法律地位体现在以下三个方面：(1)是国家的侦查机关之一。根据《刑事诉讼法》第 19 条第 2 款的规定，人民检察院负责立案侦查下列案件：人民检察院在对诉讼活动实行法律监督中发现的司法工作人员利用职权实施的非法拘禁、刑讯逼供、非法搜查的侵犯公民权利、损害司法公正的犯罪。对于国家机关工作人员利用职权实施的其他重大的犯罪案件，需要由人民检察院直接受理的时候，经省级以上人民检察院决定，可以由人民检察院立案侦查。(2)是国家唯一的公诉机关。除自诉案件以外的所有刑事案件，均必须由人民检察院向人民法院提起公诉，并派检察官出庭支持公诉。人民检察院有权对公安机关侦查终结移送起诉的案件进行审查，对不符合起诉条件的案件，作出补充侦查、不起诉或移送有关主管机关处理的决定。《刑事诉讼法》第 282 条赋予人民检察院作出附条件不起诉决定的权力，对符合特定条件的未成年犯罪嫌疑人可以作出附条件不起诉的决定。(3)是专门的诉讼监督机关。人民检察院对立案、侦查、审判和生效裁判的执行是否合法有效实行法律监督，根据公安机关的提请审查批准逮捕。

三、公安机关的性质、任务和职责

公安机关是国家的治安保卫机关，也是参与刑事诉讼的专门机关。公安机关是各级人民政府的职能部门，行使行政管理职能，也是武装性质的行政执法机关，担负着国家安全和社会治安保卫任务。公安机关的任务是维护社会治安秩序，预防犯罪，侦查和打击犯罪，保护国家、集体和个人所有的财产，保护公民的人身安全和其他合法权益，保卫人民民主专政，保卫社会主义制度，保障社会主义现代化建设的顺利进行。

在我国刑事诉讼中，公安机关的地位主要体现在以下三个方面：(1)公安机关是主要的侦查机关。根据《刑事诉讼法》第 3 条、第 19 条的规定，大部分刑事案件的侦查活动由公安机关负责。在侦查中，公安机关的主要职责是：负责刑事案件的侦查、预审。公安机关的侦查是检察机关起诉和人民法院审判的前提和基础，是刑事诉讼的重要环节。(2)公安机关是强制措施的主要执行机关。对犯罪嫌疑人、被告人采取的取保候审、监视居住、拘留、逮捕都由公安机关负责执行。(3)公安机关是刑罚的执行机关之一。公安机关担负着对判处拘役、剥夺政治权利、余刑不满 3 个月的有期徒刑的执行职责。

中华人民共和国公安部是国家的公安领导机关，负责领导和指挥全国的公安工作，并根据协议与国际刑警组织和国外、境外的警察机构，共同打击跨国、跨境的犯罪活动。地方各级公安机关按照行政区划设立。另外，还有按行业系统设立的军队、铁路、民航保卫和公安部门，也是公安机关的组成部分。根据需要，在乡、镇、城市街道和其他必要的地方设立公安派出所，作为基层公安机关的派出机关，履行基层公安机关的部分职责。公安机关上下级之间是领导关系，上级公安机关可以直接领导和指挥下级公安机关的侦查和其他业务活动，也可以调动下级侦查力量参与上级公安机关侦查的案件。不同地区、不同系统的公安机关则互不隶属，在办案过程中是配合、协作的关系。《刑事诉讼法》第 83 条规定，公安机关在异地执行拘留、逮捕的时候，应当通知被拘留、逮捕人所在地的公安机关，被拘留、逮捕人所在地的公安机关应当予以配合。公安机关在侦查案件的时候，还应接受人民检察院的制约和监督。公安机关侦查的刑事案件，应当向人民检察院提请审查批准逮捕和移送审查起诉。

四、其他专门机关

刑事诉讼中的专门机关除人民法院、人民检察院和公安机关以外，还有其他机关参与刑事诉讼活动，担负重要的刑事诉讼职能。

国家安全机关是我国国家安全工作的主管机关，依法担负着与危害国家安全的违法犯罪行为作斗争、保卫国家安全、巩固人民民主专政、维护社会主义制度的职能。1983 年 7 月 1 日，国家安全部成立。国家安全部是国务院的重要职能部门之一，负责领导和管理全国的国家安全工作，保卫和促进社会主义现代化建设与统一祖国大业，巩固和加强人民民主专政，维护国家安全。地方各级国家安全机关是地方各级人民政府的职能部门，业务上受国家安全部领导。2015 年第十二届全国人民代表大会常务委员会第十五次会议通过的《中华人民共和国国家安全法》确定国家安全机关是国家安全工作的主管机关，国家安全机关和公安机关按照国家规定的职权划分，各司其职，密切配合，维护国家安全。国家安全机关在国家安全工作中依法行使侦查、拘留、预审和执行逮捕以及法律规定的其他职权。《刑事诉讼法》第 4 条规定："国家安全机关依照法律规定，办理危害国家安全的刑事案件，行使与公安机关相同的职权。"因此，国家安全机关在刑事诉讼中与公安机关具有相同的法律地位，行使相同的职权。

根据我国的军事体制，中国人民解放军内部设立保卫部门，负责军队内部发生的刑事案件的侦查工作。根据《监狱法》和《刑事诉讼法》的规定，罪犯在监狱内犯罪的案件由监狱进行侦查。军队保卫部门、监狱办理刑事案件，适用《刑事诉讼法》的有关规定，行使与公安机关相同的职权。因此，在刑事诉讼中，军队保卫部门、监狱也是刑事侦查的专门机关。

国家在各级海关设立走私犯罪侦查部门，专门负责对走私犯罪案件的侦查工作。例如，海关总署下设缉私局，负责走私案件的侦查，下级海关设缉私分（支）局，负责走私案件的侦查。这些走私犯罪侦查部门在侦查活动中，享有与公安机关同样的权力，具有与公安机关同等的诉讼地位。

【案例一】

[案情简介]

被告人张某、李某、孙某。2022 年 8 月 17 日，某市检察机关提起公诉，某市中级人民法院以制造毒品罪判处被告人张某、李某、孙某死刑，剥夺政治权利终身，并处没收个人全部财产;判处被告人江某死刑,缓期2年执行,剥夺政治权利终身,并处没收个人全部财产;判处被告人赵某有期徒刑13年,剥夺政治权利4年,并处没收个人全部财产。

某市中级人民法院经审理查明:2021年上半年,陈某让张某试制冰毒,张某即找李某等人一起购买设备及化学药品进行试制但未成功。后张某等人为陈某试制冰毒成功。2021年9月,陈某指使赵某带领孙某、张某等人到某市的某县生产冰毒。2021年11月,孙某等以购买复合肥为名将大约2076公斤冰毒装入盛化肥的袋子中运往深圳。2022年5月,陈某指使孙某、张某等人将冰毒冒充饲料销往境外,因群众举报案发,公安机关共查获冰毒6735公斤被扣押。

[问题]

1. 简述人民法院分为几级,并阐述人民法院的职权及诉讼职能。

2. 分析人民检察院与人民法院的关系。

3. 本案中某市中级人民法院如何履行诉讼职能?

[解析]

1. 根据《人民法院组织法》的规定,我国人民法院组织体系由最高人民法院、地方各级人民法院和专门法院构成,分为四级:最高人民法院、高级人民法院、中级人民法院和基层人民法院。最高人民法院是我国最高审判机关。地方各级法院包括:高级人民法院,包括省、自治区和直辖市高级人民法院;中级人民法院,包括在省、自治区内按地区设立的中级人民法院,在直辖市内设立的中级人民法院,省、自治区直辖市的中级人民法院,以及自治州中级人民法院;基层人民法院,包括县人民法院和县级市人民法院,自治县人民法院,市辖区人民法院。专门法院是在上述普通法院之外设立的专门性人民法院。我国目前建立的专门法院有军事法院、铁路运输法院和海事法院。其中海事法院具有对刑事案件的审判权。专门法院分高级人民法院、中级人民法院和基层人民法院三级。

刑事诉讼法和人民法院组织法赋予人民法院以下职权:(1)对犯罪嫌疑人、被告人决定逮捕、拘传、取保候审和监视居住;(2)在必要的时候,可以进行勘验、检查、扣押、鉴定和查询、冻结,以调查核实证据,查明案件的事实真相,保证判决的顺利执行;(3)收缴和处理赃款、赃物及其孳息;(4)行使某些判决和裁定的执行权;(5)向有关单位提出司法建议等。

从诉讼职能上看,人民法院承担的是审判职能。《刑事诉讼法》第3条规定:“……审判由人民法院负责……”《刑事诉讼法》第12条规定:“未经人民法院依法判决,对任何人都不得确定有罪。”可见,人民法院是唯一有权审理并定罪量刑的专门机关,而审判是刑事诉讼的核心和最重要的阶段,只有经过人民法院审判,才能确定被告人是否有罪,应否判处刑罚及判处何种刑罚。从诉讼职能的基本原理上看,人民法院的审判职能具有中立性,法官进行审判应当不偏袒任何一方,在诉讼过程中,它应当与控辩双方保持等距离,公正地进行审判和做出裁决。

2. 人民检察院与人民法院是我国的司法机关,两者的关系是分工负责、互相配合、互相制约的关系。在刑事诉讼中,人民检察院负责提起和支持公诉,并对人民法院的审判活动实行审判监督;人民法院遵行不告不理原则,对于公诉案件,没有人民检察院的起诉,法院不能自行启动审判程序。

3. 在本案中,人民法院接受人民检察院起诉后,对某市最大一起制造毒品案进行了第一审审理,在查明案件事实的基础上依法作出了第一审判决,履行了法律赋予人民法院的审判职能。

【案例二】

[案情简介]

被告人,甲(男,47岁),某市甲公司总经理;乙(男,42岁),某市甲公司副总经理。2022年6月14日,某市检察院对甲、乙以涉嫌信用证诈骗罪提起公诉。某市检察院起诉书指控:2017年5月至2019年4月,被告人甲在上海注册成立"天河股份公司"等5家公司,这些公司均由他们直接操纵。2019年8月至2021年10月,甲为骗取银行信用证,在没有任何贸易背景的情况下,编造购买的虚假事实,指使时任甲公司融资部部长乙所在的融资部,负责制作虚假合同及伪造各种单证,以甲公司等6家由其掌控的公司为开证申请人,以"天河股份公司"等上海5家公司为受益人,又以其在某市注册成立的相关公司为保证人,到中国工商银行某市分行等骗开信用证。据查证,在2年多的时间里,他们共骗开信用证92余单,开证金额近6500万美元,贴现金额超过6700万美元,这些贴现款项均由被告人甲控制使用。被告人甲、乙骗开信用证后不按时赎单,造成开证银行垫付,扣除开证时存入的保证金,还欠开证银行垫付款4000万余美元。检察机关认为被告人甲、乙的行为已构成信用证诈骗罪,且数额特别巨大,因此某市检察院以涉嫌信用证诈骗罪对被告人甲和乙提起公诉。

[问题]

1. 人民检察院的组织体系、诉讼职能和诉讼地位是什么?

2. 阐述人民检察院与人民法院在体制上的区别。

3. 本案中某市人民检察院如何履行自己的诉讼职能?

[解析]

1. 人民检察院的组织体系包括最高人民检察院、地方各级人民检察院和军事检察院等专门检察院。最高人民检察院是国家最高检察机关,是全国检察院的领导机关。地方各级人民检察院包括:(1)省、自治区、直辖市人民检察院;(2)省、自治区、直辖市人民检察院分院,自治州、直辖市人民检察院;(3)县、市、自治区和市辖区人民检察院。省一级人民检察院和县一级人民检察院,根据工作需要,提请本级人民代表大会常务委员会批准,可以在工矿区、农垦区、林区等区域设置人民检察院,作为派出机构。根据工作需要,各地检察机关还可以设立驻监狱、看守所的检察室、乡镇检察室、税务检察室等,作为派出机构。专门检察院是在最高人民检察院领导下,在特定的组织系统或行业内设立的检察机关,包括军事检察院和铁路运输检察院。军事检察院是设立在中国人民解放军中的专门法律监督机关,对现役军人的违反职责罪和其他刑事案件依法行使检察权。铁路检察院包括铁路运输检察分院和基层铁路运输检察院。

人民检察院的根本职能是法律监督职能,控诉职能是人民检察院职能的重要组成部分。在公诉案件中,人民检察院拥有公诉的垄断权,负责对公安机关等侦查机关和本机关的侦查部门侦查终结的案件进行审查,决定是否提起公诉。

人民检察院在刑事诉讼中的法律地位主要体现在三个方面:(1)是国家的刑事侦查机关之一。(2)是国家唯一的公诉机关。除自诉案件以外的所有刑事案件,均必须由人民检察院向人民法院提起公诉,并派检察官出庭支持公诉。(3)是专门的诉讼监督机关。人民检察院根据公安机关的提请审查批准逮捕对立案、侦查、审判和生效裁判的执行是否合法有效实行法律监督。

2. 人民检察院的体制。人民检察院上下级之间是领导关系。根据人民检察院组织法的规定,最高人民检察院领导地方各级人民检察院和专门人民检察院的工作,上级人民检察院领导下级人民检察院的工作。在人民检察院内部实行检察长负责制,各级人民检察院的检察长领导本院工作。检察院内部设立若干检察业务部门,在检察长的统一领导下,各个部门互相分工、互相配合,完成侦查、审查逮捕、起诉、控告申诉等检察业务。

人民法院的体制。人民法院上下级之间是监督关系,上级人民法院监督下级人民法院的审判工作,最高人民法院监督地方各级人民法院和专门人民法院的审判工作。人民法院的监督不是通过具体案件的指导而实现的,各级人民法院依照职权独立行使审判权,上级人民法院不应对下级人民法院正在审理的案件作出处理,指令下级人民法院执行。下级人民法院也不应将案件在判决之前报送上级人民法院,请求审查批示。上级人民法院应当通过二审程序、审判监督程序、死刑复核程序维持下级人民法院正确的判决和裁定,纠正错误的判决和裁定以实现监督。

3. 在本案中,甲因涉嫌信用证诈骗犯罪,经侦查机关侦查终结后,被移送某市人民检察院审查起诉。某市人民检察院经过审查认为,甲已经构成犯罪,应当追究刑事责任,因此向人民法院提起公诉并派员出席法庭支持公诉,同时进行审判监督,履行了自己的法律监督职责。

【案例三】

[案情简介]

被告人李某(男,45岁),A市丁公司董事长。2022年2月,某省公安厅犯罪举报中心接到群众举报:A市丁公司董事长李某利用暴力手段,敲诈勒索、欺行霸市。某省公安厅领导立即批转A市公安局尽快查处。同时,某省公安厅刑侦总队派出侦查员到A市秘密侦查。经过1个月的明察暗访,初步认定以李某为首的团伙是一个黑社会性质的犯罪组织。

据侦查,该组织头目李某,自2019年以来,先后5次因盗窃、打架斗殴、赌博被公安机关打击处理。据了解,该犯罪组织想方设法进行伪装,在公司章程上进行包装和伪装,想法毁灭证据。从2022年7月26日开始,化装成商客的侦查员发现,丁公司每天进出公司总部的人员在大大减少。有迹象表明,李某等人有潜逃的可能。2022年10月4日晚,某省公安厅刑侦总队"打黑除恶"专业队30名队员组成特别行动队,对丁公司办公楼形成包围,当场将该黑社会性质犯罪团伙头目李某等7人抓获,随后该涉黑犯罪组织的其他成员也全部落网。

[问题]

1. 简述公安机关的任务、诉讼职能和诉讼地位。

2. 本案中公安机关如何履行诉讼职能?

[解析]

1. 公安机关是国家的治安保卫机关,是各级人民政府的职能部门,肩负着维护国家安全和治安保卫工作。维护社会治安,预防犯罪,侦查犯罪,查获和缉捕犯罪嫌疑人、被告人是其责任。公安机关在侦查中的职责是:负责刑事案件的侦查、预审,对应当予以拘留、逮捕的现行犯、犯罪嫌疑人或者被告人实施拘留、执行逮捕并进行羁押。

从诉讼职能上看,公安机关履行侦查职责,该职责从性质上看也属于控诉性质,公安机关的侦查活动具有为控诉作准备的性质,因此公安机关的职能也通常被认为是控诉职能。

在刑事诉讼中,公安机关的地位主要体现在:一是公安机关是主要的侦查机关。大部分刑事案件的侦查活动都由公安机关进行。公安机关的侦查是检察机关起诉和人民法院审判的前提和基础,是刑事诉讼的重要环节。二是公安机关是刑罚的执行机关之一。公安机关负责对判处管制、剥夺政治权利、宣告缓刑、假释、暂予监外执行的罪犯的执行和监督。

2. 本案中,某省公安厅犯罪举报中心接到群众举报,立即派出侦查员到A市秘密侦查,对李某涉嫌利用暴力手段,进行敲诈勒索、欺行霸市、聚众斗殴的事实进行侦查,认定以李某为首的犯罪团伙是一个黑社会性质的犯罪组织。公安机关调动警力对李某团伙成员进行了抓捕。公安机关进行的上述活动,是履行法律赋予的侦查职责。通过履行侦查职责,公安机关查明了案件事实,查获和缉捕犯罪嫌疑人,推动了刑事诉讼进程,有力地维护了当地的社会治安。

第二节 诉讼参与人

△ 知识背景

诉讼参与人是指在刑事诉讼中享有一定诉讼权利、负有一定诉讼义务的除国家专门机关工作人员以外的人。诉讼参与人通过行使诉讼权利,承担诉讼义务,对刑事诉讼的进程和结局发挥着不同程度的影响和作用,保证刑事诉讼活动得以顺利、有效地进行。没有诉讼参与人的参与,刑事诉讼活动就会变成一种单纯的国家职权活动,而不再具有诉讼的性质。

诉讼参与人一般可分为两大类:一是当事人;二是其他诉讼参与人。这两类诉讼参与人在诉讼地位、参与诉讼活动的范围和方式以及对刑事诉讼过程的影响程度等方面存在很大的差异。

一、当事人

当事人是指与案件的结果有着直接利害关系,对刑事诉讼进程起着较大影响作用的诉讼参与人。诉讼参与人要成为当事人必须同时具备两个条件:一是实体条件,即与案件的最终结果有直接的利害关系。当事人的合法权益可能会受到刑事诉讼活动过程和结果的直接影响。这种影响既可以是有利影响,也可以是不利影响;这种合法权益可以是人的自由、财产、隐私,也可以是人的生命。二是程序条件,即当事人必须在诉讼中拥有较广泛的诉讼权利,并能对诉讼过程和诉讼结果发挥比其他诉讼参与人更大的影响。一般而言,当事人在刑事诉讼中要么处于控方的地位,要么处于辩方的地位,他们的诉讼活动对诉讼的启动、进展和终结起着关键作用。根据我国《刑事诉讼法》第108条第2项的规定,当事人是指被害人、自诉人、犯罪嫌疑人、被告人、附带民事诉讼的原告人和被告人。

(一)犯罪嫌疑人、被告人的诉讼地位、权利和义务

犯罪嫌疑人、被告人是刑事诉讼中的核心人物,具有十分重要的诉讼地位。犯罪嫌疑人、被告人的诉讼地位:(1)犯罪嫌疑人、被告人是拥有一系列诉讼权利的诉讼主体,居于当事人的地位。这一地位标志着他们不是被动地接受传讯、追诉和审判,消极地等待国家专门机关处理的客体,而是可通过积极主动的防御活动与追诉方展开对抗,并对裁判方施加积极影响的独立一方当事人。(2)犯罪嫌疑人、被告人与案件结果有着直接利害关系,他们居于被追诉者的地位。国家追诉机关发动刑事诉讼的直接目的就在于通过对犯罪嫌疑人、被告人实施追诉,使那些在法律上构成犯罪的人受到定罪、判刑,从而剥夺其财产、自由乃至生命。作为被追诉者,犯罪嫌疑人、被告人在一定程度上负有接受强制处分、协助国家专门机关顺利进行刑事诉讼的义务,如承受逮捕、拘留、拘传等强制措施,接受讯问、搜查、扣押等调查措施,接受传唤,按时出庭接受审

判等等。(3)犯罪嫌疑人、被告人本身还可以成为重要的证据来源。根据《刑事诉讼法》的规定,犯罪嫌疑人、被告人所作供述和辩解是法定的重要证据。法律严禁刑讯逼供和以威胁、引诱、欺骗及其他非法方法收集证据,以确保犯罪嫌疑人、被告人的供述出于自愿而不受强迫。犯罪嫌疑人应在侦查人员对其讯问时如实陈述,这是其法定的义务。

我国《刑事诉讼法》为犯罪嫌疑人、被告人确立了一系列诉讼权利。这些诉讼权利按其性质和作用的不同,可分为防御性权利和救济性权利两种。防御性权利,是指犯罪嫌疑人、被告人为对抗追诉方的指控、抵销其控诉效果所享有的诉讼权利。救济性权利,是指犯罪嫌疑人、被告人对国家专门机关所作的对其不利的行为、决定或裁判,要求另一专门机关予以审查并作出改变或撤销的诉讼权利。

犯罪嫌疑人、被告人是被追诉者,最后有可能被确定为犯罪分子而受到刑罚的处罚,为保障刑事诉讼任务的顺利完成,我国《刑事诉讼法》规定了犯罪嫌疑人、被告人一系列诉讼义务。根据我国《刑事诉讼法》的规定,犯罪嫌疑人、被告人所应承担的法律义务主要有:(1)在符合法定条件的情况下承受逮捕、拘留、监视居住、拘传等强制措施;(2)接受侦查人员的讯问、搜查、扣押等侦查行为;(3)对侦查人员的讯问,应当如实回答;(4)承受检察机关的起诉,依法按时出席并接受法庭审判;(5)对于生效的裁定和判决,有义务执行或协助执行等。对于这些诉讼义务,犯罪嫌疑人、被告人应当全面履行,否则必须承担相应的法律后果或法律责任。

(二)被害人的诉讼地位、权利和义务

被害人是指其人身权利、民主权利、财产权利和其他权利直接遭受犯罪行为侵害的人。在刑事诉讼中,由于案件性质的不同,被害人在诉讼中的具体地位和诉讼权利也存在区别。例如,对于自诉案件,被害人可以直接向人民法院提起刑事自诉从而成为自诉人,被害人由于被告人的犯罪行为而遭受物质损失的,在刑事诉讼过程中还有权提起附带民事诉讼,从而成为附带民事诉讼的原告人。在公诉案件中,被害人是处于控诉地位、承担部分控诉职能的当事人,表现为与犯罪嫌疑人、被告人地位相对立。

关于被害人的诉讼地位可从以下几个方面理解:(1)被害人是与案件有直接利害关系的人。由于受犯罪行为的直接侵害,被害人参与诉讼具有控告和惩罚犯罪的强烈愿望,为维护其合法权益,被害人一般会积极主动地陈述案件事实,因此被害人作为诉讼当事人在诉讼过程中承担一定的控诉职能,起着控诉犯罪的作用。(2)被害人与犯罪嫌疑人、被告人处于相对立的诉讼地位,拥有许多与犯罪嫌疑人、被告人相对应的诉讼权利。但是,因他们各自在诉讼中所处的具体地位与身份的不同,所以他们的诉讼权利存在差异。(3)从证据意义来说,被害人陈述是刑事诉讼证据的一种。作为刑事案件的当事人,被害人一般能够比较具体地提供案件事实情况,在这方面,被害人与证人的地位相似,有如实陈述和接受询问的义务。

(三)自诉人

自诉人是自诉案件中依法直接向人民法院提起刑事诉讼的人。自诉人是自诉案件中的原告人，在刑事诉讼中处于控告地位，执行控诉职能。刑事诉讼中的自诉人一般情况下是被害人，但是在被害人死亡的情况下，被害人的法定代理人、近亲属可以成为自诉人提起刑事自诉。如果被害人为无行为能力或者限制行为能力人，他仍为自诉案件的自诉人，但应由其法定代理人代理自诉。自诉人是刑事案件中承担控诉职能的当事人，也是刑事诉讼的主体，自诉人的行为直接影响着自诉案件的启动、进程和结果。凡是属于人民法院能够直接受理的自诉案件，被害人可以作为自诉人向人民法院起诉。在法庭审判过程中，自诉人负有提供证据证明被告人有罪的义务。

（四）附带民事诉讼原告人、被告人

附带民事诉讼原告人，是指因被告人的犯罪行为而遭受物质损失，并在刑事诉讼过程中提出赔偿请求的人。公民、法人或其他组织都可能因犯罪行为受到物质损失而成为附带民事诉讼的原告人。附带民事诉讼的被告人，是指在刑事诉讼过程中，对犯罪行为所造成的物质损失负有赔偿责任并被提出赔偿请求的人。附带民事诉讼的被告人通常情况下是刑事被告人，但在某些情况下，其他公民和单位也可能成为应当承担民事赔偿责任的被告人。

二、其他诉讼参与人

（一）法定代理人

法定代理人是指根据法律规定，对无行为能力人或限制行为能力人负有法定保护责任并依法代理其进行某些诉讼活动的人。法定代理人是基于与被代理人的亲属关系或者监护关系而形成的一种特定身份的人。根据《刑事诉讼法》的规定，法定代理人包括被代理人的父母、养父母、监护人和负有保护责任的机关、团体的代表，法定代理人代理权的产生直接来源于法律规定，而不是根据被代理人的意思表示。这是法定代理人与诉讼代理人的根本区别。法定代理人本身不是刑事诉讼的当事人，而是以当事人的名义进行诉讼的人。法定代理人参加诉讼的目的是维护被代理人的合法权益，帮助被代理人行使诉讼权利，但是法定代理人的诉讼权利由法律加以规定。

（二）诉讼代理人

诉讼代理人是指在刑事诉讼中基于被代理人及其法定代理人或近亲属的委托，代表被代理人参加某些诉讼活动的人。在刑事诉讼中有权委托诉讼代理人的包括公诉案件的被害人及其法定代理人或者近亲属、自诉案件的自诉人及其法定代理人、附带民事诉讼的当事人及其法定代理人以及特别程序中的利害关系人等。诉讼代理人的诉讼地位从属于被代理人，由于他是基于被代理人的委托而进入诉讼，并要在受委托的权限范围内行使被代理人的诉讼权利，所以诉讼代理人也称为委托代理人。在刑事诉讼中，诉讼代理人的诉讼权利一部分是法律加以规定的，如了解案情、收集与调取证据等权利，大部分是由被代理人进行授权的，诉讼代理人超出被代理人授权范围所进行的诉讼行为不具有法律效力。

（三）辩护人

辩护人是指受犯罪嫌疑人、被告人委托或者法律援助机构指派为犯罪嫌疑人、被告人进行辩护以维护他们合法权益的人。辩护人是刑事诉讼中具有独立地位的诉讼参与人,执行辩护职能,其与控诉方地位直接对立。辩护人参加诉讼不是为了其自身的利益,而是帮助犯罪嫌疑人、被告人充分行使辩护权以维护其合法权益。辩护人在履行辩护职责时,不受犯罪嫌疑人、被告人意志的约束,也不受公安司法机关意见所左右,而是根据事实和法律独立地进行辩护活动。为了保证辩护人充分行使辩护职能,法律规定辩护人在刑事诉讼中享有较为广泛的诉讼权利,如阅卷权、调查取证权等。

(四)证人

证人是指向公安司法机关提供其所了解的案件情况的第三人。证人是刑事诉讼中的诉讼参与人,由于了解案件情况,所以他参加诉讼的身份具有特定性,不可由其他人代替,也不能被公安司法人员更换。证人主要是以义务主体的身份参与诉讼的,其参与诉讼的目的在于协助公安司法机关查明案件的事实真相。证人应当按照公安司法机关的要求和通知及时到庭作证,并如实提供证言,故意作伪证或者隐匿罪证的证人,将被追究刑事责任。当然,证人在刑事诉讼中也依法享有一定的诉讼权利:有权要求侦查机关在侦查期间为其姓名保密;有权查阅询问笔录,并对笔录进行补充和改正;有权要求公安司法机关保障其自身及其近亲属的安全等。

(五)鉴定人

鉴定人是指在诉讼过程中接受公安司法机关的指派或聘请,运用专门知识和技能对案件中的专门性问题进行分析判断并提出科学意见的人。在刑事诉讼中,鉴定人是具有独立地位的诉讼参与人,他由公安司法机关进行指派或聘请,因此鉴定人不同于证人,是可以选择与更换的。鉴定人参加诉讼的目的是帮助公安司法机关解决案件中的专门性问题,以查明案件真实情况。为保证鉴定人提出的鉴定意见的科学性,鉴定人如果与案件或案件的当事人有利害关系,当事人可以申请其回避。

(六)翻译人员

翻译人员是指受公安司法机关的指派或聘请,在刑事诉讼中主要对外国语言、少数民族语言、聋哑手势、盲文等进行翻译的人员。翻译人员也是刑事诉讼中具有独立地位的诉讼参与人,其参加诉讼的目的在于协助公安司法机关和当事人及其他诉讼参与人进行翻译工作。为保证翻译内容的真实性,法律要求指派或聘请的翻译人员不得与案件或案件的当事人有利害关系。否则,应当回避。翻译人员在刑事诉讼中承担准确如实地进行翻译的义务,故意隐瞒、歪曲或伪造翻译内容的要承担法律责任。翻译人员有权要求公安司法机关提供与翻译内容有关的材料并了解案件有关情况;有权查阅记载翻译内容的笔录,如果记载有误,可以要求修改和补充;有权获取相应的报酬和补偿等权利。

【案例一】

［案情简介］

2020年7月11日，29岁的某省A市人汪某，其谎称是中国人民公安大学学生，并以“飞鸟”的名字网上聊天，结识了自称为“天仙”的唐某（女，19岁）。唐某非常希望通过网络结识一个在部队或公安系统工作的男朋友。结果，她被网上冒称是“中国人民公安大学大三学生”的“飞鸟”所吸引，经短时间网络聊天，两人发展为男女朋友关系。两人约定某日见面时，因唐某要求汪某拿出学生证件时，双方发生了争吵。汪某怀恨在心，于2021年5月12日将唐某骗到A市新城区某山上，用随身携带的领带将唐某勒死并推下山崖，后逃跑。案发后，A市警方发布了悬赏征求线索通告。2022年4月23日，A市新城区警方在汪某的暂住处将其抓获。5月17日，A市新城区人民检察院批捕了涉嫌杀害唐某的犯罪嫌疑人汪某。

［问题］

1. 犯罪嫌疑人和被告人属于刑事诉讼中的哪类诉讼当事人？

2. 阐述犯罪嫌疑人、被告人的诉讼地位。

［解析］

1. 犯罪嫌疑人和被告人，是对刑事诉讼中处在被追诉地位的涉嫌犯罪的人在不同诉讼阶段的称谓。在公诉案件中，检察机关在向人民法院提起公诉之前，受刑事追诉者被称为“犯罪嫌疑人”；检察机关在向人民法院提起公诉以后，受刑事追诉者被称为“被告人”。刑事诉讼中的“犯罪嫌疑人”“被告人”不等同于“犯罪人”或者说“真正的罪犯”。一个人在法律上是否有罪，取决于控诉方向法庭提供的证明被告人有罪的真实有效证据是否能够达到法律所规定的证明标准。

2. 在现代刑事诉讼中，被告人一方面是拥有一系列诉讼权利的诉讼主体，另一方面又处于被追诉的地位。在我国，对犯罪嫌疑人和被告人的诉讼地位问题，可从以下几个方面加以理解。其一，犯罪嫌疑人、被告人是拥有一系列诉讼权利的诉讼主体，居于当事人的地位。这一地位标志着他们不是被动地接受传讯、追诉和审判，消极地等待国家专门机关处理的客体，而是可通过积极主动的防御活动与追诉一方展开对抗，并对裁判一方施加积极影响的独立一方当事人。其二，犯罪嫌疑人、被告人与案件结果有着直接利害关系，他们居于被追诉者的地位，国家追诉机关发动刑事诉讼的直接目的就在于通过对犯罪嫌疑人、被告人实施追诉，使那些在法律上构成犯罪的人受到定罪、判刑，从而剥夺其财产、自由乃至生命。作为被追诉者，犯罪嫌疑人、被告人在一定程度上负有接受追诉部门强制处分、协助国家专门机关顺利进行刑事诉讼的义务，如承受逮捕、拘留、拘传等强制措施，接受讯问、搜查、扣押等调查措施，接受传唤，按时出庭接受审判等。其三，犯罪嫌疑人、被告人本身还可以成为重要的证据来源。根据《刑事诉讼法》的规定，犯罪嫌疑人、被告人所作供述和辩解是法定的重要证据。法律严禁以刑讯逼供和以威胁、引诱、欺骗及其他非法方法收集证据，以确保犯罪嫌疑人、被告人的供述出于自愿而不受强迫。尽管如此，犯罪嫌疑人应在侦查人员对其讯问时如实陈述，这是其法定的义务。

本案中，汪某与网友唐某见面后发生争吵，怀恨将唐某勒死并推下山崖，这一行为触犯了我国《刑法》第232条之规定，构成故意杀人罪，应当追究刑事责任。A市新城区警方经过侦查，将汪某抓获归案，人民检察院批准对汪某逮捕。汪某是一个正在被追诉的"涉嫌犯罪"的人，由于该案尚未经人民检察院向人民法院提起公诉，因此，汪某此时的诉讼地位和身份为"犯罪嫌疑人"。

【案例二】

［案情简介］

2022年6月13日，某市某医院胸外科医生张某听到病区内护士站处发生争吵，遂走出病房上前制止。当时良某（男，34岁）因怀疑在某医院去世的父亲的胸部X光片被医院清洁工吴某卖掉，于是他非常气愤地向吴某索要。当张某上前制止时，良某抄起放置于护士台上的一个玻璃瓶砸向吴某，致吴某右前臂损伤。部分功能受损，经法医鉴定为轻伤二级。案件发生后，经公安机关侦查，人民检察院提起公诉，被害人吴某提起了附带民事诉讼。某市某区人民法院经过审判，以故意伤害罪一审判处良某有期徒刑1年6个月，同时判处良某赔偿吴某医疗费、误工费等各项经济损失人民币3.4万元。

［问题］

1. 被害人的诉讼地位的特点是什么？

2. 本案中吴某在哪些方面体现了被害人的诉讼地位的特点？

［解析］

1. 被害人是人身、财产及其他权益遭受犯罪行为直接侵害的人。在刑事诉讼中，被害人具有独立的诉讼当事人地位，其特点是：(1)被害人作为遭受犯罪行为直接侵害的人，与案件结果存在直接的利害关系，不仅具有获得经济赔偿或补偿的愿望，而且更有着追究犯罪行为人的刑事责任的要求。(2)被害人基于使犯罪行为的实施者受到法律制裁的诉求，具有积极主动地参与刑事诉讼过程并影响裁判的愿望。(3)被害人作为诉讼当事人，与被告人处在大致相同的诉讼地位，也拥有许多与被告人相对应的诉讼权利。

2. 在本案中，胸外科医生张某因良某在胸外科病区护士站争吵而上前制止。被告人良某不听劝阻，反而抄起放置于护士台上的玻璃瓶对吴某实施侵害，造成吴某前臂损伤、部分功能受限的后果。这起案件中，吴某的人身受到犯罪行为的侵害，为治疗付出一定的费用，造成了一定的经济损失，显然，吴某属于"被害人"身份，享有被害人的诉讼地位和诉讼权利。因此，被害人吴某不仅有权要求追究犯罪行为实施者的刑事责任，也有权提起附带民事诉讼，获得经济赔偿。

【案例三】

［案情简介］

被告人，李某（男，21 岁）、于某（男，24 岁），2022 年 2 月 27 日两人驾车盗窃某公司尚未投入使用的电缆 135 余米，正欲运出时，被保安发现而弃物逃跑。2022 年 5 月 12 日，李某被公安机关抓获并供认其犯罪事实。随后，开发区人民检察院以盗窃罪对李某提起公诉。

庭审中，被告人李某突然翻供，拒不承认实施盗窃行为，辩护人也对被告人是否参与盗窃及目击者指认被告人的证言笔录的证明力等问题提出质疑，公诉人遂请来两位办案警官。开发区人民检察院认为，请办案警官出庭作证，可以避免因证人不能到庭造成的被告人和辩护人无法对证词所表达的内容进行质证，同时还能促使侦查人员依法办案，注重程序公正，保证案件质量。法庭上，两位办案警官证实被告人被抓获后对于发案现场货物的存放位置、安全保卫等细节所作的供述符合案件的真实情况，同时介绍了依法取得证人证言笔录的经过。据此，法院采纳了公诉人的意见，依法以盗窃罪判处李某有期徒刑 4 年，并处罚金 1 万元。

［问题］

1. 简述诉讼参与人的范围、诉讼职能及其特点。

2. 哪些人可以作为证人？

3. 本案中警察是以什么诉讼身份出庭陈述案件事实？

［解析］

1. 诉讼参与人，是指除当事人之外，参与诉讼活动并在诉讼中享有一定诉讼权利、承担一定诉讼义务的参与人。根据《刑事诉讼法》第 108 条的规定，诉讼参与人是指法定代理人、诉讼代理人、辩护人、证人、鉴定人和翻译人员。

这些诉讼参与人与案件结果没有直接的利害关系，其实体权益并没有因诉讼的进行而处于待判定状态，也不会因诉讼的结束而受到有利或不利的影响。他们参加刑事诉讼活动，要么旨在协助某一方当事人充分有效地承担诉讼职能，行使诉讼权利；要么为诉讼各方提供证据材料或为诉讼的顺利进行提供服务和帮助。这些诉讼参与人既不承担独立的诉讼职能，也不会对诉讼的启动、进展和终结发挥较大的影响和推动作用。

2. 证人是了解案件情况并向公安司法机关提供这些情况的当事人以外的第三人。按照我国《刑事诉讼法》第 62 条的规定，凡是知道案件情况的人，都有作证的义务。生理上、精神上有缺陷或者年幼，不能辨别是非、不能正确表达的人不能作证人。我国刑事诉讼中“证人”的含义是狭义的。在一些国家，在法庭上陈述有关案件事实并以该陈述作为证据的人，都是证人，这里的“证人”是广义的，不仅包括了解案件情况并向公安司法机关提供这些情况的当事人以外的第三人，还包括当事人（被害人、被告人）以及鉴定人。我国刑事诉讼中的“证人”不包括当事人和鉴定人。证人是知道案件情况的人,这里的案件情况应理解为案件发生的事实或者与案件有关的情况,这里的事实和情况一般是指实体事实。但是在刑事诉讼过程中,有时也需要就程序问题(如取证的合法性)作证,就程序问题提供陈述并以该陈述作为证据的人,也应当具有"证人"身份。

3. 在本案庭审中,被告人翻供,公诉人请来两位办案警官,就被告人被抓获后对于发案现场货物的存放位置、安全保卫等细节所作的供述符合案件的真实情况提供陈述,并陈述依法取得证人证言笔录的经过。请办案警官出庭作证,目的在于促使侦查人员依法办案,注重程序公正,保证案件质量,并且保障被告人和辩护人的合法权利。办案警官陈述的事实,既有实体事实,也有程序事实,这些事实都是办案警官在办案过程中了解的。办案警官出庭陈述时的身份应当是"证人"身份。因此,我国"证人"的含义应当有所拓展。

【综合案例】

【综合案例一】

［案情简介］

被告人张某(男,29 岁)某市人,无业。2020 年 7 月,张某为了生横财,在某市新城区建立一个"万能策划公司",专门为顾客"出主意"。由于朋友的介绍和帮忙,他一时在某市搞得小有名气。2021 年 9 月 23 日,某公司经理赵某经人介绍,特意委托被告人张某为该公司饮品做广告,答应事成后被告人以销售额的 3% 作为回报。被告人张某答应该项业务后,赵某即转给张某 120 万元作广告费和一些费用开支。然而被告人张某收到该款后,并未联系任何广告业务,却将该款用于个人挥霍,给自己添置了一款豪华轿车,并在市区购买了一套商品房。2022 年 3 月 13 日,赵某因广告未做成,向被告人张某索要广告费,张某便以 120 万元是向其支付的策划费和担保贷款的好处费为由,拒不退还。后来在赵某的多次催款下,张某考虑到事情闹大声誉不好,即将那辆价值 30 万元的轿车和 10 万元的现金给赵某,余款不予补齐。赵某在多次催款未果的情况下,无奈向某市新城区公安局报案。公安机关得知消息后,立即对被告人张某进行了询问,得知被告人在明知相关法规的情况下,违法担保,并虚构能帮助赵某及其公司在中央电视台做该公司饮品广告的事实,骗取巨额现金 80 万元,用于个人享乐。侦查终结后,新城区公安局将此案移送该区人民检察院审查起诉。由于此案涉及数额大,该区人民检察院即把案子退回区公安局,由公安机关将此案移送上一级人民检察院审查起诉。某市人民检察院提起公诉,指控被告人张某以做广告为名,骗取赵某及其公司的现金 80 万元人民币,事实清楚,证据确实、充分,被告人张某的行为已构成诈骗罪且诈骗数额特别巨大。张某委托了辩护律师。某市中级人民法院于 2022 年 8 月 17 日开庭审理了此案。法院依法判处被告人张某构成诈骗罪,处有期徒刑 13 年,并处罚金

10 万元。张某的父母在征得张某同意后，向上一级人民法院提起上诉，省高级人民法院驳回了上诉，维持原判。

[问题]

阐述刑事诉讼中专门机关和诉讼参与人的范围、地位和职权。

[思路]

没有专门机关和诉讼参与人，就没有刑事诉讼。在我国，刑事诉讼中的专门机关包括依法行使侦查权、起诉权和审判权的公安机关（含国家安全机关和军队保卫部门）、人民检察院和人民法院。诉讼参与人包括与案件处理结果有利害关系的被害人、自诉人、犯罪嫌疑人、被告人、附带民事诉讼的原告人和被告人以及法定代理人、诉讼代理人、辩护人、证人、鉴定人和翻译人员。

在刑事诉讼中，公安机关是行使侦查权的机关之一，其职责主要是负责刑事案件的侦查、预审；对应当予以拘留、逮捕的现行犯、犯罪嫌疑人或者被告人实施拘留、执行逮捕并进行羁押。此外，公安机关还担负着对于被判处管制、剥夺政治权利、宣告缓刑、假释和暂予监外执行的罪犯的执行和监督。根据我国的军事体制，中国人民解放军内部设立保卫部门，军队保卫部门承担军队内部发生的刑事案件的侦查工作，同公安机关的侦查工作性质是相同的。此外，根据《中华人民共和国监狱法》（以下简称《监狱法》）和《刑事诉讼法》的规定，对罪犯在监狱内犯罪的案件由监狱进行侦查，同时，修改后的《刑事诉讼法》第 4 条规定："国家安全机关依照法律规定，办理危害国家安全的刑事案件，行使与公安机关相同的职权。"

人民检察院是我国的法律监督机关，行使国家检察权。它在刑事诉讼中的法律地位体现在以下几个方面：(1)享有侦查权，对在诉讼活动实行法律监督中发现的司法工作人员利用职权实施的非法拘禁、刑讯逼供、非法搜查等侵犯公民权利，损害司法公正的犯罪，可以由人民检察院立案侦查。对于公安机关管辖的国家机关工作人员利用职权实施的重大犯罪案件，需要由人民检察院直接受理的时候，经省级以上人民检察院决定，可以由人民检察院立案侦查。(2)享有公诉权，是国家唯一的公诉机关，凡需要提起公诉的案件一律由人民检察院审查决定。(3)享有监督权，是法定的诉讼监督机关，负责批准逮捕、对立案侦查活动、审判活动以及判决、裁定的执行是否合法进行监督。

人民法院是国家的审判机关，代表国家依法独立行使审判权。只有经过审判，才能确定被告人是否有罪，应否判处刑罚和判处什么刑罚。为了保证刑事审判权的顺利实施，刑事诉讼法还赋予人民法院以下职权：(1)对刑事被告人决定逮捕、拘传、取保候审和监视居住；(2)在必要的时候，可以进行勘验、检查、扣押、鉴定和查询、冻结；(3)如果有附带民事诉讼，必要的时候可以查封、扣押被告人的财产；(4)依照法律规定，行使某些判决和裁定的执行权。

诉讼参与人是指在刑事诉讼中除公安司法人员以外的享有一定的诉讼权利，且负担一定的诉讼义务的人。诉讼参与人通过行使诉讼权利，对刑事诉讼的进程和结果发挥着不同程度的影响和作用;通过负担诉讼义务,保证刑事诉讼活动得以顺利、有效地进行,诉讼参与人一般分为两大类:一是当事人;二是其他诉讼参与人。当事人是指与案件的结果有着直接利害关系,对刑事诉讼过程发挥着较大影响作用的诉讼参与人,包括被害人、自诉人、犯罪嫌疑人、被告人、附带民事诉讼的原告人和被告人。

结合本案,我们可以得知:此案中的区公安局、区人民检察院、市人民检察院、市人民法院及省高级人民法院属于刑事诉讼中的专门机关,它们分别行使了侦查权、公诉权和审判权。凡是与案件没有直接利害关系,而是基于其他原因参加刑事诉讼的人,就是其他诉讼参与人,包括法定代理人、诉讼代理人、辩护人、证人、鉴定人和翻译人员,他们参加诉讼的目的是协助某一方当事人充分、有效地承担诉讼职能,或为诉讼各方提供证据材料,或为诉讼的顺利进行服务。

【综合案例二】

[案情简介]

被告人刘某(男,21岁)因网上聊天而与被害人李某(女,20岁)相识,很快两人发展成男女朋友关系。被告人刘某心胸狭窄,总是对被害人李某说:"你不能背叛我,否则我绝不放过你。"李某是个生性开朗的女孩,又在网上结识了一男友,对被告人刘某一下子冷淡许多。刘某起了疑心,他找被害人李某要求她中断与另一男网友的交往,李某不理他。刘某多次纠缠,李某厌恶他以致不想与他交往,为此被告人刘某立即起了杀机。2021年5月10日,刘某买了瓶浓硫酸,并约定与李某在A市见面,刘某趁机将浓硫酸泼向李某脸部,随后将李某锁在自己的宿舍里,使李某不能得到及时治疗,致使李某被毁容。

此案由A市某区公安机关立案侦查,在侦查终结后,依法提请人民检察院批准逮捕了刘某,并将案件移送某区人民检察院审查起诉。检察院提起公诉后,A市某区人民法院在法定期间内依法开庭审理,以故意伤害罪判处被告人刘某有期徒刑7年。判决宣告后,被害人李某不服,在法定期间内请求人民检察院抗诉,检察院经过审查,认为请求有理,决定抗诉。后经第二审人民法院依法审理,合议庭改判被告人刘某有期徒刑10年。

[问题]

1. 阐述公诉案件中被害人的诉讼地位。

2. 阐述公诉案件中被害人享有的诉讼权利以及如何保障被害人的诉讼权利。

[思路]

1. 本案所涉及的一个核心问题是公诉案件中被害人的诉讼权利。刑事诉讼中的被害人是指其人身、财产及其他合法权益遭受犯罪行为侵害的人,本案中仅指公诉案件中的被害人。

在古代弹劾式诉讼制度中,被害人拥有独立的起诉权,没有被害人的起诉,法院不会主动开始审判活动,所以被害人处于原告人的地位。随着纠问式诉讼制度的产生,对犯罪的追诉被视为国家专门机构的法定职责,追诉也被视为一种国家职能活动,被害人不再担当原告人的角色,而主要处于证人的地位,协助追诉部门完成对被追诉者进行定罪惩罚的任务。随着国际性人权保障活动的广泛开展,被害人的诉讼地位不断加强,我国1996年修改刑事诉讼法时明确规定了被害人的诉讼地位,赋予刑事被害人具有独立的诉讼当事人地位。这是我国在保障刑事司法人权方面取得的实质性进展。

2. 被害人作为当事人享有的诉讼权利主要有:(1)有权使用本民族语言文字进行诉讼;(2)对于审判人员、检察人员和侦查人员侵犯其诉讼权利和人身权利的行为,有权提出控告;(3)对于审判人员、检察人员、侦查人员以及鉴定人员、翻译人员、书记员有《刑事诉讼法》所规定的回避情形的,有权申请他们回避;对驳回申请回避的决定,有权申请复议一次;(4)有权参加法庭调查,在法庭上就起诉书指控的犯罪进行陈述,可以向被告人发问等;(5)有权参加法庭辩论,对证据和案件情况发表意见并与公诉人、其他当事人、辩护人等相互辩论;(6)有权对已生效的判决、裁定,向人民法院或人民检察院提出申诉等。

被害人享有的特有的权利主要有:(1)有权自案件移送审查起诉之日起,委托诉讼代理人。(2)对于人民检察院作出的不起诉决定,有权获得不起诉决书,并向上一级人民检察院申诉,要求提起公诉;对于人民检察院维持不起诉决定的,有权向人民法院起诉;也可以不经申诉,直接向人民法院起诉。(3)对地方各级人民法院第一审的判决不服的,有权请求人民检察院抗诉;人民检察院收到抗诉请求后5日内,应作出是否抗诉的决定并答复请求人。本案中,被害人正是行使了这一项权利,在对一审判决不服时,请求人民检察院抗诉,这无疑更好地保护了被害人的权益。另外,被害人作为诉讼当事人,在诉讼过程中应承担法定的诉讼义务:(1)如实向司法机关陈述案件事实;(2)接受司法机关对其人身检查;(3)接受司法机关的传唤;(4)在法庭上接受询问和回答问题;(5)遵守法庭纪律等。

保障被害人的诉讼权利,关键是保障控辩双方法律地位平等。在刑事诉讼中,控辩双方不存在谁高于谁的问题,法官在控辩双方的平等参与下,处于居中公断的地位。为保障控辩双方法律地位平等,最有效的方案应从刑事诉讼的各阶段来完善控辩平等:一是在侦查阶段对公安机关侦查权的限制;二是在审前阶段的证据开示制度;三是在审判阶段的证据裁判制度。除此之外,我们认为,构建刑事被害人国家补偿制度,是保障刑事被害人权益的切实有效举措。

△ 资料链接

1. 陈光中主编:《刑事诉讼法》(第7版),北京大学出版社2021年版。
2. 姚莉主编:《刑事诉讼法学》(第3版),中国法制出版社2023年版。
3. 宋英辉:《刑事诉讼法学》(第6版),中国人民大学出版社2019年版。

4. 陈卫东主编:《刑事诉讼法原理与案例教程》(第 3 版),中国人民大学出版社 2015 年版。

5.《刑事诉讼法学》编写组编:《刑事诉讼法学》(第 3 版),高等教育出版社 2019 年版。

讨论思考

1. 简述我国刑事诉讼的结构。
2. 简述刑事诉讼主体及其在刑事诉讼中的权力(权利)和义务。
3. 简述犯罪嫌疑人、被告人诉讼地位的特点。
4. 简述被害人诉讼地位的特点。
5. 阐述刑事诉讼职能区分的原则。
6. 阐述人民检察院的法律监督职能。
7. 人民法院的诉讼职能是什么?
8. 人民检察院的法律监督职能的理论基础是什么?

第三章　管　　辖

◈ 本章提要

刑事诉讼中的管辖是指公安司法机关在受理刑事案件上的分工制度,其要解决的问题包括两个方面:一是公安机关、人民检察院和人民法院在直接受理案件上的分工问题;二是人民法院系统内部、普通人民法院与专门人民法院以及专门人民法院之间在审判第一审刑事案件上的分工问题。管辖关系到刑事诉讼能否顺利地开展和进行,因此应该遵循一定的原则科学、合理地确定刑事诉讼中的管辖。刑事诉讼中的管辖包括立案管辖和审判管辖。立案管辖是指人民法院、人民检察院和公安机关之间直接受理刑事案件职权范围上的分工,它与公安司法机关的职能分工相适应,主要是针对刑事案件的受理立案,即指哪类案件首先应由哪一个机关立案受理。审判管辖是指人民法院系统内部在审判第一审刑事案件上的权限分工,包括各级人民法院之间、同级人民法院之间以及普通人民法院与专门人民法院之间,在审判第一审刑事案件上的权限划分,它又可分为级别管辖、地域管辖和专门管辖。

◉ 法考重点

确定管辖的原则;管辖的分类;立案管辖与审判管辖的概念及区别;公安机关、人民法院和人民检察院直接受理的刑事案件范围;级别管辖、地域管辖、指定管辖和专门管辖之间的区别及特点。

第一节　立 案 管 辖

△ 知识背景

刑事诉讼中的管辖,是指国家专门机关依法在受理刑事案件方面的职权范围上的分工。我国《刑事诉讼法》中的管辖,是指公安机关、人民检察院和人民法院等按照法律规定立案受理刑事案件以及人民法院系统内审判第一审刑事案件的分工制度。管辖是刑事诉讼活动中首先要解决的问题,因为刑事诉讼程序是从立案活动开始,哪类刑事案件应当由公安司法机关中的哪一个机关立案受理,以及哪一级、哪一地区的法院对此案件享有管辖权,即成为立案最先要解决的问题。刑事诉讼中的管辖,实质上就是公安司法机关在受理刑事案件方面的权限划分。公安司法机关受理刑事案件的范围，称作管辖范围。公安司法机关在一定范围内受理刑事案件的职权，称为管辖权。公安司法机关对不属于自己管辖范围的案件，无权受理。

根据我国《刑事诉讼法》的规定，刑事诉讼中的管辖包括两个方面的内容：一是人民法院、人民检察院和公安机关各自直接受理刑事案件的职权范围；二是人民法院审判第一审刑事案件的职权范围。前者指刑事诉讼中的立案管辖，在诉讼理论上又称职能管辖或部门管辖，是指人民法院、人民检察院和公安机关各自直接受理刑事案件的职权范围，也就是人民法院、人民检察院和公安机关之间，在直接受理刑事案件范围上的权限划分；后者指刑事诉讼中的审判管辖，解决各级人民法院之间、同级人民法院之间以及普通人民法院与专门人民法院之间，在审判第一审刑事案件上的权限划分问题，称为审判管辖。审判管辖又分为级别管辖、地域管辖、指定管辖和专门管辖。

立案管辖所要解决的是哪类刑事案件应当由公安司法机关中的哪一个机关立案受理的问题。立案管辖主要是根据公安司法机关在刑事诉讼中的职责分工，以及刑事案件的性质、案情的轻重、复杂程度等不同情况确定的。从诉讼的角度来讲，审判管辖所要解决的是某个刑事案件由哪个人民法院作为第一审进行审判的问题。

我国《刑事诉讼法》第 19 条对人民法院、人民检察院和公安机关的立案管辖范围，作了概括性规定。

一、公安机关直接受理的刑事案件

我国《刑事诉讼法》第 19 条第 1 款规定："刑事案件的侦查由公安机关进行，法律另有规定的除外。"

法律另有规定是指：(1)《刑事诉讼法》第 19 条第 2 款规定的司法工作人员利用职权实施的侵犯公民权利，损害司法公正的犯罪案件由人民检察院立案侦查。(2)《刑事诉讼法》第 4 条规定："国家安全机关依照法律规定，办理危害国家安全的刑事案件，行使与公安机关相同的职权。"(3)《刑事诉讼法》第 308 条规定："军队保卫部门对军队内部发生的刑事案件行使侦查权。中国海警局履行海上维权执法职责，对海上发生的刑事案件行使侦查权。对罪犯在监狱内犯罪的案件由监狱进行侦查。军队保卫部门、中国海警局、监狱办理刑事案件，适用本法的有关规定。"

除另有以上规定之外，刑事案件的侦查由公安机关进行。

二、人民检察院直接受理的刑事案件

我国《刑事诉讼法》第 19 条第 2 款规定："人民检察院在对诉讼活动实行法律监督中发现的司法工作人员利用职权实施的非法拘禁、刑讯逼供、非法搜查等侵犯公民权利、损害司法公正的犯罪，可以由人民检察院立案侦查。对于公安机关管辖的国家机关工作人员利用职权实施的重大犯罪案件，需要由人民检察院直接受理的时候，经省级以上人民检察院决定，可以由人民检察院立案侦查。"

据此，人民检察院直接自行立案侦查的案件主要是在对诉讼活动实行法律监督中发现的司法工作人员利用职权实施的非法拘禁、刑讯逼供、非法搜查等侵犯公民权利、损害司法公正的犯罪。

除上述犯罪案件外，我国《刑事诉讼法》第19条第2款还规定了“公安机关管辖的国家机关工作人员利用职权实施的重大犯罪案件”，对此应理解为：公安机关管辖的国家机关工作人员利用职权实施的重大犯罪案件，需要由人民检察院直接受理的，经省级以上人民检察院决定，才可以由人民检察院立案侦查。根据最高人民检察院《人民检察院刑诉规则》（以下简称最高检《刑诉规则》）第15条的规定，基层人民检察院或者分、州、市人民检察院需要直接立案侦查的，应当层报省级人民检察院决定。省级人民检察院可以决定由设区的市级人民检察院立案侦查，也可以自行立案侦查。

【案例一】

［案情简介］

2021年11月17日，犯罪嫌疑人甲、乙从山西火车站窜上山西开往广州的某次旅客列车，在某车厢遇到伺机盗窃的戊某，戊某提出到后面看看，三人一同在火车上伺机盗窃，甲、乙二人在车厢把风，戊某趁旅客赵某睡觉之机，用单刃刀片将赵某的衣袋割开，从裤兜内盗出4000美元。戊分给甲某1200美元，三人在下一车站下车逃跑。

2022年5月，某检察院在审查批捕犯罪嫌疑人戊某盗窃案中，发现甲、乙涉嫌共同犯罪，通知公安机关立案侦查，公安机关经调查认为，甲、乙二人的行为不构成犯罪。经审查，公安机关办案人员涉嫌渎职犯罪，某上级检察机关指定某检察院立案侦查，该院进行了初查，获取了一些证据。2022年5月18日，对甲、乙涉嫌盗窃立案侦查，同时对甲、乙二人采取强制措施。该检察机关以甲、乙涉嫌盗窃罪，于2019年9月11日提起公诉。

本案在审理过程中，对某检察院能否立案侦查此案，有两种意见：一种意见认为，某检察院可以立案侦查，因为，根据《最高人民检察院关于加强渎职侵权检察工作的决定》的规定，特大渎职犯罪案件所涉及的必须及时查清的案件，经上级检察机关同意，可以并案查处。本案中检察院经上级检察机关同意立案侦查，故该检察院可以立案侦查。另一种意见认为，检察机关在侦查职务犯罪时，涉及其他刑事犯罪的案件，应当由有管辖权的公安机关立案侦查。

［问题］

分析该案应该由检察院立案侦查，还是由公安机关立案侦查？

［解析］

本案涉及的是立案管辖的问题。立案管辖是指人民法院、人民检察院和公安机关各自受理刑事案件的职权范围。它解决的是哪类刑事案件应当由司法机关中的哪一个机关立案受理的问题，也就是确定哪些刑事案件不需要经过侦查，而由人民法院直接受理审判；哪些刑事案件由人民检察院直接受理立案侦查；哪些刑事案件由公安机关立案侦查。

《刑事诉讼法》第19条第1款规定:“刑事案件的侦查由公安机关进行,法律另有规定的除外。”这里的除外规定是指:(1)《刑事诉讼法》第19条规定了人民检察院立案侦查的范围即:“人民检察院在对诉讼活动实行法律监督中发现的司法工作人员利用职权实施的非法拘禁、刑讯逼供、非法搜查等侵犯公民权利、损害司法公正的犯罪,可以由人民检察院立案侦查。对于公安机关管辖的国家机关工作人员利用职权实施的重大犯罪案件,需要由人民检察院直接受理的时候,经省级以上人民检察院决定,可以由人民检察院立案侦查。”(2)《刑事诉讼法》第4条规定:“国家安全机关依照法律规定,办理危害国家安全的刑事案件,行使与公安机关相同的职权。”(3)《刑事诉讼法》第308条规定:“军队保卫部门对军队内部发生的刑事案件行使侦查权。中国海警局履行海上维权执法职责,对海上发生的刑事案件行使侦查权。对罪犯在监狱内犯罪的案件由监狱进行侦查。军队保卫部门、中国海警局、监狱办理刑事案件,适用本法的有关规定。”(4)《刑事诉讼法》第19条第3款规定:“自诉案件,由人民法院直接受理。”

综上所述,本案应由公安机关立案侦查。理由是:(1)根据《刑事诉讼法》第19条第1款的规定,刑事案件的侦查由公安机关进行。(2)《刑事诉讼法》第113条规定:“人民检察院认为公安机关对应当立案侦查的案件而不立案侦查的,或者被害人认为公安机关对应当立案侦查的案件而不立案侦查,向人民检察院提出的,人民检察院应当要求公安机关说明不立案的理由。人民检察院认为公安机关不立案理由不能成立的,应当通知公安机关立案,公安机关接到通知后应当立案。”根据上述规定,检察机关在侦查职务犯罪时,发现其他刑事犯罪,应当通知公安机关立案侦查,公安机关应当立案而不立案,检察机关可以要求公安机关说明不立案理由,公安机关在收到人民检察院“要求说明不立案理由通知书”后7日内应当说明情况书面答复人民检察院。本案中,某检察院通知公安机关立案,公安机关回函认为,甲、乙二人的行为不构成犯罪。本案中,某检察院审查后认为公安机关不立案理由不能成立,应向公安机关发出“通知立案书”,但是,某检察院没有向公安机关发出“通知立案书”,而是,经上级检察机关同意,对此案立案侦查并提起公诉,违反了刑事诉讼法的上述规定。

根据上述可知,检察机关在侦查职务犯罪时,涉及其他刑事犯罪的案件,检察机关应依照刑事诉讼法的有关规定,将案件移送有管辖权的公安机关立案侦查。

【案例二】

[案情简介]

被告人杨某(男,44岁),原系某派出所所长。2021年11月1日凌晨,江某、汪某、赵某等人在舞王俱乐部消费后乘坐电梯离开时与同时乘坐电梯的另外几名顾客发生口角,舞王俱乐部保安员前来劝阻。争执过程中,舞王俱乐部的保安员易某及员工罗某等五人与江某等人在一楼发生打斗,致江某受重伤,汪某、赵某受轻伤。杨某指示以涉嫌故意伤害对俱乐部罗某、易某等五人立案侦查。次日，该派出所依法对涉案人员刑事拘留。案发后，舞王俱乐部负责人王某多次打电话给杨某，并通过杨某之妻何某帮忙请求调解，要求使其员工免受刑事处罚。杨某明知该案不属于可以调解处理的案件，仍答应帮忙，并指派不是本案承办民警的刘某负责协调调解工作，于2022年3月6日促成双方以赔偿人民币51万元达成和解。杨某即安排办案民警将案件作调解结案。舞王俱乐部有关人员于3月7日被解除刑事拘留，未被追究刑事责任。

某市公安局得知此案后，认为此案重大，将案件移送到某市人民检察院。市人民检察院经过侦查，认为犯罪嫌疑人杨某作为司法工作人员，故意违反有关规定，徇私枉法，已构成徇私枉法罪，市检察院侦查终结后，在法定期间内依法向市人民法院提起了公诉。

［问题］

市公安局为什么将此案移送市人民检察院立案侦查？

［解析］

本案涉及的是立案管辖这一刑事诉讼法中的基本问题。管辖是启动刑事诉讼程序时面临的首要问题。根据我国《刑事诉讼法》的规定，公安机关、人民检察院、人民法院三机关都可以对某些案件行使立案管辖，其具体分工如下：《刑事诉讼法》第19条第1款规定："刑事案件的侦查由公安机关进行，法律另有规定的除外。"第19条第3款规定："自诉案件，由人民法院直接受理。"可见，公安机关立案管辖的是除人民法院直接受理和人民检察院自行侦查的刑事案件外的其他绝大多数刑事案件。

《刑事诉讼法》第19条第2款规定："人民检察院在对诉讼活动实行法律监督中发现的司法工作人员利用职权实施的非法拘禁、刑讯逼供、非法搜查等侵犯公民权利、损害司法公正的犯罪，可以由人民检察院立案侦查。对于公安机关管辖的国家机关工作人员利用职权实施的重大的犯罪案件，需要由人民检察院直接受理的时候，经省级以上人民检察院决定，可以由人民检察院立案侦查。"就本案的徇私枉法罪而言即属于人民检察院的立案管辖范围。可以说，准确判断案件的性质和罪名是正确确定立案管辖的前提。本案的被告人杨某身为司法工作人员，利用手中的职权徇私枉法、对应当追究刑事责任的人员违法不予追究，已经构成徇私枉法罪，属于检察机关立案侦查范围。综上可知，本案属于某市人民检察院直接受理案件的范围，所以，市公安局应当将此案移送市人民检察院立案侦查。

第二节 级别管辖

▲ 知识背景

刑事诉讼中的审判管辖，是指人民法院审判第一审刑事案件的职权范围，包括各级人民法院之间、普通人民法院与专门人民法院之间，以及同级人民法院之间，在审判第一审刑事案件上的权限划分。从诉讼的角度来讲，审判管辖所要解决的是某个刑事案件由哪个人民法院作为第一审进行审判的问题。立案管辖与审判管辖之间的关系因公诉案件和自诉案件而有所不同。对于自诉案件，人民法院的立案管辖和审判管辖是重合的，都是审判权的具体落实。对于公诉案件，则是侦查权、起诉权、审判权相互关系的直接反映。

我国《刑事诉讼法》第176条规定，人民检察院决定起诉的案件，应当按照审判管辖的规定向人民法院提起公诉。所以，人民检察院提起公诉的案件，应当与各级人民法院管辖审理的案件范围相适应。因此，明确了审判管辖，也就相应地确定了提起公诉的检察机关。

根据我国《人民法院组织法》的规定，人民法院除设有最高人民法院作为国家的最高审判机关外，设有地方各级人民法院和军事法院等专门人民法院。地方各级人民法院又分为：基层人民法院、中级人民法院和高级人民法院。与人民法院的设置相适应，刑事案件的审判管辖，分为级别管辖、地域管辖、专门管辖和指定管辖。

级别管辖，是指各级人民法院审判第一审刑事案件的职权范围。级别管辖所解决的是各级人民法院之间，在审判第一审刑事案件上的权限分工问题。我国划分级别管辖主要是根据案件的性质、罪行的轻重和可能判处的刑罚、涉及面和对社会影响的大小，以及各级人民法院的工作职责来确定。我国《刑事诉讼法》对各级人民法院管辖的第一审刑事案件，作了明确的规定：(1)我国《刑事诉讼法》第20条规定："基层人民法院管辖第一审普通刑事案件，但是依照本法由上级人民法院管辖的除外。"(2)我国《刑事诉讼法》第21条规定："中级人民法院管辖下列第一审刑事案件：危害国家安全、恐怖活动案件；可能判处无期徒刑、死刑的案件。"(3)我国《刑事诉讼法》第22条规定："高级人民法院管辖的第一审刑事案件，是全省(自治区、直辖市)性的重大刑事案件。"(4)我国《刑事诉讼法》第23条规定："最高人民法院管辖的第一审刑事案件，是全国性的重大刑事案件。"

【案例一】

[案情简介]

美国人卫某与中国香港特别行政区居民吴某在内地私藏枪支、弹药，公安人员查缉枪支、弹药时，吴某以暴力方法阻碍公安人员依法执行职务。关于本案的级别管辖，存在几种不同的观点：(1)全案由犯罪地的基层法院审判，因为私藏枪支、弹药罪和妨碍公务罪都不属于可能判处无期徒刑以上刑罚的案件；(2)卫某由犯罪地中级人民法院审判，吴某由犯罪地的基层人民法院审判；(3)卫某由犯罪地中级人民法院审判，吴某由中级人民法院根据具体案件情况而决定是否交由基层人民法院审判；(4)全案由犯罪地的中级人民法院审判。

［问题］

以上几种关于本案的级别管辖的观点，哪一种是正确的？

［解析］

本案考查级别管辖。级别管辖是指各级人民法院在审判第一审刑事案件上的职权划分。《刑事诉讼法》第20条规定，基层人民法院管辖第一审普通刑事案件，但是依照本法由上级人民法院管辖的除外。《刑事诉讼法》第21条规定："中级人民法院管辖下列第一审刑事案件：（一）危害国家安全、恐怖活动案件；（二）可能判处无期徒刑、死刑的案件。"因此，外国人在我国境内所犯的刑事案件，只要不符合上述情形，则不应当由中级人民法院管辖。我国《刑法》第128条规定："违反枪支管理规定，非法持有、私藏枪支、弹药的，处三年以下有期徒刑、拘役或者管制；情节严重的，处三年以上七年以下有期徒刑。"《刑法》第277条规定："以暴力、威胁方法阻碍国家机关工作人员依法执行职务的，处三年以下有期徒刑、拘役、管制或者罚金。"根据《刑法》规定可知，私藏枪支、弹药罪的最高刑为7年，妨害公务罪的最高刑为3年，这两种罪都不属于可能被判处无期徒刑、死刑的案件。综上所述，本案中被告人所犯的私藏枪支、弹药罪、妨害公务罪这两罪不属于中级人民法院的管辖的第一审刑事案件。

另外，本案还涉及卫某和吴某私藏枪支、弹药罪的共同犯罪及吴某单独所犯的妨害公务罪的一审管辖问题。根据最高人民法院《关于适用〈中华人民共和国刑事诉讼法〉的解释》第15条规定："一人犯数罪、共同犯罪或者其他需要并案审理的案件，其中一人或者一罪属于上级人民法院管辖的，全案由上级人民法院管辖。"

综上所述，本案中卫某和吴某所犯的私藏枪支、弹药罪以及吴某单独所犯的妨害公务罪都不属于中级人民法院管辖的案件，本案全案应由犯罪地的基层人民法院管辖。因此，关于本案的级别管辖的以上观点，只有观点（1）正确。

【案例二】

［案情简介］

被告人陈某（男，41岁），某市某国有公司经理。2022年5月12日，有群众向浙江省检察院举报陈某挪用公款人民币50万元买房。另外，自2016年，陈某受贿30万元，购买了一辆豪华轿车；2019年，被告人陈某将国有公司账内100万元转到某市某房地产国有公司，随即再转到自己名下，购买豪华住宅一套；2021年，陈某利用国有公司进口设备的机会，从中贪污60万元人民币。

自2016年以来，陈某利用职务之便，共涉嫌贪污、受贿、挪用公款犯罪总额多达240万元。在法定的期间内，某市某区检察院向某市中级人民法院提起了公诉。某市中级人民法院对陈某一案进行了审理。查明被告人贪污公款、收受贿赂、挪用公款总计犯罪金额合计人民币330万元。法院认为：陈某系国有公司从事公务的人员，利用职务上的便利侵吞、骗取公款，接受他人贿赂，情节特别严重；挪用公款情节严重。依照

《刑法》的有关规定,判决被告人陈某犯贪污罪判处死刑,剥夺政治权利终身,并处没收个人全部财产;犯受贿罪判处死刑,剥夺政治权利终身,并处没收个人全部财产;犯挪用公款罪判处有期徒刑15年。最终决定对被告人陈某执行死刑,剥夺政治权利终身,并处没收个人全部财产。

[问题]

我国《刑事诉讼法》关于级别管辖是如何规定的?

[解析]

我国《刑事诉讼法》对于级别管辖作了以下规定:(1)案件经过立案侦查、审查起诉后,涉及的是审判管辖的问题。级别管辖首先要解决的是案件该由哪级人民法院来审判第一审刑事案件。(2)我国《刑事诉讼法》第20条规定:"基层人民法院管辖第一审普通刑事案件,但依照本法由上级人民法院管辖的除外。"《刑事诉讼法》第21条规定:"中级人民法院管辖下列第一审刑事案件:(一)危害国家安全案件;(二)可能判处无期徒刑、死刑的普通刑事案件。"《刑事诉讼法》第22条规定:"高级人民法院管辖的第一审刑事案件,是全省(自治区、直辖市)性的重大刑事案件。"《刑事诉讼法》第23条规定:"最高人民法院管辖的第一审刑事案件,是全国性的重大刑事案件。"(3)我国《刑事诉讼法》划分级别管辖的主要依据是:案件的性质;罪行的轻重程度和可能判处的刑罚;案件涉及面和社会影响的大小;以及各级人民法院在审判体系中的地位、职责和条件等。本案因被告人涉嫌金额特别巨大,情节特别严重,可能被判处死刑,所以由中级人民法院进行审理是正确的。

第三节 地 域 管 辖

△ 知识背景

地域管辖,是指同级人民法院之间,在审判第一审刑事案件上的权限划分。一是犯罪地法院管辖。我国《刑事诉讼法》第25条规定:"刑事案件由犯罪地的人民法院管辖。如果由被告人居住地的人民法院审判更为适宜的,可以由被告人居住地的人民法院管辖。"这一规定表明,在我国,确定刑事案件地域管辖的原则有两个,即犯罪地和被告人居住地。但两者在地域管辖中的地位并不是并列的,而是以犯罪地作为确定地域管辖的基本原则,被告人居住地作为确定地域管辖的辅助性原则。二是被告人居住地法院管辖。刑事案件如果由被告人居住地的人民法院审判更为适宜的,可以由被告人居住地的人民法院管辖。这是法律对地域管辖所作的一项辅助性的规定。最高人民法院《关于适用〈中华人民共和国刑事诉讼法〉的解释》(以下简称最高法《刑诉解释》)第3条规定,"被告人的户籍地为其居住地。经常居住地与户籍地不一致的,经常居住地为其居住地。经常居住地为被告人被追诉前已连续居住一年以上的地方,但住院就医的除外。被告单位登记的住所地为其居住地。主要营业地或者主要办事机构所在地与登记的住所地不一致的，主要营业地或者主要办事机构所在地为其居住地”。三是优先管辖和移送管辖。我国《刑事诉讼法》第26条明确规定：“几个同级人民法院都有权管辖的案件，由最初受理的人民法院审判。在必要的时候，可以移送主要犯罪地的人民法院审判。”对这种案件，法律规定由最初受理的人民法院审判，主要是为了避免人民法院之间发生管辖争议而拖延案件的审判，也由于最初受理的人民法院对案件往往已进行了一些工作，由它进行审判，有利于及时审结案件。但是，为了适应各种案件的复杂情况，法律又规定，在必要的时候，最初受理的人民法院可以将案件移送主要犯罪地的人民法院审判。至于在什么情况下，才能认为是“必要的时候”，一般应从是否更有利于发挥审判活动的教育作用等方面来考虑确定。

【案例一】

[案情简介]

甲采用向计算机植入木马程序的方法窃取丁某的网络游戏账号、密码等信息，将窃取到的相关数据存放在其租用的服务器中，并利用这些数据将丁某游戏账户内的金币、点券等虚拟商品放在第三方网络交易平台上进行售卖，获利7000元。本案关于地区管辖存在以下几种观点：一是甲计算机所在地法院；二是丁某计算机所在地法院；三是甲租用的服务器所在地法院；四是经营该网络游戏的公司所在地法院。

[问题]

本案中哪些地区的法院对本案具有管辖权？

[解析]

本案考查地域管辖。根据最高法《刑诉解释》第2条规定：犯罪地包括犯罪行为发生地和犯罪结果地。针对或者利用计算机网络实施的犯罪，犯罪地包括犯罪行为发生地的网站服务器所在地，网络接入地，网站建立者、管理者所在地，被侵害的计算机信息系统及其管理者所在地，被告人、被害人使用的计算机信息系统所在地以及被害人财产遭受损失地。《最高人民法院、最高人民检察院、公安部关于办理网络犯罪案件适用刑事诉讼程序若干问题的意见》第2条规定，网络犯罪案件的犯罪地还包括“被害人被侵害时所在地等”。

综上所述，本案中，甲计算机所在地属于被告人使用的计算机信息系统所在地；丁某计算机所在地属于被害人使用的计算机信息系统所在地；甲租用的服务器所在地属于犯罪行为发生地的网站服务器所在地；经营该网络游戏的公司所在地属于网站建立者、管理者所在地。所以，本案中甲计算机所在地法院；丁某计算机所在地法院；甲租用的服务器所在地法院；经营该网络游戏的公司所在地法院，这四个法院对本案都具有管辖权。

【案例二】

［案情简介］

2022年5月13日晚11时，家住A市的被告人齐某、赵某、周某3人约定在当地某会所玩，齐某提出“找小姐陪玩”，赵某、周某同意。于是，被告人刘某将本单位公车开出，3人驾车在通往B市的公路上，伺机劫持小姐。正当女青年吴某骑车路过时，3人跳下车将女青年吴某劫持到车上，汽车朝B市开去。途中3名被告人轮奸该女青年，直到车开到B市境内后，受害人被奸后又被抛出车外，恰好被B市的治安巡逻队员发现并及时报案，B市公安机关当夜将窜至B市的齐某、赵某、周某3名被告人抓获归案。

本案A市法院与B市法院对管辖存在争议。A市法院认为，此案应由B市法院受理。其理由：一是此案被告人的犯罪行为始于A市，但犯罪行为的完成是在B市境内，B市也是犯罪地的一部分；二是此案是由B市公安机关侦破，并由B市检察机关审查起诉的，B市法院受理更为方便。B市法院则认为，此案应由A市法院受理。其理由是：被告人的主要犯罪行为是在A市实施的，并且被告居住在A市，根据《刑事诉讼法》第25条的规定，A市法院应该受理此案。

［问题］

根据人民法院地域管辖原则分析本案中各法院管辖的可行性问题。

［解析］

所谓地域管辖，是指同级人民法院之间，按照各自的辖区在审理第一审刑事案件上的分工。根据《刑事诉讼法》第25条、第26条的规定，刑事案件由犯罪地的人民法院管辖。如果由被告人居住地的人民法院审判更为适宜的，可以由被告人居住地人民法院管辖。几个同级人民法院都有管辖权的案件，由最初受理的人民法院管辖。在必要的时候，可以移送主要犯罪地的人民法院审判。根据上述规定，我国刑事案件的管辖，实行以犯罪地人民法院管辖为主、以被告人居住地人民法院管辖为辅的原则。犯罪地包括犯罪预备地、犯罪行为实施地、犯罪结果发生地和销赃地。被告人的居住地，包括被告人户籍所在地、住所地。由被告人居住地的人民法院审判需以由其审判更为适宜为条件。所谓“更为适宜”，一般是指：(1)被告人流窜作案，犯罪地难以确定，而其居住地群众更为了解案情，对被告人的押送又比较安全和方便的；(2)被告人在当地民愤极大，群众强烈要求在其居住地进行审判的；(3)被告人有可能被判处管制或者适用缓刑，而应当在其居住地进行监督考察和改造的。

本案要确定管辖，必须解决“犯罪地”“居住地”“主要犯罪地”“最初受理地”等地法院管辖的可行性问题。本案的犯罪行为开始于A市，但轮奸行为分别实施于A市、B市两地，A市、B市都是犯罪地。至于何者为主要犯罪地，不好分清。虽然劫持和轮奸行为始发于A市，但作为本案的一个重要情节——女青年吴某被轮奸并被抛出车外，被告驾车逃跑，则发生在B市。由“居住地”法院审判，要符合“由居住地法院审判更为适宜”这一条件。而本案发案在A市，在B市破案，是由B市公安机关侦破的，显然将案件再移送A市法院审判是“不适宜”。至于“最初受理的法院”，本案在向B市法院起诉时，该院即提出异议，尚未受理，不存在“最初受理的法院”。因此，最佳的受理法院应该是B市法院。

本案已不能单纯依照刑事诉讼法关于地域管辖的规定来确定管辖，而需要指定管辖来确定具体管辖法院。所谓指定管辖，是指上级人民法院根据法律的规定，以裁定的方式指定其辖区内的下一级人民法院对某一案件行使管辖权。我国《刑事诉讼法》规定的指定管辖主要有三种情形：(1)管辖不明的案件。《刑事诉讼法》第27条规定：“上级人民法院可以指定下级人民法院审判管辖不明的案件，也可以指定下级人民法院将案件移送其他人民法院审判。”(2)有管辖权的人民法院由于特殊原因不能行使管辖权的案件。例如，最高法《刑诉解释》第18条规定：有管辖权的人民法院因案件涉及本院院长需要回避等原因，不宜行使管辖权的，可以请求上一级人民法院管辖；上一级人民法院可以指定与提出请求的人民法院同级的其他人民法院管辖。(3)地域管辖存在争议需要指定管辖的刑事案件。最高法《刑诉解释》第19条规定，对管辖权发生争议的，应当在审限内协商解决，协商不成的，由争议的人民法院分别逐级报请共同的上一级人民法院指定管辖，对于管辖权发生争议的，主要有两种情况：一是两个以上同级人民法院都认为自己依法对该案有管辖权，而争夺管辖权；二是在特殊情况下有管辖权的法院不能行使管辖权。本案就属于此种情况。既然双方协商不成，本案应由A、B两市的上级人民法院指定管辖，从而防止因管辖不明发生争执、推诿而延误审判，以使刑事案件及时得到处理。考虑到本案的侦破地在B市，B市也是犯罪结果地，为便于审判，上级人民法院应指定由B市法院管辖。最后，最高法《刑诉解释》规定了指定管辖的法定程序：上级人民法院指定管辖的，应当将指定管辖决定书分别送达被指定管辖的人民法院和其他有关的人民法院。原受理案件的人民法院，在收到上级人民法院指定其他人民法院管辖决定书后，不再行使管辖；对于公诉案件，应当书面通知提起公诉的人民检察院，并将全部案卷材料退回，同时书面通知当事人；对于自诉案件，应当将全部案卷材料移送被指定管辖的人民法院，并书面通知当事人。

第四节　专门管辖

△ 知识背景

专门管辖，是指专门人民法院之间，以及专门人民法院与普通人民法院之间对第一审刑事案件在受理范围上的分工，即进一步明确各专门人民法院审判刑事案件的职权范围。它解决的是哪些刑事案件应当由哪些专门人民法院审判的问题。

我国《刑事诉讼法》第28条规定：“专门人民法院案件的管辖另行规定。”在司法实践中，军事法院管辖的刑事案件，主要是现役军人和军内在编职工，违反《刑法》分则第十章，犯军人违反职责罪的犯罪案件。

铁路运输法院于2012年6月全部划归地方。最高人民法院公布的《关于铁路运输法院案件管辖范围的若干规定》已于2012年8月1日正式实施。根据该法规定，改制后的铁路运输法院刑事案件的管辖范围，除涉及铁路运输犯罪的各类公诉案件外，还包括有关刑事自诉案件。

【案例】

［案情简介］

被告人章某（男，27岁），现役军人（2022年8月1日退役），A市人。被告人章某在2021年5月1日，趁节假日无人之机，用事先偷配的钥匙打开部队库房门，入室盗走一台录像机（价值2万元）、一台电视（价值3800元）和照相机一台（价值2500元）。第一次盗窃得手后，章某于2016年6月5日，用偷配的钥匙打开部队宣传部的库房入室盗走影碟机一台（价值4780元）、摄像机一台（价值15000元）、录放机一台（价值3000元）、军乐影碟一盘（价值1000元）、音箱（2600元）。被告人章某把偷来的东西转手卖给旧货市场。2022年10月2日，章某再次作案，被当场抓获。经公安机关讯问，章某交代了在部队时所实施的盗窃行为。

2022年11月21日，A市检察院向A市中级人民法院提起公诉，指控被告人章某在部队期间先后多次盗窃部队财物，退役后在2022年10月2日再次实施盗窃行为，盗窃数额特别巨大，情节特别严重。A市中级人民法院认真审理后认为：被告人章某目无国法，以非法占有为目的，秘密窃取国家财物价值近人民币55万元，数额巨大，情节特别严重，触犯了我国《刑法》，依法判处章某无期徒刑，剥夺政治权利终身。宣判后，被告人章某不服，在法定期间内向省高级法院提起上诉，认为A市中级人民法院作为地方法院，无权受理其作为军人在服役期间犯罪案件，属程序违法。省高级人民法院在仔细审查该案后，认为原判决认定事实清楚，证据确实、充分，程序合法，裁定维持原判。

［问题］

1. 我国《刑事诉讼法》关于专门管辖是如何规定的？

2. 本案中章某的上诉理由是否成立？

［解析］

1. 根据人民法院组织法的规定，我国设立军事法院、铁路运输法院、海事法院等专门人民法院。目前可以受理刑事案件的专门人民法院有军事法院、铁路运输法院。刑事诉讼法并没有对哪些案件由军事法院和铁路运输法院管辖作出具体规定。根据有关法律和司法解释，铁路运输法院所管辖的刑事案件，主要是危害和破坏铁路运输和生产，严重破坏火车和交通设施，在火车上实施的犯罪，违反铁路运输的规章制度造成重大事故或严重后果的案件。

在司法实践中，军事法院管辖的刑事案件，主要是现役军人和军内在编职工违反刑法分则第十章，军人违反职责罪的案件。现役军人（含军内在编职工）和非军人共同犯罪的，分别由军事法院和地方人民法院管辖；涉及国家军事秘密的，全案由军事法院管辖。下列案件由地方人民法院或军事法院以外的其他专门法院管辖：(1)非军人、随军家属在部队营区犯罪的；(2)军人在办理退役手续后犯罪的；(3)现役军人入伍前犯罪的（需与服役期内犯罪一并审判的除外）；(4)退役军人在服役期内犯罪的（犯军人违反职责罪的除外）。

2. 从本案来看，上诉人章某的上诉理由不成立。章某以秘密窃取的方法，把国家财物占为己有，符合盗窃罪的构成要件，且数额特别巨大，情节特别严重。本案的焦点是，A市中级人民法院对章某案是否有管辖权。本案中被告人章某2次盗窃行为是在其服役期间实施的。但是被告人于2022年8月1日退役，不再是现役军人。根据最高人民法院《关于执行〈中华人民共和国刑事诉讼法〉若干问题的解释》的规定，退役军人在服役期内犯罪的（犯军人违反职责罪的除外），由地方人民法院或军事法院以外的其他专门法院管辖。本案中，现役军人章某盗窃罪不属于军人违反职责罪范围，因此，本案应由地方法院管辖，因此本案中上诉人章某的上诉理由不成立。

第五节　指定管辖

△ 知识背景

我国《刑事诉讼法》第27条规定："上级人民法院可以指定下级人民法院审判管辖不明的案件，也可以指定下级人民法院将案件移送其他人民法院审判。"指定管辖一般适用于两类刑事案件：一类为地域管辖不明的刑事案件，如刑事案件发生在两个或两个以上地区的交界处，犯罪地属于哪个人民法院管辖的地区不明确，在这种情况下，就可以由上级人民法院指定某一个下级人民法院审判。另一类是由于各种原来有管辖权的法院不适宜或者不能审判的刑事案件，如为了排除干扰，保证审判活动的顺利进行，上级人民法院可以指定下级人民法院将其管辖的某一案件，移送其他人民法院审判，以保证案件能够得到正确、及时的处理。

【案例】

［案情简介］

被告人黄某（男，37岁），A市检察院控告申诉科负责人。2021年7月14日，被告人黄某利用职务之便，在查办A市某国有公司董事长刘某涉嫌重大经济犯罪问题中，有意将举报信交给了犯罪嫌疑人刘某，刘某得知信息后寻找机会把检举人赶出该公司,之后公司职工再也无人敢检举刘某,刘某出于感谢给被告人黄某人民币 6 万元。

2021 年 9 月,被告人黄某在负责查办举报 A 市某集团公司总经理肖某有重大经济犯罪问题时,又将有关举报信的内容透露给该公司总经理肖某,事后肖某拿 10 万元人民币酬谢被告人黄某。黄某利用手中职权,先后多次向被举报人通风报信,致使被举报人经济犯罪行为未能及时得到查处,国有资产流失。被告人本人利用这些举报信收受贿赂人民币 16 万元。

2022 年 6 月,经知情群众举报,A 市监察委员会的领导亲自调查,在得到证人提供的举报刘某、肖某经济问题的信件后,经 A 市保密局对黄某泄露的有关刘某、肖某的举报信进行密级鉴定,结果为国家秘密事项。A 市检察院以泄露国家机密罪、受贿罪向 A 市中级人民法院提起了公诉。省高级人民法院得知有关情况后,指定 B 市中级人民法院审理该案。B 市中级人民法院认真审理后,认为被告人黄某身为国家检察机关人员,利用职务之便,向他人收受贿赂,违反国家保密法规,致使重大经济犯罪行为未能及时查处,情节严重,妨害了国家机关的正常管理活动,破坏国家机关的声誉和国家保密制度,其行为已构成受贿罪、泄露国家机密罪,数罪并罚判处有期徒刑 13 年。一审判决后,被告人黄某不服,以 B 市中级人民法院没有管辖权为由提起上诉。二审法院审理后认为,上诉理由不能成立,一审判决认定事实清楚,证据确实、充分,定罪量刑正确,审判程序合法,裁定维持原判。

[问题]

本案由省高级人民法院指定管辖法院 B 市中级人民法院审理是否合法?

[解析]

我国《刑事诉讼法》第 27 条规定:“上级人民法院可以指定下级人民法院审判管辖不明的案件,也可以指定下级人民法院将案件移送其他人民法院审判。”在诉讼理论中,这种情形被称为指定管辖。之所以在法定管辖之外,再规定指定管辖,是因为有些案件的地域管辖不明确,如刑事案件发生在两个地区的交界处,犯罪地属于哪个人民法院管辖的地区搞不清楚,这时就需要上级人民法院指定其中的一个法院审判,这样可以避免无人管辖或者因管辖争议而引起案件被延误。另外,有些案件的被告人身份比较特殊,由有法定管辖权的法院审理可能出现一些困难,为避免地方保护主义,排除干扰,上级人民法院可以指定下级人民法院将案件移送其他人民法院审判。

本案的指定管辖情形应属于本案被告人身份比较特殊,由有法定管辖权的法院审理可能出现一些困难,为避免地方保护主义,排除干扰,上级人民法院可以指定下级人民法院将案件移送其他人民法院审判。B 市中级人民法院所属区域既不是犯罪人的犯罪地也不是被告人的居住地,按照法定管辖,本案应由 A 市中级人民法院来审判,但考虑到被告人黄某是 A 市检察院控告申诉科负责人,而 A 市中级人民法院和 A 市检察院在同一地区,为排除干扰保证公正审判案件,省高级人民法院指定 B 市中级人民法院审理此案是正确的,是符合我国刑事诉讼法规定的。

【综合案例】

【综合案例一】

［案情简介］

被告人留某(男,29岁),河南某市人。被害人汤某(女,27岁),河北某市人。2022年5月13日,深圳市某公安分局接到被害人汤某的报警电话,声称遭到老同学留某的强奸,并向刑警队提供了一条带血的床单。据汤某陈述,她和留某是大学同学,2019年7月大学毕业后,留某与王某结婚。2021年6月汤某在深圳某公司打工遇到了留某。2021年7月14日晚上,汤某遭到留某的强奸。事后,汤某因顾虑多没报案,汤某把这张带血的床单一直保留着。2021年8月起,她与留某开始了同居生活,汤某曾怀孕,并做了人流手术。让她恼怒的是,留某为了提高待遇,竟让她陪单位领导过夜,汤某这才意识到留某在玩弄她。2022年5月13日,汤某向深圳市某区公安分局报案。深圳市某区公安分局刑警支队干警立即对留某进行调查。留某对当晚强奸汤某一事否认。经调查,未能发现足够的证据证明留某的强奸行为成立。2022年7月10日,刑警队告知留某家属,留某因涉嫌重婚被公安机关刑事拘留。

［问题］

公安机关能否主动介入重婚案件?

［思路］

学术界对警方能否主动介入重婚案件主要有两种观点:第一种观点认为,对于重婚案件,应当遵循不告不理原则,公安机关是不能主动介入的,除非重婚造成了恶劣的社会影响。第二种观点认为,重婚案件应属于公诉案件,不是不告不理。我们认为,上述观点对不告不理的含义以及重婚案件是否属于公诉案件没能真正把握。

“不告不理”,是指无起诉即无审判,法院不得对未经起诉的犯罪进行审判,也不得对已起诉的案件不予审判,其强调的是控诉权与审判权的分离。在现代刑事诉讼中,不告不理对于任何形式的案件都是适用的,而不限于自诉案件,更不限于告诉才处理的案件。

“告诉才处理”,是指只有被害人亲自向人民法院告诉的,人民法院才予以受理,不告诉的则法院不予处理。如果被害人因受强制、威胁无法告诉的,人民检察院和被害人的近亲属也可以告诉。告诉才处理的案件涉及的主要是公民个人的利益,或者是发生在家庭成员之间的犯罪。我国刑法对告诉才处理的案件明确规定,仅限于侮辱、诽谤案、暴力干涉婚姻自由案、虐待案、侵占案。

重婚案虽然不是告诉才处理的案件,但这不影响其是自诉案件。根据《刑事诉讼法》第210条的规定,自诉案件有三类,即告诉才处理的案件;被害人有证据证明的轻微刑事案件;被害人有证据证明对被告人侵犯自己人身、财产权利的行为应当依法追究刑事责任,而公安机关或者人民检察院不予追究被告人刑事责任的案件。根据最高法《刑诉解释》第1条的规定,《刑法》第258条规定的重婚案,属于“人民检察院没有提起公诉,被害人有证据证明的轻微刑事案件”,被害人可以向人民法院提起自诉。因此,上述第二种观点显然错误。

但这并不是说警察就一定不能主动介入重婚案。被害人汤某有权向人民法院提起自诉,但并不等于被害人只能向人民法院提起自诉。我国刑事诉讼立法不仅确立公诉转自诉的制度,同时也规定自诉转公诉的情形。根据最高法《刑诉解释》第1条的规定,对于“人民检察院没有提起公诉,被害人有证据证明的轻微刑事案件”,“被害人直接向人民法院起诉的,人民法院应当依法受理。对其中证据不足,可以由公安机关受理的,或者认为对被告人可能判处三年有期徒刑以上刑罚的,应当告知被害人向公安机关报案,或者移送公安机关立案侦查。”本案公安机关在侦查“强奸案”过程中发现了重婚案件,这也是公安机关立案的材料来源之一,公安机关应主动介入重婚案,依法定程序进行立案侦查。

【综合案例二】

[案情简介]

被告人雷某(男,36岁)日本国籍,捕前住俄罗斯某市,原俄罗斯某民航局副驾驶员。2022年8月11日,被告人雷某,与机长奥某等机组人员,在日本境内,驾驶民航客机,从日本至俄罗斯执行航班任务,该机载客41人。被告人登机时,将事先准备好的工具带入飞机驾驶舱。北京时间9时许,被告人趁领航员祝某上厕所之机,以机舱出现机械故障为由,将机械师伊某骗出驾驶舱,随即锁上驾驶舱门,启动自动驾驶仪,持刀威逼驾驶飞机的机长奥某向中国方向飞行。机长准备踩踏报警信号,被告人威逼机长立即关闭信号,机长被迫改变航向,使飞机飞入中国领空。当日北京时间15时许,该航班降落在我国内蒙古自治区某市田野里。

[问题]

阐述我国《刑事诉讼法》对涉外管辖的规定。

[思路]

内蒙古自治区某市中级人民法院对本案享有管辖权。最高法《刑诉解释》第12条规定:“对中华人民共和国缔结或者参加的国际条约所规定的罪行,中华人民共和国在所承担条约义务的范围内行使刑事管辖权的,由被告人被抓获地、登陆地或者入境地的人民法院管辖。”我国政府于1978年1月和1980年10月分别加入国际反劫持民用航空器恐怖活动的《东京公约》、《海牙公约》和《蒙特利尔公约》。国务院办公厅关于我国加入这些公约的通知中指出:“如发生外国飞机被劫持在我国降落等有关涉外事件,应按我国法律,并结合上述三个公约的有关规定妥善处理。”我国《刑法》第6条第1款规定:“凡在中华人民共和国领域内犯罪的,除法律有特别规定的以外,都适用本法。"《刑法》第6条第3款规定："犯罪的行为或者结果有一项发生在中华人民共和国领域内的，就认为是在中华人民共和国领域内犯罪。"同时，根据以上法条关于"由被告人被抓获地的人民法院管辖"的规定，该案件应由被告人被抓获地人民法院管辖。被告人雷某以暴力胁迫手段，劫持正在航行的民用航空器，迫使飞入中国境内，降落在中国内蒙古自治区某市田野里，其行为危害了公共安全，已构成犯罪，应当严重惩罚，可能判处无期徒刑以上刑罚。根据《刑事诉讼法》第21条的规定，中级人民法院管辖"可能判处无期徒刑、死刑的案件"。综上所述，内蒙古自治区某市中级人民法院对本案享有管辖权。

【综合案例三】

［案情简介］

2021年5月，陈某从中国香港特区经上海海关走私了价值50万港元的电子器材。A市公安局决定拘留陈某，因陈某逃回中国香港特区。2022年2月，陈某又从中国香港特区经厦门市B区走私汽车，价值达700万港元，B区公安分局经厦门市B区检察院批准，拘留并逮捕了陈某。就陈某走私一案的管辖，上海市公安局与厦门市B区公安局发生争议。

经有关部门协调，管辖问题得到解决，最后由E市法院审理此案。E市法院认为此案重大复杂，决定在案件开庭审判前，将案件分别报送E市政府和上级人民法院审批。E市政府批复，港商陈某在E市有巨额投资，应从轻判处，上级人民法院也对案件的处理提出了一些具体意见。E市法院审判委员会根据政府的批复和上级人民法院的意见，对陈某走私一案作出一审判决。

［问题］

1. 根据我国划分管辖的基本原则，分析陈某走私案应由谁管辖。

2. E市法院审理该案的做法存在哪些错误？

［思路］

1. 我国刑事诉讼中的管辖，是指公安机关、人民检察院和人民法院之间立案受理刑事案件以及人民法院系统内审判第一审刑事案件的分工制度。我国的刑事管辖分为两类：一类为公安机关、人民检察院、人民法院之间的立案管辖（职能管辖）；另一类为各级人民法院之间的审判管辖。我国划分刑事诉讼管辖所依据的主要原则有：（1）有利于准确及时查明案件事实，保证案件质量，实现《刑事诉讼法》的任务；（2）合理分工，充分发挥各司法机关的职能作用和司法工作人员的积极性和主动性；（3）便于诉讼参与人参与诉讼活动；（4）既要分工明确，又要留有余地，做到原则性灵活性相结合。两个或两个以上公安机关对同一案件的管辖权的确定，应与人民法院之间确定地区管辖的原则类似。《刑事诉讼法》第25条规定："刑事案件由犯罪地的人民法院管辖。如果由被告人居住地的人民法院审判更为适宜的，可以由被告人居住地的人民法院管辖。”其中犯罪地包括犯罪预备地,犯罪行为实施地,犯罪结果发生地和销赃地。犯罪地在几个人民法院辖区的,这几个人民法院对案件都有管辖权。本案中,犯罪人和主要犯罪地均在厦门市B区,因此由B区公安分局管辖更有利于准确及时查明案件事实,保证案件质量,所以陈某走私案应当由B区公安分局管辖。

2. 本案考查独立审判原则、两审终审制度及合议庭的功能作用。E市法院审理该案的做法存在几处错误:(1)《刑事诉讼法》第5条规定:“人民法院依照法律规定独立行使审判权,人民检察院依照法律规定独立行使检察权,不受行政机关、社会团体和个人的干涉。”这是人民法院、人民检察院公正司法的首要前提。本案中,E法院将案件报E市政府审批,由行政机关干涉和影响审判结果,破坏了人民法院依法独立审判的原则。(2)《刑事诉讼法》第10条规定:“人民法院审判案件,实行两审终审制。”即是人民法院审判刑事案件经过两级人民法院的审判即告终结,第二审法院作出的判决或裁定是终审裁判,是立即发生法律效力的判决和裁定,法律规定的上诉权人不得再对其提出上诉,人民检察院也不得再按照上诉程序对其提出抗诉。本案中,E市法院将案件报上级人民法院提意见,使二审实际上变成了一审,违背了两审终审制。(3)法庭审判阶段最后应为评议和审判。评议是合议庭组成人员在法庭审理的基础上,对案件的事实和证据进行分析,判断并依法对案件作出处理决定的诉讼活动。就合议庭诉讼的任务而言,《刑事诉讼法》第200条规定:根据已经查明的事实,证据和有关的法律规定,对被告人有罪或无罪,犯什么罪,适用什么刑罚以及执行方法,或者免除刑罚作出判决。对于有刑事附带民事诉讼的案件,有关经济赔偿问题,一般也同时作出处理。《刑事诉讼法》第185条规定:“合议庭开庭审理并且评议后,应当作出判决。对于疑难、复杂、重大的案件,合议庭认为难以作出决定的,由合议庭提请院长决定提交审判委员会讨论决定。审判委员会的决定,合议庭应当执行。”本案中合议庭在未经开庭审理,即将案件提交审判委员会讨论使合议庭开庭审理形同虚设,不能发挥合议庭作为基本审判组织的作用。

【综合案例四】

[案情简介]

某大学同宿舍的姜某(男,22岁)、唐某(男,23岁),因琐事发生争吵导致发生殴打,唐某情急之下抓起一玻璃水杯打向姜某,造成姜某左眼球破裂、失明,脑功能遭到严重损害。后经鉴定,姜某成为限制行为能力人。姜某的父亲向该校所在地的A市公安机关控告,要求立案追究唐某的刑事责任。公安机关认为本案事实清楚,无须采用特别的侦查手段,于是让姜某的父亲直接去人民法院起诉。而姜父认为这是一起明显的故意伤害致人重伤案,不属于人民法院直接受理案件范围,法院不会受理,就向该校所在地的A市人民检察院申诉。检察机关要求公安机关说明不立案的理由,A市人民检察院认为公安机关不立案的理由不能成立,通知其应当立案。但公安机关仍不立案。

［问题］

1. 本案应由哪个司法机关管辖？

2. 本案姜父能否直接向人民法院起诉？

3. 姜父能否提起附带民事诉讼要求唐某赔偿其经济损失和精神损害？

4. 若人民法院受理此案后，能否进行调解？姜父能否在判决宣告前撤诉？

［思路］

1. 根据刑事诉讼法的有关司法解释，故意伤害案（轻伤）由人民法院直接受理。但本案中姜某左眼失明，脑功能严重受损，属于重伤案，应当由公安机关立案管辖。

2. 根据《刑事诉讼法》的规定，被害人有证据证明被告人侵犯自己人身财产权利的行为，应当依法追究刑事责任，而公安机关或人民检察院不予追究被告人刑事责任的案件，被害人可以直接向人民法院起诉。本案中，A市公安机关在接到人民检察院的立案通知后，仍不予立案的做法是错误的，被害人可以依法直接向人民法院起诉，又根据《刑事诉讼法》第114条的规定："对于自诉案件，被害人有权向人民法院直接起诉。被害人死亡或丧失行为能力的，被害人的法定代理人、近亲属有权向人民法院起诉。人民法院应当依法受理。"所以，本案中，姜父可以直接向人民法院起诉。

3.《刑事诉讼法》第101条规定："被害人由于被告人的犯罪行为而遭受物质损失的，在刑事诉讼过程中，有权提起附带民事诉讼。"所以本案中姜父有权提起附带民事诉讼，请求法院判决唐某赔偿姜某被伤害而造成的经济损失，但无权就精神损害而提起附带民事诉讼。

4.《刑事诉讼法》第212条规定："人民法院对自诉案件，可以进行调解；自诉人在宣告判决前，可以同被告人自行和解或者撤回自诉。本法第二百一十条第三项规定的案件不适用调解。"本案属于《刑事诉讼法》第210条第3项规定的案件，因此不适用调解。姜父不可以在宣告判决前撤回自诉。

△ 资料链接

1. 陈光中主编：《刑事诉讼法》（第7版），北京大学出版社2021年版。

2. 姚莉主编：《刑事诉讼法学》（第3版），中国法制出版社2023年版。

3. 宋英辉：《刑事诉讼法学》（第6版），中国人民大学出版社2019年版。

4. 陈卫东主编：《刑事诉讼法原理与案例教程》（第3版），中国人民大学出版社2015年版。

5. 叶青：《刑事诉讼法学》（第4版），上海人民出版社2020年版。

6.《刑事诉讼法》编写组编：《刑事诉讼法学》（第3版），高等教育出版社2019年版。

讨论思考

1. 简述立案管辖与审判管辖的区别。
2. 简述公安机关、人民检察院和人民法院的立案管辖范围。
3. 如何理解确定管辖的原则?
4. 划分地域管辖的一般原则是什么? 如何确定地域管辖?
5. 如何理解指定管辖?
6. 简述级别管辖、地域管辖、指定管辖和专门管辖之间的区别及其特点。

第四章　回　　避

◈ 本章提要

刑事诉讼中的回避，是指侦查人员、检察人员、审判人员等同案件有利害关系或者具有其他可能影响案件公正处理的情形时，不得参与该案诉讼活动的一种制度。回避制度的设立和贯彻，不仅具有保证客观公正地处理案件的实体意义和保障当事人在诉讼过程中获得公平对待的程序意义，更具有使当事人和社会公众尊重裁判结果和树立司法机关威信的社会意义。根据提出及决定主体的不同，回避可分为自行回避、申请回避和指令回避三种类型。回避的提出及决定应该基于法定的理由并依据法定的程序。

◉ 法考重点

回避的种类；自行回避、申请回避和指令回避的含义及区别；回避的适用对象；回避的理由；回避的程序。

第一节　回避的对象、理由和种类

◬ 知识背景

刑事诉讼中的回避，是指与案件有某种利害关系或者其他特殊关系的审判人员、检察人员、侦查人员、书记员、翻译人员和鉴定人等不得参与该案诉讼活动。为防止预断而建立的与案件有某种利害关系或者其他特殊关系的特定人员不得参与该案诉讼活动的制度，即“回避制度”。

回避制度是为了确保司法公正而确立的制度。在保障公正的各种制度中，回避制度是不可或缺的，这是在司法过程中使特定的诉讼主体保持中立的制度。无论在哪一种诉讼制度中，法官都必须中立，只有法官在诉讼中保持不偏不倚才可能有公正的裁判。回避制度在刑事诉讼中具有重要意义：确保刑事案件得到客观公正处理，实现实体公正；确保当事人在刑事诉讼中受到公正对待，实现程序公正；确保司法机关和司法活动的公信力。

一、回避的适用对象

回避的适用对象，即回避的适用人员。根据《刑事诉讼法》第 29 条、第 30 条、第 32

条以及法律解释的相关规定，回避适用于审判人员、检察人员、侦查人员、书记员、翻译人员和鉴定人等。

1. 审判人员。包括直接承办案件的审判员和人民陪审员，以及对案件有权参与讨论和作出处理决定的法院院长、副院长、审判委员会成员、庭长、副庭长。

2. 检察人员。包括直接承办案件侦查工作、审查批准逮捕和审查决定起诉的检察员（含助理检察员），以及对案件有权参与讨论和作出处理决定的检察长、副检察长和检察委员会成员。

3. 侦查人员。包括直接承办案件侦查工作的侦查人员，以及对案件有权作出处理决定的公安机关负责人。

4. 书记员。包括在侦查、起诉和审判阶段担任记录工作的书记员。

5. 翻译人员。包括在各个诉讼阶段担任翻译工作的人员。

6. 鉴定人。包括在各个诉讼阶段对各种专门性问题进行鉴定的人员。

7. 司法警察。司法警察俗称“法警”，根据《人民法院组织法》和《人民检察院组织法》分别配置在人民检察院和人民法院，执行押解、警戒、强制执行以及维护法庭秩序等任务。我国的司法警察并非刑事诉讼主体，其职能对于司法行为具有辅助性，因此并非刑事诉讼法调整的对象。不过，最高检《刑诉规则》第 33 条将回避的人员范围扩大到司法警察。

8. 记录人。记录人在侦查过程中承担讯问笔录、询问笔录等侦查活动笔录的记录工作的人员。

二、回避的理由

回避有两种：一种是有因回避，另一种是无因回避。有因回避又称为“附理由的回避”，是指只有在案件具备法定回避理由的情况下，回避人员范围内的人员才会回避的制度。“有因回避”与“无因回避”相对称，后者又称为“不附理由的回避”或者“强制回避”，是指有权提出回避申请的人无须提出任何理由，一旦提出申请，就发生令被申请者回避的效果。我国《刑事诉讼法》实行的是有因回避制度，该法第 29 条对回避的理由作出了规定：

1. 是本案的当事人或者是当事人的近亲属的。这里的“近亲属”，根据《刑事诉讼法》第 108 条第 6 项的规定，包括“夫、妻、父、母、子、女、同胞兄弟姊妹”。任何人都不得在自己的案件中充任法官，这是程序公正的基本要求。如果审判人员本人就是本案的当事人，那么他就会发生角色冲突，不能协调裁决者与诉讼当事人的内在矛盾，极有可能为了维护自身利益而使诉讼失去起码的公正。同样，检察人员、侦查人员等具有此种关系也会失去客观立场，容易使案件的处理产生偏差或者妨碍诉讼公正结果的达成。

2. 本人或者他的近亲属和本案有利害关系的。如果本人或者他们的近亲属与本案有着某种利害关系，即同当事人或者其近亲属、案件事实存在某种牵连关系，如属于本案当事人的未婚夫(妻),案件的处理结果会直接影响到他们及其近亲属的利益,因此,具有此种关系的人员应当回避。

3. 担任过本案的证人、鉴定人、辩护人、诉讼代理人的。曾担任过本案证人、鉴定人、辩护人或者诉讼代理人,可能对案件存在预断,难以客观地从事诉讼活动,因此遇有这些情形应当回避。不过,这种情形并不妨碍前一诉讼阶段的证人、鉴定人在下一诉讼阶段仍为证人、鉴定人。最高法《刑诉解释》第27条第3项规定的"担任过本案的证人、鉴定人、辩护人、诉讼代理人、翻译人员的",审判人员"应当自行回避,当事人及其法定代理人有权申请其回避"。可见,除曾担任过本案证人、鉴定人、辩护人或者诉讼代理人的人员外,曾担任过本案翻译人员的,也属于应当回避的情形。

4. 与本案当事人有其他关系并且可能影响公正处理案件的。这是指前三项概括不了的,又确实有可能影响到案件公正处理的其他情况。当然,这些人员与当事人之间存有其他关系这一事实,并不能单独构成回避的理由,只有这种特殊关系存在同时又有影响公正处理案件的可能性时,才需要回避。

最高法《刑诉解释》第28条还规定,审判人员具有下列情形之一的,当事人及其法定代理人有权申请其回避:(1)违反规定会见本案当事人、辩护人、诉讼代理人的;(2)为本案当事人推荐、介绍辩护人、诉讼代理人,或者为律师、其他人员介绍办理本案的;(3)索取、接受本案当事人及其委托人的财物或者其他利益的;(4)接受本案当事人及其委托人的宴请,或者参加由其支付费用的活动的;(5)向本案当事人及其委托人借用款物的;(6)有其他不正当行为,可能影响公正审判的。

《公安机关办理刑事案件程序规定》(以下简称公安部《刑诉规定》)第32条规定,公安机关负责人、侦查人员有下列行为之一的,应当责令其回避并依法追究法律责任,当事人及其法定代理人有权要求其回避:(1)违反规定会见本案当事人及其委托人;(2)索取、接受本案当事人及其委托人的财物或者其他利益;(3)接受本案当事人及其委托人的宴请,或者参加由其支付费用的活动;(4)有其他不正当行为,可能影响案件公正办理。

除上述理由外,还有其他可构成回避理由的情形。例如,我国《刑事诉讼法》第239条规定:原审人民法院对于发回重新审判的案件,应当另行组成合议庭,依照第一审程序进行审判。第256条规定:人民法院按照审判监督程序重新审判的案件,由原审人民法院审理的,应当另行组成合议庭进行。亦即审判人员曾作为裁判者参加对某一案件的审判活动,而后同一案件又被同一人民法院重新审判,则为排除预断,该审判人员应当回避。最高法《刑诉解释》第29条第2款规定:"在一个审判程序中参与过本案审判工作的合议庭组成人员或者独任审判员,不得再参与本案其他程序的审判。但是,发回重新审判的案件,在第一审人民法院作出裁判后又进入第二审程序或者死刑复核程序的,原第二审程序或者死刑复核程序中的合议庭组成人员不受本款规定的限制。"最高人民检察院颁行的《人民检察院刑事诉讼规则》(以下简称最高检《刑诉规则》)第35

条规定："参加过同一案件侦查的人员，不得承办该案的审查逮捕、审查起诉出庭支持公诉和诉讼监督工作，但在审查起诉阶段参加自行补充侦查的人员除外。"

三、回避的种类

回避分为自行回避、申请回避和指令回避三种。

自行回避，是指审判人员、检察人员、侦查人员等在诉讼过程中遇有法定回避情形之一时，自己主动要求退出诉讼活动的诉讼行为。在刑事诉讼过程中，审判人员、检察人员、侦查人员等对于存在回避事由明知，在这种情况下应当主动放弃对该案诉讼活动的参与，避免使诉讼活动归于无效。

申请回避，是指案件当事人及其法定代理人、辩护人、诉讼代理人依法提出申请，要求符合法定回避情形的审判人员、检察人员、侦查人员等退出诉讼活动的诉讼行为。申请回避是案件当事人等的一项重要诉讼权利，这一权利的行使，有利于将回避制度落到实处，公安司法机关有义务保障当事人等这一权利的行使。

指令回避，又称职权回避，是指审判人员、检察人员、侦查人员等有法定的回避情形而没有自行回避，当事人及其法定代理人、辩护人、诉讼代理人也没有申请其回避，由法定的人员或者组织决定，令其退出诉讼活动的诉讼行为。

指令回避的做法为自行回避、申请回避的重要补充，虽然我国《刑事诉讼法》并没有确立指令回避制度，但司法解释有此规定，例如，最高法《刑诉解释》第34条规定，应当回避的审判人员没有自行回避，当事人及其法定代理人也没有申请其回避的，院长或者审判委员会应当决定其回避。最高检《刑诉规则》第24条也作出了指令回避的规定，应当回避的人员，本人没有自行回避，当事人及其法定代理人也没有申请其回避的，检察长或者检察委员会应当决定其回避。公安部《刑诉规定》第32条也规定：公安机关负责人、侦查人员有应当回避情形的，应当自行提出回避申请，没有自行提出回避申请的，应当责令其回避，当事人及其法定代理人也有权要求他们回避。目前司法实践中也存在指令回避这一做法。

【案例一】

［案情简介］

林某盗版销售著名作家黄某的小说涉嫌侵犯著作权罪，经一审和二审后，二审法院裁定撤销原判，发回原审法院重新审判。本案存在以下情形，牵涉到办案人员是否回避问题：(1)一审法院审判委员会委员甲是林某辩护人妻子的弟弟，黄某的代理律师可申请其回避；(2)一审书记员乙系林某的表弟而未回避，二审法院可以此为由裁定发回原审法院重审；(3)一审合议庭审判长丙系黄某的忠实读者，应当回避；(4)丁系二审合议庭成员，如果林某对一审法院重新审判作出的裁判不服再次上诉至二审法院，丁应当自行回避。

[问题]

以上哪些情形下办案人员应当回避?

[解析]

根据我国最高法《刑诉解释》第27条规定:"审判人员具有下列情形之一的,应当自行回避,当事人及其法定代理人有权申请其回避:(一)是本案的当事人或者是当事人的近亲属的;(二)本人或者其近亲属与本案有利害关系的;(三)担任过本案的证人、鉴定人、辩护人、诉讼代理人、翻译人员的;(四)与本案的辩护人、诉讼代理人有近亲属关系的;(五)与本案当事人有其他利害关系,可能影响公正审判的。"最高法《刑诉解释》第37条规定:"本章所称的审判人员,包括人民法院院长、副院长、审判委员会委员、庭长、副庭长、审判员、和人民陪审员。"本案中,一审法院审判委员会委员甲是林某辩护人妻子的弟弟,可以认为甲与本案当事人有其他利害关系,可能影响公正审判,应当回避。最高法《刑诉解释》第39条规定:"辩护人、诉讼代理人可以依照本章的有关规定要求回避、申请复议。"可见,诉讼代理人也有权要求回避。因此,存在情形(1)时,黄某的代理律师可以申请甲回避。情形(1)考查回避的法定情形。

情形(2)考查二审发回重审的情形。《刑事诉讼法》第238条规定:"第二审人民法院发现第一审人民法院的审理有下列违反法律规定的诉讼程序的情形之一的,应当裁定撤销原判,发回原审人民法院重新审判:……(二)违反回避制度的……"情形(2)中一审书记员乙是林某的表弟,属于"与本案当事人有其他利害关系,可能影响公正审判"的情形,乙应当回避而未回避,一审程序违反回避制度规定,二审可以此为由裁定发回原审法院重新审理。存在情形(2)时,黄某的代理律师可以申请乙回避。

情形(3)中合议庭审判长丙是黄某的忠实读者,不属于回避的法定情形,丙不应当回避。情形(4)考查回避制度中程序一次原则的例外。根据最高法《刑诉解释》第29条规定:"参与过本案调查、侦查、审查起诉工作的监察、侦查、检察人员,调至人民法院工作的,不得担任本案的审判人员。在一个审判程序中参与过本案审判工作的合议庭组成人员或者独任审判员,不得再参与本案其他程序的审判。但是,发回重新审判的案件,在第一审人民法院作出裁判后又进入第二审程序、在法定刑以下判处刑罚的复核程序或者死刑复核程序的,原第二审程序、在法定刑以下判处刑罚的复核程序或者死刑复核程序中的合议庭组成人员不受本款规定的限制。"可知,本案发回重审后林某不服再次上诉至二审法院,原二审合议庭成员无须回避,仍可担任本案审判人员。存在情形(4)时,丁不应当回避。

【案例二】

[案情简介]

被告人石某(男,18岁)、司某(男,16岁)、田某(男,17岁),2021年7月4日下午7时左右,将一女中学生劫持到沈阳市A区附近的小树林里,石某等人强行对女中学生轮奸,致使被害人的身体受到严重损害。该案由沈阳市A区公安局立案侦查。该案侦查终结后,移送同级检察机关审查起诉。在审查起诉期间,负责该案审查起诉的检察官吴某,多次接受被告人石某的母亲、被告人的律师的请客送礼,该案两次以石某年龄有问题为由被退回补充侦查。在此期间,被告人石某的母亲回到石某的出生地,由当地户籍部门出具了虚假的出生证明,致使该案未被提起公诉。被害人的法定代理人得知吴某的枉法情况后,遂向吴某所在检察院的检察长提出申请,要求吴其回避。

[问题]

1. 回避的法定理由包括哪些?

2. 本案中的检察官是否应当回避?

[解析]

1. 根据《刑事诉讼法》第29条、第30条规定,回避的法定理由是:(1)审判人员、检察人员等法定回避人员是本案的当事人或者是当事人的近亲属的;(2)本人或者他的近亲属和本案有利害关系的;(3)担任过本案的证人、鉴定人、辩护人、诉讼代理人的;(4)与本案当事人有其他关系,可能影响案件公正处理的;(5)审判人员、检察人员、侦查人员等接受当事人及其委托的人的请客送礼,违反规定会见当事人及其委托的人。

2. 根据《刑事诉讼法》第30条规定:"审判人员、检察人员、侦查人员不得接受当事人及其委托的人的请客送礼,不得违反规定会见当事人及其委托的人。审判人员、检察人员、侦查人员违反前款规定的,应当依法追究法律责任。当事人及其法定代理人有权要求他们回避。"根据《刑事诉讼法》第29条规定,被害人及其法定代理人有权申请审判人员、检察人员、侦查人员等人员回避,本案中的检察官私自接受被告人之父及其委托的律师的请客送礼,这不仅违反了《刑事诉讼法》第30条的规定,而且该行为也违反了检察官法的有关规定,据此,检察长应当对检察官吴某作出回避决定。《刑事诉讼法》第29条的规定,明确了回避的法定理由,它既有利于办案人员及有关诉讼参与人的反腐倡廉,也有利于案件的公正处理。

第二节 回避的程序

△ 知识背景

一、回避权的告知

权利只有为享有者所知晓时才能得到行使。为了保障当事人的诉讼权利,分别主持各个阶段诉讼活动的机关有义务告知当事人、诉讼代理人和辩护人有申请回避的权利,以便使该权利能够得到行使。

我国《刑事诉讼法》第190条规定:开庭的时候,审判长告知当事人有权对合议庭组成人员、书记员、公诉人、鉴定人和翻译人员申请回避。最高法《刑诉解释》第31条规定："人民法院应当依法告知当事人及其法定代理人有权申请回避、并告知其合议庭组成人员、独任审判员、法官助理、书记员等人员的名单。"最高检《刑诉规则》第26条规定："人民检察院应当告知当事人及其法定代理人有依法申请回避的权利，并告知办理相关案件检察人员、书记员等人员的姓名、职务等有关情况。"

我国《刑事诉讼法》对侦查、起诉阶段回避的程序没有作出明确的规定。但从保障诉讼参与人合法权利的原则出发，侦查人员和检察人员在侦查、审查起诉活动开始后，也应分别向犯罪嫌疑人、被害人等当事人告知回避申请权。

二、提出回避申请

属于回避人员范围内的人员自行回避的，可以口头或者书面提出，并说明理由。口头提出申请的，应当记录在案。最高检《刑诉规则》第25条规定："检察人员自行回避的，应当书面或者口头提出，并说明理由。口头提出的，应当记录在案。"最高法《刑诉解释》第27条也作出这样的规定。公安部《刑诉规定》第34条第1款规定："公安机关负责人、侦查人员自行提出回避申请的，应当说明回避的理由；口头提出申请的，公安机关应当记录在案。"

当事人及其法定代理人、诉讼代理人和辩护人的回避要求，应当书面或者口头提出，并说明理由；根据我国《刑事诉讼法》第30条的规定提出回避申请的应当提供有关证明材料。

最高法《刑诉解释》第32条第1款规定："审判人员自行申请回避，或者当事人及其法定代理人申请审判人员回避的，可以口头或者书面提出，并说明理由，由院长决定。"最高检《刑诉规则》第27条规定："当事人及其法定代理人要求检察人员回避的，应当书面或者口头向人民检察院提出，并说明理由……根据刑事诉讼法第三十条的规定提出回避申请的，应当提供有关证明材料。人民检察院经过审查或者调查，符合回避条件的，应当作出回避决定；不符合回避条件的，应当驳回申请。"公安部《刑诉规定》第34条第2款规定："当事人及其法定代理人要求公安机关负责人、侦查人员回避，应当提出申请，并说明理由；口头提出申请的，公安机关应当记录在案。"辩护人、诉讼代理人也适用这些规定。

三、回避的审查、决定和宣布

我国《刑事诉讼法》第31条第1款规定："审判人员、检察人员、侦查人员的回避，应当分别由院长、检察长、公安机关负责人决定；院长的回避，由本院审判委员会决定；检察长和公安机关负责人的回避，由同级人民检察院检察委员会决定。"根据这一规定，有权作出是否回避决定的法定人员和组织包括：(1)审判人员的回避，由本法院的院长决定。这里的"审判人员"包括各级人民法院副院长、审判委员会委员、庭长、副庭长、审判员、助理审判员和人民陪审员。人民陪审员的回避问题，参照审判人员回避的有关内容执行。(2)检察人员的回避，由本检察院的检察长决定。这里的"检察人员"包括各级人民检察院检察长、副检察长、检察委员会委员、检察员、检察官助理。(3)侦查人员的回避,由本公安机关的负责人决定。公安部《刑诉规定》第35条规定:“侦查人员的回避,由县级以上公安机关负责人决定;县级以上公安机关负责人的回避,由同级人民检察院检察委员会决定。”(4)法院院长的回避,由本院审判委员会讨论决定。审判委员会讨论院长回避问题时,由副院长主持,院长不得参加。最高法《刑诉解释》第32条第2款规定:“院长自行申请回避,或者当事人及其法定代理人申请院长回避的,由审判委员会讨论决定。审判委员会讨论时,由副院长主持,院长不得参加。”(5)检察长的回避,由本院检察委员会讨论决定。最高检《刑诉规则》第29条规定:“检察长的回避,由检察委员会讨论决定。检察委员会讨论检察长回避问题时,由副检察长主持,检察长不得参加。其他检察人员的回避,由检察长决定。”(6)公安机关负责人的回避,由同级检察机关的检察委员会讨论决定。最高检《刑诉规则》第30条规定:“当事人及其法定代理人要求公安机关负责人回避,向同级人民检察院提出,或者向公安机关提出后,公安机关移送同级人民检察院的,由检察长提交检察委员会讨论决定。”(7)书记员的回避,根据其所属的机关不同,由本机关的负责人决定。(8)鉴定人、翻译人员的回避,根据其所处的不同诉讼阶段,分别由该阶段主持进行诉讼活动的机关负责人决定。(9)司法警察的回避。最高检《刑诉规则》第37条规定,该规则关于回避的规定,适用于司法警察,司法警察的回避由检察长决定。(10)记录人的回避,公安部《刑诉规定》第40条第2款规定,“由县级以上公安机关负责人决定”。

有回避决定权的个人或组织对当事人等的回避申请或有关司法人员自行回避的请求进行全面审查后,发现确有《刑事诉讼法》规定的回避情形之一的,应当依法作出决定,令其回避;认为不具有应当回避情形的,有权作出不准许回避的决定。当事人等对出庭的检察人员、书记员提出回避申请的,人民法院应当通知指派该检察人员出庭的人民检察院,由该院检察长或者检察委员会决定。

无论是否同意回避申请,作出决定的个人或组织都应当向申请回避的当事人或者法定代理人、辩护人、诉讼代理人宣布,不同意回避申请的,还应告知其有权申请复议。

公安部《刑诉规定》第36条对决定回避的期限作出规定:“当事人及其法定代理人对侦查人员提出回避申请的,公安机关应当在收到回避申请后二日以内作出决定并通知申请人;情况复杂的,经县级以上公安机关负责人批准,可以在收到回避申请后五日以内作出决定。”

四、对驳回申请回避决定的复议

对于法定的个人或者组织所作的驳回申请回避的决定,当事人、诉讼代理人和辩护人有权向作出这一决定的个人或组织申请复议一次。最高法《刑诉解释》第35条第1款就审判阶段提出复议作出了具体规定:“对当事人及其法定代理人提出的回避申请,人民法院可以口头或者书面作出决定,并将决定告知申请人。”第2款又规定:“当事人及其法定代理人申请回避被驳回的,可以在接到决定时申请复议一次。不属于刑事诉讼法第二十九条、第三十条规定情形的回避申请,由法庭当庭驳回,并不得申请复议。"最高检《刑诉规则》第 32 条规定:人民检察院作出驳回申请回避的决定后,应当告知当事人等如不服本决定,有权在收到驳回申请回避的决定书后 5 日内向原决定机关申请复议一次。作出这一决定的个人或组织复议后,认为驳回申请回避的决定不正确,应当撤销这一决定,同时作出准许回避的决定,并将复议的结果及时告知申请复议的当事人及其法定代理人、诉讼代理人和辩护人。

最高检《刑诉规则》第 33 条对检察机关就驳回申请回避的决定提出的复议规定了复议期限,当事人及其法定代理人对驳回申请回避的决定不服申请复议的,决定机关应当在 3 日内作出复议决定并书面通知申请人。公安部《刑诉规定》第 37 条第 1 款规定:"当事人及其法定代理人对驳回申请回避的决定不服的,可以在收到驳回申请回避决定书后五日以内向作出决定的公安机关申请复议。"同时第 2 款规定:"公安机关应当在收到复议申请后五日以内作出复议决定并书面通知申请人。"

【案例一】

[案情简介]

赵某一案,法院审理过程中,被告人赵某在最后陈述时,以审判长数次打断其发言为理由申请更换审判长。关于被告人赵某更换审判长的申请,存在几种不同情况的处理:(1)赵某的申请理由不符合法律规定,法院院长应当驳回申请;(2)赵某在法庭调查前没有申请回避,法院院长应当驳回申请;(3)如法院作出驳回赵某更换审判长的申请的决定,赵某可以在决定作出后五日内向上级人民法院提出上诉;(4)如法院作出驳回赵某更换审判长的申请的决定,赵某可以向上级人民法院申请复议一次。

[问题]

本案关于被告人赵某更换审判长的申请,以上哪种情况的处理是正确的?

[解析]

最高法《刑诉解释》第 35 条规定:"对当事人及其法定代理人提出的回避申请,人民法院可以口头或者书面作出决定,并将决定告知申请人。当事人及其法定代理人申请回避被驳回的,可以在接到决定时申请复议一次。不属于刑事诉讼法第二十九条、第三十条规定情形的回避申请,由法庭当庭驳回,并不得申请复议。"根据《刑事诉讼法》第 31 条第 1 款的规定,"审判人员、检察人员、侦查人员的回避,应当分别由院长、检察长、公安机关负责人决定;院长的回避,由本院审判委员会决定;检察长和公安机关负责人的回避,由同级人民检察院检察委员会决定"。并结合上述分析可知,赵某的申请理由不符合法律规定,应当由法院院长驳回申请。因此,被告人赵某更换审判长的申请,情况(1)的处理是正确的。

在刑事诉讼的各个阶段,包括侦查阶段、审查起诉阶段和审判阶段判决作出前。当事人都可以申请相关人员回避,因此,被告人赵某更换审判长的申请,情况(2)的处理无法律依据,是错误的。

根据《刑事诉讼法》第 227 条第 1 款、第 2 款规定："被告人、自诉人和他们的法定代理人，不服地方各级人民法院第一审的判决、裁定，有权用书状或者口头向上一级人民法院上诉。被告人的辩护人和近亲属，经被告人同意，可以提出上诉。附带民事诉讼的当事人和他们的法定代理人，可以对地方各级人民法院第一审的判决、裁定中的附带民事诉讼部分，提出上诉。"只有对判决、裁定不服的才可以上诉，而对于法院作出的任何"决定"，当事人都不得以"上诉"的形式救济，据此，被告人赵某更换审判长的申请，情况(3)的处理无法律依据，是错误的。

《刑事诉讼法》第 29 条、第 30 条规定了法定的回避情形，《刑诉解释》第 27 ~ 30 条对法定的回避情形进行了细化。根据其规定，法定的回避情形有：(1)是本案的当事人或者是当事人的近亲属的；(2)本人或者其近亲属与本案有利害关系的；(3)担任过本案的证人、鉴定人、辩护人、诉讼代理人、翻译人员的；(4)与本案的辩护人、诉讼代理人有近亲属关系的；(5)与本案当事人有其他利害关系，可能影响公正审判的；(6)接受当事人及其委托的人的请客送礼，违反规定会见当事人及其委托的人；(7)参与过本案侦查、审查起诉工作的侦查、检察人员，调至人民法院工作担任同一案件的审判人员。在一个审判程序中参与过本案审判工作的合议庭组成人员或者独任审判员，不得再参与本案其他程序的审判。但是，发回重新审判的案件，在第一审人民法院作出裁判后又进入第二审程序或者死刑复核程序的，原第二审程序或者死刑复核程序中的合议庭组成人员不受本款规定的限制。本案中，赵某提出回避的理由不属于上述法定回避情形，因此对于法院作出的驳回申请的决定，不得申请复议。所以，被告人赵某更换审判长的申请，情况(4)的处理无法律依据，是错误的。

【案例二】

［案情简介］

2022 年 5 月 7 日晚 10 时许，被告人甲驾驶桑塔纳小轿车在高速公路行驶，行走在 A 市，超车时与前方大货车追尾相撞，致使桑塔纳小汽车损坏停在超车道上。甲未立即开启危险报警闪光灯，不按规定设置路障警告标志，致使乙驾驶的奔驰轿车与甲驾驶的桑塔纳小轿车追尾相撞，造成特大交通事故，司机乙及车上乙之妻、乙儿子当场死亡。A 市公安交警队在接到交通事故的消息后，立即赶往现场，带队的交警队队长潘某与队友们认真勘查验证后，得出结论：乙驾驶车辆不注意安全，超速行驶；甲肇事后未立即开启危险报警闪光灯，不按规定设置路障警告标志和开启示宽灯，双方对该交通事故都有责任；乘车人乙之妻、乙儿子无责任。在法定期间内，A 市公安局将此案移送 A 市人民检察院审查起诉。A 市人民检察院在核实了证人证言、事故现场照片、提取证明、A 市公安交警队道路交通事故技术鉴定书调查笔录后，认为犯罪嫌疑人甲违反交通法规，造成特大交通事故，后果特别严重，其行为已构成交通肇事罪。A 市人民检察院作为公诉机关向 A 市中级人民法院提起了公诉。

A市中级人民法院受理此案后，院长便把这起刑事案件交给从A市公安交警队调入的潘某来处理，潘某接案后，发现该案系自己曾参与侦查、预审的，于是以此为由向法院院长提出回避。但当时刑庭人员不够，院长便对潘某说：你对本案情况比较熟悉，更能科学地断案，只要你跟当事人都没有关系。于是，潘某本着“以事实为根据，以法律为准绳”的理念，同其他审判员一起审理此案。在庭审过程中，由于被告人甲对这位A市公安交警队原队长潘某有印象，立即提出要求潘某回避的申请，被当庭驳回。在判决下达后，被告人甲不服，在法定期间内向上一级人民法院提出了上诉。

［问题］

1. 简述申请回避的理由。

2. 本案在回避程序上有哪些不妥之处？

［解析］

1. 根据《刑事诉讼法》第29条的规定，回避的理由包括：(1)是本案的当事人或者是当事人的近亲属的；(2)本人或者他的近亲属和本案有利害关系的；(3)担任过本案的证人、鉴定人、诉讼代理人的；(4)与本案当事人有其他关系，可能影响公正处理案件的。同时，《刑事诉讼法》第30条规定审判人员、检察人员、侦查人员违反规定会见当事人及其委托的人或接受当事人及其委托的人请客送礼的，当事人及其法定代理人有权要求他们回避。另外，《刑事诉讼法》第239条规定：“原审人民法院对于发回重新审判的案件，应当另行组成合议庭，依照第一审程序进行审判。”第256条规定，人民法院按照审判监督程序重新审判的案件，应当另行组成合议庭进行。

2. 我们规定回避的意图就在于使司法人员与案件毫无牵连、能够在没有任何偏见的情况下居中公断，尤其是审判人员应居中裁判。回避的意义本来是确保刑事案件得到客观公正的处理，并且确保当事人在刑事诉讼中受到公正的对待。根据最高法《刑诉解释》第29条，“参加过本案侦查、起诉的侦查、检察人员，如果调至人民法院工作，不得担任本案的审判人员。凡在一个审判程序中参与过本案审判工作的合议庭组成人员，不得再参与本案其他程序的审判”。可见，本案例中的回避情况已有了法律依据。

从本案来说，笔者认为，本案中的审判人员潘某应该回避，因为潘某在任交警队队长时就对本案进行了侦查、预审，不管其主观愿望如何做到公正，客观上说他的头脑中已对被告人犯罪有了先入为主的印象，对于公诉机关提供的证据他会不自觉地容易接受。而在他曾参与一方的活动后，他的审判的公正性是值得怀疑的。所以，我们认为，本案中一审判决是违反程序法规定的，审判员潘某应自行回避或在被告人申请其回避时法院应同意回避。

【综合案例】

【综合案例一】

［案情简介］

2021年8月11日，家住A市B区的刘某到A市中级人民法院院长于某办公室上访，A市中级人民法院以刘某“严重妨碍法院刑事诉讼活动”为由，对刘某拘留15天。2021年9月3日，刘某报复中级人民法院院长于某，故意杀害于某而未遂，当日刘某被捕。此案由A市中级人民法院审理。院长于某虽主动回避，但被告人刘某多次申请A市中级人民法院整体回避，请求异地审理。回避申请数次被驳回后，A市中级人民法院判处刘某有期徒刑15年。

2022年，被告人上诉至A市中级人民法院的上级法院，省高级人民法院认为，“我国刑事诉讼法律所规定的回避是指个人回避，并没有规定审判组织或审判机关回避”，因此裁定维持原判。

［问题］

审判组织或者审判机关能否成为刑事诉讼回避制度的主体?

［思路］

刑事诉讼中的回避是指侦查人员、检察人员、审判人员及其他人员，因与案件或案件的当事人具有某种利害关系或其他特殊关系，可能影响刑事案件的公正处理，而不得参加对该案进行的诉讼活动的一项诉讼制度。

司法公正包括实体公正和程序公正两方面的基本构成要素。程序公正的首要要求是裁判者的中立性。任何人都不得做自己案件的法官，裁判者的中立性包括四个要素：一是任何法官与案件、案件的当事人没有任何利益牵连；二是法官不能对案件当事人产生偏见或者偏袒；三是法官不能对案件产生先入为主的预断；四是外观的中立。这不仅仅是因为那些与案件或者与当事人有各种利害关系的法官，很难保持中立无偏的态度，也无法消除人们对其中立性、公正性的合理怀疑。基于上述考虑，要求国家权力行使主体在遇到与自己的利益发生或者可能发生冲突的案件时，不能继续参与案件的处理，这就构成了回避制度。一般认为回避制度维护的是单个法官的中立性和无偏私性。

我国《刑事诉讼法》第29条至第32条对回避制度作出了相关规定，这些规定表明，我国刑事回避制度的适用主体主要是侦查人员、检察人员和审判人员，它只是针对公安机关、检察院和法院的主要成员的职务行为而适用的一种个别回避制度，对公安机关、检察院和法院是否能作为整体回避问题并未涉及。

在中国目前的司法制度背景下，院长不仅是一家法院的最高行政负责人，而且还是该法院的首席法官，也是该法院审判委员会的主持人。在实践中，如果出现法院院长本人就是案件的有关当事人的情况，那么，由该法院的任何一位法官主持审判，都难以排除人们对判决过程和判决结论公正性的合理怀疑。本案中，A市中级人民法院院长于某是本案的当事人，院长于某自行退出案件的审理，这实现了法官个人回避。但是，该法院任一审理本案的法官都可能对案件当事人于某都会产生偏见或者偏袒，这必将影响法官居中公断案件。因此，对被告人刘某多次申请A市中级人民法院整体回避，省高级人民法院认为"我国刑事诉讼法律所规定的回避是指个人回避，并没有规定审判组织或审判机关回避"，从而裁定维持原判的做法显然违背了刑事审判的程序正义。

【综合案例二】

[案情简介]

郑州市某区公安局对一起共同敲诈勒索案件立案侦查，以某区公安局局长李局为首组成侦查组，查获犯罪嫌疑人毛某、王某、田某涉嫌敲诈勒索。在侦查中，田某的律师汤某未与田某商量，独立提出本案的侦查员唐某与被害人是好邻居，申请唐某回避。侦查科的负责人立即停止唐某的侦查工作，唐某为了避免别人的闲话也立即退出了侦查活动，后来，侦查科长经审查认为不属于法定回避的理由，驳回了回避申请。接着王某提出申请某区公安局局长回避，理由是某区公安局局长是被害人表哥。经上级公安机关作出了回避决定。本案经某区检察院起诉到某区人民法院，在区人民法院审理期间，毛某提出法庭书记员季某原是本案侦查人员，后调动到本法院，不应担任本案书记员；王某提出出庭支持公诉的书记员司某在案件审查起诉过程中曾经接受被害人对其请客送礼，应当回避。田某提出陪审员吴某相貌凶恶，严厉，不应参与案件的审判。审判长杨某当庭决定准许王某的回避申请，驳回毛某、田某的回避申请。

[问题]

本案在回避程序上有哪些违法行为？

[思路]

本案考查回避程序。本案在回避程序上存在以下违法行为：

(1)汤某无权独立提出回避申请，只有案件的当事人及其法定代理人有权独立提出回避申请。《刑事诉讼法》第29条规定，当事人及其法定代理人有权要求回避。因此，其他人都无此权利，本案中的汤某作为田某委托的律师也无此权利。

(2)对侦查员唐某的回避作出决定前，不应停止唐某的侦查工作。唐某也不应立即退出侦查活动。我国《刑事诉讼法》第31条规定，对侦查人员的回避作出决定前，侦查人员不能停止对案件的侦查。

(3)对侦查员唐某的回避决定，不应由侦查科科长决定，侦查人员的回避应当由公安机关负责人决定。《刑事诉讼法》第31条规定，审判人员、检察人员、侦查人员的回避；应当分别由院长、检察长、公安机关负责人决定。因此，对侦查员唐某的回避决定，应由公安机关负责人决定。

(4)不应对侦查员唐某的回避申请不符合法定理由为由,驳回回避申请。对侦查员唐某的回避申请符合法定理由,应当作出回避的决定。《刑事诉讼法》第29条规定,侦查人员与本案当事人有其他关系,可能影响公正处理案件的,应当回避。本案中,侦查员唐某与被害人是好邻居,这种关系属于《刑事诉讼法》规定的上述情形,因此对侦查员唐某应当作出回避决定。

(5)对公安局长的回避决定,不应由上级公安机关作出。王某提出申请某区公安局局长回避,理由是某区公安局局长是被害人表哥,这种亲戚关系属于《刑事诉讼法》规定的法定回避情形。《刑事诉讼法》第31条规定,检察长和公安机关负责人的回避,由同级人民检察院检察委员会决定。

(6)对书记员季某的回避决定,不应由审判长作出。对法庭审判的书记员的回避问题,由人民法院院长决定。根据《刑诉解释》第38条规定,书记员、翻译人员和鉴定人适用审判人员回避的有关规定,其回避问题由院长决定。

(7)审判长不应驳回毛某对书记员季某的回避申请。《刑诉解释》第29条规定,参加过本案侦查、起诉的侦查、检察人员,如果调至人民法院工作,不得担任本案的审判人员。《刑事诉讼法》第32条规定,本章关于回避的规定,适用于书记员、翻译人员和鉴定人。据此,书记员季某符合法定的回避理由。

(8)对出庭支持公诉的书记员司某的回避决定,不应由审判长作出。《刑诉解释》第36条规定,对当事人及其法定代理人申请出庭的检察人员回避的,人民法院应当决定休庭,并通知人民检察院。根据《刑诉解释》第38条规定,书记员、翻译人员和鉴定人适用审判人员回避的相关规定,其回避问题由院长决定。综上所述,对出庭支持公诉的书记员司某的回避决定,由人民检察院检察长决定。

【综合案例三】

[案情简介]

2019年4月至2014年4月间,被告人马某伙同宗某,分别以A公司和B公司的名义向南阳市某区某锅炉厂供应煤炭的过程中,为谋取非法利益,达到偷逃国家税款的目的,购买假增值税发票进行虚开,用于同锅炉厂结账,共虚开增值税含额达人民币21万元。2021年7月至11月间,被告人马某在向锅炉厂供应煤炭过程中,虚开增值税专用发票涉税金额达人民币10万元。2022年3月14日,被告人宗某因与被告人马某发生矛盾,向南阳市某区税务机关写匿名信检举、揭发被告人马某虚开增值税专用发票的犯罪行为。南阳市某区税务机关接到举报后,经审查认为该案涉及刑事犯罪,于是将该案移送到南阳市某区公安局。区公安局立案侦查,2022年9月12日,被告人马某被抓获。2022年11月7日,被告人宗某被抓获。该案侦查终结后,由南阳市某区检察院向同级人民法院提起公诉,法院依法组成合议庭,由许某担任审判长,在宣布开庭后,审判长依法告知被告人享有申请回避的权利。被告人马某申请审判长回避,因为审判长许某与被告人宗某是大学同学。本案因被告人马某对审判长提出回避申请而决定延期审理。经合议庭审查后,认为审判长许某不具备回避情形,遂作出驳回回避申请的决定。

[问题]

1. 刑事诉讼中哪些人享有申请回避权?本案中的回避属于哪种回避?

2. 本案审判长的回避决定是否正确?

3. 被告人马某的申请回避是否符合法定回避理由?

4. 阐述人民法院作出驳回申请回避决定的法定效力。

[思路]

1. 根据《刑事诉讼法》第29条的规定,刑事诉讼当事人及其法定代理人享有申请回避权。《刑事诉讼法》第108条规定:"……(二)'当事人'是指被害人、自诉人、犯罪嫌疑人、被告人、附带民事诉讼的原告人和被告人;(三)'法定代理人'是指被代理人的父母、养父母、监护人和负有保护责任的机关、团体的代表。"目前立法并未赋予辩护人、诉讼代理人以申请回避权,笔者主张应当赋予辩护人有条件的申请回避权,即辩护人经犯罪嫌疑人、被告人同意,可以申请回避。另外,被害人作为刑事诉讼中的当事人,其可将申请回避权授权给诉讼代理人,这既有利于保障被害人诉讼权利的实现,也有利于实现回避制度设立的宗旨。

在诉讼法学理论上,回避的种类有三种,即自行回避、申请回避、指令回避。自行回避是指审判人员、检察人员、侦查人员等在诉讼过程中遇有法定回避情形时,自行主动地要求退出刑事诉讼活动的制度。申请回避是指案件当事人及法定代理人认为审判人员、检察人员、侦查人员等具有法定回避情形,而向他们所在的机关提出申请,要求他们回避。指令回避是指审判人员、检察人员、侦查人员等遇有法定的回避情形未自行回避,当事人及其法定代理人也没有申请其回避,法院、检察机关、公安机关等有关组织或者行政负责人有权作出决定,令其退出诉讼活动。本案的回避属于申请回避。

2. 本案审判长系审判人员,其回避应当由法院院长决定,而不是由合议庭决定,因此本案由合议庭审查回避申请是错误的。《刑事诉讼法》第31条规定:"审判人员、检察人员、侦查人员的回避,应当分别由院长、检察长、公安机关负责人决定;院长的回避、由本院审判委员会决定;检察长和公安机关负责人的回避,由同级人民检察院的检察委员会决定。"

3. 本案被告人马某申请回避的理由符合法定回避理由。因为本案的审判长与被告人宗某是大学同学,可能会影响案件的公正审理,符合《刑事诉讼法》第29条规定的第四种情形:审判人员、检察人员、侦查人员与本案当事人有其他关系,可能影响案件公正处理的,当事人及其法定代理人有权要求他们回避。

4. 对于人民法院作出驳回申请回避的决定,一经作出并不立即具有法律效力。

《刑事诉讼法》第31条第3款规定:“对驳回申请回避的决定,当事人及其法定代理人可以申请复议一次。”《刑事诉讼法》的这种规定,既保障了当事人及其法定代理人申请回避权的充分行使,又可避免因当事人及其法定代理人滥用这项权利拖延案件的处理。

▲ 资料链接

1. 陈光中主编:《刑事诉讼法》(第7版),北京大学出版社2021年版。

2.《刑事诉讼法学》编写组编:《刑事诉讼法学》(第3版),高等教育出版社2019年版。

3. 姚莉主编:《刑事诉讼法学》(第3版),中国法制出版社2023年版。

4. 宋英辉:《刑事诉讼法学》(第2版),中国人民大学出版社2019年版。

5. 陈卫东主编:《刑事诉讼法原理与案例教程》(第3版),中国人民大学出版社2015年版。

6. 叶青:《刑事诉讼法学》(第4版),上海人民出版社2020年版。

7. 中国法制出版社编:《中华人民共和国刑事诉讼法注解与配套》,中国法制出版社2021年版。

◈ 讨论思考

1. 简述回避的种类。
2. 简述回避的法定情形。
3. 简述回避的适用对象与理由。
4. 简述回避的审查与决定程序。
5. 审判组织或者审判机关能否成为刑事诉讼回避制度的主体?
6. 辩护人、代理人是否应赋予一定条件的回避权?

第五章　辩护与代理

◈ 本章提要

辩护是指犯罪嫌疑人、被告人及其辩护人针对控诉方的指控而进行的论证犯罪嫌疑人、被告人无罪、罪轻、减轻或免除罪责的反驳和辩解，以保护其合法权益的诉讼行为。辩护权是法律赋予犯罪嫌疑人、被告人的一项专属的诉讼权利，行使辩护权的方式有自行辩护、委托辩护和法律援助辩护三种。在我国，辩护人的范围包括：律师；人民团体或者犯罪嫌疑人、被告人所在单位推荐的人；犯罪嫌疑人、被告人的监护人、亲友。辩护律师在侦查阶段可以为犯罪嫌疑人提供法律帮助，从审查起诉阶段开始，犯罪嫌疑人、被告人可以正式委托辩护人参加诉讼。辩护人在诉讼中具有独立的诉讼地位，其责任是根据事实和法律，提出证明犯罪嫌疑人、被告人无罪、罪轻或者减轻、免除其刑事责任的材料和意见，维护犯罪嫌疑人、被告人的合法权益。辩护人在履行辩护职责时，享有阅卷权、与在押的犯罪嫌疑人、被告人会见和通信权、调查取证权、参加法庭调查和辩论的权利、拒绝辩护权等权利。公安司法机关必须保障犯罪嫌疑人、被告人辩护权的实现。为此，我国法律还确立了刑事法律援助制度。刑事代理也是保障当事人合法权益的一项重要制度。我国的刑事代理有三种：公诉案件被害人及其法定代理人、近亲属的代理；自诉案件自诉人及其法定代理人的代理；附带民事诉讼当事人的代理。刑事代理不同于刑事辩护，代理人的诉讼权利来源于当事人的授权，受当事人授权范围的制约。

◉ 法考重点

辩护的含义及种类；自行辩护、委托辩护和指定辩护的含义及区别；辩护人的诉讼地位；辩护人的权利和义务；辩护、辩护权、辩护制度的诉讼价值；刑事代理的概念及种类；代理人的范围；代理人的权利和义务；代理制度的诉讼价值。

第一节　辩　　护

△ 知识背景

一、辩护、辩护权和辩护制度

辩护，是指刑事案件的被追诉人及其辩护人反驳对被追诉人的指控，提出有利于被追诉人的事实和理由，论证被追诉人无罪、罪轻或者应当减轻、免除处罚，维护被追诉人的程序性权利，以保障被追诉人合法权益的诉讼活动。

辩护权是法律赋予犯罪嫌疑人、被告人的一项专属的诉讼权利，即犯罪嫌疑人、被告人针对指控进行辩解，以维护自己合法权益的一种诉讼权利，它在犯罪嫌疑人、被告人各项诉讼权利中居于核心地位。我国《宪法》规定：被告人有权获得辩护，这就使得被告人享有辩护权成为一项宪法原则。

犯罪嫌疑人、被告人行使辩护权的具体方式有两种：一种是自行辩护，即犯罪嫌疑人、被告人本人进行辩护；另一种是通过辩护人进行辩护，即由犯罪嫌疑人、被告人委托的辩护人或者在必要的时候由法律援助机构指派的律师进行辩护。

辩护制度，是法律规定的关于辩护权、辩护种类、辩护方式、辩护人的范围、辩护人的责任、辩护人的权利与义务等一系列规则的总称。它是犯罪嫌疑人、被告人有权获得辩护原则在刑事诉讼中的体现和保障，是现代国家法律制度的重要组成部分。辩护、辩护权和辩护制度三者之间的关系是：辩护权是辩护制度产生的基础，不承认犯罪嫌疑人、被告人的辩护权就不可能有辩护制度；辩护制度是辩护权的保障，各种辩护制度都是为了保障犯罪嫌疑人、被告人充分、正确行使辩护权而设立的；辩护是辩护权的外在表现形式，即辩护权是通过各种具体的辩护活动实现的。

二、我国刑事辩护制度的基本内容

（一）辩护的种类

根据我国《刑事诉讼法》第 33 条、第 34 条和第 35 条的规定，我国刑事诉讼中的辩护种类有三种：(1) 自行辩护。自行辩护，是指犯罪嫌疑人、被告人自己针对指控进行反驳、申辩和解释的行为。自行辩护权与国家追诉权是同时产生的，任何公民一旦被追诉，进入刑事诉讼程序，就自动享有自行辩护权，进行辩护行为。(2) 委托辩护。委托辩护，是指犯罪嫌疑人、被告人依法委托律师或其他公民担任辩护人，协助其进行辩护。(3) 法律援助辩护。法律援助辩护，是指犯罪嫌疑人、被告人没有委托辩护人，存在法定的情形，而由法律援助机构指派律师为其提供辩护。

（二）辩护人的范围

辩护人的范围，是指哪些人可以接受犯罪嫌疑人、被告人的委托，担任他们的辩护人。我国《刑事诉讼法》第 33 条第 1 款对此作了明确规定，下列人员可以担任辩护人：(1) 律师。律师是具备律师资格，取得律师执业证书，为社会提供法律服务的执业人员。(2) 人民团体或者犯罪嫌疑人、被告人所在单位推荐的人。(3) 犯罪嫌疑人、被告人的监护人、亲友。

《刑事诉讼法》第 33 条除了对辩护人的范围进行了上述正面规定以外，还在第 2 款做出了禁止性规定，《六机关规定》第 4 条、最高法《刑诉解释》第 40 条对此问题进行了更为详细的规定，根据上述规定，下列人员不得担任辩护人：(1) 正在被执行刑罚或者处于缓刑、假释考验期间的人；(2) 依法被剥夺、限制人身自由的人；(3) 无行为能力或者限制行为能力的人；(4)人民法院、人民检察院、公安机关、国家安全机关、监狱的现职人员；(5)人民陪审员；(6)与本案审理结果有利害关系的人；(7)外国人或者无国籍人。但上述人员中的第(4)项至第(7)项，如果本人是被告人的监护人、近亲属，由被告人委托担任辩护人的，可以允许。此外，根据《律师法》第41条、最高法《刑诉解释》第41条规定，审判人员、检察人员从人民法院、人民检察院离任后2年以内，不得以律师身份担任辩护人；审判人员和人民法院其他工作人员从人民法院离任后，不得担任原任职法院所审理案件的辩护人，检察人员从人民检察院离任后，不得担任原任职检察院办理案件的辩护人，但作为被告人、犯罪嫌疑人的监护人、近亲属进行辩护的除外；人民法院审判人员及其他工作人员的配偶、子女或者父母不得担任其任职法院所审理案件的辩护人，检察人员的配偶、子女不得担任该检察人员所任职检察院办理案件的辩护人。

(三)辩护人的诉讼权利和诉讼义务

辩护人依法享有诉讼权利、承担诉诉讼义务是辩护人顺利开展辩护活动的重要保证。我国《刑事诉讼法》和《律师法》对辩护人的诉讼权利和诉讼义务进行了明确的规定。

1. 辩护人的诉讼权利。(1)职务保障权；(2)会见、通信权；(3)阅卷权；(4)获取证据权；(5)依法提供辩护的权利；(6)其他权利。

2. 辩护人的诉讼义务。(1)认真履行职务义务；(2)依法辩护义务；(3)部分证据展示义务；(4)保守秘密义务；(5)遵守诉讼纪律义务。

【案例一】

[案情简介]

被告人甲与乙共同犯罪，乙在逃。张律师为甲担任辩护人。案件判决生效三年后，乙被抓获并被起诉。关于被告人甲的辩护人张律师是否能担任被告人乙的辩护人，存在不同观点：(1)张律师不得担任乙辩护人；(2)如果乙系法律援助对象，张律师可以担任乙辩护人；(3)如果被告人乙同意，张律师可以担任乙辩护人；(4)如果公诉人未提出异议，张律师可以担任乙辩护人。

[问题]

关于张律师能否担任被告人乙的辩护人的以上观点是否正确?

[解析]

本案考查辩护人接受委托的限制。《六机关规定》第4条第2款规定，“一名辩护人不得为两名以上的同案犯罪嫌疑人、被告人辩护，不得为两名以上的未同案处理但实施的犯罪存在关联的犯罪嫌疑人、被告人辩护”，可知在本案中，甲与乙是共同犯罪人，乙虽未和甲同案处理，但是他们实施的犯罪存在关联性，张律师为甲担任过辩护人，则不可以再担任乙的辩护人。这种对辩护人接受委托的限制条件是法律的强制性规定,不以任何人的意志为转移,也不受期限的限制。所以本案只有(1)的观点正确,其他三种看法均错误。

法律之所以作上述规定,是因为两名以上的同案犯罪嫌疑人、被告人之间或两名以上的未同案处理但实施的犯罪存在关联的犯罪嫌疑人、被告人之间有利害冲突,辩护人为一名犯罪嫌疑人、被告人作无罪、罪轻辩护就可能会将犯罪的主要事实都指向其他犯罪嫌疑人、被告人,所以如果一名辩护人同时为多名犯罪嫌疑人、被告人辩护,就可能存在辩护理由互相矛盾,顾此失彼,不利于维护所有犯罪嫌疑人、被告人的合法权益。

【案例二】

[案情简介]

被告人商某(男,42岁),某市A县人,A县计划生育工作组组长。2021年7月,商某率领工作组4名成员,到A县甲乡张三家追收超生费人民币3000元。被告人商某责令张三当天必须交钱,欠1分钱都不行。张三说:"别逼我太紧,我正在想办法借钱,一借到手,马上交给你。"商某认为张三在工作组面前顶撞自己,于是命令组员将张三绑起来。张三顺手拿把砍柴刀反抗。站在身旁的工作组成员见状,立即夺下张三手上的柴刀。商某持枪对着张三,大声喝令工作组组员绑架张三,在张三极力反抗下,商某开枪击中了张三胸部,随后张三倒地,因失血过多而死亡。

被告人商某在审判前,对自己聘请的律师甲提出要求,要求律师为他作正当防卫辩护。律师说,律师的职责是根据事实和法律,维护犯罪嫌疑人和被告人的合法权益,至于是不是正当防卫,要根据事实和法律说话。被告人商某说,你是我聘请的律师,要为我说话,你必须为我作正当防卫的辩护。

[问题]

1. 辩护人的职责是什么?

2. 本案中辩护律师面对被告人商某提出的辩护请求应如何处理?

[解析]

1. 我国《刑事诉讼法》第37条规定:"辩护人的责任是根据事实和法律,提出犯罪嫌疑人、被告人无罪、罪轻或者减轻、免除其刑事责任的材料和意见,维护犯罪嫌疑人、被告人的诉讼权利和其他合法权益。"因此,辩护人,特别是辩护律师,在刑事诉讼中的主要责任是:(1)根据事实和法律为犯罪嫌疑人、被告人进行辩护。辩护人针对控诉的事实,提出有利于犯罪嫌疑人、被告人的材料和意见,证明犯罪嫌疑人、被告人无罪或者罪轻,或者应当减轻、免除犯罪嫌疑人、被告人的刑事责任。如果被控诉的事实不符合实际情况,或者是适用法律不当,辩护人应在做好必要的调查、收集辩护材料的基础上,根据事实和法律,提出辩护意见,反驳不正确的控诉。但是,辩护人不得歪曲和捏造事实,曲解法律,为被告人开脱罪责,包庇犯罪。(2)维护犯罪嫌疑人、被告人的诉讼权利。在刑事诉讼过程中,犯罪嫌疑人、被告人的诉讼权利,如申请回避、最后陈述、提出上诉等的权利如果受到剥夺或侵犯,辩护人就应当依法要求给予制止或纠正,直至向有关单位提出控告。(3)为犯罪嫌疑人、被告人提供法律帮助。辩护人应帮助不熟悉法律的犯罪嫌疑人、被告人了解他在法律上的权利和义务,以保证他能正确、充分地行使辩护权,并解答犯罪嫌疑人、被告人提出的各种法律问题,以及代写法律文书等。

2. 本案中,辩护律师对于被告人商某的辩护要求,作为律师,应首先向被告人商某讲明辩护人的职责和任务。辩护人和被告人的关系是建立在相互信任的基础之上,在维护被告人合法权益方面,辩护人和被告人的目的是一致的。但是,辩护人进行辩护,要以事实和法律为根据,绝不能伪造证据,捏造事实,曲解法律,而为犯罪嫌疑人、被告人开脱罪责。同时,为保证辩护人辩护意见的真实性和合法性,辩护人在刑事诉讼中具有独立自主的诉讼地位,其辩护活动只受事实和法律约束。辩护人对案件怎样进行辩护,采用哪些辩护方法,提出哪些辩护材料和理由,都可以根据自己对于案情的分析和法律的理解来决定,不受犯罪嫌疑人、被告人意见的约束。对于犯罪嫌疑人、被告人不供认的事实,辩护人认为控诉是正确的,可以不提出辩护意见;相反,对于犯罪嫌疑人、被告人已经供认的事实,辩护人认为控诉是不正确的,仍然可以提出辩护意见。辩护人只是反驳没有法律根据或者非法的控诉,而不是反驳一切控诉;辩护人只是维护犯罪嫌疑人、被告人的合法权益,而不是盲目地保护犯罪嫌疑人、被告人的一切利益;辩护人在辩护中只能采用合法的辩护手段,而不能为了辩护而不择手段。所以,本案中,律师应尽力向委托人讲明有关法律,做通其思想工作,绝不能接受被告人无理要求。如果与委托人之间产生严重分歧,双方可以拒绝辩护而终止委托关系。

第二节　代　　理

▲ 知识背景

一、刑事代理制度的概念

刑事诉讼中的代理,是指代理人接受公诉案件的被害人及其法定代理人或者近亲属、自诉案件的自诉人及其法定代理人、附带民事诉讼的当事人及其法定代理人的委托,以被代理人名义参加诉讼,由被代理人承担代理行为的法律后果的一项诉讼活动。

刑事代理制度,是指法律关于刑事诉讼中的代理权、代理人的范围、代理的种类与方式、代理人的职责、代理人的权利与义务等一系列法律规范的总称。

二、刑事代理制度的种类

刑事诉讼中的代理包括三种情况:一是公诉案件中被害人的代理;二是自诉案件中自诉人的代理;三是刑事附带民事诉讼中原告人和被告人的代理。自诉人、被害人及其法定代理人委托的诉讼代理人,特别是代理律师,在其同时提起附带民事诉讼时,可以兼作附带民事诉讼原告人的代理律师，一般无须另办法律手续。而刑事被告人或对被告人的行为负有赔偿责任的机关、团体，可以委托刑事被告人的辩护律师作诉讼代理人，但要征得该律师的同意，并应另行办理有关法律手续。

三、刑事代理制度的种类

（一）公诉案件中的代理

公诉案件中的代理，是指诉讼代理人接受公诉案件的被害人及其法定代理人或者近亲属的委托，代理被害人参加诉讼，以维护被害人的合法权益。

根据我国《刑事诉讼法》第46条的规定，公诉案件的被害人及其法定代理人或者近亲属，附带民事诉讼的当事人及其法定代理人，自案件移送审查起诉之日起，有权委托诉讼代理人。同时为了保证被害人知悉这一权利，《刑事诉讼法》第46条第2款还规定人民检察院自收到移送审查起诉的案件材料之日起3日内应当告知被害人及其法定代理人或其近亲属、附带民事诉讼的当事人及其法定代理人有权委托诉讼代理人。被害人的诉讼代理人参加刑事诉讼，同公诉人的诉讼地位是平等的，双方都在刑事诉讼过程中执行控诉职能。但是两者的诉讼地位又不完全相同，公诉人除了执行控诉职能外，还执行法律监督职能。

（二）自诉案件中的代理

自诉案件中的代理，是指代理人接受自诉人及其法定代理人的委托参加诉讼，以维护自诉人的合法权益。

自诉案件的自诉人可以随时委托诉讼代理人，我国《刑事诉讼法》第46条还规定，法院自受理案件之日起3日内，应当告知自诉人及其法定代理人有权委托诉讼代理人，这就使自诉人委托代理人的诉讼权利得到了程序上的保障。

自诉人委托诉讼代理人应当同诉讼代理人签订委托合同，载明代理事项、代理权限、代理期间等重大事项。

对于自诉人应享有哪些权利，我国法律也没有作出明确规定。由于自诉人的代理人像公诉案件被害人的代理人一样，也是行使控诉职能的，因而自诉人的代理人享有的诉讼权利原则上应当与被害人的诉讼代理人享有的诉讼权利相同。自诉人的诉讼代理人也应当以事实和法律为依据，正确地行使控诉权。但是，由于自诉案件通常危害性较小，主要涉及的是公民个人的利益，我国法律赋予自诉人对自己的利益进行处分的权利，因而自诉人的代理人的权利应当受到自诉人权利的约束，未经自诉人同意，自诉人的代理人不得撤回起诉，不得与对方和解、接受法院调解。

（三）附带民事诉讼中的代理

附带民事诉讼中的代理，是指诉讼代理人接受附带民事诉讼的当事人及其法定代理人的委托，在所受委托的权限范围内，代理参加诉讼，以维护当事人及其法定代理人的合法权益。

我国《刑事诉讼法》规定，附带民事诉讼案件的当事人及其法定代理人，自案件移送审查起诉之日起，有权委托诉讼代理人，同时还规定检察院自收到案件审查起诉的案件材料之日起3日内应当告知双方当事人及其法定代理人有权委托诉讼代理人。诉讼代理人接受委托的，应同附带民事诉讼当事人及其法定代理人签订委托代理合同，并由被代理人填写授权委托书，注明代理的权限。

【案例一】

[案情简介]

被告人刘某，因琐事与孟某争执，被告人刘某用拳头将孟某脸部、眼部打伤。孟某找伙计田某帮忙报复刘某。2022年6月11日9时许，孟某和同伙田某把刘某骗出来玩，孟某用菜刀砍被告人刘某，被告人刘某用木棍挡开；田某用铁棍打被告人刘某，被告人刘某用木棍一挡，田某的铁棍掉在地上，刘某持木棍使劲打向田某的头部和孟某的右腿。经法医鉴定，孟某右腿所受损伤程度为轻伤；田某头部所受损伤程度为轻伤。

2022年6月11日14时许，被告人刘某于案发当日即到区公安机关投案自首，区公安机关侦查终结后，移送到区人民检察院审查起诉。审查起诉期间，人民检察院告知被害人有权委托诉讼代理人参加诉讼，随后被害人孟某和田某分别委托律师章某、何谋作为其诉讼代理人。诉讼代理人依法行使了法定的诉讼权利，仔细阅读了案卷材料，并调查取证，同时依法提起附带民事诉讼，要求被告人刘某赔偿被害人田某经济损失人民币4万元，赔偿孟某经济损失人民币1万元。该案由人民检察院提起公诉，被害人孟某、田某提起附带民事诉讼，在附带民事诉讼审理过程中被告人刘某委托律师马某作为其诉讼代理人，并参加了法庭调查、法庭辩论。

庭审过程中，附带民事诉讼被告刘某的诉讼代理人马某指出，附带民事诉讼原告人田某在孟某与刘某的先前争执已经结束的情况下，应当通过合法途径追究被告人刘某故意伤害孟某的法律责任，但其却与孟某合伙找被告人刘某，并与刘某殴打，因此田某对其自身损害具有过错，应承担一定的法律责任。法院对律师马某的诉讼代理意见予以采纳。经人民法院审理判决如下：(1)被告刘某犯故意伤害罪，判处有期徒刑8个月；(2)被告人刘某赔偿附带民事诉讼原告人孟某经济损失人民币1万元；(3)被告人刘某赔偿附带民事诉讼原告人田某经济损失人民币2万元。

[问题]

1. 本案中的刑事诉讼代理属于哪种形式的代理？

2. 刑事诉讼代理人享有哪些诉讼权利？

[解析]

1. 刑事诉讼中的代理，是指代理人接受公诉案件的被害人及其法定代理人或者近亲属、自诉案件的自诉人及其法定代理人、附带民事诉讼的当事人及其法定代理人的委托，以被代理人名义参加诉讼，由被代理人承担代理行为法律后果的一项诉讼活动。刑事诉讼中的代理包括三种情况：(1)公诉案件中的代理，是指诉讼代理人接受公诉案件的被害人及其法定代理人或者近亲属的委托,代理被害人参加诉讼,以维护被害人的合法权益。根据《刑事诉讼法》第46条的规定,公诉案件的被害人及其法定代理人或者近亲属自案件移送审查起诉之日起,有权委托诉讼代理人。为保障被害人的这一知情权,人民检察院自收到移送审查起诉的案件材料之日起3日内应当告知被害人及其法定代理人或者其近亲属有权委托诉讼代理人。(2)自诉案件中的代理,是指诉讼代理人接受自诉人及其法定代理人的委托参加诉讼,以维护自诉人的合法权益。自诉案件的自诉人有权随时委托诉讼代理人;人民法院自受理自诉案件之日起3日以内,应当告知自诉人及其法定代理人有权委托诉讼代理人。(3)附带民事诉讼的代理,是指诉讼代理人接受附带民事诉讼的当事人及其法定代理人的委托,在委托人授权的范围及法律规定的权限范围内,代理参加诉讼,以维护当事人及其法定代理人的合法权益。公诉案件中的附带民事诉讼当事人及其法定代理人,有权自案件移送人民检察院审查起诉之日起委托诉讼代理人;人民检察院自收到案件移送审查起诉的案件材料之日起3日内,应当告知附带民事诉讼当事人及其法定代理人享有委托诉讼代理人的权利。自诉案件中的附带民事诉讼当事人及其法定代理人有权随时委托诉讼代理人;人民法院有义务自受理自诉案件之日起3日以内,告知附带民事诉讼的当事人及其法定代理人有权委托诉讼代理人。

本案中的诉讼代理属于公诉案件中的附带民事诉讼代理。公诉案件中的被害人在检察机关提起公诉的同时,提起附带民事诉讼,要求被告人赔偿他们因被伤害而遭受的物质损失。作为附带民事诉讼的被告人刘某有权委托诉讼代理人参加诉讼,以维护自己的合法权益。在附带民事诉讼中,被告人可以委托刑事辩护人,特别是辩护律师作诉讼代理人,但要征得该辩护人的同意,并应办理相关的委托手续。

2. 刑事诉讼代理人是受委托参加诉讼,作为刑事诉讼中的诉讼参与人,其权利来源于法律的明确规定和被代理人的授权。从我国刑事诉讼法以及有关司法解释的规定来看,公诉案件中诉讼代理人享有如下权利:第一,审查起诉阶段,诉讼代理人享有陈述意见权、阅卷权、收集证据权。第二,法庭审理阶段,诉讼代理人享有发问权、质证权、认证权;申请通知新的证人到庭、调取新的物证、申请重新鉴定或者勘验权;有权申请传唤尚未出庭作证的证人、鉴定人和勘验、检查笔录制作人出庭作证权;出示公诉人未出示的证据权、宣读未宣读的书面证人证言、鉴定结论以及勘验、检查笔录权。另外,诉讼代理人有权行使被害人授权的诉讼权利。例如,申请回避权、申请复议权(包括对驳回申请回避的决定和对不立案决定)、提起附带民事诉讼的权利、报案权、控告权、请求立案监督权、知情权、自诉权、直接起诉权、请求抗诉权、对生效判决有申诉权等法律明确规定被害人享有的诉讼权利。自诉案件中的诉讼代理人亦享有法律明确规定的诉讼权利以及自诉人授权的权利。比如,自诉人享有的提起诉讼的权利、和解的权利、撤诉的权利等诉讼权利均可授权给诉讼代理人。

【案例二】

[案情简介]

被告人周某与附带民事诉讼原告人司某两人不相识。2022 年 9 月 1 日 9 时，司某在超市收银台前排队付款，发现周某在队前面加塞，便吆喝周某并将其拉出队外。周某与司某争吵起来，周某气急之下猛踢司某小腹一脚，司某因肚子疼痛而倒地，经医院诊断为外伤性肠穿孔，并且需要做手术。司某住院 30 天后康复出院，花去医疗费 8000 元。司某除要求追究周某的刑事责任外，还要求周某赔偿其全部医疗费以及误工收入、营养费等费用合计人民币 20000 元。

本案经公安机关侦查终结后，移送人民检察院审查起诉。人民检察院在本案移送后的第 5 天告知被害人司某有权委托诉讼代理人。司某作为附带民事诉讼的原告人委托律师于某担任诉讼代理人。

此案经人民法院审理认为，被告人周某在超市付款加塞不遵守公共秩序，与人争吵中竟用暴力伤人，致司某肠穿孔住院手术治疗 30 天才出院，已构成故意伤害罪。依法判处被告人周某有期徒刑 7 个月。被告人周某故意伤害司某身体，必须赔偿全部医疗费、误工收入、营养费共计人民币 20000 元，在本判决发生法律效力后 1 个月内付清。

[问题]

1. 公诉案件附带民事诉讼的原告人从何时起有权委托诉讼代理人？

2. 本案中人民检察院关于代理告知的做法是否符合法定程序？

[解析]

1. 我国《刑事诉讼法》第 46 条第 1 款规定："公诉案件的被害人及其法定代理人或者近亲属，附带民事诉讼的当事人及其法定代理人，自案件移送审查起诉之日起，有权委托诉讼代理人。自诉案件的自诉人及其法定代理人，附带民事诉讼的当事人及其法定代理人，有权随时委托诉讼代理人。"据此，公诉案件的被害人或者近亲属、自诉案件的自诉人及其法定代理人、附带民事诉讼的当事人及其法定代理人都可以委托诉讼代理人。委托诉讼代理人的起始时间是：公诉案件为移送审查起诉之日，自诉案件为随时即可。本案是公诉案件，附带民事诉讼的原告人司某自本案移送审查起诉之日起有权委托诉讼代理人参加诉讼。

2. 本案中，人民检察院违反了辩护告知的法定程序，没有依法履行法定告知义务。《刑事诉讼法》第 46 条第 2 款规定："人民检察院自收到移送审查起诉的案件材料之日起三日以内，应当告知被害人及其法定代理人或者其近亲属、附带民事诉讼的当事人及其法定代理人有权委托诉讼代理人。人民法院自受理自诉案件之日起三日以内，应当告知自诉人及其法定代理人、附带民事诉讼的当事人及其法定代理人有权委托诉讼代理人。"因此，本案在公安机关侦查终结后移送人民检察院审查起诉，人民检察院应当在收到移送审查起诉的案件材料之日起 3 日内告知被害人司某有权委托诉讼代理人，这是人民检察院的法定告知义务。人民检察院在第5日才告知被害人司某有权委托诉讼代理人的做法是违反法定程序的。

第三节　刑事法律援助制度

△ 知识背景

一、法律援助制度

法律援助制度作为实现社会正义和司法公正、保障公民基本权利的国家行为，在国家司法体系中具有重要的地位。法律援助制度是国家在司法制度运行上，对因经济困难或者其他因素而难以通过一般意义上的法律救济手段保障自身权利的社会弱者，减免收费，提供法律帮助的一项法律保障制度。

我国《律师法》第42条的规定是法律援助制度的直接法律渊源。国务院于2003年7月16日通过了《法律援助条例》，标志着我国系统的法律援助制度正式建立。2021年我国制度《法律援助法》，我国法律援助制度具有如下特点：

第一，法律援助是一种国家行为，它是现代法治社会要求国家承担的一种国家责任，受国家强制力保证实施。我国《法律援助法》第4条明确规定，县级以上人民政府应当将法律援助工作纳入国民经济和社会发展规划、基本公共服务体系，保障法律援助事业与经济社会协调发展。县级以上人民政府应当健全法律援助保障体系，将法律援助相关经费列入本级政府预算，建立动态调整机制，保障法律援助工作需要，促进法律援助均衡发展。

第二，法律援助的对象是特定的社会阶层，即因经济困难或其他因素而难以通过一般法律救济手段保障自身基本社会权利的阶层人士。我国《法律援助法》第31条规定，公民对下列需要代理的事项，因经济困难没有委托代理人的，可以向法律援助机构申请法律援助：(1)依法请求国家赔偿的；(2)请求给予社会保险待遇或者社会救助；(3)请求发给抚恤金的；(4)请求给付赡养费、抚养费、扶养费的；(5)请求确认劳动关系或者支付劳动报酬的；(6)请求认定公民无民事行为能力或者限制民事行为能力的；(7)请求工伤事故、交通事故、食品药品安全事故、医疗事故人身损害赔偿的；(8)请求环境污染、生态破坏损害赔偿的；(9)法律、法规、规章规定的其他情形的。

第三，法律援助的宗旨是维护司法公正，实现社会正义，体现的是法律面前人人平等的精神。

二、刑事法律援助制度

(一)刑事法律援助的范围

刑事法律援助的范围，同一国的经济发展水平和法制状况密切相关，在发达的资本主义国家中，由于有雄厚的物质基础作保证，加上民主法律制度完备，刑事法律援助的范围相当广泛，刑事法律援助贯穿了调查取证、提起公诉、审判和上诉等刑事诉讼中的各个阶段，凡是生活在贫困线以下的被告人、自诉人，都可以获得无偿的律师帮助。据统计，早在1976年，英国就有96%的被告在巡回刑事法院的审判中得到了法律援助。

我国刑事法律援助的范围经历了一个逐渐扩大的过程。早期的法律援助仅限于审判阶段，修正后的《刑事诉讼法》已经提前到了侦查阶段。根据我国《刑事诉讼法》第35条、第278条、第293条、第304条的规定，对被追诉人的法律援助，分为申请指派律师援助和法定指派律师援助两种情形：

根据《刑事诉讼法》第35条第1款的规定，申请指派律师援助的情形，是指犯罪嫌疑人、被告人因经济困难或者其他原因没有委托辩护人的，本人及其近亲属可以向法律援助机构提出申请。人民法院收到在押被告人提出的法律援助申请，应当依照有关规定及时转交所在地的法律援助机构或者通知值班律师（最高法《刑诉解释》第46条）。对符合法律援助条件的，法律援助机构应当指派律师为其提供辩护。

根据《刑事诉讼法》第35条第2款、第3款和第278条、第293条、第304条和《法律援助法》第25条的规定，法定指派律师援助是指在下列情形中，犯罪嫌疑人、被告人没有委托辩护人的，人民法院、人民检察院和公安机关应当通知法律援助机构指派律师为其提供辩护：(1)犯罪嫌疑人、被告人是盲、聋、哑人，或者是尚未完全丧失辨认或者控制自己行为能力的精神病人；(2)犯罪嫌疑人、被告人是未成年人；(3)犯罪嫌疑人、被告人可能被判处无期徒刑、死刑；(4)人民法院缺席审判案件，被告人及其近亲属没有委托辩护人的；(5)人民法院审理强制医疗案件，被申请人或者被告人没有委托诉讼代理人。对于以上这几种情形，法律援助机构只要收到人民法院、人民检察院或者公安机关的通知，就应当指派律师提供法律援助，无须对被告人进行经济状况审查。

除了上述对刑事被追诉者的法律援助之外，根据《法律援助法》第29条的规定，刑事公诉案件的被害人及其法定代理人或者近亲属，刑事自诉案件的自诉人及其法定代理人，刑事附带民事诉讼案件的原告及其法定代理人，因经济困难没有委托诉讼代理人的，可以向法律援助机构申请法律援助。

（二）刑事法律援助的机构

《法律援助法》对法律援助机构作出了统一规定。按照规定，国务院司法行政部门指导、监督全国的法律援助工作。县级以上地方人民政府司法行政部门指导、监督本行政区域的法律援助工作。中华全国律师协会和地方律师协会应当按照律师协会章程对依据本条例实施的法律援助工作予以协助。直辖市、设区的市或者县级人民政府司法行政部门根据需要确定本行政区域的法律援助机构。法律援助机构负责受理、审查法律援助申请，指派或者安排人员为符合本法规定的公民提供法律援助。

（三）刑事法律援助的程序

对于法定指派律师援助的情形，法律援助机构只要接到人民法院、人民检察院或者公安机关的通知，就应当及时指派律师进行援助，并将指派进行援助的律师名单回复人民法院、人民检察院或者公安机关，无须进行资格审查。《六机关规定》第 5 条专门规定，人民法院、人民检察院、公安机关，对于符合法定指派律师援助的情形，而“通知法律援助机构指派律师提供辩护或者法律帮助的，法律援助机构应当在接到通知后三日以内指派律师，并将律师的姓名、单位、联系方式书面通知人民法院、人民检察院、公安机关”。因此，这里的刑事法律援助程序，主要是有关申请指派律师援助的程序。

根据《办理法律援助案件程序规定》第 10 条到第 13 条的规定，对诉讼事项的法律援助，由申请人向办案机关所在地的法律援助机构提出申请；对非诉讼事项的法律援助，由申请人向争议处理机关所在地或者事由发生地的法律援助机构提出申请。申请人就同一事项向两个以上有管辖权的法律援助机构提出申请的，由最先收到申请的法律援助机构受理。

因经济困难申请代理、刑事辩护法律援助的，申请人应当如实提交下列材料：(1)法律援助申请表；(2)居民身份证或者其他有效身份证明，代为申请的还应当提交有代理权的证明；(3)经济困难状况说明表，如有能够说明经济状况的证件或者证明材料，可以一并提供；(4)与所申请法律援助事项有关的其他材料。填写法律援助申请表、经济困难状况说明表确有困难的，由法律援助机构工作人员或者转交申请的机关、单位工作人员代为填写，申请人确认无误后签名或者捺指印。符合《中华人民共和国法律援助法》第 32 条规定情形的当事人申请代理、刑事辩护法律援助的，应当提交第 1 款第 1 项、第 2 项、第 4 项规定的材料。

被羁押的犯罪嫌疑人、被告人、服刑人员以及强制隔离戒毒人员等提出法律援助申请的，可以通过办案机关或者监管场所转交申请。办案机关、监管场所应当在 24 小时内将申请材料转交法律援助机构。犯罪嫌疑人、被告人通过值班律师提出代理、刑事辩护等法律援助申请的，值班律师应当在 24 小时内将申请材料转交法律援助机构。法律援助机构收到法律援助申请后，应当进行审查。申请人提交的申请材料符合规定的，应当予以受理，并向申请人出具收到申请材料的书面凭证，载明收到申请材料的名称、数量、日期等；申请人提交的申请材料不齐全，应当一次性告知申请人需要补充的全部内容，或者要求申请人作出必要的说明。申请人未按要求补充材料或者作出说明的，视为撤回申请；申请事项不属于本法律援助机构受理范围的，应当告知申请人向有管辖权的法律援助机构申请或者向有关部门申请处理。

法律援助机构可以指派律师事务所安排律师或者安排本机构的工作人员办理法律援助案件；也可以根据其他社会组织的要求，安排其所属人员办理法律援助案件，但是根据《刑事诉讼法》第 35 条规定的精神，对于犯罪嫌疑人、被告人的法律援助，只能安排律师进行。受指派进行法律援助义务的律师，应当认真负责地履行法律援助义务，我国《律师法》第 42 条专门规定：受法律援助机构指派，进行法律援助的律师应当为受援人提供符合标准的法律服务，维护受援人的合法权益。受指派办理法律援助案件的律师或者接受安排办理法律援助案件的社会组织人员在案件结案时,应当向法律援助机构提交有关的法律文书副本或者复印件以及结案报告等材料。法律援助机构收到前款规定的结案材料后,应当向受指派办理法律援助案件的律师或者接受安排办理法律援助案件的社会组织人员支付法律援助办案补贴。法律援助办案补贴的标准由省、自治区、直辖市人民政府司法行政部门会同同级财政部门,根据当地经济发展水平,参考法律援助机构办理各类法律援助案件的平均成本等因素核定,并可以根据需要调整。办理法律援助案件的人员遇有下列情形之一的,应当向法律援助机构报告,法律援助机构经审查核实的,应当终止该项法律援助:(1)受援人的经济收入状况发生变化,不再符合法律援助条件的;(2)案件终止审理或者已被撤销的;(3)受援人又自行委托律师或者其他代理人的;(4)受援人要求终止法律援助的。

【案例】

[案情简介]

有一起抢劫案,在法庭审判中,被告人甲翻供,否认犯抢劫罪,并当庭拒绝律师为其进行有罪辩护。关于被告人甲拒绝律师为其进行有罪辩护,本案合议庭作出以下处理:(1)被告人有权拒绝辩护人辩护,合议庭应当准许;(2)辩护律师独立辩护,不受当事人意思表示的约束,合议庭不应当准许拒绝辩护;(3)本案属于应当提供法律援助情形的,合议庭不应当准许拒绝辩护;(4)本案属于有多名被告人的案件,部分被告人拒绝辩护人辩护的,合议庭不应当准许。

[问题]

关于被告人甲拒绝律师为其进行有罪辩护,本案合议庭作出的哪种处理是正确的?

[解析]

本案考查被告人拒绝辩护的处理。根据最高法《刑诉解释》第50条及第311条的相关规定可知,被告人拒绝辩护的,法院的处理方法如下:(1)对于应当提供法律援助辩护的被告人拒绝辩护的,如果拒绝的是法律援助机构指派的律师,人民法院应当查明原因,理由正当的,应当准许;如果拒绝的是被告人自己委托的律师,法院应当准许,无须查明理由。拒绝的无论是法律援助机构指派的律师还是被告人自己委托的律师,法院准许后,被告人仍须另行委托辩护人或由法律援助机构另行指派律师,且被告人再次拒绝辩护的,法院不予准许。(2)对于普通的被告人拒绝辩护的,拒绝的无论是法律援助机构指派的律师还是被告人自己委托的律师,法院都应当准许,无须查明理由,被告可以另行委托辩护律师或者请求提供法律援助辩护,且被告人可再次拒绝辩护,法院应当准许,其结果是被告人自行辩护,不得另行委托辩护律师或请求提供法律援助辩护。(3)对于有多名被告人的案件,部分被告人拒绝辩护人辩护后,没有辩护人的,根据案件情况,可以对该被告人另案处理,对其他被告人的庭审继续进行。综上所述,对于被告人首次拒绝辩护的,法院都应当准许,只是在拒绝理由上有不同的要求;对于第二次拒绝的,如果是应当提供法律援助辩护的被告人拒绝,则不准许,其他被告人拒绝,则准许。

根据上述规定可知,被告人甲拒绝律师为其进行有罪辩护,本案合议庭作出的处理是应当准许甲拒绝辩护,因此,合议庭对本案作出的处理(1)是正确的。

【综合案例】

【综合案例一】

[案情简介]

被告人刘某(男,24 岁)、陈某(男,23 岁),两人是 A 市某大学同学。被害人李某,家境很好,刘某和陈某非常嫉妒李某。2021 年 5 月 17 日 10 时,刘某蓄意约被害人李某一起春游,刘某和陈某约定好杀害李某的计划,并带上准备好的床单子和麻绳。刘某领路,他故意将李某引进偏僻的树林里。刘某和陈某趁机用麻绳套住李某的脖子,用床单子捆住李某,并用床单子堵住李某的嘴,直到李某倒地死亡。随后,两被告人抢劫了被害人李某随身携带的财物,以及手机和手上的戒指等物品,然后二人逃跑。公安机关接到报案后,立案侦查。经法医鉴定,被害人李某系机械性窒息死亡,现场提取的麻绳、床单子的血迹经 DNA 检验,与被害人李某的相同。现场提取床单子和麻绳上所留指纹是被告人刘某和陈某所留。

该案侦查终结后,移送 A 市检察院审查起诉,检察机关经审查认为符合起诉条件,遂向 A 市中级人民法院提起公诉。在审判阶段,由于被告人陈某没有委托辩护人,人民法院依法为其指定了辩护人。在法庭调查中,被告人陈某翻供,否认杀人事实。这时,陈某的指定辩护人讯问被告人陈某:"庭审前,在看守所里,你不是已承认有杀人事实吗?"被告陈某沉默。辩护人又问:"庭审前我会见你时你承认杀人事实,为什么现在又翻供呢?"这时,审判长及时制止了辩护人的讯问。

[问题]

1. 我国刑事辩护人在诉讼中享有哪些诉讼权利和义务?

2. 结合本案简述指定辩护必须具备的条件。

3. 本案中指定辩护人讯问被告人的做法是否正确?

[思路]

1. 辩护人是指接受犯罪嫌疑人、被告人的委托或者人民法院的指定,在刑事诉讼中协助犯罪嫌疑人、被告人行使辩护权,从而维护其合法权益的诉讼参与人。根据我国《刑事诉讼法》及相关法律的规定,辩护人享有如下诉讼权利:(1)职务保障权。辩护人依法履行职责,受国家法律保护。辩护人有权根据事实和法律独立地进行辩护,不受任何机关、团体和个人的非法限制与干涉。(2)阅卷权。《刑事诉讼法》第 40 条规定，辩护律师自人民检察院对案件审查起诉之日起，可以查阅、摘抄、复制本案的诉讼文书、技术性鉴定材料，其他辩护人经人民检察院许可，也可以查阅、摘抄、复制上述材料。辩护律师自人民法院受理案件之日起，可以查阅、摘抄、复制本案所指控的犯罪事实的材料。(3)会见、通信权。《刑事诉讼法》第39条规定，辩护律师自人民检察院对案件审查起诉之日起，可以同在押的犯罪嫌疑人会见和通信。(4)调查取证权。《刑事诉讼法》第43条规定，辩护律师经证人或者其他有关单位和个人同意，可以向他们收集与本案有关的材料，也可以申请人民检察院、人民法院收集、调取证据，或者申请人民法院通知证人出庭作证。(5)获得通知权。《刑事诉讼法》第187条规定，辩护人有权在开庭3日以前获得法院的出庭通知书。(6)参加法庭调查和辩论权。(7)拒绝辩护权。(8)其他权利。

2. 根据《刑事诉讼法》规定，指定辩护必须符合以下几个条件：(1)指定辩护必须以被告人没有委托辩护人为前提。(2)被告人必须存在法定的特殊情形。即公诉人出庭的案件，被告人因经济困难或者其他原因没有委托辩护人的，人民法院可以通知法律援助机构为其指定辩护人；被告人是盲、聋、哑或者未成年人而没有委托辩护人的，人民法院应当通知法律援助机构为其指定辩护人；被告人可能被判处死刑而没有委托辩护人的，人民法院应当通知法律援助机构为其指定辩护人。(3)指定辩护的时间可能发生在侦查阶段、审查起诉阶段、审判阶段，由公安机关、公诉机关、人民法院通知法律援助机构指派。(4)只能从承担法律援助义务的律师中指定。本案被告人陈某因实施故意杀人行为可能被判处死刑，在其没有委托辩护人的情况下，人民法院应当通知法律援助机构为其指定辩护人，这体现了我国慎用死刑的刑事政策，从而确保刑事案件的办案质量。

3. 本案被告人陈某的指定辩护人在法庭上讯问陈某的做法是错误的。本案辩护人在法庭调查中讯问陈某的诉讼活动，实际上是在承担控诉职能，而不是辩护职能，这与其在诉讼中的地位及其职责是不相符的，也是违背辩护制度的。

【综合案例二】

[案情简介]

2015年，重庆市黑社会性质团伙主要嫌疑人龚某被起诉。龚某曾任重庆银钢集团销售公司总经理，成立了重庆万贯财务公司。2011年，东方资产管理公司重庆办事处将21亿元不良债权以4300万元卖予万贯财务公司。龚某还与法院官员勾结，低价拍卖了重庆“奥妮土地”。有犯罪前科的万州人樊奇杭得到龚某资助发放高利贷，并于2012年8月开始购买了多支枪械弹药。2015年6月3日，龚某指使他人在重庆江北区爱丁堡小区门前枪杀了重庆男子李某航。

2015年7月10日起重庆开展了一系列针对当地黑帮组织的“打黑除恶专项行动”。被认为是自中华人民共和国成立后类似行动中规模最大的。龚某等34人的涉黑案被称为重庆"打黑第一案"。龚某于2015年6月被捕。2016年1月3日龚某等被检察院以故意杀人罪及有关黑社会、枪支、毒品、赌场、行贿等9项罪名提起公诉。2月10日在重庆市第一中级人民法院进行了宣判,一审判处主要嫌疑人樊某杭、吴某江死刑,龚某无期徒刑。5月31日,重庆市高级人民法院二审维持了一审的判决。

龚某原辩护律师系北京康达律师事务所合伙人、专职律师,中国社会科学院研究生院民商法硕士李某。当地检察院在查办龚案时怀疑李某唆使犯罪嫌疑人及证人伪造证据,令犯罪嫌疑人谎称被警方刑讯逼供。检察院随后以辩护人毁灭证据、伪造证据、妨害作证等罪名对李某提起公诉。该案于2015年年末2016年年初进行了一审和二审,李某二审被判处有期徒刑1年6个月。2017年4月进行了李某遗漏罪行的审理,但最后因证据存疑,检方撤诉。李某于2017年6月11日被释放。

这一刑事案件被称为李某伪证案,俗称李某案。该案被中国诸多媒体报道,其关于律师职业道德和人身权利、执业权利及更多内幕的争议,在社会上,特别是中国法律界引起了诸多讨论(对话李某:《李某案若平反不会是我个人的胜利》,载《潇湘晨报》2017年11月23日)。

[问题]

阐述辩护律师在刑事诉讼中的法律地位及其法律职责。

[思路]

根据《刑事诉讼法》关于辩护规定的精神,涉嫌犯罪的嫌疑人和被告人依法有权委托律师为自己进行辩护,接受委托的律师也就有权依法独立开展辩护活动,行使诸如阅卷权、会见权、通信权、调查取证权、提出适用法律意见权、出庭质证、辩论权、提出上诉权和保密权等法定的权利。但是,辩护律师行使上述权利的目的,是履行自己作为独立的诉讼参与人、犯罪嫌疑人和被告人合法权益的专门维护者的职责。《刑事诉讼法》第37条规定:"辩护人的责任是根据事实和法律,提出犯罪嫌疑人、被告人无罪、罪轻或者减轻、免除其刑事责任的材料和意见,维护犯罪嫌疑人、被告人的诉讼权利和其他合法权益。"

任何犯罪嫌疑人、被告人无论触犯了何种罪行,即便是死罪,只要其在诉讼过程中,就有权委托辩护律师帮助其进行辩护,公安司法机关不但要保证其委托律师辩护的权利,而且还要保证其可以得到有效的辩护。任何公安司法机关及其工作人员不得以任何借口,非法剥夺犯罪嫌疑人、被告人及其辩护人的辩护权,甚至通过编造罪名和不实证据随意抓捕辩护律师,以公权压制私权,破坏辩护律师的正当执业权和侵害辩护律师的人身自由权和人格名誉权。同时,我国《刑事诉讼法》明确了辩护人行为禁止。《刑事诉讼法》第44条第1款规定:"辩护人或者其他任何人,不得帮助犯罪嫌疑人、被告人隐匿、毁灭、伪造证据或者串供,不得威胁、引诱证人作伪证以及进行其他干扰司法机关诉讼活动的行为。"可知,辩护律师应当根据事实和法律进行辩护,不得捏造事实和歪曲法律。否则,辩护律师不但不能维护犯罪嫌疑人、被告人的合法权益,反而还会使自己身败名裂。辩护律师李某伪证案就是一个真实的例证。

在司法实践中,有些公安司法机关的领导和工作人员认为,辩护律师是替坏人讲话的,是顺利结案的阻力,这致使辩护律师在办理案件时遇到会见难、取证难、阅卷难、质证难等众多难题。根据刑诉法关于辩护制度的精神,辩护制度的设计,其目的在于与控诉方形成一种诉讼对抗关系,防止对犯罪的指控成为一种潜在的犯罪认定,有效保护被追诉者的合法权利。从防范冤假错案角度来看,辩护律师应是法庭最可信赖和应当依靠的力量。因此,律师是法律职业共同体的重要组成部分,也是人民法院实现公正审判、有效防范冤假错案的无可替代的、可以信赖的、应当依靠的重要力量。

【综合案例三】

[案情简介]

在刑事诉讼中,辩护应当对保护犯罪嫌疑人、被告人的权利具有实质意义,而不仅仅是形式上的,这就是有效辩护原则的基本要求。在审判阶段,审判人员关于有效辩护原则的理解如下:(1)有效辩护原则的确立有助于实现控辩平等对抗;(2)有效辩护是一项主要适用于审判阶段的原则,但侦查、审查起诉阶段对辩护人权利的保障是审判阶段实现有效辩护的前提;(3)根据有效辩护原则的要求,法庭审理过程中一般不应限制被告人及其辩护人发言的时间;(4)指派没有刑事辩护经验的律师为可能被判处无期徒刑、死刑的被告人提供法律援助,违背有效辩护原则。

[问题]

审判人员关于有效辩护原则的上述理解是否正确?

[思路]

本案考查有效辩护原则。根据刑事诉讼法的精神,有效辩护原则应当包括以下几个方面的内容:一是犯罪嫌疑人、被告人作为刑事诉讼的当事人在整个诉讼过程中应当享有充分的辩护权,因此,有效辩护原则并非主要适用于审判阶段,而是体现在整个诉讼过程中,所以,审判人员关于有效辩护原则的理解(2)是错误的。二是允许犯罪嫌疑人、被告人聘请合格的能够有效履行辩护职责的辩护人为其辩护,这种辩护同样应当覆盖从侦查到审判甚至执行阶段的整个刑事诉讼过程。三是国家应当保障犯罪嫌疑人、被告人自行辩护权的充分行使,并通过设立法律援助制度确保犯罪嫌疑人、被告人能够获得符合最低标准并具有实质意义的律师帮助。对于可能被判处无期徒刑、死刑的被告人来说,指派没有刑事辩护经验的律师,很难为被告人提供符合最低标准的具有实质意义的律师帮助,因此,审判人员关于有效辩护原则的理解(4)正确。有效辩护原则的确立,是人类社会文明进步在刑事诉讼中的体现,体现了犯罪嫌疑人、被告人刑事诉讼主体地位的确立和人权保障的理念,有助于强化辩方成为影响诉讼进程的重要力量,维系控辩平等对抗和审判方居中“兼听则明”的刑事诉讼构造。只有切实保证辩护的实质有效,才能实现控辩平等对抗的目标。所以,审判人员关于有效辩护原则的理解(1)正确。在法庭审理过程中,被告人及其辩护人充分发表意见是促使查明案件事实、充分保障被告权益、维护控辩双方平等对抗的重要手段,也是在实质上行使辩护权利的重要途径,因此,审判人员关于有效辩护原则的理解(3)正确。

【综合案例四】

[案情简介]

被告人钟某(男,16岁)、魏某(男,20岁),某市某区人。2022年7月27日,钟某、魏某二人合伙殴打吴某,致吴某重伤一案,经某区公安局侦查终结后,于2016年8月3日,移送人民检察院审查起诉。2022年8月13日,某区检察人员开始对此案进行审查,并同时通知犯罪嫌疑人钟某有权委托辩护人。钟某因家境贫困,恐怕委托律师负担不起,因此没有委托律师。为此,某区人民检察院便指定一名负有法律援助义务的李律师为其辩护。在审查起诉过程中,李律师提出要复印公安局制作的起诉意见书。人民检察院以保守案情秘密为由予以拒绝。2022年9月28日,该案由某区人民检察院提起公诉,移送某区人民法院。区法院于2022年10月17日向钟某的辩护律师发出了开庭通知,决定于10月19日开庭审理。李律师以法院通知开庭日太晚,并且未能得到起诉书的副本为由拒绝出庭辩护。经法院劝说无效,无奈之下,区人民法院又重新指定一名郑律师参加法庭辩护,并将开庭日期推迟至10月29日。最终,法院判决钟某有期徒刑3年。

[问题]

1. 区检察院为被告人钟某指定辩护律师的做法是否正确?

2. 某区检察院于2022年8月13日告知钟某有权委托辩护人的做法是否合法?

3. 本案中区人民检察院拒绝钟某的辩护律师复印起诉意见书的请求是否合法?

4. 人民法院一直未给被告人钟某的辩护律师发送起诉书副本的做法是否合法?

[思路]

1. 本案中,人民检察院为钟某指定辩护律师的做法没有法律依据。《刑事诉讼法》第35条第2款规定:“犯罪嫌疑人、被告人是盲、聋、哑人,或者是尚未完全丧失辨认或者控制自己行为能力的精神病人,没有委托辩护人的,人民法院、人民检察院和公安机关应当通知法律援助机构指派律师为其提供辩护。”本案中,被告人钟某实施犯罪行为年满16岁,系未成年人,在案件审理过程中,人民法院如发现钟某没有委托辩护律师为自己辩护,不论什么原因,人民法院都应为其指定辩护人,即指定负有法律援助义务的律师来承担辩护任务。但必须注意的是,《刑事诉讼法》只规定了人民法院应为未成年人指定辩护人,指定辩护的阶段只是在审判阶段,只有人民法院负有此责任,在审查起诉阶段,人民检察院是没有这些责任的。所以在本案中,某区人民检察院为钟某指定辩护律师的做法没有法律依据,是不正确的。

2.《刑事诉讼法》第34条第2款规定:“……人民检察院自收到移送审查起诉的案

件材料之日起三日以内,应当告知犯罪嫌疑人有权委托辩护人。”其中,“人民检察院自收到移送审查起诉的案件材料之日起”是指人民检察院在公安机关的送达回执上签字的时间,而并非具体指承办人开始接手此案的时间,这样规定是为了更好地保障犯罪嫌疑人的辩护权。而本案中,检察人员于8月13日告知钟某有权委托辩护人,已经是收到审查起诉材料之日后的第10日,而《刑事诉讼法》第34条规定,人民检察院应自收到移送审查起诉的案件材料之日起3日以内告知犯罪嫌疑人有权委托辩护人。本案中区检察院的做法显然违反法律规定。

3.《刑事诉讼法》第40条规定:“辩护律师自人民检察院对案件审查起诉之日起,可以查阅、摘抄、复制本案的案卷材料。”这些都是法律赋予辩护律师的权利,不需要人民检察院同意即可行使。所以,人民检察院不能拒绝辩护律师复印起诉意见书的请求。本案中人民检察院借口保密而阻止辩护律师复印公安机关的起诉意见书的行为,严重侵害了辩护律师的诉讼权利,是违反法律规定的。

4.《刑事诉讼法》规定,人民法院应按时送达起诉书副本,按时通知开庭日期、地点等,都是为了保障辩护人充分行使辩护权而设的,因此,人民法院不能以主观上的判断来推翻法律规定的必要性。本案中,人民法院认为被告人钟某的辩护律师李律师从审查起诉阶段开始就参加诉讼,对检察院的起诉书肯定较为了解,人民法院一直未给李律师发送起诉书副本,这种做法不利于辩护人充分行使辩护权,是违反法律规定的。

资料链接

1. 陈光中主编:《刑事诉讼法》(第7版),北京大学出版社2021年版。
2. 姚莉主编:《刑事诉讼法学》(第3版),中国法制出版社2023年版。
3. 宋英辉:《刑事诉讼法学》(第6版),中国人民大学出版社2019年版。
4. 陈卫东主编:《刑事诉讼法原理与案例教程》(第3版),中国人民大学出版社2015年版。
5.《刑事诉讼法学》编写组编:《刑事诉讼法学》(第3版),高等教育出版社2019年版。
6. 陈瑞华:《论量刑辩护》,载《中国刑事法杂志》2010年第8期。

讨论思考

1. 简述辩护制度的含义及意义。
2. 简述辩护人的范围。
3. 简述辩护人在诉讼中的地位。
4. 简述辩护人的诉讼权利及义务。
5. 简述刑事代理的含义及种类。

6. 辩护人在辩护过程中发现被告人犯有新罪是否应该告发？
7. 律师的辩护意见是否受委托人意志的约束？
8. 辩护、辩护权和辩护制度的诉讼价值是什么？
9. 如何完善我国的辩护制度和代理制度？

第六章　刑　事　证　据

本章提要

诉讼证据不同于一般意义上的证据，它是内容与形式相统一的受到法律制约的一种事实，客观性、关联性和合法性构成了诉讼证据的基本特征。证明是证据制度的重要组成部分，在整个刑事诉讼活动中处于中心地位。刑事诉讼证明是一种具有特定法律意义的活动，是指公安司法机关、当事人及其辩护人或诉讼代理人等收集、审查判断证据，并运用证据证明案件事实的活动。刑事诉讼证明由证明对象、证明标准、证明责任和证明的方法与程序等诸多要素组成。在刑事诉讼中，证明对象的范围包括实体法事实和程序法事实两方面的内容；证明标准是承担证明责任的主体运用证据证明案件事实需要达到的程度；证明责任是控诉方和部分当事人所承担的提供和运用证据支持自己的主张以避免对己方不利的诉讼后果的责任。证据的种类，也称证据的法定形式，是指法律规定的证据的不同表现形式。

证据的种类是法律明确规定的，具有法律约束力。我国《刑事诉讼法》第50条第2款规定，证据包括：物证；书证；证人证言；被害人陈述；犯罪嫌疑人、被告人供述和辩解；鉴定意见；勘验、检查、辨认、侦查实验等笔录；视听资料、电子数据。刑事证据的分类，是指在理论上将刑事证据按照不同的标准划分为不同的类别。

证据的分类是在理论上对证据进行的学术归类，不具有法律约束力，目的是便于人们分析和理解不同种类证据的特点，以便把握不同类别证据的规律并加以运用。根据证据的来源、出处的不同可以将证据分为原始证据和传来证据。根据证据的形成方法、表现形式、存在状况、提供的方式不同，可以将证据分为言词证据和实物证据。根据证据的证明作用，可以将证据分为有罪证据和无罪证据。根据证据与案件主要事实的关系，可以将证据分为直接证据与间接证据。证据制度在法律上的种类划分和理论上的分类划分并不相矛盾，而是互为补充，以便人们正确认识和运用刑事诉讼证据。证据制度作为人类在诉讼过程中用来查明案件事实、解决纠纷的一种诉讼机制，是伴随着社会、文化和法律的发展变化而不断演进的。

法考重点

证据的种类及其运用；物证；书证；证人证言；被害人陈述；犯罪嫌疑人、被告人供述和辩解；鉴定意见；勘验、检查、辨认、侦查实验等笔录；视听资料、电子数据；证据的

分类;原始证据与传来证据的区别及运用;言词证据与实物证据的区别及运用;有罪证据与无罪证据的区别及运用;直接证据与间接证据的区别及运用。

第一节 刑事诉讼证明

△ 知识背景

证明是证据制度的重要组成部分,在整个刑事诉讼活动中处于中心地位。刑事诉讼证明是一种具有特定法律意义的活动,是指公安司法机关、当事人及其辩护人或诉讼代理人等收集、审查判断证据,并运用证据证明案件事实的活动。与一般意义的证明相比,刑事诉讼证明有其自身的特点。诉讼证明由证明对象、证明标准、证明责任和证明的方法与程序等诸多要素组成。

一、刑事诉讼证明的概念与特点

从一般意义上讲,证明就是用已知事实来确认未知事实的活动,证明这一概念在社会生活中使用极其广泛。刑事诉讼证明虽然是一般证明活动的一种,但是具有不同于一般证明的特定内涵。刑事诉讼证明是指公安司法人员和当事人及其辩护人、诉讼代理人依法收集、审查判断证据和运用证据,认定案件有关事实的活动。刑事诉讼证明与一般的证明活动相比,具有其自身的特点:

1. 刑事诉讼证明的任务是查明案件事实情况。案件事实是已经发生且不可能重现的客观事实,它不可能通过科学实验来证明,而是需要侦查、检察和审判机关在侦查、起诉和审判等程序中收集、审查或运用确实、充分的证据予以查明,从而保证准确地认定案件事实和惩罚犯罪。只有真正查明案件事实,完成诉讼证明任务,整个诉讼任务才宣告结束。公安司法人员办理刑事案件的首要职责,就是进行诉讼证明,由办案人员通过收集和运用证据进行推理判断,获得对案件事实的正确认识。

2. 刑事诉讼证明的主体属于特殊主体。一般来讲,诉讼证明活动的主体只能是与案件相关的公安司法机关和部分当事人。刑事诉讼中查明案件事实的证明活动是比较复杂的活动,有时会带有相当的危险性。所以通常只有国家专门机关依照法律赋予的职权,依靠专门的手段,才能完成诉讼证明的任务。当事人及其辩护人、诉讼代理人在刑事诉讼过程中,也会在某种程度上以不同的方式收集、获取证据,以说明和证实自己的某些主张,但这种参与证明的活动,是一种非职权活动,是当事人维护自身合法权益的体现。

3. 刑事诉讼证明是复杂的实践和逻辑思维活动的统一。诉讼证明是司法实践与逻辑思维的统一。证明的活动包括收集、审查判断和运用证据的一系列实践活动过程,这一过程也是进行反复的综合、归纳、推理、判断的认识案件事实的过程。这一过程要求办案人员和当事人依靠群众,深入实际,调查研究,收集获得证据资料,并在此基础上,实现由感性到理性的升华,最终完成诉讼证明的任务。因此,证明案件事实的过程是反复认识案情的过程,是主观认识和客观存在相统一的过程。

4. 刑事诉讼证明活动具有法律性。刑事诉讼证明活动必须受到法律的调整和规范,即是一种法律活动,因此要受到法律的严格约束。证明的法律性是刑事诉讼证明区别于其他证明的基本标志。证明的法律性表现在诸多方面:证明的主体由法律规定,即谁享有证明的权利,承担证明的义务,由法律作出明确规定;证明的对象由法律规定,即公安司法人员必须查明哪些案件事实,当事人应当证明哪些事实,由法律特别是实体法明确加以规定,如犯罪行为构成要件的事实是必须查明的,否则不能作出有罪判决;证明的标准由法律规定,公安司法人员查明案件事实必须达到什么程度才能完成诉讼证明任务,需要有一个明确的衡量标准;证明的程序如调查收集证据的程序,法庭调查中的举证和质证程序等,都由法律作出明确的规定;诉讼证明过程严格限制在诉讼期限内,应当在法定的诉讼期限内完成诉讼证明的任务。

二、证明的对象

刑事诉讼的证明对象,又称待证事实,主要是指公安司法机关及其办案人员在刑事诉讼中需要运用证据予以证明的事实情况。研究证明对象问题并确定其范围,对于确定诉讼证明的方向,指导证据的收集和运用,使案件得到正确、合法、及时的处理,具有重要的意义。因为在办案工作中,如果把证明对象的范围确定得过窄,遗漏了应该证明的事实,就会妨碍全面了解案情,甚至可能导致错判;如果把证明对象的范围确定得过宽,甚至把与案件无关的事实也列为证明对象,势必使司法人员分散精力,既浪费人力、物力,影响办案效率,同时也影响办案的质量。

(一)刑事证明对象的范围

作为刑事证明活动的前提性问题,刑事证明对象在各国立法、司法和相关理论中都受到了相当的重视。从域外来看,不少国家和地区的立法明确规定了证明对象的范围。我国《刑事诉讼法》并没有对刑事证明对象的范围作出明确规定,但是公安部《刑诉规定》第 69 条对需要查明的案件事实范围作了规定,最高法《刑诉解释》第 72 条对应当运用证据证明的案件事实范围也作了规定。学术界对此也有一定的理论概括。根据上述解释、规定和理论研究成果,刑事诉讼证明对象包括实体法事实和程序法事实两方面内容。

1. 实体法事实

需要运用证据证明的案件实体事实包括:(1)犯罪事实是否存在;(2)犯罪嫌疑人、被告人和被害人的身份情况;(3)犯罪嫌疑人、被告人是否实施了犯罪行为;(4)犯罪嫌疑人、被告人有无刑事责任能力(包括是否已满 14 周岁,是否属于精神病人在不能辨认或者不能控制自己行为的时候涉嫌犯罪的行为);(5)犯罪嫌疑人、被告人有无罪过,行为的动机、目的;(6)犯罪嫌疑人、被告人实施犯罪行为的具体情况,包括犯罪的时间、地点、手段、后果和其他情节;(7)是否为共同犯罪以及其在共同犯罪中的地位;

(8)作为从重、从轻、减轻或者免除刑事处罚理由的事实;(9)有无《刑事诉讼法》第16条规定的不追究刑事责任的情形;(10)其他与定罪量刑有关的事实。

2. 程序法事实

最高法《刑诉解释》、公安部《刑诉规定》没有将程序事实作为证明对象,但在刑事诉讼中,程序法上的事实贯穿于整个诉讼过程中,并经常发生争议需要加以证明,因而这些程序法事实也应纳入刑事证明对象的范围,以促进程序公正的实现和实体法的正确施行。需要运用证据证明的案件程序事实包括:(1)关于管辖的事实;(2)关于回避的事实;(3)耽误诉讼期限是否有不能抗拒的原因或者其他正当理由的事实;(4)影响采取强制措施的事实,如犯罪嫌疑人、被告人是否患有严重疾病,是否是正在怀孕、哺乳自己婴儿的妇女,将涉及是否能采取逮捕这一强制措施;(5)违反法定程序的事实,如《刑事诉讼法》第238条规定,第二审人民法院发现第一审人民法院的审理有五种违反法律规定的诉讼程序的情形之一的,应当裁定撤销原判,发回原审人民法院重新审判;(6)影响执行的事实,如《刑事诉讼法》第265条对暂予监外执行情形的条件规定,以及第271条对减、免罚金的条件规定;(7)其他需要证明的程序事实。

(二)免证事实

免证事实,就是不需要证明的事实,即公安司法机关不需要依靠证据可以直接予以认定的事实,因此控辩双方在法庭上也不必加以举证。对免证事实作出规定,有利于缩小证明对象范围,减少证明环节,加快诉讼进程,提高诉讼效率。

我国《刑事诉讼法》对免证事实没有明确规定,但最高检《刑诉规则》第401条规定:"在法庭审理中,下列事实不必提出证据进行证明:(一)为一般人共同知晓的常识性事实;(二)人民法院生效裁判所确认并且未依审判监督程序重新审理的事实;(三)法律、法规的内容以及适用等属于审判人员履行职务所应当知晓的事实;(四)在法庭审理中不存在异议的程序事实;(五)法律规定的推定事实;(六)自然规律或者定律。"

三、证明责任

证明责任问题在证据制度中占有重要地位,对于保证诉讼程序的顺利进行和案件的公正处理具有重大意义。在证据制度的发展史上,由于诉讼模式等的差异,证明责任的相关理论与立法规定也有所不同,证明责任起源于古罗马法中的"谁主张,谁举证"原则。目前两大法系的双重证明责任理论,即大陆法系的主观证明责任和客观证明责任以及英美法系的提供证据责任和说服责任,传播广泛且逐步被认同。大陆法系的主观证明责任,是指当事人在诉讼过程中负有以自己之举证活动证明系争事实从而推动诉讼继续进行下去的责任。大陆法系的客观证明责任,是指在审判中当待证事实至审理最后仍然无法确定或未经证明时的法律效果问题,即系争事实真伪不明时的不利后果由哪方承担的问题。英美法系的提供证据责任(burden of producing evidence),又称推进诉讼的责任(the burden of putting forward with evidence),是指在诉讼中当事人提供证据,说服法官将案件提交陪审团的责任,或者提出某项证据使某一问题成为争议点的责任,这是一种诉讼双方都应当承担的证明责任。英美法系的说服责任(burden of persuasion)是指由提出诉讼主张的一方当事人提供证据说服陪审团裁判己方主张为真的责任。主观证明责任、提供证据责任属于行为意义上的证明责任,强调动态性;客观证明责任、说服责任属于结果意义上的证明责任,强调静态性。

在我国立法中,首次使用举证责任这一概念的是《行政诉讼法》第34条的规定:“被告对作出的行政行为负有举证责任。”《刑事诉讼法》第51条对举证责任问题也作出了明确规定:“公诉案件中被告人有罪的举证责任由人民检察院承担,自诉案件中被告人有罪的举证责任由自诉人承担。”结合证明的概念以及《刑事诉讼法》的相关规定来看,我们主张从两个层面上来界定刑事诉讼中的证明责任,即举证责任和证明职责。

(一)举证责任

举证责任是指在法院审理过程中,由控辩双方承担的提出证据证明自己主张的责任,如果不能提出证据或提出了证据但达不到法律规定的要求,将承担其主张不能成立的后果。在举证责任双重含义的具体表述上,我们主张采用推进责任和结果责任,而不采用主观责任和客观责任的表述。无论是推进责任还是结果责任,只要没有履行,事实上都存在一个不利后果的问题。前者将导致诉讼程序不能继续进行,在程序上驳回诉讼主张;后者将导致实体上的直接败诉。

1. 公诉案件中公诉人负有举证责任

《刑事诉讼法》第51条规定:“公诉案件中被告人有罪的举证责任由人民检察院承担。”这是因为:第一,刑事诉讼的过程是国家主动追究犯罪,实现国家刑罚权的活动。除了一部分侵犯公民个人权利的轻罪案件交由被害人提起自诉外,绝大多数案件是由检察机关代表国家进行追诉,行使公诉权,因而它理所当然地负有举证责任。第二,这是无罪推定原则的要求。该原则主张任何人在未经法院生效判决确定为有罪之前均应推定无罪,而推翻这项推定的责任在控诉方,如果控诉方不能举出证据并达到法定的证明要求,被告人将被判无罪。第三,是基于被告人在诉讼中所处的特殊地位之考虑。被告人作为被追诉的对象,可能被采取强制措施以限制其人身自由。其既没有强制收集证据的权力,也没有收集证据的现实能力。因此,除法律有特别规定外,不能要求被告人承担举证责任。

2. 自诉案件中自诉人负有举证责任

自诉案件中要求由自诉人承担被告人有罪的举证责任,主要是由“谁主张,谁举证”之法理决定的。《刑事诉讼法》第51条规定:“……自诉案件中被告人有罪的举证责任由自诉人承担。”这意味着自诉人在起诉的时候,必须向法庭提供一定的证据,否则其起诉可能不会被法院受理;在法庭审判的时候,还必须提供“确实、充分”的证据证明被告人有罪,否则其诉讼请求会被法院驳回。需要注意的是,自诉人的举证责任,在有法定代理人的时候由法定代理人承担;自诉人还可以委托律师或其他代理人代理自诉,协助自诉人履行举证责任。

3. 被告人除法律另有规定之外不承担举证责任

在现代诉讼中,被告人无论在公诉案件中还是在自诉案件中一般都不负举证责任,即不承担在法庭上提出证据证明自己无罪的责任。我国刑事诉讼中的被告人也不承担举证责任,人民法院不能因为被告一方不愿意或者没有提出证据,而不顾控方的证据是否充足作出被告人有罪的判决。如果被告方提出证据,一般都是为了支持某一辩护理由,即为了被告人自己的利益,这是被告人的辩护权利,而不是举证责任。

第六届全国人大常委会第二十四次会议通过的《关于惩治贪污罪贿赂罪的补充规定》第 11 条规定:"国家工作人员的财产或支出明显超过合法收入,差额巨大的,可以责令说明来源。本人不能说明其来源是合法的,差额部分以非法所得论,处五年以下有期徒刑或者拘役,并处或单处没收其财产的差额部分。"这是我国刑法所规定的唯一对被告人、犯罪嫌疑人实行"有罪推定"的条款,但这是在法律有特别规定的情况下,被告人、犯罪嫌疑人才负有提出证据的责任,这并不是完全意义上的证明责任,而仅仅是一定的举证责任,且仅限于此种案件。

综上所述,我国刑事诉讼中证明责任的特点是:(1)司法机关负有证明责任,并且在诉讼中起着法定作用;(2)自诉人、反诉人及附带民事诉讼的原告负有一定的证明责任;(3)被告人、犯罪嫌疑人及其辩护人一般不负证明责任。

(二)证明职责

证明职责是指公安司法机关及其工作人员基于国家对其职责的要求,在刑事诉讼中应承担的证明义务。公安机关、人民检察院、人民法院对案件所作出的追诉犯罪或者有罪处理的决定或裁判,在证据上应当达到法律所规定的证明要求,否则必将产生法律后果。国家专门机关负有职务上的证明责任,有利于正确实现刑事诉讼任务,避免诉讼证明行为的怠慢,保证严把事实关和证据关。

四、证明标准

刑事诉讼中的证明标准,是指法律规定的专门机关的办案人员运用证据证明案件事实所要达到的程度。这既是对证据的质量要求,也是对证明活动的质量要求。根据刑事诉讼法的有关规定和诉讼理论,我国的刑事诉讼证明标准是:案件事实清楚,证据确实充分。

《刑事诉讼法》第 55 条规定,对一切案件的判处都要重证据,重调查研究,不轻信口供。只有被告人供述,没有其他证据的,不能认定被告人有罪和处以刑罚;没有被告人供述,证据确实、充分的,可以认定被告人有罪和处以刑罚。第 160 条规定,公安机关"对于犯罪事实清楚,证据确实、充分"的案件,可以移送人民检察院审查起诉。第 171 条规定,人民检察院审查起诉的时候,必须查明"犯罪事实、情节是否清楚,证据是否确实、充分"。另外,第 200 条还规定,人民法院根据已经查明的事实、证据和有关的法律规定，案件事实清楚，证据确实、充分，依据法律认定被告人有罪的，应当作出有罪判决。由此可见，无论是侦查、审查起诉，还是依法作出判决，法律都要求在证明要求上达到“案件事实清楚，证据确实、充分”的程度。

案件事实清楚，指构成犯罪的各种事实情节或者定罪量刑所依据的各种事实情节，都必须是真实的、清楚的。证据确实、充分，是对证据质量的法律要求。“确实”是对证据在质上的要求，是指所有的证据都必须经过查证属实，真实可靠，具有真实性和证明力。证据确实的具体要求是：一是据以定案的单个证据必须经过查证属实；二是单个证据与案件事实必须存在客观联系；三是单个证据必须具有相应的证明力。“充分”是对证据在量上的要求，是指案件的证明对象都有相应的证据证明其真实可靠，排除其他任何可能性。证据充分的具体要求：一是所有的证明对象都有依法收集到的相应的证据；二是所有的证明对象都有相应的证据证明；三是所有的证据在数量上都能排除其他任何可能性，能够作出肯定无疑的唯一结论。衡量证据的确实、充分，根据《办理死刑案件证据规定》，应同时具备五个条件：一是定罪量刑的事实都有证据证明；二是每一个证据均经过法定程序查证属实；三是证据与证据之间，证据与案件事实之间不存在矛盾或者矛盾得到合理排除；四是共同犯罪案件中被告人的地位、作用均已查清；五是根据证据推断案件事实的过程符合逻辑和经验规则，由证据得出的结论为唯一结论。

从人的科学认识规律的角度出发，在刑事诉讼的不同阶段，其证明标准应有所不同，随着刑事诉讼的发展，应该是一个由低到高的渐进过程。相对而言，立案阶段的证明标准较低，而刑事判决阶段的证明标准最高。在立案阶段，证明标准是具有所认为的犯罪事实和需要追究刑事责任的刑法判断。在逮捕犯罪嫌疑人、被告人时的证明标准是有证据证明有犯罪事实，可能判处徒刑以上刑罚，采取取保候审、监视居住等方法不足以防止发生社会危险性的。对于适用拘留或者回避等诉讼程序，刑事诉讼法也规定了不同的证明标准。但当侦查终结以后，无论是人民检察院的审查起诉，还是人民法院的裁判，刑事诉讼法都要求犯罪事实清楚，证据确实、充分。由此可见，犯罪事实清楚，证据确实、充分的证明标准是刑事诉讼法针对刑事案件认定处理提出的要求，并不是刑事诉讼一开始就能达到的。这说明随着刑事诉讼活动的进行，专门机关办案人员对案件的认识不断深化，刑事诉讼法对刑事诉讼证明的要求也相应提高，直至达到犯罪事实清楚，证据确实、充分的证明标准。

【案例一】

[案情简介]

检察机关指控：2022 年 3 月 17 日起至事发，被告人杨某（女，26 岁）与被害人秦某（男，27 岁）同居。其间，杨某发现秦某贩毒，曾多次帮助秦某贩毒。后杨某不断阻止秦某贩毒，为此秦某暴打杨某，杨某想法报复秦某。2022 年 10 月 7 日下午，在杨某和秦某的租住处，杨某使用煤气杀人的手法，将秦某杀死。10月23日，杨某到公安派出所报案称，于2022年10月7日下午7时，发现秦某死于租住处。警方接报案后，即派侦查人员至现场勘查发现，秦某倒在卧室地上已死亡；煤气灶的阀门开着，分析存在他杀的可能。尸检后又发现秦某系煤气中毒死亡。公安人员经过全面调查，发现杨某不具备该日作案的时间条件，且杨某在报案前应知道秦某已经死亡。在侦查阶段，杨某未就指控的故意杀人事实做过供述。

［问题］

本案的诉讼证明存在哪些问题？

［解析］

本案控诉方提供的证据之间有诸多的矛盾点，辩护方提出证明被告人无罪的证据与控诉方的证据形成对抗且疑点无法排除，所有证明故意杀人的证据不能形成完整证据链。

在侦查机关收集的证据中，缺少几个关键性问题且已无法补充：(1)本案缺乏秦某具体死亡时间与杨某是否有作案时间这两者的关联。这是本案证据的关键。嫌疑人有无作案时间，在死者死亡发生时是否到过现场，这是首先而且必须查清的。因为即使有多种证据材料可以证明嫌疑人是杀害被害人的凶手，但是只要有一项证据确实证明嫌疑人在死者死亡发生时没有到过杀人现场或没有作案时间，原先的证据均没有实质意义。(2)本案的具体犯罪手段无证据证实，难以准确认定谁是凶手。在对杀人案件的司法认定中，应当运用证据确认死者确是他杀。确认死亡原因关系着是否他杀行为。(3)杨某缺乏明确的作案动机。故意杀人一般都有明确的、具体的原因，且这些动机、目的一般都会有证据可以证明，所以运用证据查明行为人的具体动机、目的，有助于查明真凶，证明案件性质。(4)本案现有证据无法确认杨某是唯一进入现场的人。故意杀人案件的情节体现着杀人行为的实施过程，直接反映案件的具体事实。如果行为人对于具体情节的供述与侦查机关实际掌握的证据不符，则不能轻易证明杨某就是故意杀人的行为人。公安机关痕迹鉴定的租房处的四把铁门钥匙中仅有杨某持有的一把被配制过，其他均未配制。控诉方据此排除其他人有作案的可能，以此证明杨某是唯一进入现场的人。但经审查证据发现，该铁门钥匙除由杨某配制过外，最初的钥匙持有人亦配制过，且以同一把钥匙进行多次配制的概率并不高。根据查证的证据，本案铁门钥匙经手人和持有人先后有数人，杨某单独持有不具有唯一性。(5)秦某的社会关系错综复杂，且死前仍在吸食毒品，秦某的死是否还存在其他缘由，从本案现有的证据来看，无法排除。以此认定杨某是唯一进入现场的作案人证据不足。

综上所述，本案在诉讼证明方面存在诸多问题：诉讼证据相互之间缺乏关联，核心证据不具排他性，无法形成完整的证据链以准确证明杨某是故意杀人犯。所以，本案所有诉讼证明无法证实控诉方指控的杨某故意杀人犯罪事实和罪名成立。

【案例二】

［案情简介］

2022年2月3日晚12时许，被害人甲（女，26岁）下班回家，在回家的路上，突然感到身后有人跟随，甲害怕于是快速往前走，听到背后的脚步声更近时，回头一看，好像是同事乙（男，30岁），此时乙打伤了甲，并抢走了甲的背包，迅速逃跑。甲被送往医院治疗，保住了生命，但终身瘫痪，甲家属向公安机关提出控告，公安机关经讨论，最终决定立案。

［问题］

刑事案件立案的证明标准是什么？

［解析］

在刑事诉讼不同的诉讼阶段中，证明标准各有不同，一个案件在开始阶段不可能立即达到证据确实充分的程度。立案是刑事诉讼的开始，证明标准比较低。《刑事诉讼法》第112条规定："人民法院、人民检察院或者公安机关对于报案、控告、举报和自首的材料，应当按照管辖范围，迅速进行审查，认为有犯罪事实需要追究刑事责任的时候，应当立案……"据此可知，立案阶段的证明标准是：一是确实发生了犯罪事实，不管是否查明了犯罪嫌疑人；二是需要追究刑事责任，而且不存在《刑事诉讼法》第16条所规定的不需要追究刑事责任的情况。立案时，既不要求查明谁是犯罪分子，更不要求查明犯罪动机、目的、手段和犯罪过程等，只要求有证据证明有犯罪事实发生，需要追究刑事责任即可。

【案例三】

［案情简介］

被害人甲（女，28岁），工人。2022年11月13日晚11时许，A市某区公安局接到报案，被害人甲在下班途中，走到村附近的一条小溪边，被人打晕抢走了皮包（包内有现金人民币700元，价值2000元的华为手机1部）。经A市某区公安局立案侦查，发现甲的同事戊有作案嫌疑。证人乙（甲同村人）说，2022年11月13日晚11时许，我从外地回家，路过村附近的一条小溪边，看到一个人影手里拿着一个包，他急忙跑着，看身材好像本村的戊。据村民反映，戊平时好吃懒做，殴打父母，有盗窃前科。戊自称在家睡觉，但无人证实。A市某区公安局以戊涉嫌抢劫为由提请检察院批准逮捕，检察院经审查认为不符合逮捕条件，遂作出不批准逮捕的决定，并要求公安机关补充侦查。

［问题］

结合本案阐述逮捕时的证明标准是什么。

［解析］

本案考查逮捕的证明标准。关于逮捕的证明标准，也即是达到逮捕的法定情形，《刑事诉讼法》第81条第1款规定："对有证据证明有犯罪事实，可能判处徒刑以上刑罚的犯罪嫌疑人、被告人,采取取保候审尚不足以防止发生下列社会危险性的,应当予以逮捕:(一)可能实施新的犯罪的;(二)有危害国家安全、公共安全或者社会秩序的现实危险的;(三)可能毁灭、伪造证据,干扰证人作证或者串供的;(四)可能对被害人、举报人、控告人实施打击报复的;(五)企图自杀或者逃跑的。"《刑事诉讼法》第81条第3款、第4款规定:"对有证据证明有犯罪事实,可能判处十年有期徒刑以上刑罚的,或者有证据证明有犯罪事实,可能判处徒刑以上刑罚,曾经故意犯罪或者身份不明的,应当予以逮捕。被取保候审、监视居住的犯罪嫌疑人、被告人违反取保候审、监视居住规定,情节严重的,可以予以逮捕。"同时,我国《刑事诉讼法》规定,对于需要逮捕而证据不足的,可以取保候审或者监视居住,而不能逮捕。

关于什么是"有证据证明有犯罪事实"?根据公安机关《刑诉规定》第134条规定:"有证据证明有犯罪事实,是指同时具备下列情形:(一)有证据证明发生了犯罪事实;(二)有证据证明犯罪事实是犯罪嫌疑人实施的;(三)证明犯罪嫌疑人实施犯罪行为的证据已有查证属实的。前款规定的'犯罪事实'既可以是单一犯罪行为的事实,也可以是数个犯罪行为中任何一个犯罪行为的事实。"本案中证明犯罪嫌疑人戊实施抢劫犯罪的证据无一查证属实,因而证明戊应予逮捕的证据不足,不能逮捕。

【案例四】

[案情简介]

某市某区发生了一起入户盗窃案。2022年6月4日晚12时许,被害人甲家中遭受2名歹徒持刀入户盗窃。被害人甲在向某区公安局报案时,一口咬定歹徒是丙、丁。案件侦查中,侦查人员将犯罪嫌疑人丙、丁带到公安局,开始对二人进行了讯问。当丙、丁拒绝交代犯罪事实,并申辩自己无罪时,遭到侦查人员的呵斥和痛打。侦查人员问:法律规定,对侦查人员的讯问,你要如实回答,你说没有入户盗窃,有什么证据?二人均说案发时他们在家中,且均有其家属证明,但侦查人员认为家属的证言不可信,对于他们不在犯罪现场的事实证据不足、不能认定。后来侦查人员从犯罪嫌疑人丁家中搜出1把长刀作为物证(未经查证属实),据此向检察院移送起诉,检察院经审查向法院提起了公诉,法院审理后认为本案认定被告人丙、丁有罪的证据不足,作出了宣告无罪的判决。

[问题]

阐述刑事诉讼中的证明责任主体。

[解析]

本案考查刑事诉讼中的证明责任主体。关于刑事诉讼中证明责任的主体,我国《刑事诉讼法》第51条规定:"公诉案件中被告人有罪的举证责任由人民检察院承担,自诉案件中被告人有罪的举证责任由自诉人承担。"由此规定可知,在公诉案件中,公安机关、国家安全机关、检察机关等对直接受理的案件行使侦查权。他们对其负责侦查的案件必须全面收集证据,只有在掌握确实、充分证据的基础上,查明案件事实后,才能移送起诉。因此,它们负有收集确实、充分的证据,查明案件事实真相的责任。检察机关行使检察权,在审查决定提起公诉的时候,必须查明:犯罪嫌疑人的犯罪事实、情节是否清楚,证据是否确实、充分。

犯罪嫌疑人、被告人在一般情况下不是证明责任的主体,不负证明责任,亦即犯罪嫌疑人不承担证明自己无罪的责任。在刑事诉讼中,犯罪嫌疑人、被告人不负证明责任的主要理由:一是符合"谁主张,谁举证"的证明责任的要求;二是犯罪嫌疑人、被告人在刑事诉讼中具有特殊的诉讼地位,一方面要求对其采用限制或剥夺人身自由的强制措施,另一方面要对他追究刑事责任,他已失去了收集证据的条件,无法承担举证责任;三是如果把证明责任转嫁到犯罪嫌疑人、被告人身上,必将导致刑讯逼供,不利于保障被告人或犯罪嫌疑人的合法权利,也不可能实现诉讼民主和法治。

【案例五】

[案情简介]

2022 年 7 月 12 日,某市某公司职工甲与乙因工作问题发生争执,被同事劝止。下班后,乙截住甲,对其大声辱骂。此后一段时间,两人关系紧张,多次发生争吵。2022 年 8 月 3 日,乙故意制造事端,乙与甲在班上又争吵起来,两人互相厮打。事后,二人经医院检查,均构成轻伤。甲以乙犯侮辱罪、故意伤害罪向法院提起自诉,并提交了医院诊断证明、证人证言等证据。法院受理后,乙在诉讼过程中以故意伤害罪提起了反诉,当法院要求其提供相应证据材料时,乙称,他是被告人,不应承担证明责任,拒绝提供。于是法院驳回了乙的反诉。

[问题]

阐述自诉案件中的证明责任承担。

[解析]

本案考查自诉案件中的证明责任承担。我国《刑事诉讼》第 51 条规定:"公诉案件中被告人有罪的举证责任由人民检察院承担,自诉案件中被告人有罪的举证责任由自诉人承担。"根据《刑事诉讼法》第 211 条第 1 款第 2 项规定:"缺乏罪证的自诉案件,如果自诉人提不出补充证据,应当说服自诉人撤回自诉,或者裁定驳回。"据此规定可知,自诉案件中的证明责任由自诉人承担,被告人不承担证明自己无罪的责任。这是基于"谁主张,谁举证"的原理。但是,在自诉案件中,如果被告人提起了反诉,应属在反诉案件中的诉讼主张,本诉的被告人同时又是反诉的反诉人,因此,对自己提出的主张理应承担证明责任,即应适用对自诉人的法律规定,所以法院的做法是正确的。

第二节　证据的种类与分类

△ 知识背景

一、证据的种类

证据的种类，也称证据的法定形式，是指法律规定的证据的不同表现形式。我国《刑事诉讼法》第50条第2款规定："证据包括：（一）物证；（二）书证；（三）证人证言；（四）被害人陈述；（五）犯罪嫌疑人、被告人供述和辩解；（六）鉴定意见；（七）勘验、检查、辨认、侦查实验等笔录；（八）视听资料、电子数据。"

（一）物证

物证是指以其外部特征、物质属性、存在状况等证明案件真实情况的一切物品或痕迹。物证一般表现为一定的物品或痕迹，并且必须与案件事实有关联性。我国《刑事诉讼法》将物证列为第一种证据，反映出物证在刑事诉讼中的重要作用，是查明案件事实的重要手段。

与其他证据相比，物证具有以下特征：第一，物证是以其外部特征、存在状态、物质属性等来证明案件真实情况的。所谓"外部特征"，是指物品的外观、颜色、体积、数量、重量等；所谓"存在状态"，是指固态、气态、液态等；所谓"物质属性"，是指密度以及坚硬、柔软、尖锐、圆钝、容易破碎、容易折断、有毒、有害等物理或者化学属性。物证是基于这些特征而对有关案件的事实起证明作用。由于物证是客观存在的物品、痕迹，一般情况下可以用肉眼进行观察，易于了解。物证在证明活动中不仅应用广泛，而且有其他证据不能替代的作用。第二，物证的客观性较强，比较容易查实，这一特点与言词证据显然不同。言词证据是由人提供的，不可避免地受到主客观因素的影响，有可能提供虚假或者错误的信息，有时虚假与真实的信息混杂，不容易分辨。物证在形成后可以独立存在，即使有人加以损毁，也往往会留下新的物品或者痕迹，形成新的物证。第三，许多物证具有对科学技术的依赖性。不仅其收集要依赖一定的科技设备，而且对物证内容的揭示，也要进行检验或者鉴定，才能发挥其证明作用。例如，微量物证需要凭借仪器或者辅助手段加以显现。第四，证明范围的狭窄性，是物证的一个缺陷，通常一个物证只能证明案件的某个环节。因此，物证与案件事实的关联性需要由人加以揭示。另外，每个物证所能证明的，往往是有关案件事实的局部事实，通常不能证明案件的主要事实或者全部事实。

根据公安部《刑诉规定》第64条、最高检《刑诉规则》第209条以及最高法《刑诉解释》第82条的规定，收集、调取以及据以定案的物证应当是原物。原物不便搬运，不易保存，依法由有关部门保管、处理，或者依法应当返还的，可以拍摄、制作足以反映原物外形和特征的照片、录像、复制品。拍摄、制作物证的照片、录像、复制品，制作人不得少于 2 人，并应当附有关于制作过程的文字说明及原物存放何处的说明，并由制作人签名。对于物证必须妥善保管，不应擅自使用，防止损毁。对于可能产生环境和精神污染的物证要按有关规定严格保管和处置；对于不易搬动的物证，要以相应的科学方法固定，以保留其证明价值；移送案件时，应当将物证随同案卷一并移送。运用物证时，应当查明来源，注意是否伪造，是否发生了变化等情况；必须认真仔细地审查物证的外部特征，以确定其同案件事实的关联性；在许多情况下，必须经过辨认、检验和鉴定才能揭示物证本身的证明力；必须与其他证据相对照才能认定某一物证的证明作用。物证的照片、录像、复制品，不能反映原物的外形和特征，不得作为定案的根据。物证的照片、录像、复制品，经与原物核对无误、经鉴定为真实或者以其他方式确认为真实的，可以作为定案的根据。用作定案根据的物证，必须经过法庭出示和辨认程序。

（二）书证

书证是指以文字、符号、图画、图表等表达的思想内容来证明有关案件事实的书面文字或者其他物品。书证的范围十分广泛，包括文字、符号、数字、图画、印章或其他具有表情达意功能痕迹的许多实物材料。书证具有以下特征：第一，表现形式和形成方式具有多样性。第二，书证以文字、符号或图画等来表述和反映人的思想、内心世界或传递信息，即具有思想性。这是书证区别于其他证据的显著特点。其所记载的内容或者所表达的思想，必须与待证案件事实有关联，能够借以证明案件事实。第三，书证具有较强的稳定性。不仅内容明确，而且形式相对固定，稳定性较强，一般不受时间的影响，易于长期保存。第四，书证能直接表明案件主要或部分事实的真实情况。由于书证有具体、明确的思想内容，所以在很多情况下，能够依据其内容直接判明其与案件事实的联系。书证一般不需要通过任何媒介或中间环节来对其加以分析和判断，能够以其独特的客观化、具体化、形象化和固定化的文字、符号和图画本身所体现的思想内容起到证明案件事实的作用。

书证与物证既有密切关系又有显著区别。书证与物证之间的联系，主要在于书证的外形是一种客观物质材料，并以此作为其内容的必要载体。从这种意义上讲，书证也属于广义上物证的范畴。从广义上讲，书证具有物证的特征。但是，书证与物证的差异主要表现在以下几个方面：第一，对案件事实起证明作用的根据不同。书证以文字、符号、图表、图画等表达的思想内容来证明案件事实；而物证则以其存在方式、外部特征和物质属性来证明案件事实。书证的存在和表现形式是书面文件和其他物品，但并非凡是存在和表现形式是书面文件和其他物品的证据就一定是书证。第二，是否反映人的思想不同。书证是以其内容反映和表达人的主观思想及其行为的物质材料；而物证并不反映人的主观思想。书证在内容上具有主观属性；而物证只有客观属性。第三，内容和形式是否能为人所理解不同。书证表达、记载的内容和形式，一般都能为常人所理解，一般都比较清楚；而物证在表现形式上则会受客观存在的特殊状态所决定，有些必须借助专门的技术手段鉴定，才能揭示其与案件事实的联系。第四，对案件事实所起的证明作用不同。书证在许多情况下可以直接证明案件主要事实或案件中的某一部分事实,其证明的案件事实情节一般较为完整;而物证往往只能证明案件事实某个环节或局部。第五,保存和固定的方法不同。书证最为常见的是以纸张等物质材料作为载体,所以,对书证通常可采用复印等方式予以保存、固定;而物证的保存与固定则不尽相同。

诉讼中使用的书证一般有:(1)反映行为人主体身份的书证。如身份证、户口本、护照、营业执照等。(2)反映经济关系的书证。如反映犯罪嫌疑人、被告人与他人之间发生往来的有关账册、票据、收条、经济合同等。(3)诬告、陷害案件的诬告信,侮辱、诽谤案件的大字报、小字报等。(4)反映人物活动的车票、船票、飞机票、工作日志等。(5)产品质量证书、检验文书等。(6)各种裁判文书、公证书等。书证在刑事诉讼证明中具有十分重要的作用:(1)书证所记载的内容或表达的思想往往能直接证明有关的案件事实,如敲诈勒索的内容就直接证明了敲诈勒索的案件事实。(2)书证以一定的物质材料为载体,一旦形成,就具有稳定性,只要未被销毁、未灭失,所记载的内容就能长期不变。(3)书证可以鉴别其他证据的真伪。(4)在某些案件中,书证是不可或缺的证据,如贪污案、制作淫秽物案、诬告陷害案等。

(三)证人证言

证人证言是指证人就其所了解的案件情况向有关机关和人员所作的陈述。从我国刑事诉讼法的规定来看,证人应当具备以下条件:(1)证人是在诉讼活动开始前就了解案件情况的人。证人如果不了解案件情况,或者是在诉讼过程中通过诉讼活动才了解案件情况的,都不能做证人。(2)证人必须是能够辨别是非、能够正确表达的人。《刑事诉讼法》第 62 条第 2 款规定:“生理上、精神上有缺陷或者年幼,不能辨别是非、不能正确表达的人,不能作证人。”一方面,如果因生理上、精神上有缺陷或者年幼,以至于不能辨别是非,不能正确表达,就不能向公安、司法机关提供对于查清案件事实有意义的情况,当然就不能作为证人。另一方面,虽然生理上、精神上有缺陷或者年幼,但能够辨别是非并能够将自己所了解的案件情况准确表述,如盲人讲述听到的情况、聋人讲述看到的情况等,都应认为具有作证的能力,依法都可以作为证人提供证言。可见,能够“辨别是非”和“正确表达”是取得证人资格的必要条件,而“生理上、精神上有缺陷或者年幼”则是丧失证人资格的相对条件。(3)证人是自然人。这是由于只有自然人才能运用自己的感官感知案件事实,单位、团体没有这种感知能力。

证人证言是一种重要的证据,尤其是目击证人的证言,具有直接证明案件事实的作用。证人原则上必须出庭、接受质证,这既是被告人应享有的权利,也是保证证人证言真实性、确保案件质量的重要条件。我国现行《刑事诉讼法》第 61 条规定:“证人证言必须在法庭上经过公诉人、被害人和被告人、辩护人双方质证并且查实以后,才能作为定案的根据。法庭查明证人有意作伪证或者隐匿罪证的时候,应当依法处理。”为了解决证人出庭问题,同时又考虑到实践中各方面条件的限制,我国《刑事诉讼法》第 193

条第1款规定,“经人民法院通知,证人没有正当理由不出庭作证的,人民法院可以强制其到庭,但是被告人的配偶、父母、子女除外”;第2款规定,“证人没有正当理由拒绝出庭或者出庭后拒绝作证的,予以训诫,情节严重的,经院长批准,处以十日以下的拘留”。这表明强制证人出庭制度的确立。

(四)被害人陈述

被害人陈述,是指被害人就自己遭受犯罪行为侵害的事实和所了解的犯罪嫌疑人的情况向有关机关和人员所作的陈述。被害人陈述,既包括公诉案件被害人所作的陈述,也包括自诉案件中作为自诉人的被害人和刑事附带民事诉讼中作为附带民事诉讼原告的被害人关于案件事实的陈述。

被害人陈述的主要内容:一是关于遭受犯罪侵害情况的叙述;二是对犯罪嫌疑人的控告、揭发。其中,有的被害人能够明确指控谁是犯罪嫌疑人,有的仅能提供查获犯罪嫌疑人的线索,有的被害人则对犯罪嫌疑人一无所知。除此之外,被害人在诉讼中还可能提出如何惩罚犯罪人的要求或者关于损害赔偿的请求等,这些均与查清案件事实无关,不能作为诉讼证据。

被害人具有以下特点:(1)被害人只能是遭受犯罪行为直接侵害的人。被害人的父母、子女、配偶或其他亲友虽然也受到某种程度的损害,但他们并非遭受犯罪行为直接侵害的人,所以他们不是被害人。(2)被害人必须是其合法权益遭受犯罪行为侵害的人。合法权益包括人身权利、财产权利、民主权利及其他合法权利。(3)被害人包括自然人和法人。(4)由于被害人是遭受犯罪行为直接侵害的人,因而被害人是特定的,具有不可替代性。被害人的特定性决定了其陈述的专属性,即不能由其他人来代替被害人陈述案件事实和被害经过。

(五)犯罪嫌疑人、被告人供述和辩解

从形式上看,犯罪嫌疑人、被告人供述和辩解一般表现为犯罪嫌疑人、被告人接受公安、司法工作人员讯问,向讯问人员所作的口头陈述。经公安、司法工作人员许可,犯罪嫌疑人、被告人也可以书面形式作出供述和辩解。

从内容上看,犯罪嫌疑人、被告人供述和辩解一般可能包含三方面的内容:(1)犯罪嫌疑人、被告人供述,即犯罪嫌疑人、被告人向公安、司法机关承认自己犯有罪行和关于犯罪具体过程、情节的叙述;(2)犯罪嫌疑人、被告人的辩解,即犯罪嫌疑人、被告人否认自己有犯罪行为,或者虽然承认自己犯了罪,但认为有依法不应追究刑事责任或者有从轻、减轻或免除处罚等情况而作的申辩和解释;(3)犯罪嫌疑人、被告人对他人共同犯罪事实的检举和揭发。关于同案犯罪嫌疑人、被告人互相检举、揭发是否属于犯罪嫌疑人、被告人供述和辩解的问题,从原则上来说,同案犯罪嫌疑人、被告人互相检举、揭发,应是犯罪嫌疑人、被告人口供的一部分,不能视为证人证言,但在特殊情况或一定条件下,可以作为证人证言使用。

法人作为犯罪嫌疑人或刑事被告人时,由其法定代表人作为代表参加诉讼。该法定代表人就与法人犯罪有关的事实所作的陈述，就属于犯罪嫌疑人、被告人供述和辩解，因为法定代表人是法人意志的体现者和执行者，他对于法人是否犯罪以及怎样犯罪等，一般是清楚的。

犯罪嫌疑人、被告人供述和辩解的特点以及其在刑事诉讼中的重要作用，决定了对待犯罪嫌疑人、被告人供述和辩解的原则是，重证据、重调查研究，不轻信口供。刑事诉讼法明确规定，在收集口供时严禁刑讯逼供和采用威胁、引诱、欺骗以及其他非法方法，不得强迫任何人证实自己有罪。采取刑讯逼供等非法方法收集的犯罪嫌疑人、被告人供述应当予以排除，不得作为起诉意见、起诉决定和判决的依据。对一切案件的判处都要重证据，重调查研究，不轻信口供。只有被告人供述，没有其他证据的，不能认定被告人有罪和处以刑罚；没有被告人供述，证据确实、充分的，可以认定被告人有罪和处以刑罚。此外，对于那些违反了法定取证程序，无法确定客观真实性的犯罪嫌疑人、被告人供述，也要予以绝对的排除，如讯问聋哑人或不通晓当地通用语言、文字的人员时，应当提供翻译人员而没有提供的。

（六）鉴定意见

刑事诉讼中的鉴定意见是指国家专门机关就案件中的专门性问题，指派或聘请具有专门知识的人进行鉴定后作出的判断性意见。作为证据的一种，鉴定意见具有以下特点：(1)它是鉴定人对专门性问题从科学、技术的角度进行分析判断后得出的结论性意见。(2)它是鉴定人运用自己的专门知识和技能，凭借科学仪器和设备，分析研究案内有关专门性问题的结果。(3)它仅限于解决案件涉及的科学技术问题，而不对法律问题提出意见。

鉴定意见的种类主要有：(1)法医类鉴定，包括法医病理鉴定、法医临床鉴定、法医精神病鉴定、法医物证鉴定和法医毒物鉴定；(2)物证类鉴定，包括文书鉴定、痕迹鉴定和微量鉴定；(3)声像资料鉴定，包括对录音带、录像带、磁盘、光盘、图片等载体上记录的声音、图像信息的真实性、完整性及对其所反映的情况过程进行的鉴定和对记录的声音、图像中的语言、人体、物体作出种类或者同一认定。作为证据种类之中的一种独立证据，鉴定意见只能对案件中的专门性问题作出结论，而不能对案件中的法律问题和普通事实作出结论。鉴定意见的形式必须是书面《鉴定书》，由鉴定人本人签名并加盖单位公章。单位公章用于证明鉴定人身份和鉴定机构的资质，但是不能代替鉴定人本人的签名。鉴定意见只是证据的一种，没有高于其他证据的效力，能否定案必须综合全案证据认定。

鉴定意见与医疗单位的诊断证明书在产生的程序上有原则的区别，目的和作用也完全不同。在刑事诉讼中简单地用诊断证明代替鉴定意见是不对的。医疗单位的诊断证明书就其形成而言，是医生的正常工作行为，其与诉讼无关。它往往形成于诉讼之前，在诉讼中的出现则是基于诉讼过程中的证明需要；可能是被害人、被告人或者辩护人提供的，也可能是司法人员在工作中收集的。医生的诊断仅需依病人的病情而定,医生本人与病人之间也基本不存在回避的问题。鉴定意见的范围远比医生的诊断证明宽广得多。当医疗单位或者医生受到司法机关指派或聘请,对案件中有的专门性问题进行有关的工作,并且履行了相应的法律手续的时候,其所作的诊断证明可以在诉讼中作为鉴定意见,如果经过与其他证据相同的程序查证属实,则能够作为定案的依据。

鉴定人是具有一定的专门知识,接受公安司法机关的指派或聘请,解决公安司法机关向他提出的某些专门性问题的人。鉴定人应当具备的条件:(1)鉴定人必须具有解决某些专门性问题的专门知识和技能,能够对案件中的某种专门性问题作出科学的鉴定意见。(2)鉴定人必须与案件没有利害关系,能够客观公正地进行鉴定。(3)鉴定人必须是自然人。机关、团体、企事业单位都不能充当鉴定人。因为鉴定结论的结果必须由个人负责,故意作虚假鉴定陷害他人或包庇犯罪嫌疑人、被告人的,要依法追究法律责任。

鉴定人作为独立的诉讼参与人,在履行鉴定职责时,依法享有的诉讼权利有:(1)有权了解和查阅鉴定所必需的案件材料,要求补充鉴定材料。必要时可参加勘验和检查。(2)有权要求明确鉴定目的和要求。如果自己不能胜任鉴定工作,有权拒绝鉴定。(3)有权独立地进行鉴定,不受外界的干涉和影响,同一鉴定如果有几个鉴定人时,他们有权互相讨论,进行研究,共同作出一个鉴定意见。如果几个鉴定人意见不一致时,每个鉴定人都有权单独作出自己的鉴定意见。(4)有权在开庭3日以前收到出庭通知书。(5)非专职鉴定人还有权要求补偿误工费用和取得必要的报酬。同时,鉴定人应当承担的诉讼义务有:(1)鉴定人一经接受指派或聘请,应当根据公安司法机关的要求,认真负责,运用科学方法,按时作出鉴定意见并签名,以示对鉴定意见负责。没有正当理由不得拒绝鉴定。(2)应当客观公正地作出鉴定,妥善保管鉴定材料,遵守鉴定纪律。故意作虚假鉴定的鉴定人,要承担法律责任。(3)鉴定人接到人民法院的通知后,应当按时出庭,对审判人员、公诉人、当事人、辩护人、诉讼代理人就鉴定所提出的问题,应当如实回答。

鉴定人与证人的区别主要表现在:(1)鉴定人必须具有解决案件中专门性问题的专门知识;而证人只要求了解案件中的情况,不要求具有专门知识。(2)鉴定人是在案件发生后,根据需要由公安司法机关指派或聘请的,具有选择性和可替代性;而证人是由案件本身决定的,具有不可选择和不可替代性。如果鉴定人事先了解案情,就只能充当证人,而不能作为鉴定人。(3)鉴定人受与案件是否有利害关系的限制,如果与案件有利害关系,应当回避;而证人不受是否与案件有利害关系的限制,只要知道案件情况,证人都应该作证,不存在回避的问题。(4)鉴定人为了作出科学、准确的结论,可以要求查阅有关案卷,了解有关案情,鉴定人之间可以相互讨论、研究,共同写出鉴定意见;证人则不能查阅案卷,不能向公安司法机关了解案情,证人只能分别陈述,证人之间不能互相讨论研究,也不能拒绝作证。

(七)勘验、检查、辨认、侦查实验等笔录

勘验、检查笔录是指公安司法人员对与案件有关的场所、物品、人身、尸体进行勘验、检查所作的书面记载。勘验、检查笔录,包括勘验和检查这两种侦查行为所作的记录。勘验是指公安司法人员对与案件有关的场所、物品、尸体等"死"的物体所进行的观察、测量、检验、拍照、绘图等活动。勘验的目的是直接了解与案件有关的场所、物品、尸体,发现和收集证据材料。检查,是指公安司法人员对与案件有关的"活"的人所进行的观察、检验等活动,其目的在于确定犯罪嫌疑人、被害人的某些特征、伤害情况或者生理状态。对这两种侦查行为所作的书面记录,都归于勘验、检查笔录这种证据形式。

在刑事诉讼中,经常使用的勘验、检查笔录的种类主要有:(1)现场勘验笔录。现场勘验笔录对于客观准确地反映现场的实际情况,证明犯罪案件的事实情节具有重要意义。(2)尸体检验笔录。尸体检验笔录对于查明死亡原因、死亡时间、致死方法和手段具有重要作用。(3)物证检验笔录。物证检验笔录对于查明物证的性质、特征,证实犯罪,查明犯罪嫌疑人具有重要作用。(4)人身检查笔录。人身检查笔录有助于查明犯罪嫌疑人和被害人的某些特征、伤害情况及生理状态等。(5)侦查实验笔录。侦查实验笔录有助于查明在一定条件下某一事件或现象是否发生以及后果如何。

勘验、检查笔录与物证、书证及鉴定意见的区别:(1)勘验、检查笔录不同于物证。勘验、检查笔录虽然有可能客观地记载着物证资料,但它只是反映和保全物证的一种方法,如物证的特征、所处的位置、物证之间的外部联系等,它是在案件发生后由公安司法人员制作的;而物证是在案件发生过程中使用的物品或形成的痕迹。(2)勘验、检查笔录也不同于书证。勘验、检查笔录虽然也是以其内容来证明案件事实的书面材料,因而与书证有些相似。但是它与书证有着本质的区别:书证形成于案件发生之前或发生过程中,一般是由犯罪嫌疑人、被害人、证人提供的;而勘验、检查笔录是在案件发生后,由公安司法人员通过勘验、检查客观地制作的一种"特殊的书面材料"。(3)勘验、检查笔录也不同于鉴定意见。勘验、检查笔录与鉴定意见的对象,虽然在某种情况下是相同的,但是两者之间的区别有:一是两者制作的主体不同。勘验、检查笔录的制作主体是公安司法人员;而鉴定意见的制作主体是鉴定人。二是两者运用的方法不同。勘验、检查笔录是公安司法人员运用自己的感官或器材通过直接观察和测量所作的如实记录,不具有分析、判断的因素;而鉴定意见则是鉴定人运用其专门知识对某种特定事物进行检验、分析后所作的一种判断。

(八)视听资料、电子数据

视听资料是指以录音、录像、电子计算机以及其他科技设备储存的信息等来证明案件事实的证据。视听资料的特点:(1)它表现为载有一定的科技成分的载体,如录音、录像设备,电子计算机磁盘等,而且我们需要通过高科技的终端设备才能够感知或者读取其中的内容;(2)具有高度的直观性和动态连续性,其所记录的音响、影像往往是一个动态的过程,一目了然,这是其他任何一种证据都不可比拟的;(3)在现代科技条件下,伪造、变造视听资料并非难事,而视听资料一旦被伪造,不易分辨和甄别,这也正是视听资料这种证据的缺点;(4)视听资料的形成、运用和审查判断往往都需要依赖科学技术,科学技术的发展对其在司法领域的运用具有至关重要的作用。

电子数据,是指以电子形式存在的、用作证据使用的一切材料及其派生物。它既包括反映法律关系产生、变更或消灭的电子信息正文本身,又包括反映电子信息生成、存储、传递、修改、增删等过程的电子记录,还包括电子信息所处的硬件和软件环境。具体来说,在当今网络社会经常使用的电子邮件、电子数据交换、网上聊天记录、网络博客、手机短信、电子签名、域名、电子公告牌记录、电子资金划拨记录、网页等文件均属于电子数据。电子数据的特点:(1)电子数据的存在需要借助一定的电子介质;(2)电子数据可以通过互联网络快速地在全球传播;(3)人们对电子数据的感知,必须借助电子设备,且不能脱离特定的系统环境。

最高法《刑诉解释》第109条、第113条规定了两种证据何种状态下不得作为定案的根据。

二、证据的分类

刑事证据的分类,是指在理论研究上将刑事证据按照不同标准划分为不同类别。分类的目的在于研究各类证据的特点及运用规律,以便提高运用各类证据查明案件真相的能力。

在我国理论界,通常将刑事证据分为原始证据与传来证据、言词证据与实物证据、有罪证据与无罪证据、直接证据与间接证据。

(一)原始证据与传来证据

根据证据来源的不同,可以将证据分为原始证据与传来证据。它所揭示的是不同类别证据的可靠性程度和证明力的强弱。

原始证据是指直接来源于案件事实或原始出处的证据。所谓"直接来源于案件事实",是指证据是在案件事实的直接作用或影响下形成的;所谓"直接来源于原始出处",是指证据直接来源于证据生成的原始环境。正是由于原始证据来源于案件事实或原始出处,因而又被称为从第一来源获得的证据或原生证据。所谓"第一来源",是指没有经过传抄、复制、转述等中间环节而获取证据的来源。在原始现场提取的犯罪凶器、犯罪痕迹、物证;证人、被告人、被害人、民事当事人、行政诉讼当事人等对直接目睹、感受的与案件有关情况所提供的证言、口供、陈述都是原始证据。原始证据具有真实性。由于原始证据取源于案件的本身状况,故其与案件真相之间的关系更密切,差异更微小,其反映出的信息没有经过复制、转述而具有更强的可操作性和更真实的证明力。与传来证据比较而言,原始证据具有更强的真实性、关联性,具有一般证据不可比拟的可采性,但需要注意的是,必须两者具有同源性方可促使双方具有可比性。

传来证据是不直接来源于案件事实,而是间接地来源于案件事实,经过复制或者转述原始证据而派生出来的证据，也就是通常所说的“第二手”或者“第二手”以上的材料，故又被称为非第一来源的证据或派生证据。例如，物证的模型，书证的复印件、照片，当事人、证人从其他人那里得知案件事实的陈述等。传来证据的特点：(1)传来证据的证明价值会随着传来环节的增加而减少，即传来的环节越多，其反映内容的效果越差。(2)传来证据的证明力也可以用不同的方式予以保存。视证言或物证的方式不同，尽量减少中间环节的传播，可以使传来证据的证明力尽量地予以增加。

原始证据最显著的特点在于它能够比较客观地反映案件的本来面貌，比传来证据更为真实和可靠；而传来证据在其传抄、复制、转述过程中容易失真，且一般情况下其证明价值低于原始证据，因此，在司法实践中运用原始证据和传来证据时应遵守以下规则：(1)遵循原始证据优先原则。一般来说，原始证据比派生证据更具可靠性，原始证据的证明力优于传来证据。这是由于受技术设备、人的领会转述能力等因素的影响，经转述、传抄、复制的内容容易发生差错。因此，应尽量收集原始证据。由于原始证据的证明力较高，所以不管是司法机关、律师还是当事人都应当努力寻找、发现并尽可能获取并提交原始证据。对于物证，应当尽量提取原物，只有在原物特别巨大、不易搬动或者有其他不能直接提取的情形下才采用拍照、录像、绘图等方式予以提取。在原物提取时，也同时应当考虑到对其他利益的保护，如果提取原物将对相关人的财产等方面造成严重损害，就应当予以利益的权衡。对于书证应尽量提取原件，只有在非常特殊的情形下才可以采用复印、复制的方法提取复制品。对于证人证言，要尽量寻找目击证人，从证人那里收集证据。在无法取得原始证据的情况下，也应当尽可能地获取最接近案件事实的传来证据。(2)在强调获取原始证据的同时，绝不能忽视对传来证据的运用。运用传来证据除遵守一般的证明规则以外，还应当遵守特殊规则：a. 来源不明的材料不能作为证据使用。如道听途说、街谈巷议等无法追根溯源的材料；b. 在运用传来证据时，应采用传闻、转抄或复制次数最少的材料，可靠性相对较强；c. 只有传来证据，不应轻易认定犯罪嫌疑人、被告人有罪。

我国诉讼法也并未排除传来证据的采用，其亦具有不可轻视的重要作用：一是可据以发现和收集原始证据；二是可据以审查验证原始证据；三是可与原始证据相印证或者与其他传来证据相印证；四是在不能获得原始证据或原始证据无法直接取得或不必直接提取时，经查证属实的传来证据可以作为定案的根据。

传闻证据与我国的传来证据主要区别：(1)包含的证据种类不同。传来证据包括“第二手”以上的人证、书证、物证、视听资料，而传闻证据仅指传闻陈述，不含书证、物证、视听资料等实物证据。(2)划分标准不同。划分原始和传来的基本标准是陈述人是否对案件事实直接感知。被告人、被害人、证人就案件事实的亲自所为、亲身感受、亲眼所见所作的陈述，无论是在侦查、起诉阶段，还是在审判过程中作出，无论是书面证言还是言词陈述，都属于原始证据。只有转述从他人处得知的案件真实，才是传来证据。而在英美等国，实行审判中心主义，在划分原始与传闻证据时以审判为标准，尤其对人证坚持言词原则，凡在审判前和审判外取得的言词证据，只要未能在审判中以言词方式提出，则无论其内容是不是证人亲身感知，均为传闻证据。证人当庭以外的陈述都视为传闻证据。(3)证据能力不同。在我国，传来证据与原始证据都可以纳入诉讼证明过程，通常都具有证据能力，这种区分只是学理上的分类，而并不涉及证据的能力问题。在英美法中，这种划分意义重大。在区分原始证据与传闻证据基础上确立的"传闻证据排除规则"，是英美证据法的一项重要法律原则。

(二)有罪证据与无罪证据

根据证据对案件事实所起证明作用的不同，可以将证据分为有罪证据与无罪证据。有罪证据和无罪证据的划分，并不以证据由哪一方提供作为标准，而只是以证据的内容和证明作用作为划分标准。凡是能够证明犯罪事实存在和犯罪行为是犯罪嫌疑人、被告人所实施的证据，都是有罪证据。从内容上看，有罪证据既包括证明犯罪嫌疑人、被告人有从重情节的证据，也包括证明犯罪嫌疑人、被告人有从轻、减轻或者免除处罚情节的证据。无罪证据是指能够否定犯罪事实存在或者能够证明犯罪嫌疑人、被告人未实施犯罪行为的证据。

将证据分为有罪证据和无罪证据的意义，在于使办案人员全面地、客观地、细致地收集和运用证据，对所有与案件事实有关的证据都加以注意，不应当只注重收集有罪证据而忽视无罪证据，防止先入为主和主观片面。

(三)言词证据与实物证据

根据证据的表现形式可以将证据划分为言词证据与实物证据。凡是以言词作为表现形式的证据，属于言词证据。言词证据包括法律规定的证人证言、被害人陈述、犯罪嫌疑人、被告人的供述和辩解以及鉴定意见。其中，鉴定意见虽然具有书面形式，但因其实质是鉴定人就鉴定的专门问题所表达的个人意见，而且在法庭审理时要求鉴定人以言词形式对于鉴定意见接受控辩双方的质证，所以属于言词证据。言词证据的共同特点是：生动、形象、内容丰富、涵盖面大、往往能够直接证明有关案件的事实；但其真实性受到提供证据的人自身道德素质、外界影响以及感知能力、判断能力、记忆能力和表达能力的影响，对其审查判断比较复杂。言词证据的特点：(1)言词证据与待证事实的关联性一般比较明显；(2)言词证据能够动态、直接地证明案件事实；(3)证据源不容易灭失；(4)言词证据容易受各种主客观因素的影响而失真。

凡是以物品的性质或外部形态、存在状况以及其内容表现证据价值的证据(包括书面文件)，都属于实物证据。法定证据种类中的物证、书证、勘验检查笔录均属实物证据。其中，勘验检查笔录之所以列入实物证据，是因为它是办案人员在勘验、检查中对所见情况的客观记载。实物证据客观性、直观性较强，不像言词证据那样容易受到人的各种主观因素的影响。此外，对于视听资料、电子数据属于言词证据还是实物证据，应当具体分析。实物证据的特点：(1)实物证据客观性、稳定性强，不易失真；(2)实物证据的关联性不明显，对案件事实的证明一般是静态的、片断的。

（四）直接证据与间接证据

直接证据与间接证据是根据证据与案件主要事实的证明关系的不同，对证据进行的划分。刑事案件的主要事实是指犯罪事实是否存在，以及该行为是否系犯罪嫌疑人、被告人所实施。所谓直接证据，是指能够单独地直接证明案件主要事实的证据。直接证据的特点：直接证据具有直接证明性；直接证据的收集和审查较为困难。

间接证据，是指不能单独地直接证明案件主要事实，而需要与其他证据相结合才能证明案件主要事实的证据。间接证据的特点：（1）间接证据之间互相依赖、互相关联，必须互相结合才能证明案件主要事实。（2）相比直接证据，间接证据的证明过程要复杂很多，需要推理和判断的过程。鉴于间接证据的特点，最高法《刑诉解释》第 140 条规定了根据间接证据定罪的全部规则："没有直接证据，但间接证据同时符合下列条件的，可以认定被告人有罪：（一）证据已经查证属实；（二）证据之间相互印证，不存在无法排除的矛盾和无法解释的疑问；（三）全案证据形成完整的证明链；（四）根据证据认定案件事实足以排除合理怀疑，结论具有唯一性；（五）运用证据进行的推理符合逻辑和经验。"

在理解直接证据与间接证据的划分时，应当注意三方面问题：（1）分类范围只涉及证明案件主要事实的证据，其余与案件主要事实无关但对量刑有作用的证据并不纳入这种分类方法之中。（2）直接证据分为肯定性直接证据和否定性直接证据。肯定性直接证据的内容必须同时证明发生了犯罪案件和谁是实施者这两个要素，否则就不是肯定性直接证据。（3）直接证据或间接证据都可以是原始证据或传来证据，其划分标准与证据的来源或者出处无关。

直接证据的运用规则：（1）严禁刑讯逼供及以威胁、利诱、欺骗或其他非法方法获取直接证据。由于直接证据主要表现为犯罪嫌疑人、被告人供述、当事人陈述、证人证言等言词证据，因此一些司法人员为了获取直接证据定案，就不惜采用非法方法来获取这些言词证据，给当事人、犯罪嫌疑人、证人的人身等权利造成严重损害。我国最高人民法院和最高人民检察院的司法解释也规定，以刑讯逼供或威胁、利诱、欺骗或其他非法方法获取的言词证据不得作为定案的根据。（2）直接证据必须查证属实，才能作为定案的根据。直接证据，必须在有其他证据印证其真实性的前提下，才能作为认定案件主要事实的依据，比如当事人的陈述或者目击证人的证言，必须在有其他相关物证、证人证言等证据的印证下，其真实性才可以被确认，也才能被法官最终采信为定案的根据。（3）孤证不能定案。这是指如果案件中只有一个直接证据，而没有其他证据相印证，则不能据以认定案件事实。比如，我国《刑事诉讼法》第 55 条规定："对一切案件的判处都要重证据，重调查研究，不轻信口供。只有被告人供述，没有其他证据的，不能认定被告人有罪和处以刑罚；没有被告人供述，证据确实、充分的，可以认定被告人有罪和处以刑罚。"

由于间接证据具有间接性、依赖性、推断性等特点，所以，间接证据不能单独证明案件的主要事实,但是,我们不能因此低估间接证据的作用。根据间接证据的特点和我国的司法实践经验,通常认为在完全运用间接证据定案的情况下要注意以下几点:(1)真实性。间接证据的真实性,是指对于每一个间接证据,其都必须经过司法人员查证属实之后才能用来定案。如果单个的间接证据的真实性无法得到保证,那么由间接证据所证明而来的案件事实的真实性当然也就无法得到保证。(2)关联性。间接证据的关联性,是指任何间接证据必须具有与案件事实的关联性,只有这样才能成为定案的依据。(3)协调性。间接证据的协调性,是指间接证据之间必须协调一致,而不能出现矛盾。(4)能够形成证据锁链。所有间接证据必须形成一个完整的证据体系,即案件事实的基本环节都有相应的间接证据予以证明。在刑事案件中,只有犯罪时间、地点、过程、手段、作案工具、犯罪后果、动机和目的等犯罪事实都得到了相应的证明,达到了"事实清楚、证据确实充分"的证明标准才能定案。如果案件中还有一些必须证明的情节没有证据相证明,那么案件中即使有再多的间接证据也不能定案。(5)结论的唯一性。间接证据结论的唯一性,是指根据全部间接证据不但可以推断出确定的结论,而且该结论还应当是唯一的,否则仅凭间接证据就不能认定案件事实。另外,笔者认为,结论唯一性这一要求不适用于民事诉讼。对于民事诉讼,并不必然要达到结论唯一性的要求才能定案。这主要是源于民事诉讼具有与刑事诉讼不同的证明标准。我们刑事诉讼的证明标准是"事实清楚、证据确实充分",也就意味着要排除其他的可能性,但民事诉讼一般只要求达到"优势证据"即可,只要一方当事人的证据明显占优势,即使案件事实不能被完全查清、不能得出唯一的结论,也可以判决拥有优势证据的一方胜诉。因此,在司法实践中,应当注意对间接证据进行综合性的分析研究,根据间接证据锁链得出的结论应是唯一的,人们运用间接证据既能从正面证实案件的事实真相,又能从反面排除虚假成分,从而得出可靠的结论。

【案例一】

[案情简介]

2022年12月13日,被告人梁某在某市光明路附近29路公交车站牌,趁被害人赵某不备,抢走被害人苹果手机(价值人民币5500元)。赵某急速追赶,抓住梁某不放,并大声喊叫。梁某用预先准备好的匕首刺向赵某,趁机逃跑。证人秦某看到此事立即报警。

[问题]

本案中证实被告人梁某抢劫犯罪事实的证据有哪些?

[解析]

本案中的物证苹果手机已依法返还被害人,有物品返还清单和照片固定证据并提交法庭。依据相关的法律规定,对于依法应当返还的物证,可以拍摄或者制作足以反映原物外形或者内容的照片、录像或者复制品。物证的照片、录像或者复制品,经与原物核实无误或者经鉴定证明为真实的，或者以其他方式确能证明其真实的，可以作为定案的根据。

本案中的重要证据苹果手机虽然已经返还，但是根据扣押的物品清单、返还物品清单和照片能够反映原物情况，因此可以采纳为证据，可以作为定案的依据。扣押的物品匕首是原物，且附有扣押物品清单和照片作证，符合法律规定的程序，可以作为定案的依据。本案中，证实梁某抢劫犯罪事实的证据有：被告人梁某的有罪供述；被害人赵某的陈述；现场证人秦某的证言；苹果手机、匕首等物证。

【案例二】

［案情简介］

甲被人杀死在一山坡上，侦查人员在杀人现场收集到一封信和一个字条。信的内容与案件无关，但根据通信双方的姓名和地址查到了犯罪分子；而字条的内容也与案件无关，但根据笔迹鉴定找到了字条的书写人，从而发现了犯罪分子。

［问题］

根据证据的法定分类，分析在杀人现场收集到的信件和字条属于什么证据。

［解析］

刑事诉讼法规定的证据种类包括物证、书证，证人证言，被害人陈述，犯罪嫌疑人、被告人供述和辩解，鉴定意见，勘验、检查笔录，视听资料，电子数据八种。物证是以其外部特征、存在场所和物质属性证明案件事实的实物和痕迹。书证是以文字、符号、图画等记载的内容和表达的思想来证明案件事实的书面文件和其他物品。证人证言是证人就自己所知道的案件情况向公安司法机关所作的陈述。被害人陈述是犯罪行为的直接受害者就其了解的案件情况，向公安司法机关所作的陈述。犯罪嫌疑人、被告人的供述和辩解，是犯罪嫌疑人、被告人在刑事诉讼中就其被指控的犯罪事实以及其他案件事实向公安司法机关所作的陈述。鉴定意见是公安司法机关为了解决案件中某些专门性问题，指派或者聘请具有相关专门知识或者技能的人，进行鉴定后所作的书面结论。勘验笔录是办案人员对与犯罪有关的场所、物品、尸体等进行勘查、检验后所作的记录。检查笔录是办案人员为确定被害人、犯罪嫌疑人、被告人的某些特征、伤害情况和生理状态，对他们进行人身检验和观察后所作的客观记载。

综上所述，本案中杀人现场的信件，以其文字内容（通信双方的姓名、地址）查到了犯罪分子，是书证。本案中杀人现场的字条，以笔迹即字的外形特征发现了犯罪分子，是物证。物证以及书证对办案以及法院作为证据非常关键。

【案例三】

［案情简介］

被害人戊某（男，29 岁），农民。2022 年 11 月 7 日，被害人戊某突然死亡，村民反映是戊某的妻子张三与其奸夫乙害死的。侦查人员获得的证据材料:(1)张三供认:为达到与乙结婚的目的,曾与乙多次谋划杀死戊某。那天深夜,趁戊某熟睡,乙用匕首,将戊某捅死。(2)乙的交代与张三供认的基本一致。(3)戊某父亲说,戊某死时,我们不在家不知他怎么死的,听张三说是坠楼而死的。(4)被害人戊某的邻居王某、李某、周某一致证明:张三、乙通奸是村人皆知的事,戊某的父母也应该知道,但他们为人老实怕事。(5)经鉴定,确认被害人戊某的脑颅骨伤势与张三交出的匕首形状完全吻合。

[问题]

根据证据分类的理论,分析本案获得的证据应如何分类。

[解析]

证据的分类是将诉讼中规定的各种证据,从不同的角度、按不同的标准所作的学理上的划分。证据分类的目的在于对证据进行科学的分组研究,揭示各类不同证据的特点,提出正确运用各类证据的一般规则,以利于收集、审查判断证据的工作,使之进行得更自觉、更有效。对证据分类的标准及由此而进行的划分,在不同的学者之间并不一致,有各种各样的分类。

在我国,学者们通常认为证据最基本的分类有四种:(1)原始证据与传来证据。这是根据证据的来源进行划分。原始证据就是直接来源于案件事实的证据,也即通常所说的"第一手"证据。如前述案例中张三、乙的供述、邻居的证言及鉴定意见即为原始证据。传来证据是指从"第二手"来源收取来的证据,或者说是从原始出处以外的其他来源传来的证据,也称为派生证据。如案例中所举戊某父母的证言,便不是直接得来的,而是从别人处听来的,故此属传来证据。(2)有罪证据与无罪证据。这是根据证据的证明作用,尤其是对被告人涉嫌犯罪的证明作用而进行的划分。有罪证据是指能够证明犯罪事实存在和犯罪嫌疑人,被告人实施了犯罪以及可能加重犯罪嫌疑人、被告人刑事责任的证据,它一般是由控方向人民法院提出的。而无罪证据则是指反驳有罪,能够证明犯罪事实不存在,或者是证明犯罪嫌疑人、被告人无罪、罪轻以及有其他可能减轻其刑事责任情况的证据,它一般是由辩方向法院提供。本案中,戊某父母所提供的证言由于内容是否定有犯罪事实发生,故属于无罪证据,其他证据则均属有罪证据。(3)言词证据和实物证据。这是根据证据的形成方法和表现形式所作的划分。言词证据也指人证,指以人的陈述形式表现出来的各种证据,其实质是人以自己的意识对案件客观事实所产生的反映和复述。实物证据,也称为物证,它是以各种事物的特性存在的状态和变化,以及各种事物之间的联系形成的,它是以物理状态、自然现象表现出来的。案例中张三交出的匕首即为实物证据,其他的口供、证人证言、鉴定意见都属于言词证据。(4)直接证据和间接证据。这是根据证据和案件主要事实之间的关系而作的划分。直接证据是指能够独立地用来证明案件主要事实的证据。间接证据则是指不能独立地直接证明案件的主要事实,而只能证明案件的某种情况,必须与其他证据结合起来,形成一个证据锁链,才能证明案件主要事实。这里需要明确的一点就是什么是案件的主要事实。通常认为,案件主要事实包括:一是犯罪事实是否发生;二是犯罪是何人所为或说是否犯罪嫌疑人、被告人所为。本案中的邻居的证言及鉴定意见则属间接证据。

第三节　证 据 规 则

△ 知识背景

证据规则是指在刑事诉讼中,规范证据的收集、审查以及评价等诉讼证明活动的准则。现代刑事诉讼中的证据规则,大多源于英美法系当事人主义诉讼,是在长期的司法实践中,通过习惯、判例等逐步确立和发展起来的并成为普通法的重要组成部分。随着法典化运动的兴起,证据规则也逐步法典化,如美国《联邦证据规则》即规定了大量的证据规则。

证据规则主要有:关联性规则、非法证据排除规则、传闻证据规则、最佳证据规则、补强证据规则、意见证据规则等。证据规则可以划分为两类:调整证明力的规则和调整证据能力的规则。一般认为,关联性规则、补强证据规则等属于调整证明力的规则,而非法证据排除规则、传闻证据规则、意见证据规则、最佳证据规则等,都属于调整证据能力的规则。

一、关联性规则

关联性规则又称相关性规则,是英美证据法中的一项基础性证据规则。所谓关联性,是指证据必须与待证事实有关,从而具有能够证明案件待证事实的属性。根据关联性规则,证据的关联性是证据可采性的前提条件,不具有关联性的证据,在法律上就不具备可采性。

我国《刑事诉讼法》虽然没有直接对证据的关联性作出明确规定,但一些规定中包含了关联性内容。例如,《刑事诉讼法》第 50 条第 1 款规定:“可以用于证明案件事实的材料,都是证据”。此规定要求证据应当同案件事实有关联。第 120 条规定,侦查人员在讯问犯罪嫌疑人的时候,犯罪嫌疑人对与本案无关的问题,有拒绝回答的权利。在诉讼证据理论上,则都认为关联性是证据不可或缺的特征。

二、非法证据排除规则

非法证据排除规则,是指在刑事诉讼中,以非法手段取得的证据,不得被采纳为认定被告人有罪的根据。非法证据排除规则最早产生于美国,在美国对非法证据排除规则有两种理解:一种认为仅指违反美国联邦宪法第四修正案而取得的证据不得在刑事诉讼中用于证明被告人有罪;另一种认为非法证据排除规则不限于对“物”的排除,还包括对非法取得的口供和其他陈述的排除。因此,不仅包括违反宪法第四修正案的,还包括违反宪法第五修正案、第六修正案和其他成文法和案例法情况下取得的证据,都应当加以排除。这被称为广义上的非法证据排除规则。

我国《刑事诉讼法》第52条规定:“审判人员、检察人员、侦查人员必须依照法定程序,收集能够证实犯罪嫌疑人、被告人有罪或者无罪、犯罪情节轻重的各种证据。严禁刑讯逼供和以威胁、引诱、欺骗以及其他非法方法收集证据……”2010年“两院三部”《非法证据排除规定》和《办理死刑案件证据规定》中对非法证据排除的范围、程序等作出了初步规定。我国《刑事诉讼法》第56条至第60条吸收了两个证据规定的相关内容,以立法形式对非法证据排除规则予以明确规定。其主要内容如下:《刑事诉讼法》第56条第1款明确规定了非法证据排除规则的适用范围:“采用刑讯逼供等非法方法收集的犯罪嫌疑人、被告人供述和采用暴力、威胁等非法方法收集的证人证言、被害人陈述,应当予以排除。收集物证、书证不符合法定程序,可能严重影响司法公正的,应当予以补正或者作出合理解释;不能补正或者作出合理解释的,对该证据应当予以排除。”根据最高法《刑诉解释》第123条规定,使用肉刑或者变相肉刑,或者采用其他使被告人在肉体上或者精神上遭受剧烈疼痛或者痛苦的方法,迫使被告人违背意愿供述的,应当认定为《刑事诉讼法》第56条规定的“刑讯逼供等非法方法”。

非法证据排除规则能够督促执法机关守法,制止警察的非法取证行为。确立非法证据排除规则,使执法人员在实施违法行为之前就想到其后果。非法证据的排除,是对侦查机关调查取证工作的最终的否定和谴责。非法证据排除规则也有利于公民、法人或者其他组织监督执法机关,在侦查机关采取非法手段调查收集证据时,公民、法人或者其他组织有权拒绝,并且有权在以后的诉讼程序中要求排除。非法证据排除规则有利于保持法律规范的完整性;有利于彻底纠正违法行为和防止冤假错案,推进法治国家建设顺利进行;有利于切实保障当事人的权利,促进公安司法机关及其工作人员法治观念的转变。

三、传闻证据规则

传闻是指陈述人在庭审活动或者诉讼之外所作出的,用以证明案件事实的一种陈述。传闻证据规则是英美法系国家的一项重要证据规则。所谓传闻证据,通常是指证人的陈述,他不是陈述其亲身经历的事实,而只是转述经传闻而得来的内容,也就是将其他人的陈述在法庭上提出,作为自己作证的证言。传闻证据一般是指以下两种证据资料:一是证人于庭审以外对直接感知的案件事实亲笔所写的陈述书及他人制作并经本人认可的陈述笔录;二是证人于庭审之上就他人所感知的事实向法庭所作的转述。按照传闻证据规则,如果某人的证言属于传闻证据,那么就应当排除,除非它属于法律规定的例外情形。确立传闻证据规则的理由主要是传闻证据在诉讼中的使用剥夺了诉讼双方包括被告人对原始人证的询问和反询问的权利,同时也违反了刑事诉讼的直接审理原则,不利于法官获得正确的心证。

中华人民共和国第十三届全国人民代表大会第六次会议于2018年10月26日修正后的我国《刑事诉讼法》第61条规定,证人证言必须在法庭上经过公诉人、被害人和被告人、辩护人双方质证并且查实以后，才能作为定案的根据。该条款在某种程度上确立了我国的传闻证据规则，有助于防止不真实、不可靠可能性的证据作为定案根据，保障控辩双方能够行使法律规定的交叉询问的权利。

我国有的学者认为，传闻证据是指证人在本案法庭审理之外作出的用以证明其本身所主张的事实的各种陈述，其特征是：(1)传闻证据的主体是证人；(2)传闻证据是证人所作的各种陈述；(3)传闻证据是证人在本案法庭审查之外所作的陈述；(4)传闻证据是用来证明其本身所主张事实的陈述。我国刑事诉讼法没有规定传闻证据规则，最高司法机关的司法解释也未能对该规则作出明确规定。

四、补强证据规则

补强规则(rule of corroboration)，是指为了保护被告人的权利，防止案件事实的误认，对某些证明力显然薄弱的证据，要求有其他证据予以证实才可以作为定案证据的规则。该规则作为对证据证明力自由判断原则的一项例外，形成于18世纪后半叶的英国，当时主要作用于被告人自白，目的在于保障被告人的基本权利。随着西方资产阶级革命的兴起和推动，该规则在西方证据法中成为一项重要的证据规则，其适用范围已超出了被告人自白。《日本刑事诉讼法》规定："无论是否在公审庭上作出的供述，当该供述是对被告人不利的唯一的证据时，不得认定被告人有罪。"我国《刑事诉讼法》第55条规定，只有被告人供述，没有其他证据的，不能认定被告人有罪和处以刑罚。跟前者相比，我国补强证据规则的范围相对较窄，仅限于口供，即仅对被告人的口供要求补强，口供必须有补强证据才能据以定案。

英美法的基本原则是通过法律限制自白或其他供述性证据的证明价值，证据补强的概念和适用范围比较清晰。而大陆法则将供述性证据的证据力判断全权委任于法官，除被告人自白必须具有形式性补强证据之外，证据补强的范围并无明确的规定。所以，英美法强调证据补强既具有限制供述证据使用范围的政策目的，又具有保障供述证据真实性的程序目的，而大陆法的证据补强所重视的仍然是被告人基本权利的保障。英美法比较注重证据的个别衡量，其判断证据的一般原则是：证明犯罪事实须使审判者的确信达到排除合理怀疑的程度(beyond reasonable doubt)。至于何种证据可以导致这样强烈的内心确信，则没有什么限制。我国《刑事诉讼法》第55条确立了我国的补强证据规则，意指仅凭被告人供述不可定罪，即使有被告人口供，还必须有其他证据佐证，才可能定罪。其意义不仅在于防止以口供为中心的侦查活动导致的对公民权利的侵犯，而且有利于防止被告人为及早解脱讼累或其他原因而自我归罪。

五、意见证据规则

意见证据，是指证人根据其感知的事实作出的推断性证言，包括普通证人证言和专家证言。按照意见证据规则，对于普通证人证言，一般不能采纳，除非法律另有规定；对于专家证言，一般可以采纳。在英美证据法中，意见证据不可采纳主要基于以下两方面的原因：第一，就所证明的事实，证人的意见不具有相关性：如果待证事实属于需要专业知识的事实,非专家证人的意见显然没有任何证明价值;如果待证事实属于不需要专业知识的事实,由于事实裁判者同样可以进行判断或推论,证人的意见又显得没有充分的相关性。第二,该一般原则可以阻止证人侵犯事实裁判者的权力。英美证据法理论将证人视为一种证据方法,其作用在于将其亲自体验的事实如实地提供给法庭;而依据一定的证据材料作出推断或结论,则属于裁判职能,应当由陪审团(或法官)负责。

意见证据规则将作为证据的陈述分为两类:一类是体验陈述,指陈述人就自己所体验的事实而为之陈述;另一类是意见陈述,指其人依据特别知识和经验,陈述其判断某一事项之意见。前一类陈述为证人(包括被害人和被告人)的陈述;后一类陈述为鉴定人的陈述,即作为专家证人的专门人员依自己的专业知识与经验对案件特定问题予以判断而作的陈述。

意见证据规则有两个例外:一个例外是不可能以其他方式表达的,如涉及听觉和嗅觉的问题、个人的感情问题、车辆的速度、声音的认定、证人自己的意图、笔迹的认定、对不正常行动的反应等。另一个例外是专家证言。所谓专家,是指具有专业知识、特长或者相关技能的人,专家不限于通常所说的专业人士,还包括具有特长或者某一个方面的技能的人。例如,某种状态,如车辆的快慢,人的感情等心理状态,物品的价值、数量、性质及色彩等,这些事实情况,实际上难以用非判断方式来表达,因此,可以将其视为意见证据规则的现实性例外。

我国《关于办理死刑案件审查判断证据若干问题的规定》第12条第3款规定:“证人的猜测性、评论性、推断性的证言,不能作为证据使用,但根据一般生活经验判断符合事实的除外。”《刑诉解释》第88条第2款关于“证人的猜测性、评论性、推断性的证言,不得作为证据使用,但根据一般生活经验判断符合事实的除外”的规定,再次确认了这一规则。据此,在我国刑事证据规则体系中已建立起了意见规则,虽然该规则针对死刑案件,但具有刑事诉讼的普遍规范意义。

【案例一】

[案情简介]

在法庭审理过程中,被告人屠某、沈某和证人朱某提出在侦查期间遭到非法取证,要求确认其审前供述或证言不具备证据能力。侦查人员在收集证据时的情形:(1)将屠某吊铐在窗户的铁栏杆上,双脚离地;(2)对沈某进行引诱,说“讲了就可以回去”;(3)对沈某进行威胁,说“不讲就把你老婆一起抓进来”;(4)对朱某进行威胁,说“不配合我们的工作就把你关进来”。

[问题]

本案中侦查人员在哪种情形下收集的证据需要排除?

[解析]

本案考查非法证据排除。《刑事诉讼法》第56条规定:"采用刑讯逼供等非法方法收集的犯罪嫌疑人、被告人供述和采用暴力、威胁等非法方法收集的证人证言、被害人陈述,应当予以排除。"从该条规定可以看出,对以非法方法收集的犯罪嫌疑人、被告人供述和以非法方法收集的证人证言、被害人陈述排除的范围是有区别的。对于犯罪嫌疑人、被告人供述必须排除的范围是"采用刑讯逼供等非法方法收集的";对于证人证言、被害人陈述必须排除的范围是"采用暴力、威胁等非法方法收集的"。即证人证言、被害人陈述必须排除的范围大于犯罪嫌疑人、被告人供述必须排除的范围,对被害人、证人进行"威胁"而收集的证据在排除之列,而对犯罪嫌疑人、被告人进行"威胁"而收集的证据不在排除之列,也就是说收集证人证言、被害人陈述的程序要求更为严格。

本案中,侦查人员对证人朱某进行威胁说"不配合我们的工作就把你关进来",符合《刑事诉讼法》第56条规定的"威胁"方法,取得的证人证言应当予以排除。据此,本案中侦查人员在(4)情形下收集的证据需要排除。

根据最高法《刑诉解释》第123条规定,使用肉刑或者变相肉刑,或者采用其他使被告人在肉体上或者精神上遭受剧烈疼痛或者痛苦的方法,迫使被告人违背意愿供述的,应当认定为刑事诉讼法第五十六条规定的"刑讯逼供等非法方法"。据此,本案中侦查人员在(1)情形下收集的证据需要排除。而(2)情形和(3)情形下,侦查人员对沈某进行引诱说"讲了就可以回去",以及侦查人员对沈某进行威胁说"不讲就把你老婆一起抓进来",都不属于肉刑或变相肉刑,给犯罪嫌疑人造成的胁迫没有达到与刑讯逼供相当的程度,因此,本案中(2)情形和(3)情形下所取得的犯罪嫌疑人供述不应当排除,如果与其他证据可以相互印证,可以作为定案依据。

【案例二】

[案情简介]

公诉机关指控:2021年3月4日,被告人杨某(男,24岁)与雷某(女,21岁)在家乡结婚,婚后生育一子。两人先后到广东打工。2022年8月12日,杨某得知雷某与王某有不正当的男女关系,便多次劝阻并殴打雷某。2022年11月18日晚10时许,杨某到雷某工作的工厂找雷某,走到二楼阳台,发现雷某与王某很亲密地搂抱在一起,便顺手拿起一块砖头砸打王某的头部。雷某对杨某进行阻拦,杨某将雷某推开后,用打碎的砖块继续打击王某的头部,致王某倒地,王某被送医院抢救无效死亡。经法医鉴定,王某符合被钝器多次打击致颅骨骨折、严重颅脑损伤死亡。本案中,证人为法庭提供了自己所见或者自己所感知事实所作的描述性意见或专业知识意见。证人雷某的证言:"杨某突然冲到阳台,凶恶地手持一块砖头击打躺在地上的王某的头部,砖头断成两块。"证人姚某的证言:"杨某来到出租屋时,满脸都是血,喘着大气。"证人汤某等证言:"看到二楼阳台上躺着一个20多岁的男子,头部下面流了很多的血。"

［问题］

本案中可以采纳的意见证据有哪些？

［解析］

证人雷某的证言："杨某突然冲到阳台，凶恶地手持一块砖头击打躺在地上的王某的头部，砖头断成两块。"这是证人对看见被告人杨某实施犯罪时外表状况所作出的合理描述性意见，证明被告人杨某当时杀人的凶恶情形。证人姚某的证言："杨某来到出租屋时，满脸都是血，喘着大气"，这是证人对看见被告人实施犯罪后外表状况所作出的描述性意见。上述两证人的描述性意见都证明杨某在杀人过程中，手段凶狠、不计后果，在主观上有间接杀人的故意。证人汤某等证言："见到阳台上躺着一个20多岁的男子，头部下面流了很多的血。"这是证人凭借其经验或者常识对被害人的年龄、受伤的状况产生的一种推测意见，对认定王某遇害及其伤情有补强作用。法医鉴定意见证实王某符合被钝器多次打击致脑颅骨骨折、严重颅脑损伤而死亡。这是专家对被害人的死亡原因，运用特殊知识所提供的意见证据。这些专业知识，一般来说法官并不具备。如果没有专家提供的意见证据予以协助，是难以得出正确的结论。在本案中，专家作出的鉴定意见与证人雷某的证言能够相互佐证，可以推定出王某的死亡是杨某用砖头多次打击致脑颅骨骨折，严重颅脑损伤死亡。证明杨某在客观上具有间接故意杀人的行为。

以上意见证据与案件事实具有关联性，具有证明力，是可以采纳的意见证据的范围，但是，司法实践当中是否可以采纳，还要经过庭审质证或者交叉讯问的程序性保障措施，对证据进行筛选，然后再由法官根据具体案情，运用自由裁量权对证据进行综合判断最终决定。

【综合案例】

【综合案例一】

［案情简介］

2022年3月7日，甲、乙二人共同盗窃烟酒经销商梁某家的红塔山香烟，价值8000元。案发后乙逃跑。甲归案并如实供述了两人共同盗窃的犯罪事实。乙的弟弟向公安机关陈述了甲、乙两人于3月7日晚到乙家窝藏赃物红塔山香烟的经过。根据乙弟弟的陈述，公安机关查获了赃物，所获赃物同烟酒经销商梁某对丢失红塔山香烟的陈述和被告人甲的供述是相互印证的。

［问题］

1. 本案中的证据哪些属于法定证据？哪些属于直接证据？哪些属于间接证据？

2. 阐述我国刑事诉讼证明标准。

3. 本案根据所获得的证据对被告人是否可以定罪？

[思路]

1. 本案中的法定证据有:甲的供述属于犯罪嫌疑人供述和辩解;乙弟弟的陈述属于证人证言;赃物红塔山香烟是物证;工厂负责人梁某陈述为被害人陈述。

本案中的直接证据有:甲的供述、乙弟弟的证言。

本案中的间接证据有:烟酒经销商梁某对丢失红塔山香烟的陈述、物证红塔山香烟。

2. 我国刑事诉讼法中规定的证明标准是:案件事实清楚、证据确实充分。对此可以作以下理解:(1)据以定罪的证据均已查证属实;(2)案件事实均有必要的证据予以证明;(3)证据之间、证据与案件事实的矛盾得到合理的排除;(4)对案件事实的证明结论是唯一的。只有同时满足证明标准才可以定罪。本案中,根据该案中所获得的证据,满足证明标准,对被告人可以定罪。

【综合案例二】

[案情简介]

被告人甲(男,32岁)。2021年7月21日下午7时,被告人应涉案关系人乙的请求,帮乙带一包冰毒,当日晚上,甲在上海市某区某宾馆房间内,将一包冰毒交给乙。随后,乙按其与购毒人员丙的事先约定,与丙进行毒品交易。在乙将上述毒品贩卖给丙时,被公安人员当场抓获。根据乙的交代,公安人员又将甲抓获。经鉴定,涉案毒品净重37克,从中检出甲基苯丙胺成分。

本案认定案件事实的主要证据有:(1)乙的供述证实,2021年7月21日下午7时,我听到甲在电话里准备向别人购买冰毒,于是我叫他帮忙给我带一包冰毒,他答应了。7月22日2时许,甲回到房间,并将冰毒给我。甲从别人那里拿一包冰毒不会超过人民币5000元,乙以不超过人民币5500元的价格从甲那里拿一包冰毒。2021年7月22日下午5时,乙在宾馆门口以人民币6100元的价格贩卖给丙时被民警抓获。(2)证人乙男友证实,2021年7月21日晚,甲出去前问我是否需要冰毒,可以帮我带回来,我说不要。我女朋友乙听到后,说她朋友要,于是甲答应给乙带一包冰毒。(3)证人丁证实,2021年7月21日晚,我在宾馆房间内,看见甲给了乙一包东西,乙当时还问东西分量足吗?甲说,分量足的,放心!后来,乙说她朋友在宾馆下面送钱来了,她去取钱,等拿到钱再和甲结账。(4)被告人甲辩解,涉案毒品是受乙之托,在乙与"上家"联系后,代乙从"上家"处取得,不存在贩卖毒品的事实。

[问题]

运用证据规则,分析被告人甲是构成贩卖毒品罪还是构成非法持有毒品罪。

[思路]

本案考查证据规则。证据规则,指证据运用过程中应当遵守的法律准则。证据规则实际上就是对证据运用即诉讼证明活动的限制,其核心问题是规范证据的可采性,解决证据的资格问题。证据规则的主要作用在于防止主观臆断,保证证明的准确性。

本案争议的关键点在于,对于涉案关系人乙供述的不同判断将直接关系到对被告人甲定罪量刑。具体而言,被告人甲是构成贩卖毒品罪还是构成非法持有毒品罪,分歧的焦点在于对涉案关系人乙供述这一证据证明力认定的差异,即仅凭该证据是否足以认定被告人甲构成贩卖毒品罪,是否需要其他证据进行补强。

乙的供述在本质上仍然是口供。虽然口供属于直接证据,可能是案件最真实、最全面、最具体的证据材料,在刑事诉讼中具有极为重要的作用,但因口供与案件的定罪量刑之间有着直接的利害关系,因而口供也存在真实与虚假并存的显著特点。本案乙既可作出甲向其贩卖毒品的供述,也可作出甲明知其要向他人贩卖毒品的供述,同样也可以作出甲仅是帮其代购毒品的供述。如果没有其他证据补强,就承认涉案关系人供述的证明力,并以该供述作为其他被告人的定罪依据,以"口供"否定"口供",无异于以一个不确定的因素去证明另一个不确定的因素,其结论将依旧是不确定的。因此,在无法对乙的供述进行证据补强的情况下,不能以一个未经其他证据予以佐证的"口供"去推翻另一个与之内容不同的"口供",故仅凭涉案关系人乙的供述,没有其他证据补强佐证,则不能认定甲构成贩卖毒品罪。

涉案关系人乙与被告人甲的供述存在明显的出入。如果采信乙的供述,必须有其他的证据对乙供述的真实性和可靠性予以补强或者佐证,不能仅凭乙的单一"口供"去否定与之内容有明显出入的被告人甲的"口供"。本案在对乙供述的证明力无法进行证据补强的前提下,应当以非法持有毒品罪对甲定罪。

【综合案例三】

[案情简介]

被告人甲(女,34岁);自诉人吴某(女,30岁)。于2021年10月被告人甲的前夫乙与自诉人吴某相识,此后他们关系密切,这引起了甲的气愤。2022年2月21日,甲带着丙等人,来到吴某的住处,破门而入,未能捉奸,甲留有"为捉奸,气愤将门打坏"字据后离去。2月27日晚,甲再次带同伙张某、王某、李某、赵某蹲守吴某家门口,碰到吴某返家,甲便与同伙一同打吴某。甲用手将吴某的脸抓伤,吴某咬伤甲的手,吴某被打倒在地后,甲又用砖头砸吴某,被及时赶到的吴某小区保卫人员黄某制止。当晚,甲、吴某均到省人民医院治疗,吴某后来转到某市第一人民医院住院治疗两个多月。此后,双方的伤情经某市法医活体检验鉴定中心鉴定为轻伤。

上述事实有下列证据证明:

(1)吴某和甲对事情发生经过的陈述;(2)某市法医活体检验鉴定中心对吴某和甲的伤情分别作出的法医鉴定书;(3)吴某小区保卫人员黄某的妻子唐某陈述的听黄某说起关于吴某和甲在吴某小区打架的证人证言;(4)证人乙、张某、王某、李某、赵某关于吴某和甲在吴某小区互相抓打经过的证人证言(其中李某、赵某未出庭作证,只提供了书面证言)；(5)吴某出示的案发后拍摄的作为打人工具的砖头的照片；(6)某市第一人民医院为吴某出具的医药费、住院费、病情诊断书复印件。

［问题］

1. 阐述原始证据与传来证据、直接证据与间接证据的区别。

2. 根据证据分类理论分析本案中的证据。

［思路］

1. 证据根据来源、出处不同分为原始证据和传来证据。原始证据是指直接来源于案件事实的证据，也就是来自原始出处的证据，即通常所说的第一手材料。例如，证人根据他亲自看到、听到的事实所提供的证言，被害人对自己受害经过的陈述，犯罪嫌疑人、被告人对自己罪行的供认，文件的原本、物证的原物等，都是原始证据。传来证据是指从第二手以上的来源获取的证据。凡不是直接来源于案件的事实，而是通过原始证据衍生出来的证据，就叫传来证据，又称派生证据。例如，证人转述他人陈述的内容为传来证据。至于在法庭上宣读未出庭的证人的证言笔录，只要该证言为证人亲自耳闻目睹，而不是别人转告的，仍属原始证据。

根据证据与案件的主要事实的证明关系，即能不能独立地证明案件的主要事实，可以将证据分为直接证据和间接证据。案件的主要事实，是指犯罪事实是否存在，该犯罪行为是否为犯罪嫌疑人、被告人所为。直接证据或间接证据都可以是原始证据或传来证据，其划分同证据的来源、出处无关，不能把直接证据、间接证据的分类同原始、传来证据的分类相混淆。直接证据是指能够用来独立地证明案件主要事实的证据。凡是直接证明犯罪事实是否存在，以及犯罪嫌疑人、被告人是否有罪的证据，就叫作直接证据。间接证据是指不能独立地直接证明案件的主要事实，而只能证明案件事实的某种情况的证据。间接证据必须与案内的其他证据结合起来，构成一个证据体系，才能共同证明案件的主要事实，对案件的主要事实作出肯定或否定的结论。

2. 本案中，李某、黄某证言虽未亲自出庭陈述证言，但其证言是亲眼所见，从第一来源直接获得，因而不是传来证据。而砖头的照片，是通过原始证据即砖头派生出来的，因而应属传来证据。至于唐某的证言虽是转述，应属传来证据，但能独立地直接证明案件的主要事实，因此不是间接证据，而是直接证据。

【综合案例四】

［案情简介］

某一案件，在法庭审理中，审判人员审查判断本案中的证据：(1)视听资料的制作时间、地点存有异议，不能作出合理解释，也没有提供必要证明；(2)在做 DNA 检测时送检材料与比对样本属于同一个来源；(3)证人在犯罪现场听到被告人喊“打死他”的陈述；(4)犯罪嫌疑人拒绝签名、盖章而由侦查人员在笔录上注明情况的讯问笔录。

[问题]

本案中的哪些证据不能作为定案的根据?

[思路]

本案考查证据的审查判断。最高法《刑诉解释》第109条、第113条规定了两类型证据出现何种情况不能作为定案的根据。据此,本案中证据(1)中的视听资料存在该条文所列举的第2项证据瑕疵,因此本案中证据(1)不得作为定案依据,应当排除。

最高法《刑诉解释》第98条规定:"鉴定意见具有下列情形之一的,不得作为定案的根据:(一)鉴定机构不具备法定资质,或者鉴定事项超出该鉴定机构业务范围、技术条件的;(二)鉴定人不具备法定资质,不具有相关专业技术或者职称,或者违反回避规定的;(三)送检材料、样本来源不明,或者因污染不具备鉴定条件的;(四)鉴定对象与送检材料、样本不一致的;(五)鉴定程序违反规定的;(六)鉴定过程和方法不符合相关专业的规范要求的;(七)鉴定文书缺少签名、盖章的;(八)鉴定意见与案件事实没有关联的;(九)违反有关规定的其他情形。"很多人未对上述条款第4项中的"鉴定对象""送检材料"与本案中证据(2)中的"比对样本"的概念作出准确理解。在做检测时,送检材料必须是取自该案发现场的材料,即"鉴定对象与送检材料的一致性"。由此可见,在鉴定活动中,鉴定对象与送检材料必须具有一致性,而送检材料和比对样本的来源则是不一致的。据此可判断,本案中证据(2)不得作为定案依据,应当排除。

最高检《刑诉规则》第187条规定:讯问犯罪嫌疑人,应当制作讯问笔录。讯问笔录应当忠实于原话,字迹清楚,详细具体,并交犯罪嫌疑人核对。犯罪嫌疑人没有阅读能力的,应当向他宣读。如果记载有遗漏或者差错,应当补充或者改正。犯罪嫌疑人认为讯问笔录没有错误的,由犯罪嫌疑人在笔录上逐页签名、盖章或者捺指印,并在末页写明"以上笔录我看过(向我宣读过),和我说的相符",同时签名、盖章、捺指印并注明日期。如果犯罪嫌疑人拒绝签名、盖章、捺指印的,检察人员应当在笔录上注明。讯问的检察人员也应当在笔录上签名。公安部《刑诉规定》第208条第1款也有类似的规定。据此可知,当犯罪嫌疑人拒绝签名、盖章、捺指印的,可由侦查人员在笔录上注明情况。在这种情况下,相关笔录可以作为证据使用,而不应排除。所以,本案中证据(4)可以作为定案依据,不应当排除。

本案中证据(3)为证人证言,是证人对其亲身感知的案件事实情况进行陈述,可以作为定案依据,不应当排除。

▲ 资料链接

1. 陈光中主编:《刑事诉讼法》(第7版),北京大学出版社2021年版。

2. 宋英辉:《刑事诉讼法学》(第6版),中国人民大学出版社2019年版。

3. 陈卫东主编:《刑事诉讼法原理与案例教程》(第3版),中国人民大学出版社2015年版。

4. 叶青:《刑事诉讼法学》(第 4 版),上海人民出版社 2020 年版。
5. 樊崇义主编:《证据法学》,法律出版社 2017 年版。
6. 卞建林主编:《证据法学》,高等教育出版社 2002 年版。
7.《刑事诉讼法学》编写组编:《刑事诉讼法学》(第 3 版),高等教育出版社 2019 年版。
8. 余茂玉:《论量刑事实的证明责任和证明标准》,载《人民司法》2011 年第 7 期。
9. 霍海红:《证明责任配置裁量权之反思》,载《法学研究》2010 年第 1 期。

讨论思考

1. 什么是诉讼证明? 证明在诉讼中处于什么地位?
2. 刑事诉讼证明对象包括哪些方面?
3. 刑事诉讼的证明标准是什么?
4. 怎样理解审查判断证据与收集证据的关系?
5. 证据的分类与证据的种类有何区别?
6. 什么是原始证据? 什么是间接证据?
7. 什么是言词证据? 什么是实物证据?
8. 如何理解推定与司法认知?
9. 如何理解刑事诉讼证明责任的概念? 我国刑事诉讼中的证明责任是如何分配的?
10. 划分直接证据与间接证据的标准是什么? 完全依照间接证据定案应遵守哪些规则?
11. 如何理解口供补强规则、最佳证据规则、传闻证据规则、意见证据规则?
12. 划分有罪证据与无罪证据的标准是什么? 划分的意义何在?
13. 如何建立我国的非法证据排除规则?

第七章　强 制 措 施

◈ 本章提要

我国刑事诉讼中的强制措施，是指公安机关、人民检察院和人民法院在刑事诉讼过程中，为了保证刑事诉讼的顺利进行，依法对犯罪嫌疑人、被告人、现行犯和重大嫌疑分子采取的在一定期限内暂时限制或剥夺其人身自由的法定的强制方法。从性质上讲，刑事强制措施只是暂时限制或剥夺某些犯罪嫌疑人、被告人的人身自由，本身不具有实体惩罚性，不能被当作惩罚手段来使用。从目的上讲，实施强制措施是为了保证侦查、起诉和审判活动的顺利进行，防止被适用对象可能实施的自杀、逃跑、匿藏或者伪造、隐藏、毁灭证据及串供等妨碍诉讼行为的发生，因而并非对所有的犯罪嫌疑人、被告人都要适用强制措施。强制措施的采用往往涉及公民的人身自由问题，因此，公、检、法三机关在适用时，应当坚持一定的原则，以防止国家权力的滥用侵犯到公民的人身、财产权利。根据强制力度轻重程度的不同，我国《刑事诉讼法》规定的强制措施依次分为拘传、取保候审、监视居住、拘留和逮捕。每种强制措施的适用均有各自的条件和程序规定，应该严格遵守。

◉ 法考重点

强制措施的特点；强制措施的适用原则；强制措施与刑罚、行政处罚、公民扭送的区别；拘传和传唤、留置的区别；取保候审的条件及程序；监视居住的条件及程序；拘留的条件及程序；刑事拘留与行政拘留、司法拘留的区别；逮捕的条件及程序。

第一节　拘　　传

△ 知识背景

刑事诉讼中的强制措施，是指公安机关、人民检察院和人民法院为了保证刑事诉讼的顺利进行，依法对犯罪嫌疑人、被告人的人身自由进行限制或者剥夺的各种强制性方法。我国刑事诉讼中的强制措施具有的特点：(1)有权适用强制措施的主体是公安机关(包括其他侦查机关)、人民检察院和人民法院，其他任何国家机关、团体或个人都无权采取强制措施，否则即构成对公民人身权利的侵犯，严重的构成犯罪。(2)强制措施适用对象是犯罪嫌疑人、被告人,对于诉讼参与人和案外人不得采用强制措施。因此,公安司法机关在适用强制措施的过程中,要严格控制强制措施的适用对象,不得扩大其适用范围。(3)强制措施的内容是限制或者剥夺犯罪嫌疑人、被告人的人身自由,而不包括对物的强制处分和对隐私权的干预。(4)强制措施的性质是预防性措施,而不是惩戒性措施。即适用强制措施的目的是保证刑事诉讼的顺利进行,防止犯罪嫌疑人、被告人逃避侦查、起诉和审判,进行毁灭、伪造证据、继续犯罪等妨害刑事诉讼的行为。所以强制措施同刑罚和行政处罚存在本质区别。(5)强制措施是一种法定措施。我国《刑事诉讼法》对各种强制措施的适用机关、适用条件和程序都进行了严格的规定,其目的是严格控制强制措施的使用,防止出现因为滥用强制措施而产生的侵犯人权等问题。(6)强制措施是一种临时性措施,随着刑事诉讼的进程,强制措施应当根据案件的进展情况而予以变更或者解除。

适用强制措施的目的在于保障刑事诉讼的顺利进行,但在客观上会不同程度地限制甚至剥夺被适用对象的人身自由,如果适用不当,势必造成对公民合法权益的侵犯,因此,在适用强制措施时,必须坚持惩治犯罪与保障人权相结合的方针。强制措施的适用要遵循以下几个原则:一是合法性原则,即各种强制措施的适用,必须严格遵循法律规定的批准权限、适用对象、条件、程序和期限。二是必要性原则,即各种强制措施,只有在为保证刑事诉讼的顺利进行而有必要时才能采取,不得随意适用强制措施,更不能将强制措施作为一种处罚予以适用。三是相当性原则,又称比例性原则,即适用何种强制措施,要与行为人的人身危险程度和犯罪的轻重程度相适应。四是变更性原则,即任何强制措施,随着诉讼的进展和案情的变化要及时进行变更或解除。

我国刑事诉讼中的强制措施仅指对人身自由的限制性措施。我国刑事诉讼中的强制措施由拘传、取保候审、监视居住、拘留、逮捕构成。这是一个由轻到重、层次分明、结构合理、互相衔接的体系,形成了一个有机联系的整体,能够适应刑事诉讼的各种不同情况。

一、拘传的概念与特点

拘传,是指公安机关、人民检察院和人民法院对未被羁押的犯罪嫌疑人、被告人,依法强制其到案接受讯问的一种强制方法,它是我国刑事诉讼强制措施体系中强度最轻的一种。

拘传的特点是:(1)拘传的对象是未被羁押的犯罪嫌疑人、被告人。对于已经被拘留、逮捕的犯罪嫌疑人,可以直接进行讯问,不需要经过拘传程序;对于其他诉讼参与人也不能适用拘传,其中,自诉人起诉以后,经过两次依法传唤,无正当理由拒不到庭的,或者未经法庭许可中途退庭的,按撤诉处理。(2)拘传的目的是强制就讯,而不是强制待侦、待诉、待审,因此拘传没有羁押的效力,在讯问后,应当将被拘传人立即放回。

拘传不同于传唤,传唤是指人民法院、人民检察院和公安机关使用传票通知犯罪嫌疑人、被告人在指定的时间自行到指定的地点接受讯问。拘传和传唤的目的是一致的,即都是要求犯罪嫌疑人、被告人按指定的时间、到指定地点接受讯问。拘传与传唤的主要区别:(1)强制力不同。传唤是自动到案,拘传则是强制到案,拘传的强度要比传唤的强度大得多,因此拘传是一种强制措施,传唤则不是一种强制措施。(2)适用的对象不同。传唤适用于所有当事人,包括犯罪嫌疑人、被告人、自诉人、被害人、附带民事诉讼的原告人和被告人。拘传则仅适用于犯罪嫌疑人、被告人。在司法实践中,拘传一般是在传唤以后采用的,即当传唤以后,犯罪嫌疑人、被告人无正当理由而不到案时,才使用拘传。

留置盘查是公安机关的人民警察为维护社会治安,在紧急情况下采取的一种临时处置方法。其目的在于核查有关人员的身份,初步查明是否存在违法或犯罪事实。拘传与留置的主要区别:(1)性质不同。拘传是刑事诉讼中的强制措施;留置则是人民警察法规定的行政措施。(2)有权适用的机关不同。拘传可以由公安机关、人民检察院和人民法院三机关采用;留置则只有公安机关有权采用。(3)对象不同。拘传的对象是犯罪嫌疑人、被告人;留置的对象则是涉嫌违法者或犯罪嫌疑人。(4)时间不同。拘传只能在刑事诉讼过程中即立案之后采取;留置则是非刑事诉讼的行政行为。(5)期限不同。拘传的期限一般为 12 小时,特殊情况下不得超过 24 小时;留置的期限一般为 24 小时,在特殊情况下可延长至 48 小时。

在刑事诉讼中采用拘传具有以下意义:(1)可以依强制方法保证犯罪嫌疑人、被告人及时到案,接受讯问,参加诉讼活动。(2)保证刑事诉讼活动的顺利进行。根据案件情况,为了侦查、起诉和审判的需要,为了及时收集证据等,在不具备采用其他强制措施的条件下,适用拘传可以确保诉讼顺利进行。

二、拘传的程序

根据我国《刑事诉讼法》第 66 条、第 119 条的规定,以及司法实践中的一般做法,拘传应按下列程序进行:(1)由案件的经办人提出申请,填写《呈请拘传报告书》,经本部门负责人审核后,由公安局长、人民检察院检察长、人民法院院长批准,签发《拘传证》(法院称为《拘传票》)。《拘传证》上应载明被拘传人的姓名、性别、年龄、籍贯、住址、工作单位、案由、接受讯问的时间和地点,以及拘传的理由。(2)拘传应当在被拘传人所在的市、县内进行。公安机关、人民检察院或人民法院在本辖区以外拘传犯罪嫌疑人、被告人的,应当通知当地的公安机关、人民检察院或人民法院,当地的公安机关、人民检察院、人民法院应当予以协助。(3)拘传时,应当向被拘传人出示《拘传证》,并责令其在拘传证上签名、捺指印。执行拘传的侦查人员或者司法工作人员不得少于 2 人。对于抗拒拘传的,可以使用诸如警棍、警绳、手铐等戒具,强制其到案。(4)拘传后,应当对犯罪嫌疑人的人身、随身携带的物品进行安全检查,发现与案件相关的证据或者可疑物品以及可能危害人身安全的物品,应当及时向案件承办人报告。(5)犯罪嫌疑人、被告人到案后,应当责令其在《拘传证》上填写到案时间。然后应当立即进行讯问,讯问结束后,应当由其在《拘传证》上填写讯问结束时间。犯罪嫌疑人拒绝填写的,侦查人员应当在《拘传证》上注明。(6)讯问结束后,如果被拘传人符合其他强制措施,如拘留、逮捕条件的,应当依法采取其他强制措施。如果不需要采取其他强制措施的,应当将其放回,恢复其人身自由。(7)一次拘传的时间不得超过12小时,案情特别重大、复杂,需要采取拘留、逮捕措施的,拘传的持续时间不得超过24小时,不得以连续拘传的形式变相羁押犯罪嫌疑人、被告人。(8)在拘传期间,应当保证犯罪嫌疑人的饮食和必要的休息时间。根据办理案件的需要,可以对犯罪嫌疑人进行多次拘传,但是对于两次拘传之间的间隔时限问题,法律上没有作出明确规定。笔者认为,为了防止以连续拘传的方式变相羁押被拘传人,保证被拘传人有一定的正常的生活和休息时间,两次拘传之间的时间应不低于12小时。

【案例一】

[案情简介]

央视记者李敏涉嫌受贿犯罪被异地拘传案。该案经由国家监察机关移送审查起诉,犯罪嫌疑人李敏没被采取强制措施。2021年12月4日晚,山西省太原市杏花岭区检察院4名检察官着便装敲开了中央电视台法制栏目女记者李敏的家门,他们出示了拘传证以及最高检指定管辖的函件,上面写着李敏涉嫌犯罪。在当地派出所查验了山西检方的相关手续后,李敏被4名检察官带走讯问。

[问题]

1. 结合本案论述拘传的程序。

2. 本案中检察院对李敏适用的异地拘传存在哪些错误?

[解析]

1. 拘传,是指公安机关、人民检察院和人民法院对于未被羁押的犯罪嫌疑人、被告人,依法强制其到案接受讯问的一种强制方法,它是我国刑事诉讼强制措施体系中强度最轻的一种。根据《刑事诉讼法》第66条、第119条的规定,以及司法实践中的一般做法,拘传的法定程序:(1)由案件的经办人提出申请,填写《呈请拘传报告书》,经本部门负责人审核后,由公安局局长、人民检察院检察长、人民法院院长批准,签发《拘传证》(法院称为《拘传票》)。《拘传证》上应载明被拘传人的姓名、性别、年龄、籍贯、住址、工作单位、案由、接受讯问的时间和地点,以及拘传的理由。(2)拘传应当在被拘传人所在的市、县内进行。公安机关、人民检察院或人民法院在本辖区以外拘传犯罪嫌疑人、被告人的,应当通知当地的公安机关、人民检察院或人民法院,当地的公安机关、人民检察院、人民法院应当予以协助。(3)拘传时,应当向被拘传人出示《拘传证》,并责令其在拘传证上签名、捺指印。执行拘传的侦查人员或者司法工作人员不得少于2人。对于抗拒拘传的,可以使用诸如警棍、警绳、手铐等戒具,强制其到案。(4)拘传后,应当对犯罪嫌疑人的人身、随身携带的物品进行安全检查,发现与案件相关的证据或者可疑物品以及可能危害人身安全的物品，应当及时向案件承办人报告。(5)犯罪嫌疑人、被告人到案后，应当责令其在《拘传证》上填写到案时间。然后应当立即进行讯问，讯问结束后，应当由其在《拘传证》上填写讯问结束时间。犯罪嫌疑人拒绝填写的，侦查人员应当在《拘传证》上注明。(6)讯问结束后，如果被拘传人符合其他强制措施，如拘留、逮捕条件的，应当依法采取其他强制措施。如果不需要采取其他强制措施的，应当将其放回，恢复其人身自由。(7)一次拘传的时间不得超过12小时，案情特别重大、复杂，需要采取拘留、逮捕措施的，拘传的持续时间不得超过24小时，不得以连续拘传的形式变相羁押犯罪嫌疑人、被告人。(8)在拘传期间，应当保证犯罪嫌疑人的饮食和必要的休息时间。根据办理案件的需要，可以对犯罪嫌疑人进行多次拘传，但是对于两次拘传之间的间隔应当有所限制。最高检《刑诉规则》第83条第2款规定，"两次拘传间隔的时间一般不得少于十二小时"。

2. 结合李敏案来看，太原市杏花岭区人民检察院接受最高人民检察院等上级人民检察院的指定承办李敏案，没什么问题。太原市杏花岭区人民检察院前往北京对李敏适用拘传措施也属于办案的应有手段，也没问题。但是，根据《刑事诉讼法》的规定，本案适用异地拘传存在一些不妥之处：(1)按照《刑事诉讼法》的规定，异地拘传应有当地专门机关的协助，太原市杏花岭区人民检察院没有主动寻求协助，而是在北京李敏住所地派出所的被动"协助"下对李敏执行拘传，这是检察院适用异地拘传程序的一个重大错误。(2)检察院以拘传将李敏带离北京，这违背《刑事诉讼法》的规定。侦查阶段适用拘传，目的在于及时讯问拘传对象，以有利于查清案件事实，因而，强制到案及讯问是拘传构成不可分割的两个组成部分。根据《刑事诉讼法》第119条的规定，讯问应在犯罪嫌疑人所在的市、县内的地点进行，李敏不论居住或是工作的地点都在北京而非太原市。法律之所以要求异地拘传应有当地专门机关的协助，其中就有当地专门机关提供讯问场地便利的考虑。如果讯问地点在太原市杏花岭区人民检察院所在地，那只有这样一种可能，即对李敏采取拘留或逮捕等羁押措施，因为《刑事诉讼法》规定，羁押后的讯问应在看守所进行。可是，拘传并不是羁押。

【案例二】

[案情简介]

2022年3月17日，犯罪嫌疑人张某，青岛市某区人，利用自己从事刑事侦查工作的职务之便，徇私枉法被有关人员向当地人民检察院举报。经调查张某确实犯有徇私枉法行为，因此，青岛市某区人民检察院依法传唤张某到案，但张某假借身体不适拒绝到案。经区检察长签发拘传证，由该检察院工作人员执行，将犯罪嫌疑人张某拘传到案。讯问中张某在大量证据面前老实交代徇私枉法的犯罪事实。区人民法院经审理认定，被告人张某犯有徇私枉法罪，根据我国刑法的有关规定，追究张某的刑事责任。

[问题]

拘传的对象及条件是什么？

[解析]

1. 拘传的适用对象。拘传是我国刑事诉讼强制措施的一种，是指公安机关、人民检察院和人民法院强制未被羁押的犯罪嫌疑人、被告人在一定时间内到指定的地点接受审判或讯问的强制方法。我国《刑事诉讼法》第66条规定：“人民法院、人民检察院和公安机关根据案件情况，对犯罪嫌疑人、被告人可以拘传、取保候审或者监视居住。”公安部《刑诉规定》要求，公安机关根据案件情况需要拘传的犯罪嫌疑人，或者经过传唤没有正当理由不到案的犯罪嫌疑人，可以拘传到其所在市、县内的指定地点进行讯问。在司法实践中，拘传只适用于犯罪嫌疑人、被告人，包括两种情况：一是未被采取任何强制措施的；二是已被采取取保候审或监视居住的。对于未被采取任何强制措施的犯罪嫌疑人、被告人，司法机关可以径行拘传，不必以“经合法传唤无正当理由拒不到案受审”为前提。对于已被采取了取保候审、监视居住的犯罪嫌疑人、被告人，如需要他们在指定时间内到指定地点接受审讯，从道理上讲，应当先传唤，只有经合法传唤无正当理由拒不到案受审，才可以拘传。已被羁押的犯罪嫌疑人、被告人，已处于司法机关的控制下，无须再采用拘传的方法即可使他们到指定地点接受审讯。在司法实践中，对被害人、证人等其他诉讼参与人不能适用拘传，对于实践中出现的有证人拒不出庭作证，司法人员应当对其说服教育，使其自愿作证。经教育仍不愿到庭作证的，也不能对其采取拘传，强迫他作证。根据上述法律和司法解释的规定，拘传的适用对象是未被羁押的犯罪嫌疑人、被告人。

2. 拘传的适用条件法律并无强制性规定，有人认为拘传的前提条件应当是经过合法传唤，无正当理由拒不到案，但从上述法律规定来看，适用拘传并没有这一前提性条件的要求。所以，公安司法机关在未经传唤的情况下直接适用拘传并不违法。在实践中，实行传唤还是直接适用拘传，由公、检、法机关根据案件的具体情况而定。具体到本案中，犯罪嫌疑人在人民检察院传唤时，假借身体不适拒绝到案，检察机关遂决定对其适用拘传措施，以保证侦查及诉讼程序能够顺利进行。本案检察机关对被告人张某适用拘传措施是正确、合法的。

第二节　取保候审

▲ 知识背景

一、取保候审的概念和种类

取保候审，是指在刑事诉讼过程中，公安机关、人民检察院、人民法院责令犯罪嫌疑人、被告人提出保证人或者交纳保证金，保证犯罪嫌疑人、被告人不逃避或妨碍侦查、起诉和审判，并随传随到的一种强制方法。我国《刑事诉讼法》规定了两种取保候审方式：一种是保证人保证方式；另一种是保证金保证方式。保证人保证的特点是以保证人的信誉来保证，不涉及金钱：一方面，可以通过保证人和犯罪嫌疑人、被告人之间的关系，对犯罪嫌疑人、被告人实行精神上和心理上的强制，使其不致逃避或妨碍侦查、起诉和审判；另一方面，可以利用保证人监督犯罪嫌疑人、被告人的活动，监督、教育犯罪嫌疑人、被告人遵纪守法，履行应当履行的诉讼义务。保证金保证的特点是，利用经济利益来督促犯罪嫌疑人、被告人遵守取保候审的规定；出资人不是犯罪嫌疑人、被告人本人的，可以促使出资人对被取保候审的犯罪嫌疑人、被告人实行有效的监督，从而保证被取保候审的犯罪嫌疑人、被告人自觉地履行自己在刑事诉讼中的义务。

根据《刑事诉讼法》第 68 条的规定，保证人保证和保证金保证是选择关系，这两种方式只能根据案件的具体情况，例如，涉嫌犯罪或被指控犯罪的性质，保证人的条件，犯罪嫌疑人、被告人的经济状况等因素，来决定择其一而用之，而不能同时使用。此外，在司法实践中，对于未成年人和无力交纳保证金者，一般应采取保证人保证的方式。

二、取保候审的适用对象

取保候审，只是限制而不剥夺犯罪嫌疑人、被告人的人身自由，是一种强度较轻的强制措施。根据《刑事诉讼法》第 67 条的规定，取保候审适用于下列情形：

1. 可能判处管制、拘役或者独立适用附加刑的。这是取保候审中最常见的，由于可能判处的刑罚较轻，犯罪嫌疑人、被告人逃避侦查和审判的可能性就比较小，因而没有必要采取拘留、逮捕的方法羁押犯罪嫌疑人、被告人。

2. 可能判有期徒刑以上刑罚，采取取保候审不致发生社会危险性的。这种情况在实践中要结合案件的具体情况来考虑，一般多适用于有可能判处缓刑的犯罪嫌疑人、被告人，以及初犯、过失犯、未成年人犯罪等案件的犯罪嫌疑人、被告人。对于累犯、犯罪集团的主犯，以自伤、自残办法逃避侦查的犯罪嫌疑人、被告人，危害国家安全的犯罪、暴力犯罪以及其他严重犯罪的犯罪嫌疑人、被告人，一般不考虑适用取保候审。

3. 患有严重疾病、生活不能自理，怀孕或者正在哺乳自己婴儿的妇女，采取取保候审不致发生社会危险性的。这种情况主要是基于人道主义考虑，同时，在这几种情况下，犯罪嫌疑人、被告人逃避侦查和审判的可能性也比较小。

4. 羁押期限届满，案件尚未办结，需要采取取保候审的。这种情况下主要是为了严格执行羁押期间制度，避免超期羁押。

【案例一】

［案情简介］

司法工作人员甲涉嫌报复陷害申诉人乙，侦查机关因甲可能毁灭证据将其拘留。在拘留期限即将届满时，因逮捕甲的证据尚不充足，侦查机关责令其交纳 2 万元保证金取保候审。侦查机关对犯罪嫌疑人甲采取取保候审的处理:(1)取保候审由本案侦查机关执行;(2)如甲表示无力全额交纳保证金,可降低保证金数额,司时责令其提出保证人;(3)可要求甲在取保候审期间不得进入乙某居住的小区;(4)应要求甲在取保候审期间不得变更住址。

[问题]

本案中侦查机关对甲采取取保候审的以上处理是否正确?

[解析]

本案考查取保候审。侦查机关对甲采取取保候审的处理(1),是考查取保候审的执行机关与报复陷害案件的侦查机关。从取保候审的执行机关角度来看,《刑事诉讼法》第67条第2款规定:"取保候审由公安机关执行。"本案中,甲涉嫌报复陷害罪,根据《刑法》第254条的规定,报复陷害罪的实施主体是国家机关工作人员,又根据《刑事诉讼法》第19条第2款的规定,本案中甲某是司法工作人员,其利用职权实施的报复陷害案件则属于检察院直接侦查的案件,取保候审的执行机关为公安机关,并非本案的侦查机关。所以,侦查机关对甲某采取取保候审的处理(1)错误。

侦查机关对甲某采取取保候审的处理(2)是考查取保候审的保证方式。根据《刑诉解释》第150条第2款规定:"对被告人决定取保候审的,应当责令其提出保证人或者交纳保证金,不得同时使用保证人保证与保证金保证。"如甲表示无力全额交纳保证金,不能同时使用保证人与保证金两种保证方式,侦查机关对甲某采取取保候审的处理(2)错误。对于不能全额缴纳保证金的情形,应当按照《刑诉解释》第151条的规定,即"对下列被告人决定取保候审的,可以责令其提出一至二名保证人:(一)无力交纳保证金的……"责令甲提出保证人。

侦查机关对甲采取取保候审的处理(3)和(4),是考查被取保候审人的义务。《刑事诉讼法》第71条第2款规定:"人民法院、人民检察院和公安机关可以根据案件情况,责令被取保候审的犯罪嫌疑人、被告人遵守以下一项或者多项规定:(一)不得进入特定的场所……"本案中,根据案件情况,可以要求甲在取保候审期间不得进入乙居住的小区,所以,侦查机关对甲采取取保候审的处理(3)正确。

《刑事诉讼法》第71条第1款规定:"被取保候审的犯罪嫌疑人、被告人应当遵守以下规定:(一)未经执行机关批准不得离开所居住的市、县;(二)住址、工作单位和联系方式发生变动的,在二十四小时以内向执行机关报告……"根据该规定可以得出,被取保候审人在取保候审期间并非不可以变更住址,而是应当在住址发生变动时,及时向执行机关报告,据此,侦查机关对甲采取取保候审的处理(4)错误。

【案例二】

[案情简介]

犯罪嫌疑人黄某,某公司经理。2022年7月13日,黄某利用其担任某公司经理的职务之便,以公司名义从银行贷款8万元,8月14日又从该公司账上取款5万元,共计人民币13万元,用于家庭购买汽车。其挪用公款的行为被单位有关人员发现后,检举到区监察机关。监察机关调查终结后移送到区检察院。A区检察院在审查起诉期间传讯了犯罪嫌疑人黄某。黄某彻底坦白了自己的犯罪事实,认罪态度较好。同时,黄某在案发后,积极筹措现金13万元,归还给公司。A区人民检察院根据黄某的罪行及案发后的表现,决定对黄某采取取保候审的强制措施,并由黄某的家属出具保证书,保证黄某在取保候审期间不得逃避侦查和审判。

[问题]

1. 取保候审适用的对象是什么?

2. 被取保候审人在取保候审期间应遵守哪些规定?

3. 取保候审的法定期间是什么?

[解析]

1. 本案涉及的主要问题为取保候审的适用对象问题。根据我国《刑事诉讼法》第67条的规定,取保候审的对象为符合法定情形的犯罪嫌疑人、被告人:(1)可能判处管制、拘役或者独立适用附加刑的;(2)可能判处有期徒刑以上刑罚,采取取保候审不致发生社会危险性的;(3)应当逮捕,但患有严重疾病,不宜羁押的;(4)应当依法逮捕,但正在怀孕或者哺乳自己婴儿的;(5)对已被依法拘留的犯罪嫌疑人,经过讯问、审查,认为需要逮捕但证据不足的;(6)已被逮捕羁押的犯罪嫌疑人、被告人,在法定的侦查、起诉、一审、二审期限内不能结案,采取取保候审没有社会危害性的。另外,根据最高检《刑诉规则》的规定,对持有效护照或者其他有效出境证件,可能出境逃避侦查,但不需要逮捕的犯罪嫌疑人,可以取保候审。根据公安部《刑诉规定》的规定,对提请逮捕后,检察机关不批准逮捕,需要复议、复核的;移交起诉后,检察机关决定不起诉,需要复议、复核的案件的犯罪嫌疑人,可以取保候审。

本案犯罪嫌疑人黄某实施了挪用公款行为,根据其犯罪情节以及刑法的相关规定可以判断被告人黄某可能会被判处有期徒刑以上刑罚,但黄某认罪态度较好,对其采取取保候审的强制措施可以保障诉讼顺利进行,不致发生社会危险性。这符合适用取保候审措施的第二种情况,因此A区人民检察院对黄某决定采取取保候审措施是正确的。

2. 本案主要涉及被取保候审的犯罪嫌疑人、被告人在取保候审期间应遵守哪些法律规定以及违反这些规定应承担何种法律后果等问题。根据我国《刑事诉讼法》第71条的规定,被取保候审的犯罪嫌疑人、被告人,在取保候审期间,应当遵守以下规定:(1)未经执行机关批准不得离开所居住的市、县;(2)在传讯的时候及时到案;(3)不得以任何形式干扰证人作证;(4)不得伪造、毁灭证据或者串供。被取保候审的犯罪嫌疑人违反前款规定,已交纳保证金的,没收保证金,并区别情形,责令犯罪嫌疑人、被告人具结悔过,重新交纳保证金、提出保证人或者监视居住、予以逮捕。

3. 我国《刑事诉讼法》第 79 条规定:"人民法院、人民检察院和公安机关对犯罪嫌疑人、被告人取保候审最长不得超过十二个月,监视居住最长不得超过六个月。在取保候审、监视居住期间,不得中断对案件的侦查、起诉和审理。对于发现不应当追究刑事责任或者取保候审、监视居住期限届满的,应当及时解除取保候审、监视居住。解除取保候审、监视居住,应当及时通知被取保候审、视居住人和有关单位。"根据上述规定,取保候审最长期限为 12 个月,期限届满,公、检、法机关应当解除取保候审措施。但是由于此条规定并未明确 12 个月的期限是公、检、法机关共同适用还是分别适用,所以在三机关各自的司法解释中均将此期限解释为在诉讼的不同阶段各自采取取保候审最长不得超过 12 个月,如此一来,取保候审的最长期限变成了 3 年。为了从有利于被告的基本原则出发,《刑事诉讼法》第 79 条规定的期限应当解释为公、检、法三机关在整个刑事诉讼过程中对犯罪嫌疑人、被告人采取取保候审的期限合计不得超过 12 个月。

第三节 监 视 居 住

△ 知识背景

一、监视居住的概念和性质

监视居住,是指人民法院、人民检察院、公安机关在刑事诉讼过程中对犯罪嫌疑人、被告人采用的,命令其不得擅自离开住处,无固定住处不得擅自离开指定的居所,并对其活动予以监视和控制的一种强制方法。我国《刑事诉讼法》第 66 条、第 74 ~ 79 条,"六部门"《关于实施刑事诉讼法若干问题的规定》(以下简称"六部门"《规定》)第 13 条、第 15 条、第 40 条,最高法《刑诉解释》第 147 条、第 160 ~ 162 条,最高检《刑诉规则》第 107 ~ 120 条,以及公安部《刑诉规定》第 105 ~ 119 条,对监视居住进行了全面规定。

根据我国《刑事诉讼法》第 74 条的规定,监视居住主要是对符合逮捕条件,但具有某些特定情形下采用的,对于符合取保候审的条件,在满足特定条件情况下,也可以采用。从该条规定的精神实质来看,监视居住是逮捕的替代性措施,主要目的在于降低羁押率,是在强制措施问题上贯彻比例原则的重要体现。

二、监视居住的适用对象

根据我国《刑事诉讼法》第 74 条第 1 款的规定,人民法院、人民检察院和公安机关对符合逮捕条件,有下列情形之一的犯罪嫌疑人、被告人,可以监视居住:(1)患有严重疾病、生活不能自理的;(2)怀孕或者正在哺乳自己婴儿的妇女;(3)系生活不能自理的人的唯一扶养人;(4)因为案件的特殊情况或者办理案件的需要,采取监视居住更为适宜的;(5)羁押期限届满,案件尚未办结,需要采取监视居住措施的。根据我国《刑事诉讼法》第 74 条第 2 款的规定，对符合取保候审条件，但犯罪嫌疑人、被告人不能提出保证人，也不交纳保证金的，可以监视居住。

三、监视居住的适用程序

人民法院、人民检察院和公安机关对犯罪嫌疑人、被告人采取监视居住，应当由办案人员提出《监视居住意见书》，经办案部门负责人审核后，由公安局局长、人民检察院检察长、人民法院院长批准，制作《监视居住决定书》和《执行监视居住通知书》。

监视居住由公安机关执行。公安机关开始执行监视居住，应当告知被监视居住人应当遵守的法律规定以及违反法律规定应负的法律责任。对于人民法院和人民检察院决定的监视居住，作出决定的人民法院或者人民检察院向被告人、犯罪嫌疑人宣布监视居住决定后，应当将监视居住决定书等相关材料送交犯罪嫌疑人、被告人住处或者指定居所所在地的同级公安机关执行。

四、监视居住的场所

根据我国《刑事诉讼法》第 75 条第 1 款的规定，监视居住应当在犯罪嫌疑人、被告人的住处执行；无固定住处的，可以在指定的居所执行。对于涉嫌危害国家安全犯罪、恐怖活动犯罪、特别重大贿赂犯罪，在住处执行可能有碍侦查的，经上一级人民检察院或者公安机关批准，也可以在指定的居所执行。在一般情况下，监视居住的场所只能在其住处，不在其住处执行的唯一理由是其无固定住处，而不得以有碍侦查作为改变住处监视的理由。对于上述三类特定案件，在侦查和起诉阶段，经上一级人民检察院或者公安机关批准，才可以有碍侦查为理由，在指定的居所进行。对于这三类特定案件指定居所的监视居住，在程序上控制很严：(1)在适用范围上仅限于这三类案件，不得作任何扩张解释；(2)在适用主体上，只能是人民检察院和公安机关，人民法院不得适用；(3)在适用理由上，只能是在住处监视居住有碍侦查；(4)在批准权限上应当经上一级人民检察院或者公安机关批准。

【案例一】

[案情简介]

犯罪嫌疑人王某、李某、赵某抢劫案。陕西省某市公安机关接到报案后，立即立案侦查，经调查确认：本案中，被告人王某正在哺乳自己婴儿；被告人李某系生活不能自理的人的唯一扶养人；被告人赵某是聋哑人。

[问题]

在符合逮捕条件情况下，本案中哪些人员可以适用监视居住措施？

[解析]

本案考查监视居住的适用对象。根据《刑事诉讼法》第 74 条第 1 款和第 2 款的规定："人民法院、人民检察院和公安机关对符合逮捕条件，有下列情形之一的犯罪嫌疑人、被告人，可以监视居住：(一)患有严重疾病、生活不能自理的；(二)怀孕或者正在哺乳自己婴儿的妇女;(三)系生活不能自理的人的唯一扶养人;(四)因为案件的特殊情况或者办理案件的需要,采取监视居住措施更为适宜的;(五)羁押期限届满,案件尚未办结,需要采取监视居住措施的。对符合取保候审条件,但犯罪嫌疑人、被告人不能提出保证人,也不交纳保证金的,可以监视居住。"监视居住的适用对象大体可以分为两类:一类为符合逮捕条件且满足五种情形之一的;另一类为符合取保候审条件但是提不出保证人也不交纳保证金的。所以本案中,王某正在哺乳自己婴儿;李某系生活不能自理的人的唯一扶养人,这两种情形的犯罪嫌疑人、被告人,可以适用监视居住措施。

【案例二】

[案情简介]

犯罪嫌疑人韩青为某县汽车解体厂推销业务员。2019 年至 2022 年期间多次利用职务上的便利先后将解体旧车外卖,从中牟利近 8 万元。县人民检察院接到有关人员举报之后即对此案进行立案侦查,并对犯罪嫌疑人韩青进行了讯问。韩青被传唤到案之后认罪态度较好,主动交代了自己所犯罪行,并且还揭发了其他有关人员的犯罪事实,使得司法机关及时掌握了有关犯罪线索。鉴于韩青的上述表现,县人民检察院决定对其采取监视居住的强制措施,并向韩青宣布了这一决定,同时通知其所在地的公安机关予以执行。韩青所在地的公安派出所委托其所在单位对韩青协助执行监视居住。韩青所在的汽车解体厂接受委托之后,即将韩青关在本单位一间约 40 平方米的房间内,由保卫负责监护,每日三餐由家里人送给,后来又将韩青转而关到食堂楼梯下高只有 1 米,面积约为 3 平方米的楼梯间内,直到县人民法院二审判决韩青有期徒刑 3 年缓刑 3 年之后,韩青才得以从单位的楼梯间内放出。

[问题]

1. 监视居住的执行方法是什么?

2. 被监视居住人在监视居住期间应遵守哪些规定?

[解析]

1. 为防止将监视居住变成一种变相的羁押,公安部《刑诉规定》第 112 条对"固定住处"和"指定的居所"进行了解释,根据本条规定,固定住处是指犯罪嫌疑人在办案机关所在的县、市内生活的合法住处;指定的居所是指公安机关根据案件情况,在办案机关所在市、县内为犯罪嫌疑人指定的生活场所。本条第 2 款还规定:"公安机关不得在羁押场所、专门的办案场所或者办公场所执行监视居住。"根据上述法律和司法解释的基本精神,被采取监视居住措施的犯罪嫌疑人、被告人在有住所的时候,不应被另行指定居所,执行机关也不应在其房间内派人看守,使其失去人身自由。所以,本案执行机关对犯罪嫌疑人执行监视居住措施的方法是错误的,其严重侵害了犯罪嫌疑人的人身权利。

2. 本案涉及监视居住的适用对象、决定机关、执行机关等各方面问题，但主要讨论的则是监视居住的执行方法问题。根据《刑事诉讼法》的规定，监视居住是指公安机关、人民检察院、人民法院责令犯罪嫌疑人、被告人在一定期限内未经批准不得离开住处或者指定居所，并对其行动加以限制的一种强制方法。监视居住是限制犯罪嫌疑人、被告人人身自由的一种强制措施，而非剥夺人身自由。《刑事诉讼法》第77条规定："被监视居住的犯罪嫌疑人、被告人应当遵守下列规定：（一）未经执行机关批准不得离开执行监视居住的处所；（二）未经执行机关批准不得会见他人或者通信；（三）在传讯的时候及时到案；（四）不得以任何形式干扰证人作证；（五）不得毁灭、伪造证据或者串供；（六）将护照等出入境证件、身份证件、驾驶证件交执行机关保存。"被监视居住的犯罪嫌疑人、被告人违反前两款规定，情节严重的，可以予以逮捕；需要予以逮捕的，可以对犯罪嫌疑人、被告人先行拘留。

第四节 拘　　留

△ 知识背景

一、拘留的概念和特点

拘留，是指公安机关、人民检察院在侦查过程中，在紧急情况下，依法临时剥夺某些现行犯或者重大嫌疑分子的人身自由的一种强制措施。我国《刑事诉讼法》第71条、第77条、第82条、第83条、第85条、第86条、第91条、第92条、第115条、第165条、第166条、第167条，"六部门"《规定》第16条，最高检《刑诉规则》第121～127条，以及公安部《刑诉规定》第124～132条，对拘留进行了全面规定。

在我国法律体系中，除了刑事拘留以外，还有行政拘留和民事拘留。行政拘留是根据《治安管理处罚法》而对特定违法人员给予的行政处罚；民事拘留，又称为司法拘留，则是针对诉讼（包括民事诉讼和刑事诉讼）过程中严重违反法庭秩序的诉讼参与人而给予的惩戒性措施。这三种拘留在法律性质、使用的机关、适用对象和条件、适用的期限上都不同，不能混用。

刑事强制措施的拘留，具有以下几个特点：第一，有权决定采用拘留的机关一般是公安机关。人民检察院在自侦案件中，对于犯罪后企图自杀、逃跑或者在逃的以及有毁灭、伪造证据或者串供可能的犯罪嫌疑人也有权决定拘留，人民法院则无权决定拘留。不管是公安机关决定的拘留，还是人民检察院决定的拘留，都一律由公安机关执行。第二，拘留是在紧急情况下采用的一种处置办法。只有在紧急情况下，来不及办理逮捕手续而又需要马上剥夺现行犯或者重大嫌疑分子的人身自由的，才能采取拘留；如果没有紧急情况，公安机关、人民检察院有时间办理逮捕的手续，就不必先行拘留。第三，拘留是一种临时性措施。因此，拘留的期限较短，随着诉讼的进程，拘留一定要发生变更,或者转为逮捕,或者转为取保候审或监视居住,或者释放被拘留的人。

二、拘留的条件

刑事拘留必须同时具备两个条件:一是拘留的对象是现行犯或者是重大嫌疑分子。现行犯是指正在进行犯罪的人,重大嫌疑分子是指有证据证明具有重大犯罪嫌疑的人。二是具有法定的紧急情形之一。对于何为紧急情形,我国《刑事诉讼法》第 82 条和第 165 条对于公安机关的拘留和人民检察院的拘留作出了不同的规定。

根据我国《刑事诉讼法》第 82 条的规定,公安机关对于具备下列紧急情形之一的,可以先行拘留:(1)正在预备犯罪、实行犯罪或者在犯罪后即时被发觉的。所谓预备犯罪,是指为了犯罪准备工具,制造条件的。所谓实行犯罪,是指正在进行犯罪的活动。应当有一定的证据证明现行犯、重大嫌疑分子正在预备犯罪、实施犯罪,或者犯罪后立刻被发觉。(2)被害人或者在场亲眼看见的人指认他犯罪的。即遭受犯罪行为直接侵害的人或者在犯罪现场亲眼看到犯罪活动的人指认某人是犯罪嫌疑人。(3)在身边或者住处发现有犯罪证据的。所谓身边,是指其身体、衣服、随身携带的物品等。所谓住处,包括永久性住处和临时居所、办公地点等。(4)犯罪后企图自杀、逃跑或者在逃的。犯罪后有一定证据证明其有自杀、逃跑的企图或迹象,或者犯罪后已经逃跑的。(5)有毁灭、伪造证据或者串供可能的。(6)不讲真实姓名、住址、身份不明的。指其本人拒不说明其姓名、住址、职业等基本情况的。(7)有流窜作案、多次作案、结伙作案重大嫌疑的。根据我国《刑事诉讼法》第 165 条的规定,人民检察院在直接受理的案件的侦查过程中,对于具备上述第(4)种和第(5)种情形的,有权决定拘留犯罪嫌疑人。

【案例一】

[案情简介]

张三涉嫌黑社会性质组织犯罪,2022 年 5 月 9 日下午 9 时,被刑事拘留。在张三被刑事拘留期间,侦查机关对张三的处置如下:(1)张三于 5 月 10 日晚 9 时前被送至看守所羁押;(2)张三涉嫌黑社会性质组织犯罪,因考虑通知家属有碍进一步侦查,决定暂不通知;(3)张三在 5 月 10 日被送至看守所之前,公安机关对其进行了讯问;(4)讯问后,发现张三依法需要逮捕,5 月 12 日提请检察院审批。

[问题]

在张三被刑事拘留期间,侦查机关对张三的以上处置是否合法?

[解析]

根据《刑事诉讼法》第 85 条第 2 款的规定:"拘留后,应当立即将被拘留人送看守所羁押,至迟不得超过二十四小时。除无法通知或者涉嫌危害国家安全犯罪、恐怖活动犯罪通知可能有碍侦查的情形以外,应当在拘留后二十四小时以内,通知被拘留人的家属。有碍侦查的情形消失以后,应当立即通知被拘留人的家属。"在对张三进行拘留后,至迟应当在拘留后的 24 小时内将张三送至看守所羁押,也即在 5 月 10 日下午 9

时前。据上可知，侦查机关对张三的处置（1）合法。

根据《刑事诉讼法》第86条的规定："公安机关对被拘留的人，应当在拘留后的二十四小时以内进行讯问。在发现不应当拘留的时候，必须立即释放，发给释放证明。"侦查机关对张三的处置（3）合法。根据《刑事诉讼法》第91条第1款的规定："公安机关对被拘留的人，认为需要逮捕的，应当在拘留后的三日以内，提请人民检察院审查批准。在特殊情况下，提请审查批准的时间可以延长一日至四日。"若公安机关认为需要对张三进行逮捕的，应当在拘留后的3日以内提请检察机关审查批准。根据《刑事诉讼法》第105条第2款的规定："期间开始的时和日不算在期间以内。"所以，5月9日公安机关对张三拘留后，应当在拘留后的3日以内，也即5月12日（含12日）之前提请检察机关审批。据上可知，侦查机关对张三的处置（4）合法。

拘留后可以不通知被拘留人的家属的情形有两类：一类是无法通知的情形；另一类是涉嫌危害国家安全犯罪、恐怖活动犯罪通知可能有碍侦查的情形。本案中，张三涉嫌黑社会性质组织犯罪，并不属于法律规定的涉嫌国家安全犯罪或者恐怖活动犯罪通知可能有碍侦查的情形，所以应当通知张三的家属。因此，侦查机关对张三的处置（2）是违法的。

【案例二】

[案情简介]

李四（男，39岁），原系A县农民。李四一贯不务正业，偷窃已成恶习，经常窜到城市进行盗窃，因盗窃罪曾被判处有期徒刑7年，刑满释放后，仍不悔改，多次流窜到上海、广州进行盗窃。2022年9月底，李四再次流窜至广州，于2022年10月11日，在火车站附近，盗窃旅客唐某旅行包一个，内有现金3000元及手机一部等。当李四又在公共汽车上行窃时，被便衣警察抓获。经讯问，李四没有讲真实姓名，他借口因到广州办事钱被偷，没法回家被逼才作案。经公安机关了解，李四没讲真实情况，而且李四有流窜作案的重大嫌疑，于是决定对其采取刑事拘留。

[问题]

本案中公安机关对李四拘留的根据是什么？

[解析]

本案考查刑事拘留的适用条件。刑事拘留是刑事诉讼强制措施的一种，是指公安机关、人民检察院对于现行犯或重大犯罪嫌疑分子，在遇到法定的紧急情况下依法采取的临时剥夺人身自由的一种强制措施。根据《刑事诉讼法》第82条的规定，对于有下列情形之一的，可以先行拘留：（1）正在预备犯罪、实行犯罪或者在犯罪后即时被发觉的；（2）被害人或者在场亲眼看见的人指认他犯罪的；（3）在身边或者住处发现有犯罪证据的；（4）犯罪后企图自杀、逃跑或者在逃的；（5）有毁灭、伪造证据或者串供可能的；（6）不讲真实姓名、住址，身份不明的；（7）有流窜作案、多次作案、结伙作案重大嫌疑的。本案中刘某流窜作案，不讲真实姓名，作案时被公安人员当场抓获，所以公安机关对其进行拘留是符合法律规定的。

刑事拘留权主要是由公安机关来行使，但根据司法实践的需要，我国《刑事诉讼法》第165条规定："人民检察院直接受理的案件中符合本法第八十一条、第八十二条第四项、第五项规定情形，需要逮捕、拘留犯罪嫌疑人的，由人民检察院作出决定，由公安机关执行。"人民检察院应制作拘留决定书，送达公安机关，由公安机关负责人签发拘留证，并派员执行拘留，拘留的执行权是由公安机关统一行使的。

【案例三】

［案情简介］

犯罪嫌疑人司某（男，21岁），A市某区人。被害人李某、张某、宗谋是女青年。2022年3月至4月，A市连续有3名女青年被强奸。2022年4月21日当地公安机关接到报案，立即立案侦查，公安机关在案发地附近查找可疑分子。根据被害人的陈述和群众揭发，某公司工人司某与犯罪分子特征相似，侦查人员拿该公司集体照让被害人辨认，她们分别指认司某是强奸犯。为取得证据，公安人员到司某所住的集体宿舍检查，发现司某作案时穿的衣服放在床下，裤子上还留有泥土痕迹，床被褥下还藏着一把三棱刀。经化验，裤子上、三棱刀上所沾泥土和犯罪现场泥土成分完全一致。于是公安机关作出决定将司某拘留。2022年5月7日，司某在其住所地被拘留。执行拘留时公安人员未携带拘留证，司某被拘留后，公安机关忙于处理另一起重大案件，对司某没进行及时询问。司某在拘留所呆了2个月，也未通知其亲属或所在单位。后来司某的姐姐通过其他途径得知其下落时，遂要求公安机关立即释放司某。但公安机关以案件尚未查清为由拒绝释放司某。

［问题］

1. 阐述拘留的适用对象、拘留的法定程序、拘留的法定期限？

2. 分析本案关于拘留存在的违法之处？

［解析］

1. 我国《刑事诉讼法》第82条规定："公安机关对于现行犯或者重大嫌疑分子，如果有下列情形之一的，可以先行拘留：（一）正在预备犯罪、实行犯罪或者在犯罪后即时被发觉的；（二）被害人或在场亲眼看见的人指认他犯罪的；（三）在身边或者住处发现有犯罪证据的；（四）犯罪后企图自杀、逃跑或者在逃的；（五）有毁灭、伪造证据或者串供可能的；（六）不讲真实姓名、住址、身份不明的；（七）有流窜作案、多次作案、结伙作案重大嫌疑的。"

根据我国《刑事诉讼法》第85条的规定，公安机关执行拘留时，必须出示拘留证。决定拘留的机关在拘留后，除无法通知或者涉嫌危害国家安全犯罪、恐怖活动犯罪通知可能有碍侦查的情形以外，应当在拘留后24小时以内，通知被拘留人的家属。《刑事诉讼法》第86条规定:“公安机关对被拘留的人,应当在拘留的二十四小时以内进行讯问。在发现不应当拘留的时候,必须立即释放,发给释放证明。”

根据《刑事诉讼法》第91条的规定,公安机关对被拘留的犯罪嫌疑人,拘留的期限可以分为以下三种情形:一是对被拘留的犯罪嫌疑人认为需要逮捕的,应当在拘留后的3日之内,提请人民检察院审查批准逮捕,人民检察院应当自接到公安机关提请批准逮捕书后的7日内做出批准逮捕或者不批准逮捕的决定。在这种情形下的拘留期限为10天。二是在特殊情况下,提起审查批捕的时间可以延长1~4日,加上检察机关审查批捕的7天,拘留的最长期限是14天。三是对流窜作案、多次作案、结伙作案的重大嫌疑分子,提请批捕的时间可以延长至30日,加上检察机关审查批捕的7天,拘留的最长期限为37天。根据《刑事诉讼法》第99条规定的精神,拘留如果超出了法定的羁押期限,被拘留人及其法定代理人、近亲属、被拘留的犯罪嫌疑人所委托的律师,有权要求解除拘留,释放被拘留人。

2. 根据上述一系列法律规定,本案拘留存在以下违法之处:(1)公安机关在执行拘留时,未携带《拘留证》,未向犯罪嫌疑人司某出示拘留证;(2)公安机关拘留司某之后,未将拘留的原因和处所通知其家属或所在单位;(3)公安机关拘留司某后,未对其在法定期间内进行讯问,也未采取任何变更措施或者向检察机关申请批捕,而是将其关押起来;(4)公安机关拘留司某的期限远远超出法定期限;(5)司某的姐姐在得知其被拘留后,有权利要求解除超过期限的拘留措施,公安机关却无正当理由予以拒绝。

第五节 逮　　捕

△ 知识背景

一、逮捕的概念和意义

逮捕,是指公安机关、人民检察院和人民法院,为防止犯罪嫌疑人或者被告人逃避侦查、起诉和审判,进行妨碍刑事诉讼的行为,或者发生社会危险性,而依法剥夺其人身自由,予以羁押的一种强制措施。逮捕是刑事诉讼强制措施中最严厉的一种,它不仅剥夺了犯罪嫌疑人、被告人的人身自由,而且逮捕后除发现不应当追究刑事责任和符合变更强制措施的条件以外,对被逮捕人的羁押期间一般要到人民法院判决生效为止。正确、及时地使用逮捕措施,可以发挥其打击犯罪、维护社会秩序的重要作用,有效地防止犯罪嫌疑人或者被告人串供、毁灭或者伪造证据、自杀、逃跑或继续犯罪,有助于全面收集证据、查明案情、证实犯罪,保证侦查、起诉、审判活动的顺利进行。所以逮捕是同犯罪作斗争的重要手段。但是如果用得不好,错捕滥捕,就会伤害无辜,侵犯公民的人身权利和民主权利,破坏社会主义法制的尊严和权威,损害公安司法机关的威信。因此,必须坚持“少捕”和“慎捕”的刑事政策,切实做到不枉不纵,既不能该捕不捕，也不能以捕代侦，任意逮捕。对无罪而错捕的，要依照《国家赔偿法》的规定对受害人予以赔偿。根据我国《宪法》第37条和《刑事诉讼法》第80条的规定，逮捕犯罪嫌疑人、被告人，必须经过人民检察院批准或者人民法院决定，由公安机关进行。由此可见，在我国刑事诉讼中，逮捕的批准或者决定权与执行权是分离的，这主要是为了发挥公安司法机关之间的相互制约和监督，保证逮捕的质量，防止出现错捕、滥捕等侵犯公民人身权利的现象。

二、逮捕的条件

根据我国《刑事诉讼法》第81条的规定，逮捕需要具备三个条件：一是证据条件；二是罪责条件；三是社会危险性条件。逮捕犯罪嫌疑人、被告人的这三个条件相互联系、缺一不可。犯罪嫌疑人、被告人只有同时具备这三个条件，才能对其逮捕。只有严格掌握逮捕条件，才能够防止错捕和滥捕现象的发生。

【案例一】

[案情简介]

犯罪嫌疑人罗某（女，27岁）、杨某（男，25岁），他们都是某县农民。2022年6月至9月间，罗某与杨某对被害人张某实施敲诈勒索，共得赃款人民币7000元，其中罗某分得赃款人民币4000元，杨某分得赃款人民币3000元。犯罪嫌疑人罗某、杨某被公安机关抓获之后，经检查，罗某已怀有5个月身孕，予以取保候审。但罗某在取保候审期间，多次企图自杀，被害人张某的亲属要报复罗某，使得罗某的家人恐惧不安。为此，公安机关认为应对罗某予以逮捕，并向检察机关提交提请批准逮捕书，检察机关经过审查认为罗某虽有怀孕，但有自杀和被他人报复的危险，为防止发生意外，决定对罗某批准逮捕。

[问题]

1. 逮捕的法定条件是什么？

2. 应当逮捕但正在怀孕或哺乳期的妇女能否予以逮捕？

[解析]

1. 逮捕是刑事强制措施中最严厉的一种，可以使犯罪嫌疑人、被告人在较长时期内失去人身自由。因此，《刑事诉讼法》第81条规定，“对有证据证明有犯罪事实，可能判处徒刑以上刑罚的犯罪嫌疑人、被告人，采取取保候审尚不足以防止发生下列社会危险性的，应当予以逮捕：（一）可能实施新的犯罪的；（二）有危害国家安全、公共安全或者社会秩序的现实危险的；（三）可能毁灭、伪造证据，干扰证人作证或者串供的；（四）可能对被害人、举报人、控告人实施打击报复的；（五）企图自杀或者逃跑的……对有证据证明有犯罪事实，可能判处十年有期徒刑以上刑罚的，或者有证据证明有犯罪事实，可能判处徒刑以上刑罚，曾经故意犯罪或者身份不明的，应当予以逮捕。被取保候审、监视居住的犯罪嫌疑人、被告人违反取保候审、监视居住规定，情节严重的，可以予以逮捕。”

2. 本案主要涉及对应当逮捕但正在怀孕或哺乳自己婴儿的妇女这种特殊的对象能否予以逮捕的问题。我国《刑事诉讼法》第 74 条第 1 款规定：“人民法院、人民检察院和公安机关对符合逮捕条件，有下列情形之一的犯罪嫌疑人、被告人，可以监视居住：（一）患有严重疾病、生活不能自理的；（二）怀孕或者正在哺乳自己婴儿的妇女……”本条规定体现了对犯罪嫌疑人、被告人的人道主义精神，因此立法运用了“可以”而非“应当”采取取保候审或者监视居住，如果理解为“必须”采取监视居住或取保候审措施是错误的。公安司法机关根据案情的需要，可以对犯罪嫌疑人或被告人加以逮捕。例如，在本案中，犯罪嫌疑人罗某因怀有身孕而被采取取保候审措施，但其在取保候审期间多次企图自杀，被害人的亲属也要报复，这些情况说明，对罗某采取取保候审措施不足以防止发生社会危险性，在这种情况下，人民检察院决定对罗某批准逮捕的做法是正确的。

【案例二】

[案情简介]

检察机关审查批准逮捕，发现这样几种情形：第一种情况，犯罪嫌疑人的供述前后反复且与其他证据矛盾；第二种情况，犯罪嫌疑人要求向检察机关当面陈述；第三种情况，侦查机关拘留犯罪嫌疑人 36 小时以后将其送交看守所羁押；第四种情况，犯罪嫌疑人是聋哑人。

[问题]

结合本案分析检察机关在审查批准逮捕中应当讯问犯罪嫌疑人的情形。

[解析]

本案考查检察院审查批捕必须讯问犯罪嫌疑人的情形。最高检《刑诉规则》第 280 条规定：“人民检察院办理审查逮捕案件，可以讯问犯罪嫌疑人；具有下列情形之一的，应当讯问犯罪嫌疑人：（一）对是否符合逮捕条件有疑问的；（二）犯罪嫌疑人要求向检察人员当面陈述的；（三）侦查活动可能有重大违法行为的；（四）案情重大、疑难、复杂的；（五）犯罪嫌疑人认罪认罚的；（六）犯罪嫌疑人系未成年人的；（七）犯罪嫌疑人是盲、聋、哑人或者是尚未完全丧失辨认或者控制自己行为能力的精神病人的。讯问未被拘留的犯罪嫌疑人，讯问前应当听取公安机关的意见。”

就本案而言，检察机关在审查批准逮捕中应当讯问犯罪嫌疑人的情形有：第一种情况，犯罪嫌疑人的供述前后反复且与其他证据矛盾，符合上述规定第 1 款第 1 项的规定，应当讯问犯罪嫌疑人。第二种情况，犯罪嫌疑人要求向检察机关当面陈述，符合上述规定第 1 款第 2 项的情形，应当讯问犯罪嫌疑人。第三种情况，侦查机关拘留犯罪嫌疑人 36 小时以后将其送交看守所羁押，属于侦查活动中的重大违法行为，符合上述规定第 1 款第 3 项的规定，应当讯问犯罪嫌疑人。第四种情况，犯罪嫌疑人是聋哑人，符合上述规定第 1 款第 7 项的情形，所以应当讯问犯罪嫌疑人。

【案例三】

［案情简介］

被告人方某，某工商局原局长。良某请求方某帮助办理营业执照，当场送给方某人民币 2 万元现金。方某表示尽量帮忙。很快，良某的营业执照发下来了。后经有人举报案发。某区检察院依法将方某受贿案提起公诉，区人民法院受理了这起受贿案。检察院在审查起诉阶段依法对方某采取了监视居住的强制措施，但法院在审理过程中发现方某逃避监视居住，跑到本案行贿人良某家中活动，唆使行贿人推翻供词。因此，人民法院为了防止方某的串供活动，保证刑事诉讼的顺利进行，对方某直接作出了逮捕决定。

［问题］

在人民检察院采取监视居住措施的情况下，人民法院能否直接作出逮捕决定？

［解析］

本案考查人民法院是否有权作出逮捕犯罪嫌疑人、被告人的决定。我国《刑事诉讼法》第 77 条规定：被监视居住的犯罪嫌疑人、被告人应当遵守以下规定："（一）未经执行机关批准不得离开执行监视居住的处所；（二）未经执行机关批准不得会见他人或者通信；（三）在传讯的时候及时到案；（四）不得以任何形式干扰证人作证；（五）不得毁灭、伪造证据或者串供；（六）将护照等出入境证件、身份证件、驾驶证件交执行机关保存。被监视居住的犯罪嫌疑人、被告人违反前款规定，情节严重的，可以予以逮捕；需要予以逮捕的，可以对犯罪嫌疑人、被告人先行拘留。"《刑事诉讼法》第 81 条规定，"对有证据证明有犯罪事实，可能判处徒刑以上刑罚的犯罪嫌疑人、被告人，采取取保候审尚不足以防止发生下列社会危险性的，应当予以逮捕"。

《刑事诉讼法》第 80 条规定："逮捕犯罪嫌疑人、被告人，必须经过人民检察院批准或者人民法院决定，由公安机关执行。"人民法院决定逮捕包括两种情况：一是在审判阶段，对人民检察院提起公诉的案件尚未逮捕的被告人，认为依法应当逮捕的，可以决定逮捕；二是对人民法院直接受理的案件的被告人，认为有逮捕必要的可以决定逮捕。人民法院有权作出逮捕犯罪嫌疑人、被告人的决定。可见，人民法院有权决定逮捕被告人。

本案中，人民检察院依法对方某采取了监视居住的强制措施，但在监视居住期间，被告人违反法律规定，到本案行贿人家活动，唆使行贿人推翻供词，其行为已违反了我国《刑事诉讼法》第 77 条、第 81 条之规定，具有一定的社会危险性，因此人民法院对被告人方某作出逮捕决定有法律依据。并且新的强制措施一经作出，原来适用的强制措施就自行失去作用，不会造成对被告人适用两个强制措施的情况。综上所述，在人民检察院作出监视居住的情况下，根据被告人方某的表现，人民法院可以直接作出逮捕的决定。

【综合案例】

【综合案例一】

［案情简介］

犯罪嫌疑人王某杀人案件。2022 年 4 月 17 日，某市公安机关接到报案后，立即立案侦查，在侦查中存在这样几种情况：侦查人员拒绝律师讯问时在场的要求；公安机关变更逮捕措施，没有通知原批准的检察院；公安机关认为检察院不批准逮捕的决定有错误，提出复议前继续拘留犯罪嫌疑人；侦查机关未告知犯罪嫌疑人家属指定居所监视居住的理由和处所。

［问题］

本案中公安机关的哪些侦查行为违反了我国《刑事诉讼法》的规定？

［思路］

我国《刑事诉讼法》没有规定在讯问犯罪嫌疑人时律师有在场的权利，所以，侦查人员拒绝律师讯问时在场的要求不违反我国《刑事诉讼法》的规定。

《刑事诉讼法》第 96 条规定："人民法院、人民检察院和公安机关如果发现对犯罪嫌疑人、被告人采取强制措施不当的，应当及时撤销或者变更。公安机关释放被逮捕的人或者变更逮捕措施的，应当通知原批准的人民检察院。"从该条规定可知，公安机关变更逮捕措施，应当通知原批准的检察院。所以，本案中公安机关变更逮捕措施，没有通知原批准的检察院的行为是违法的。

《刑事诉讼法》第 92 条规定："公安机关对人民检察院不批准逮捕的决定，认为有错误的时候，可以要求复议，但是必须将被拘留的人立即释放。如果意见不被接受，可以向上一级人民检察院提请复核。上级人民检察院应当立即复核，作出是否变更的决定，通知下级人民检察院和公安机关执行。"所以，本案中公安机关提出复议前继续拘留犯罪嫌疑人的做法是违法的。

根据《刑事诉讼法》第 75 条第 2 款的规定："指定居所监视居住的，除无法通知的以外，应当在执行监视居住后二十四小时以内，通知被监视居住人的家属。"侦查机关不是必须将监视居住的理由和处所告知被监视居住人的家属。而只需告知家属采取了监视居住措施，使家属知道犯罪嫌疑人目前的状况即可。所以，侦查机关未告知犯罪嫌疑人家属指定居所监视居住的理由和处所的做法不违法。

【综合案例二】

［案情简介］

黄某（男，19 岁），某市大学生。2021 年 5 月，黄某与吕某（女，19 岁）在网上聊天相识，很快确定恋爱关系。2021 年 7 月吕某应邀来到黄某家，于是两人发生了性行为。

此后，两人开始同居。2022 年 3 月，吕某有了身孕，在父母的追问下，吕某说出了实情，吕某父母向公安机关控告黄某，要求追究黄某的刑事责任。侦查人员齐某做了侦查笔录后，深感气愤。2022 年 4 月 27 日，公安机关决定将黄某逮捕归案。齐某立即填发了一张逮捕证，由于人手不够，他就独自一人执行了对黄某的逮捕决定。

［问题］

1. 阐述我国刑事诉讼法对逮捕的权限和执行程序的规定。

2. 本案中侦查人员齐某的侦查行为存在哪些错误？

［思路］

1. 根据我国《刑事诉讼法》的规定，逮捕的批准权或者决定权由检察院或者法院行使。公安机关无权自行决定逮捕。逮捕的执行权属于公安机关，人民检察院和人民法院决定逮捕的都必须交付公安机关执行。

逮捕犯罪嫌疑人、被告人，一律由公安机关执行。公安机关在接到执行逮捕的通知后，必须立即执行，并将执行的情况通知人民检察院。公安机关执行逮捕的程序是：(1)对于人民检察院批准或者决定、人民法院决定逮捕的犯罪嫌疑人、被告人，必须立即执行逮捕。(2)执行逮捕的人员不得少于 2 人。执行逮捕时，要向被逮捕人出示逮捕证，宣布逮捕，并责令被逮捕人在逮捕证上签字或捺手印，并注明时间。被逮捕人拒绝在逮捕证上签字或捺手印的，应在逮捕证上注明。(3)逮捕犯罪嫌疑人、被告人，可以采用适当的强制方法，包括使用武器和械具。(4)逮捕犯罪嫌疑人、被告人后，提请批准逮捕的公安机关，决定逮捕的人民检察院或者人民法院，应当在 24 小时之内进行讯问。对于发现不应当逮捕的，立即释放，并发给释放证明。除有碍侦查或者无法通知的情形外，应将逮捕的原因和羁押的处所，通知被逮捕人的家属或所在单位。不便通知的，应将不通知的原因在案卷中注明。(5)到异地逮捕的，公安机关应当通知被逮捕人所在地的公安机关。公安机关到异地执行逮捕时，应携带批准逮捕决定书及其副本、逮捕证、介绍信以及被逮捕人犯罪的主要材料等，由当地公安机关协助执行。(6)公安机关释放被逮捕的人，或者将逮捕变更为取保候审或监视居住的，应当通知人民检察院。

2. 本案中，侦查人员齐某的侦查行为存在如下错误：(1)侦查人员齐某对黄某的逮捕不符合法定的条件。本案中，犯罪嫌疑人黄某与吕某的性行为只是其恋爱中的不正当性行为，根本就不是一种犯罪行为，因此对其不应适用逮捕等强制措施。(2)侦查人员齐某无权决定逮捕黄某。只有人民检察院和人民法院才拥有逮捕批准或决定权，公安机关只拥有逮捕执行权，若公安机关认为需要逮捕犯罪嫌疑人的，应当提请人民检察院审查批准。本案中，逮捕未经检察院批准，逮捕证由侦查员齐某自填，并且由其独自一人执行逮捕都是错误的。

【综合案例三】

［案情简介］

犯罪嫌疑人王五（男，65 岁），某县农民，因涉嫌诈骗被某县公安机关依法拘留。拘留后公安机关发现王五患有严重传染病，经医院检查属实需要隔离。公安机关遂做出取保候审决定，要求王五提供保证人。王五向公安机关提出由其弟弟做保证人。公安机关调查发现，王五的弟弟有经济基础，但是，由于王五的弟弟常年在外地做生意，住所多、行踪不稳定，因此没有同意王五的弟弟做保证人。

［问题］

1. 本案中公安机关可以对王五采取取保候审措施吗？

2. 公安机关不同意王五的弟弟做保证人的做法是否正确？

3. 若王五无法提供别的保证人，公安机关可以采取其他处理方式吗？

［思路］

1. 公安机关可以对王五采取取保候审强制措施。《刑事诉讼法》第 67 条规定："人民法院、人民检察院和公安机关对有下列情形之一的犯罪嫌疑人、被告人，可以取保候审：……（三）患有严重疾病、生活不能自理，怀孕或者正在哺乳自己婴儿的妇女，采取取保候审不致发生社会危险性的……"本案中，王五患有严重的疾病，理应对其采取取保候审的强制措施。

2. 公安机关不同意王五之弟弟做保证人是正确的。《刑事诉讼法》第 69 条规定："保证人必须符合下列条件：（一）与本案无牵连；（二）有能力履行保证义务；（三）享有政治权利，人身自由未受到限制；（四）有固定的住处和收入。"本案中，王五之弟弟无固定的住处，不符合保证人的条件，公安机关不同意王五之弟弟做保证人的做法是正确的。

3. 王五若无法提供别的保证人，可以通过交纳保证金，被取保候审。《刑事诉讼法》第 68 条规定："人民法院、人民检察院和公安机关决定对犯罪嫌疑人、被告人取保候审，应当责令犯罪嫌疑人、被告人提出保证人或者交纳保证金。"鉴于此，我国的取保候审分人保和财产保两种，若王五无法提供保证人，可选择财产保，交纳保证金。但是，如果王五既无法提供保证人，又无法提供保证金。根据公安部《刑诉规定》的规定：符合取保候审条件的犯罪嫌疑人既不交纳保证金，又无保证人担保的，可以监视居住。据此，公安机关可以对王五采取监视居住。

【综合案例四】

［案情简介］

犯罪嫌疑人卢某（男，30 岁），某公司工人。2022 年 11 月 12 日，卢某在单位与同事钱某发生争吵。钱某气急之下拿起一张凳子砸向卢某身体，卢某躲闪之际，也顺手抄起一张凳子抵挡钱某，钱某将卢某砸倒在地上，钱某又向尚未起身的卢某踢去，卢某顺手将手中的凳子向钱某砸去，正好砸中钱某头部，致使钱某颅骨粉碎性骨折，当即死亡。公安机关接到报案后，对此案立案展开侦查，并以伤害罪（伤害致死）依法将卢某逮捕。后来人民检察院审查起诉时认为卢某的行为应属于防卫过当而非故意伤害致死，因此不应对其适用逮捕，遂通知公安机关对卢某变更强制措施，改为取保候审。

［问题］

1. 在什么情形下应当撤销或变更强制措施？

2. 在法定期限内不能办结的案件，对被逮捕的犯罪嫌疑人或被告人应如何处理？

［思路］

1. 本案考查公、检、法司法机关发现强制措施适用不当时应当如何处理的问题。根据我国《刑事诉讼法》第96条的规定，"人民法院、人民检察院和公安机关如果发现对犯罪嫌疑人、被告人采取强制措施不当的，应当及时撤销或者变更。公安机关释放被逮捕的人或者变更强制措施的，应当及时通知原批准的人民检察院"。第96条规定的"采取强制措施不当"包括两种情况：一种是不应当采取任何强制措施；另一种是适用的强制措施不适当，过严或过松。本案即属于第二种情况。犯罪嫌疑人卢某本来在侦查阶段被逮捕，但人民检察院在审查起诉阶段认为卢某的行为属于防卫过当而非故意伤害致死，因此对其适用逮捕措施过严，遂决定对其变更强制措施，改为取保候审。人民检察院的决定符合《刑事诉讼法》第96条的规定，因而是正确的。

2. 逮捕是强制措施中最为严厉的一种，因此，法律不仅严格规定了逮捕的条件，而且规定了逮捕的期限。我国《刑事诉讼法》第156条规定，对犯罪嫌疑人逮捕后的侦查羁押期限不得超过二个月。案情复杂、期限届满不能终结的案件，可以经上一级人民检察院批准延长一个月。本条规定的是一般侦查羁押期限。对于起诉、审判阶段的羁押期限，法律并无具体规定，实践中，本规定也适用审查起诉、一审、二审期限。对于超过上述期限的被羁押的犯罪嫌疑人、被告人应如何处理，对此我国《刑事诉讼法》第98条规定："犯罪嫌疑人、被告人被羁押的案件，不能在本法规定的侦查羁押、审查起诉、一审、二审期限内办结的，对犯罪嫌疑人、被告人应当予以释放；需要继续查证、审理的，对犯罪嫌疑人、被告人可以取保候审或者监视居住。"同时，该法第99条规定，人民法院、人民检察院或者公安机关对被采取强制措施超过法定期限的犯罪嫌疑人、被告人，应当予以释放、解除取保候审、监视居住或者依法变更强制措施。

▲ 资料链接

1. 陈光中主编：《刑事诉讼法》（第7版），北京大学出版社2021年版。

2. 宋英辉：《刑事诉讼法学》（第6版），中国人民大学出版社2019年版。

3. 陈卫东主编：《刑事诉讼法原理与案例教程》（第3版），中国人民大学出版社2015年版。

4.《刑事诉讼法学》编写组编:《刑事诉讼法学》(第3版),高等教育出版社2019年版。

5.卞建林:《我国刑事强制措施的功能回归与制度完善》,载《中国法学》2011年第6期。

讨论思考

1. 阐述我国刑事诉讼强制措施的性质、目的和适用原则。
2. 简述拘传的适用对象、条件和程序。
3. 简述取保候审的适用对象、条件和程序。
4. 简述监视居住的适用对象、条件和执行方法。
5. 简述刑事拘留的特征、条件和程序。
6. 简述逮捕的条件和程序。
7. 简述刑事拘留与行政拘留、司法拘留的区别。
8. 强制措施在什么情形下应当予以撤销或变更?

第八章　刑事附带民事诉讼

◈ 本章提要

附带民事诉讼是公安司法机关在解决被告人刑事责任的同时，附带解决由于被告人的犯罪行为给被害人造成物质损失的赔偿问题而进行的诉讼活动。附带民事诉讼的成立必须以刑事诉讼成立为前提，必须是犯罪行为给被害人造成了物质损失。附带民事诉讼的原告人包括因犯罪行为而遭受物质损失的被害公民或单位、已死亡被害人的近亲属、无行为能力或者限制行为能力被害人的法定代理人及人民检察院等。附带民事诉讼被告人包括刑事被告人及未被追究刑事责任的其他共同致害人、未成年刑事被告人的法定代理人、已被执行死刑的罪犯的遗产继承人、共同犯罪案件中案件审结前已死亡的被告人的遗产继承人等。附带民事诉讼的起诉必须具备一定的条件：起诉人必须具有原告人资格、有明确的被告人、有请求赔偿的具体要求和事实根据、被害人的物质损失是由被告人的犯罪行为造成的、属于人民法院受理附带民事诉讼的范围和受诉人民法院管辖。当事人提起附带民事诉讼应当在刑事案件立案以后，第一审判决宣告以前提起。附带民事诉讼应当同刑事案件一并审判，只有为了防止刑事案件审判的过分迟延，才可以在刑事案件审判后，由同一审判组织继续审理并作出判决。

◉ 法考重点

附带民事诉讼的当事人；附带民事诉讼的成立条件；附带民事诉讼的程序及其运用；附带民事诉讼与普通民事诉讼的联系和区别。

第一节　附带民事诉讼的成立条件

▲ 知识背景

附带民事诉讼，是指公安司法机关在刑事诉讼过程中，在解决被告人刑事责任的同时，附带解决被告人的犯罪行为所造成的物质损失的赔偿问题而进行的诉讼活动。附带民事诉讼要解决的是物质损害赔偿问题，具有民事诉讼的性质，但它又不同于一般的民事诉讼。附带民事诉讼是由犯罪行为引起的，是在刑事诉讼过程中提起并同刑事案件一并解决的，其成立与解决都依附于刑事诉讼，与刑事诉讼紧密联系，不可分割，因此附带民事诉讼是一种依附于刑事诉讼的特殊的民事诉讼。

一、附带民事诉讼的成立条件

一是附带民事诉讼必须以刑事诉讼的成立为前提条件。附带民事诉讼是由刑事诉讼派生的，提起附带民事诉讼必须以刑事案件的成立，即被告人的行为构成犯罪为前提。刑事诉讼成立，附带民事诉讼才能成立，如果被告人的行为不构成犯罪，刑事诉讼不成立，那么附带民事诉讼就失去了存在的基础。

二是必须是犯罪行为给被害人造成了物质损失。提起附带民事诉讼必须是由于被告人的犯罪行为给被害人造成了物质损失，这也是附带民事诉讼成立的必备条件。正是由于犯罪行为给被害人造成了物质损失，被害人才能因此提起附带民事诉讼要求赔偿。

三是被害人的物质损失必须是被告人的犯罪行为直接造成的。被害人提起附带民事诉讼要求赔偿的损失，必须是被告人的犯罪行为直接造成的，即被告人的犯罪行为与被害人的物质损失之间必须具有因果关系。

二、附带民事诉讼原告人

附带民事诉讼原告人是指因犯罪而遭到物质损失，依法在刑事诉讼中可以提出赔偿要求的自然人和法人。附带民事诉讼原告人应当具备的条件：(1)侵害民事原告人权益的是犯罪行为。这里指的“犯罪”必须是构成犯罪的行为，而不是指不构成犯罪的一般违法行为。如果侵害来自一般违法行为，损失确实存在，只可以通过民事诉讼程序解决。(2)附带民事诉讼原告人因犯罪受到物质损失。(3)附带民事诉讼原告人必须是在刑事诉讼中依法提出民事赔偿的请求。受损害的人虽受犯罪侵害，由于各种原因，在刑事诉讼中没有提出民事赔偿的请求，或者虽提出请求，但提出的时间超出了法律规定的提起附带民事诉讼的期限，或者依法提出请求，但法院认为有必要依法移交民事法庭裁决时，就不能被认定为附带民事诉讼的原告人，损害赔偿只能通过民事法庭来解决。(4)必须是符合法定条件的人。《刑事诉讼法》第 101 条规定，被害人死亡或者丧失行为能力的，被害人的法定代理人、近亲属有权提起附带民事诉讼。

三、附带民事诉讼原告人的范围

原告必须具有提起附带民事诉讼的权利能力。根据《刑事诉讼法》第 101 条和最高法《刑诉解释》第 175 条至第 179 条的有关规定，附带民事诉讼的原告人，具体有以下几种情况：一是因为犯罪行为而遭受物质损失的公民。任何公民由于被告人的犯罪行为而遭受物质损失的，在刑事诉讼过程中，都有权提起附带民事诉讼，这是附带民事诉讼中最常见的原告人。二是被犯罪分子侵害遭受物质损害的企业、事业单位、机关、团体等。我国《刑事诉讼法》第 101 条规定的“被害人”作为犯罪侵害的对象，应当既包括自然人，也包括单位，因为二者都是可能受到犯罪侵害的权利主体。三是如果被害人是未成年人或精神病患者，他们的法定代理人或监护人可以代为提起附带民事诉讼。但此时原告仍应列被害人本人，只不过其作为原告的诉讼权利和义务由其法定代理人或者监护人行使。四是如果被害人死亡或者丧失行为能力的，被害人的法定代理人、近亲属有权提起附带民事诉讼。五是如果是国家财产、集体财产遭受损失的，人民检察院在提起公诉时，可以提起附带民事诉讼。这里的“可以”应当同第二种情况联系起来理解，即当国家财产、集体财产遭受损失，而被害单位没有提起附带民事诉讼时，人民检察院作为国家利益的维护者，有责任提起附带民事诉讼。

四、附带民事诉讼被告人的条件

附带民事诉讼被告人，是指因犯罪行为造成他人物质损失以及应对被告人的犯罪行为依法应承担赔偿责任的当事人，他们可以是自然人，也可以是法人、企事业单位。在我国，附带民事诉讼被告人必须具备三个条件：(1)刑事被告人的犯罪行为必须造成被害人物质损失。如果被告人的行为不是构成犯罪的行为，或虽构成犯罪，但没有对被害人造成物质损失，或虽造成被害人物质损失，但损失不属于法定的赔偿范围，那么刑事被告人就不能成为附带民事诉讼被告人。(2)对刑事被害人受到的物质损失在法律上承担赔偿责任。刑事被告人必须在对损害负赔偿责任的情况下，他才是附带民事被告人。根据我国《民法通则》第133条的规定，刑事被告人是有民事行为能力的成年人的，应对自己的行为独立地负赔偿责任；刑事被告人是有民事行为能力的未成年人的，应与其监护人共同负赔偿责任；刑事被告人是有财产的限制民事行为能力或无民事行为能力人的，应与其监护人共同负赔偿责任，但单位担任监护人的除外；刑事被告人是无财产的限制民事行为能力、无民事行为能力人的，则其监护人应负赔偿责任。(3)被害人对刑事被告人提起附带民事诉讼，后者才能成为附带民事被告人。在实践中，被害人可能会因为各种原因，在刑事诉讼中没能提起附带民事诉讼，而是在其后单独提起民事诉讼。

五、附带民事诉讼被告人的范围

附带民事诉讼被告人的范围：(1)刑事被告人本人。在刑事被告人具有完全民事行为能力和独立民事责任能力的情况下，附带民事诉讼被告人即为刑事被告人本人。(2)未成年刑事被告人的监护人。在刑事被告人是未成年人或其他无民事行为能力人、限制行为能力人的情况下，因此负有民事赔偿责任的监护人，则为附带民事诉讼被告人。在刑事被告人与其监护人共同负赔偿责任的情况下，监护人可以作为共同附带民事诉讼被告人。刑事被告人不足赔偿的部分，由监护人赔偿。(3)当有完全赔偿责任的刑事被告人在刑事诉讼过程中死亡，其法定继承人可以成为附带民事诉讼被告人。(4)机关、团体、企事业单位的工作人员，如火车司机、汽车驾驶员、医务人员等，在执行职务中因过失犯罪而造成公民、法人财产损失的，刑事被告人所在的机关、团体、企业事业单位可以成为附带民事诉讼被告人。(5)未被追究刑事责任的其他共同侵权人。在共同侵权的情况下，共同侵权人负连带责任。只要其中一个共同侵权人被提起附带民事诉讼，其他共同侵权人是否构成犯罪，是否被追究刑事责任，都应成为附带民事诉讼共同被告人。如果被害人或者其法定代理人、近亲属仅对部分共同侵害人提起附带民事诉讼的,人民法院应当告知其可以对其他共同侵害人,包括没有被追究刑事责任的共同侵害人,一并提起附带民事诉讼,但共同犯罪案件中同案犯在逃的除外。另外,根据最高法《刑诉解释》的规定,共同犯罪案件,同案犯在逃的,不应列为附带民事诉讼被告人。逃跑的同案犯到案后,被害人或者其法定代理人、近亲属可以对其提起附带民事诉讼,但已经从其他共同犯罪人处获得足额赔偿的除外。

【案例一】

[案情简介]

被害人宗某,男,27岁,A市人,2021年4月以13万元的价格购买了一辆东风汽车,于同年5月19日向A市人民保险公司投保了车辆损失险:保险期是2021年5月19日至2022年5月19日;保险金额为15万元。2022年6月20日,宗某驾驶着东风汽车在途中与李某驾驶的一辆轿车相撞,宗某当场死亡,驾驶的东风车也被损坏。公安交警大队经勘查和鉴定分析,认定小轿车司机无证驾车且逆行行驶,应负肇事的全部责任。案发后,人民保险公司经过验损,推定东风汽车全部损坏,赔偿宗某家属20万元。又因宗某在单位参加了简易人寿保险,获得赔偿金4万余元。2022年7月17日肇事者李某被逮捕。8月5日案件移送人民检察院审查起诉。

[问题]

分析本案中附带民事诉讼原告人的范围。

[解析]

本案中,根据刑事诉讼法及司法解释的规定,宗某的近亲属有权提起附带民事诉讼。至于A市人民保险公司,根据《中华人民共和国财产保险合同条例》的规定,因为宗某向A市人民保险公司投了车辆损失财产保险,且案发后已经付了赔偿金给被害人家属,所以被害人家属应当在接受预付赔偿金之后将提起附带民事诉讼的权利移交给保险人,即A市人民保险公司有权提起附带民事诉讼。

本案中,宗某在单位参加了简易人寿保险,关于人寿保险公司是否可以提起附带民事诉讼,基于人身损害赔偿请求权不得转移,所以尽管人寿保险公司已经预付给宗某赔偿金,根据《保险法》的规定,也不能取得代为求偿权,即人寿保险公司无权在刑事诉讼中提起附带民事诉讼。法院也不得因被保险人已经得到人身保险金,而剥夺被害人宗某的法定代理人、近亲属提起附带民事诉讼。最高法《刑诉解释》第175条规定:"被害人因人身权利受到犯罪侵犯或者财物被犯罪分子毁坏而遭受物质损失的,有权在刑事诉讼过程中提起附带民事诉讼;被害人死亡或者丧失行为能力的,其法定代理人、近亲属有权提起附带民事诉讼。"

据上述内容可知,本案中附带民事诉讼原告人的范围有:A市人民保险公司有权提起附带民事诉讼;被害人宗某的法定代理人、近亲属有权提起附带民事诉讼。

【案例二】

［案情简介］

朱某等人共同绑架案。2022 年 10 月 14 日，朱某（20 岁）向其好朋友申某（18 岁）提出，绑架某市旭日钢材股份有限公司董事长的儿子黄某（15 岁，学生）作人质，以勒索钱财，申某同意，申某又找来汤某（16 岁，学生）共同预谋绑架一事，汤某亦表示同意。10 月 17 日晚 10 时，朱某、申某、汤某携带绳索、毛巾、匕首等作案工具，在黄某的学校附近守候，由申某将黄某骗出来。当申某将黄某骗到朱某和汤某等候的地方时，朱某、汤某猛然将黄某绑架。朱某随后把事先准备好的勒索款人民币 5 万元的恐吓信贴到黄家门上。黄家得知后马上到公安机关报案，在公安机关追捕中，朱其等三人情急之下将黄某杀死，申某在逃亡中不慎摔死，朱某、汤某被缉拿归案后，人民检察院向中级人民法院提起公诉，被害人家属一并提起以朱某、申某、汤某为被告人的附带民事诉讼。

［问题］

分析本案中附带民事诉讼被告人的范围。

［解析］

本案考查附带民事诉讼被告人的范围。我国《刑事诉讼法》第 101 条的规定是确定本案附带民事诉讼被告人的法律依据。其一，朱某 20 岁和申某 18 岁具有完全民事行为能力和独立民事责任能力，所以他们既是刑事诉讼被告人，也是附带民事诉讼被告人；其二，本案中的汤某 16 岁且为学生，不能以自己的劳动收入为主要生活来源，为限制行为能力的未成年人，所以汤某的法定监护人应为附带民事诉讼被告人，在附带民事诉讼中承担赔偿责任；其三，因为刑事诉讼被告人申某已经死亡，故不再追究其刑事责任，但是根据法律规定，申某的遗产继承人依法负有赔偿责任。申某的遗产继承人的赔偿责任以遗产为限，遗产不够赔偿附带民事诉讼原告被损害数额的，其继承人没有代为赔偿的义务。综上所述，本案中附带民事诉讼被告人的范围是被告人朱某、被告人申某的遗产继承人、被告人汤某的法定监护人。

第二节　附带民事诉讼的审判

【案例一】

［案情简介］

被告人张三故意伤害案。2021 年 8 月 10 日，张三因楼房渗水问题与邻居李四及李四之妻张某发生争执。在殴打中，李四用手将张三的头部打伤多处；张三不小心把李四推下楼梯，李四当场死亡。经某市法医鉴定中心鉴定：李四是从高处跌下造成的颅脑损伤而死亡；张三的头部损伤为多发性软组织挫伤，属于轻伤。2021 年 8 月 11

日，被告人张三到公安机关投案自首。

2022年4月8日，某市的区人民检察院以故意伤害罪对张三提起公诉。在诉讼过程中，被害人李四之妻张某又向法院提起附带民事诉讼。该区法院审查后认为应该受理，于2022年4月15日向张三送达了附带民事诉讼起诉状副本。法院受理后，法院先对双方当事人进行了调解，但李四之妻张某情绪激动，没有达成调解协议，案件转入了审判程序。在法庭审理中，附带民事诉讼的原告人张某因无法对其要求赔偿经济损失人民币30万元的诉讼请求提出充分证据，未经法庭许可中途退庭，该法院的审判员于是宣布休庭，并劝张某继续参加庭审。重新开庭后，经过法庭辩论，张某提出要与附带民事诉讼被告人调解结案。经双方同意，在审判员的主持下，双方达成调解协议。

［问题］

结合本案，分析刑事附带民事诉讼的审理原则。

［解析］

附带民事诉讼审理的原则，在我国立法中并无明文规定。根据《刑事诉讼法》和《民事诉讼法》的基本原则及相关规定，结合附带民事诉讼的特点，附带民事诉讼审理的原则主要体现在：

1. 刑事和民事案件合并处理的原则。根据《刑事诉讼法》第104条的规定，附带民事诉讼要由审判刑事案件的同一审判组织进行审理，只有为了防止刑事案件审判的过分迟延，才可以在刑事案件判决后，由同一审判组织继续审理附带民事诉讼。即使是公安机关、检察机关在侦查、审查起诉时，刑事案件作出正确处理的同时，对于已经提起的附带民事诉讼亦应作出相应的正确处理。本案中，某市中级人民法院通过将刑事部分与附带民事部分由同一审判组织合并审理，不仅节约了司法资源，节省了时间，而且通过综合考虑被告人的刑事责任和民事责任，有利于保证案件最后判决的可执行性和可接受性。

2. 简化诉讼程序的原则。附带民事诉讼虽然也要严格遵守法定的诉讼程序，但是，与民事诉讼程序相比，有不少简化之处。

3. 对提起的附带民事诉讼及时审理的原则。在刑事诉讼中，被害人对被告人犯罪行为所造成的损失提起附带民事诉讼，司法机关对提起的附带民事诉讼要进行及时处理。

4. 实事求是确定赔偿的原则。实事求是是我们各项工作的指导思想，也是我国附带民事诉讼立法、司法的根本原则。要实事求是地对待被告人和被害人的赔偿要求，一要查明真相，二要分清是非，三要合理认定。首先，要正确确定被告人应承担赔偿责任的程度和数额；其次，要查明被告人的实际赔偿能力；最后，要根据被告人应承担赔偿的责任程度、数额，被告人实际的赔偿能力，实事求是地解决被告人的赔偿问题。法院在审理本案过程中，根据实事求是原则，确定各被告人应当承担巨额的赔偿费。

5. 着重调解的原则。用调解方式解决民事纠纷，这是我国民事诉讼的突出特点，也是我国民事诉讼的基本原则之一，附带民事诉讼也应当完全适用。司法机关处理附带民事诉讼时，通过调解，促使双方当事人达成协议，以解决民事案件，这既有利于简化诉讼程序，方便当事人诉讼，又有利于实事求是地确定赔偿问题，迅速、彻底地解决民事纠纷。但并不是每一附带民事诉讼都要把调解作为必经的程序，在执行调解程序时，必须坚持以事实为根据、以法律为准绳，尊重民事当事人的意愿等原则。

【案例二】

[案情简介]

2021年3月，甲某因琐事与戊某发生殴打，甲某用携带的三棱刀猛砍向戊某头部，然后逃离现场。经法医鉴定戊某头部伤情为重伤。2021年5月戊某向公安机关提出控告，公安机关予以立案侦查，将甲某抓获归案。2021年7月检察机关以甲某犯故意伤害罪提起公诉。因被告人甲某申请作精神病鉴定及不服一审判决提出上诉，二审法院于2021年9月作出终审裁定。2021年10月被害人戊某提起民事诉讼，要求甲某赔偿其经济损失人民币4万元及精神抚慰金人民币2万元。

[问题]

结合本案分析刑事判决生效后被害人戊某能否提起民事诉讼。

[解析]

我国最高法《刑诉解释》第198条规定："第一审期间未提起附带民事诉讼，在第二审期间提起的，第二审人民法院可以依法进行调解；调解不成的，告知当事人可以在刑事判决、裁定生效后另行提起民事诉讼。"有权提起附带民事诉讼的被害人，在第一审期间未提起附带民事诉讼的，不得再提起附带民事诉讼。但可以在刑事判决生效后另行提起民事诉讼。本案被害人戊某提起的民事诉讼，与刑事诉讼存在密切的联系，它是基于刑事被告人甲某的犯罪行为给被害人戊某造成物质损失和精神伤害而引发的民事诉讼，不同于普通的民事诉讼。刑事判决生效后，被害人戊某丧失的仅仅是提起附带民事诉讼的权利，而并未剥夺其单独提起民事诉讼的权利。

【案例三】

[案情简介]

被告人甲某(男,35岁)，被害人乙某(男,31岁)，甲某和乙某都在某市A区某菜市场摆摊卖菜。2022年6月7日上午9时，双方因竞争客户发生殴打，甲某手持一菜刀砍向乙某，将乙某砍成重伤。此案由A区公安机关负责侦查，侦查终结后经A区人民检察院审查以故意伤害罪向同级人民法院提起公诉，乙某同时提起附带民事诉讼。A区人民法院受理案件后，经过公开审理，合议庭经过评议，当庭进行了宣判：被告人甲某犯故意伤害罪，判处有期徒刑5年，赔偿附带民事诉讼原告人乙某7000元。宣判后，乙某以对甲某量刑过轻、附带民事赔偿不足为由提出了上诉，某市中级人民法院经审理后认为，原判决认定事实清楚，证据确实充分，附带民事诉讼部分适当，但量刑过轻。

[问题]

本案中的附带民事诉讼在二审中应当如何处理？

[解析]

刑事诉讼中，被害人没有上诉权；但如果不服地方各级人民法院第一审判决的，依法可以自收到判决书后5日内请求人民检察院提出抗诉；附带民事诉讼原告人可以就案件判决的附带民事部分提出上诉，上诉期为10日，从接到判决书的第2日起算。本案被害人乙某同时也是附带民事原告人，所以乙某享有请求抗诉权和附带民事部分提出上诉权这两种权利，但在行使过程中必须将刑事与附带民事部分的权利区分清楚，法庭也应予以不同的对待和处理。

本案在一审判决后，被告人甲某没有提出上诉，检察院也没有抗诉，被害人又没有上诉权，所以刑事部分在一审判决后的上诉期满后应当生效。根据最高法《刑诉解释》第409条规定，第二审人民法院审理对附带民事部分提出上诉，刑事部分已经发生法律效力的案件，发现第一审判决中的刑事部分确有错误的，应当依照审判监督程序对刑事部分进行再审，并将附带民事部分与刑事部分一并审理。

第三节　附带民事诉讼的赔偿范围

【案例一】

[案情简介]

被告人张三（男，30岁），因为急于用钱向好友李四借款6000元，口头约定1年期限。1年以后，经李四多次催款，张三总是找理由推脱，后来张三咬定没有借这笔欠款。2022年6月13日上午12时许，李四与张三因为此笔债务发生口角以致殴打，李四被张三殴打成重伤住院，为此，李四先后花去医药费2万元。事后，张三因涉嫌故意伤害罪被逮捕，并由人民检察院提起公诉。人民法院在对此案的一审审理过程中，因为被害人李四尚未出院，李四之妻以自己的名义提起附带民事诉讼，要求张三赔偿以下损失：(1)李四的医疗费、住院费；(2)李妻因护理李四而误工的工资、奖金；(3)李四家人的精神损失费；(4)李四的误工费；(5)张三对李四的债务6000元。共计人民币5万元。

[问题]

本案中的附带民事诉讼的赔偿范围有哪些？

[解析]

本案的附带民事诉讼当事人如下：原告人应当为被害人李四，如果李四确实无法参与诉讼,李四之妻可以以诉讼代理人的身份帮助李四进行诉讼;被告人应当是张三。根据法律和有关司法解释的规定,本案附带民事诉讼的赔偿范围包括:(1)李四的医药费、住院费;(2)李四之妻因护理而误工的工资;(3)李四的误工费。

本案中,李四附带民事诉讼请求中,不能列入附带民事诉讼的赔偿范围的有:第一,李妻的奖金,不是直接损失,所以,不能作为附带民事诉讼的请求内容。第二,李四家人的精神损失费不能列入赔偿范围。根据我国《关于人民法院是否受理刑事案件被害人提起精神损害赔偿民事诉讼问题的批复》(以下简称《批复》)。对于刑事案件被害人由于被告人的犯罪行为而遭受精神损害提起的附带民事诉讼,或者在该刑事案件审结以后,被害人另行提起精神损害赔偿民事诉讼的,人民法院不予受理。其理由如下:(1)刑事案件的精神赔偿往往数额巨大,而被告人大都很穷,即使法院判决被告人给予受害人精神赔偿,被告人也大多无力承担。(2)精神损害的数额难以确定,赔偿的金额不具有等价性。(3)法院的设立和运行需要投入巨大人力和物力,如果允许被害人就精神损害提起诉讼,也许有人会滥用诉权,这将不利于国家诉讼资源的节约。(4)精神损失的范围过于宽泛,不仅是自然人,甚至是单位,都有可能存在精神性人格权益的损失,确立刑事附带民事诉讼中的精神损害赔偿不具有可操作性。依照目前的有关法律规定,对于要求赔偿精神损失的附带民事诉讼请求,人民法院不予受理。第三,张三对李四的债务6000元,不能作为附带民事诉讼的请求内容。张三与李四之间的债务纠纷,属于民事诉讼的范围,应当向人民法院的民事审判庭单独起诉,它不是由张三的犯罪行为导致的,所以不应当也不可能在刑事诉讼程序中解决。

【案例二】

[案情简介]

尹某诈骗案。2022年7月,被告人尹某以记者身份取得被害人范某的信任后,以给范某找工作为由骗取被害人范某现金10万元人民币。某省某市人民检察院以被告人尹某犯诈骗罪向市人民法院提起公诉。被害人范某同时提起附带民事诉讼。一审法院审理认为:被告人尹某以非法占有为目的,采取虚构事实,隐瞒真相的手段,骗取他人现金10万元,其行为已构成诈骗罪。附带民事诉讼原告范某的诉讼请求符合法律规定,予以支持。

据此,依据《中华人民共和国刑法》第36条、第65条、第266条,《中华人民共和国刑事诉讼法》第101条,《中华人民共和国民法典》第176条、第179条第1款第4项之规定,判决如下:一、被告人尹某犯诈骗罪,判处有期徒刑10年,并处罚金人民币6000元;二、被告人尹某向刑事附带民事诉讼原告范某返还人民币10万元。

[问题]

结合本案分析侵犯财产型案件法院如何受理附带民事诉讼。

[解析]

本案考查侵犯财产型案件法院如何受理附带民事诉讼。侵犯财产型案件中被害人所受到的损失,一般不作为附带民事诉讼受理。对于因诈骗、抢劫、侵占等非法占有、处置被害人财产,公、检、法三机关办理刑事案件时,一直援用《刑法》第64条规定,犯罪分子违法所得的一切财物,应当予以追缴或者责令退赔。因此侵犯财产型案件被害人所受到的损失,一般不作为附带民事诉讼受理。《刑事诉讼法》第101条以及最高法《刑诉解释》第176条规定:"被告人非法占有、处置被害人财产的,应当依法予以追缴或者责令退赔。被害人提起附带民事诉讼的,人民法院不予受理。追缴、退赔的情况,可以作为量刑情节考虑。"能够提起附带民事诉讼的,只能是犯罪过程中遭受物质损失的情形。

本案属于侵犯财产型案件,根据上述《刑事诉讼法》第101条以及最高法《刑诉解释》第176条的规定,能够提起附带民事诉讼的,只能是犯罪过程中遭受物质损失的情形。被告人骗取的现金10万元人民币,属于被非法占有、处置的情形,被害人范某只能通过追缴或退赔的方式获得救济,而无权就被骗取的10万元人民币提起附带民事诉讼。追缴、退赔的情况,可以作为量刑情节考虑。

【综合案例】

【综合案例一】

[案情简介]

甲某和乙某共同殴打他人,致被害人丙某死亡、丁某轻伤,甲某还抢走丁某的手机。后甲某被抓获,乙某在逃。本案中,关于附带民事诉讼的表述如下:(1)丙某的父母和祖父母都有权提起附带民事诉讼;(2)甲某和乙某应一并列为附带民事诉讼的被告人;(3)丁某可通过附带民事诉讼要求甲某赔偿手机;(4)丁某在侦查阶段与甲某就民事赔偿达成调解协议并全部履行后又提起附带民事诉讼,法院不予受理。

[问题]

本案中关于附带民事诉讼的以上表述是否正确?

[思路]

本案考查附带民事诉讼。根据《刑事诉讼法》第101条第1款规定:"被害人由于被告人的犯罪行为而遭受物质损失的,在刑事诉讼过程中,有权提起附带民事诉讼。被害人死亡或者丧失行为能力的,被害人的法定代理人、近亲属有权提起附带民事诉讼。"由此可知,丙某死亡,丙某的法定代理人或近亲属有权提起附带民事诉讼。本案的问题在于近亲属的范围,刑事诉讼中的近亲属包括"夫妻、父母、子女和同胞兄弟姐妹",因此,丙某的父母有权提起附带民事诉讼,而祖父母由于不在近亲属之列,不能提起附带民事诉讼。因此,本案中关于附带民事诉讼的表述(1)错误。

根据最高法《刑诉解释》第 181 条第 1 款和第 183 条的相关规定，被害人或者其法定代理人、近亲属仅对部分共同侵害人提起附带民事诉讼的，人民法院应当告知其可以对其他共同侵害人，包括没有被追究刑事责任的共同侵害人，一并提起附带民事诉讼，但共同犯罪案件中同案犯在逃的除外。共同犯罪案件，同案犯在逃的，不应列为附带民事诉讼被告人。逃跑的同案犯到案后，被害人或者其法定代理人、近亲属可以对其提起附带民事诉讼，但已经从其他共同犯罪人处获得足额赔偿的除外。甲某已经到案，可以作为附带民事诉讼的被告人，但乙某在逃，不应列为附带民事诉讼被告人。因此，本案中关于附带民事诉讼的表述(2)不正确。

根据上述《刑事诉讼法》第 101 条以及最高法《刑诉解释》第 176 条的规定："被告人非法占有、处置被害人财产的，应当依法予以追缴或者责令退赔。被害人提起附带民事诉讼的，人民法院不予受理。追缴、退赔的情况，可以作为量刑情节考虑。"因此，能够提起附带民事诉讼的，只能是犯罪过程中遭受物质损失的情形。丁某的手机被甲某抢走，手机并非被损坏而是属于被非法占有、处置的情形，丁某只能通过追缴或退赔的方式获得救济，而无权就手机提起附带民事诉讼。据此，本案中关于附带民事诉讼的表述(3)不正确。

最高法《刑诉解释》第 185 条规定："侦查、审查起诉期间，有权提起附带民事诉讼的人提出赔偿要求，经公安机关、人民检察院调解，当事人双方已经达成协议并全部履行，被害人或者其法定代理人、近亲属又提起附带民事诉讼的，人民法院不予受理，但有证据证明调解违反自愿、合法原则的除外。"因此，本案中关于附带民事诉讼的表述(4)正确。

【综合案例二】

[案情简介]

李某因琐事与杨某发生口角进而殴打，互打之间不慎致杨某死亡，检察院以李某涉嫌过失致人死亡提起公诉，杨母田某向法院提起附带民事诉讼。法院审理后，对本案作出如下处理：(1)首先法院对附带民事部分进行调解；(2)经法院调解李某与田某达成协议，调解协议中约定的赔偿损失内容可分期履行；(3)李某提出申请，法院组织李某与田某协商以达成和解；(4)李某与田某达成刑事和解，其约定的赔偿损失内容可分期履行。

[问题]

法院对本案作出的以上处理是否正确？

[思路]

本案考查附带民事诉讼的调解与公诉案件的和解。《刑诉解释》第 190 条第 1 款规定："人民法院审理附带民事诉讼案件，可以根据自愿、合法的原则进行调解。经调解达成协议的，应当制作调解书。调解书经双方当事人签收后即具有法律效力。"法院处理(1)正确。

最高法《刑诉解释》第595条规定:“被害人或者其法定代理人、近亲属提起附带民事诉讼后,双方愿意和解,但被告人不能即时履行全部赔偿义务的,人民法院应当制作附带民事调解书。”由此可以推出,调解书适用于达成调解协议但是不能即时履行完毕的情况,即根据当事人的自愿、合法原则,调解协议可以分期履行:法院处理(2)正确。

最高法《刑诉解释》第587条规定:“对符合刑事诉讼法第二百八十八条规定的公诉案件,事实清楚、证据充分的,人民法院应当告知当事人可以自行和解;当事人提出申请的,人民法院可以主持双方当事人协商以达成和解。”本案中,被告人李某因琐事与被害人杨某发生口角而殴打,不慎造成被害人杨某死亡,属于《刑事诉讼法》第288条规定“因民间纠纷引起,涉嫌刑法分则第四章、第五章规定的犯罪案件,可能判处三年有期徒刑以下刑罚的”公诉案件,当事人提出申请的,法院可以组织当事人协商以达成和解。法院处理(3)正确。

最高法《刑诉解释》第593条第1款规定:“和解协议约定的赔偿损失内容,被告人应当在协议签署后即时履行。”因此,对于和解协议约定的赔偿损失内容,不能够分期履行。法院作出处理(4)错误。

【综合案例三】

[案情简介]

被告人朱某,河南省A市某公交公司职工。2022年10月11日上午8时许,被告人朱某驾驶A市某公交公司的117路营运中巴车,由A市某公交公司开往A市火车站,当车行驶到一个十字路口时,将正在人行横道上工作的环卫工人周某撞倒致重伤。事故发生后,朱某马上停车,拨打电话“120”求救,同时拨打“110”报警。被害人周某经A市人民医院抢救无效而死亡。经A市公安法医鉴定:周某系与某物相互碰撞致脑损伤死亡。A市公安局交警队认定:被告人朱某驾驶中巴车通过十字路口时,未确保行车安全,应负事故的全部责任,被害人周某不负事故责任。

A市人民检察院以被告人朱某犯交通肇事罪向某市人民法院提起公诉。在诉讼过程中,被害人周某的丈夫汪某以朱某驾驶公交车是执行职务行为而非个人行为为由向肇事车的所在单位A市某公交公司提起附带民事诉讼,要求某公交公司赔偿被害人的费用包括医疗费、死亡补偿费、子女及父母生活费、误工费、丧葬费、护理费、交通费共计人民币12万元。另外,请求被告人朱某承担精神损害赔偿费人民币4万元。

某市人民法院经审理后认为:关于附带民事诉讼部分,被告人朱某的行为给被害人造成了经济损失,依法应予赔偿,但附带民事诉讼原告人的部分诉讼请求过高,不予全部支持。附带民事诉讼原告人要求赔偿精神损害费人民币4万元的请求,无法律依据,不予支持。附带民事被告人A市某公交公司为肇事车辆法律上的车主,在肇事司机暂时无力赔偿时,应负有先行垫付的责任。另外,由于被告人朱某的亲属在案发后,积极筹借资金赔偿被害人的经济损失,法院在刑事判决部分对被告人朱某作出了缓刑宣告。

［问题］

1. 简述附带民事诉讼的起诉条件。

2. 有权提起附带民事诉讼的主体有哪些?

3. 结合本案分析附带民事诉讼中依法负有赔偿责任的人包括哪些?

［思路］

1. 附带民事诉讼,是指人民法院、人民检察院在当事人及其他诉讼参与人的参加下,在依法追究被告人刑事责任的同时,附带解决由于被告人的犯罪行为所造成的物质损失的赔偿问题所进行的诉讼活动。根据最高法《刑诉解释》第182条的规定:“附带民事诉讼的起诉条件:(一)起诉人符合法定条件;(二)有明确的被告人;(三)有请求赔偿的具体要求和事实、理由;(四)属于人民法院受理附带民事诉讼的范围。”

2. 根据最高法《刑诉解释》第178条的规定:“人民法院受理刑事案件后,对符合刑事诉讼法第一百零一条和本解释第一百七十五条第一款规定的,可以告知被害人或者其法定代理人、近亲属有权提起附带民事诉讼。有权提起附带民事诉讼的人放弃诉讼权利的,应当准许,并记录在案。”如果是国家财产、集体财产遭受损失,受损失的单位未提起附带民事诉讼,人民检察院在提起诉讼时提起附带民事诉讼的,人民法院应当受理。根据上述规定,本案中,汪某作为已死亡被害人周某的近亲属,属于提起附带民事诉讼的主体,有权向法院提起附带民事诉讼请求。

3. 根据最高法《刑诉解释》第180条的规定:“附带民事诉讼中依法负有赔偿责任的人包括:(一)刑事被告人以及未被追究刑事责任的其他共同侵害人;(二)刑事被告人的监护人;(三)死刑罪犯的遗产继承人;(四)共同犯罪案件中,案件审结前死亡的被告人的遗产继承人;(五)对被害人的物质损失依法应当承担赔偿责任的其他单位和个人。附带民事诉讼被告人的亲友自愿代为赔偿的,应当准许。”本案中依法负有赔偿责任的人有被告人朱某及朱某所在单位A市某公交公司。

△ 资料链接

1. 陈光中主编:《刑事诉讼法》(第7版),北京大学出版社2021年版。

2. 陈卫东主编:《刑事诉讼法》(第4版),中国人民大学出版社2014年版。

3. 姚莉主编:《刑事诉讼法学》(第3版),中国法制出版社2023年版。

4. 陈卫东主编:《刑事诉讼法学原理与案例教程》(第3版),中国人民大学出版社2015年版。

5.《刑事诉讼法学》编写组编:《刑事诉讼法学》(第3版),高等教育出版社2019年版。

6. 张忠斌:《刑事附带民事诉讼中赔偿问题的探讨》,载《人民司法》2002年第2期。

7. 杨立新:《刑事附带民事诉讼制度的完善与再修改》,载《人民检察》2004 年第 7 期。

讨论思考

1. 阐述附带民事诉讼制度的重要意义。
2. 阐述附带民事诉讼的成立条件。
3. 附带民事诉讼与普通民事诉讼有何联系与区别?
4. 哪些主体可以成为我国刑事诉讼中的附带民事诉讼当事人?
5. 附带民事诉讼的审理程序有哪些特点?

第九章　期间、送达

◈ 本章提要

刑事诉讼中的期间是公安司法机关和诉讼参与人进行刑事诉讼，完成某项诉讼活动必须遵守的时间期限。期间有法定期间和指定期间之分。在刑事诉讼中除了期间之外，还有期日。期间以时、日、月为计算单位，期间开始的时、日、月不计算在期间以内。期间的最后一日为节假日的，以节假日后的第一个工作日为期间届满日期。法定期间不包括路途上的时间，对犯罪嫌疑人、被告人作精神病鉴定的期间不计入办案期限。在出现某种法定情形时，应当从法定情形出现之日起重新计算期间。送达是公安司法机关按照法定程序和方式，将有关诉讼文件送交给诉讼参与人、有关机关和单位的诉讼活动。送达必须有送达回证，它是公安司法机关制作的用以证明送达行为及其结果的诉讼文件，是计算诉讼期间的根据。送达的方式有直接送达、留置送达、委托送达、邮寄送达和转交送达。

◉ 法考重点

期间的计算；期间的恢复；刑事诉讼中止的条件及程序；刑事诉讼终止的条件及程序；送达的方式和程序。

第一节　期　　间

△ 知识背景

一、期间概述

刑事诉讼中的期间，是指公安司法机关以及当事人和其他诉讼参与人进行刑事诉讼活动所应当遵守的时间期限。刑事诉讼期间原则上由法律明文规定，个别情况下可以由公安司法机关指定。前者是法定期间，后者为指定期间。法定期间可以分为公安司法机关应当遵守的期间和当事人及其他诉讼参与人应当遵守的期间两大类。

刑事诉讼中的期日，是指公安司法机关和诉讼参与人共同进行刑事诉讼活动的特定时间。我国《刑事诉讼法》对期日未作具体规定，在诉讼实践中，由公安机关、人民检察院、人民法院根据法律规定的期间和案件的具体情况予以指定。期间与期日二者的主要区别如下：一是期间是指公安司法机关和诉讼参与人各自单独进行某项诉讼活动的时间要求。如侦查阶段拘留羁押期限一般不超过10日，这10日是对公安机关和诉讼参与人共同进行诉讼活动的时间要求。二是期间原则上由法律规定，一般不能变更；而期日由公安司法机关指定，遇有特殊情形时，可以另行指定。三是期间为一个时间段，即从一个期日起至另一个期日的一段时间；而期日是一个特定的时间单位。

二、期间的计算

（一）期间的计算单位和方法

《刑事诉讼法》第105条第1款规定："期间以时、日、月计算。"据此，我国刑事诉讼期间的计量单位有时、日、月三种。虽然法律没有规定以"年"作为计算单位，但实际上在刑事诉讼中也存在以"年"为单位的期限，如追诉期限、申诉期限、刑罚执行期限等。

以时为计算单位的，开始之时不计算在期间以内，从下一时起算。以日计算的，开始之日不计算在期间以内，应当从次日起开始计算。由于开始的时和日都不算，因而这两种计量单位之间不能互相换算。以月计算的，根据司法解释的相关规定，规则是：(1)按公历月计算，不分大月、小月，开始月和开始月的开始日都计算在期间内，自本月某日至下月某日为1个月。例如，3月15日收案至4月15日为1个月的审理期限。(2)如果期满日相当于开始月的某日实际不存在，应当将期满日向前迁移，亦即以期满月的最后一日为期满日，而不得向后顺延到再下一个月。例如，1月30日开始补充侦查，期满之日本应为2月30日，但是由于2月没有30日，所以，此时的期满之日应是当年2月的最后一日，即28日或者29日。(3)遇有以半月为期的，不分大、小月，均以15日计，不受当月实际天数的影响。

（二）期间计算中的特殊规定

1. 期间的最后一日为法定节假日的，以节假日后的第一个工作日为期间届满的日期。节假日有变通规定的，以实际休假日后的第一个工作日为期间届满的日期。但是，对于犯罪嫌疑人、被告人或者罪犯在押期间，应当至期间届满之日为止，不得因节假日而延长在押期间至节假日后的第一个工作日。

2. 对于法定期间的计算，不包括路途上的时间。首先，上诉状或者其他文件在期满前已经交邮的，即使文书到达司法机关时已经超过了法定期限，仍然应当认定为没有超期。上诉状或者其他文件是否在法定期限内交邮以邮戳为标准。其次，这一规定同样适用于公安司法机关。例如，缉捕犯罪嫌疑人，如果从外地押解至侦查机关所在地需要2天时间，则24小时内讯问犯罪嫌疑人和通知其家属的法定期间应当扣除2天。此外，有关诉讼文书材料在公安司法机关之间传递过程中的时间，也应当在法定期间内予以扣除。

3. 重新计算期间的法定情形。其具体包括：(1)在侦查期间，发现犯罪嫌疑人另有重要罪行的，重新计算侦查羁押期限，由公安机关决定，不再经人民检察院批准，但须报人民检察院备案，人民检察院可以进行监督。(2)公安机关或者人民检察院补充侦查完毕后移送人民检察院或者人民法院的，人民检察院或者人民法院重新计算审查起诉或者审理期限。(3)人民检察院和人民法院改变管辖的公诉案件，从改变后的办案机关收到案件之日起计算办案期限。(4)由简易程序转为普通程序的第一审刑事案件的期限，自案件决定转为普通程序次日起重新计算，等等。

4. 不计入法定期间的法定情形。其包括：(1)犯罪嫌疑人不讲真实姓名、住址，身份不明的，侦查羁押期限自查清其身份之日起计算，但是不得停止对其犯罪行为的侦查取证。(2)犯罪嫌疑人、被告人在押的案件，对他们做精神病鉴定的期间，不计入办案期限。除此以外的其他鉴定时间都应当计入办案期限。对于因鉴定时间较长，办案期限届满仍不能终结的案件，自期限届满之日起，应当依法释放被羁押的犯罪嫌疑人或者变更强制措施。(3)中止审理的期限不计入审理期限。(4)决定开庭审理的第二审公诉案件，自通知人民检察院查阅案卷后的第2日起，人民检察院查阅案卷的时间不计入审理期限。(5)对于公安机关移送的没收违法所得案件，人民检察院经审查认为需要补充证据的，公安机关补充证据的时间不计入人民检察院办案期限。(6)审理申请没收违法所得案件，公告期间和请求刑事司法协助的时间不计入审理期限，等等。

三、期间的恢复

期间的恢复，是指当事人由于不能抗拒的原因或者有其他正当的理由在法定期限内没有完成应当进行的诉讼行为的，在障碍消除后一定期限内，申请法院准许其继续进行应当在期满以前完成的诉讼行为的一种补救措施。由于当事人耽误期限的原因是不可抗力或者有其他正当理由，为了充分保护当事人的合法权利，恢复期限的做法是合理的，而且也是必要的。按照《刑事诉讼法》第106条规定，期间恢复必须具备以下条件：(1)必须由当事人提出恢复期间的申请。只有当事人才有权提出恢复期间的申请，其他诉讼参与人无权提出这种申请。当然，当事人申请恢复诉讼期限还必须以在法定期间内未能实施特定诉讼行为为前提。(2)期间的耽误必须是由于不能抗拒的原因或有其他正当理由。不能抗拒的原因是指在诉讼活动中，发生了当事人不可预见、依靠自身力量又无法避免和无法克服的客观困难。(3)当事人的申请应当是在障碍消除后的5日内提出。这是对当事人申请恢复期间的时间要求。如超出此期限，当事人就丧失了恢复期限的权利。(4)必须经人民法院裁定批准期间才能恢复。恢复期间的申请，必须向人民法院提出。人民法院在接到当事人的申请后，经过审查，认为当事人所述情况确实属于不能抗拒的原因或者其他正当理由的，应当裁定准许其继续进行未完成的诉讼活动。

【案例】

[案情简介]

犯罪嫌疑人张三，因涉嫌组织和参加黑社会性质组织罪、抢劫罪、走私罪和故意伤害罪被公安机关立案侦查。公安机关于2021年10月11日拘留犯罪嫌疑人张三，张三要求聘请律师，公安机关以涉嫌黑社会犯罪为由拒绝了张三的要求。2021 年 11 月 9 日人民检察院批准逮捕张三，由于案情重大，经上级人民检察院的批准，延长侦查羁押期限。公安机关于 2022 年 4 月 5 日侦查终结，向人民检察院移送起诉。检察机关认为部分犯罪事实不清，证据不足，退回补充侦查。补充侦查完毕后，人民检察院仍认为张三涉嫌走私罪证据不足，迟迟不提起公诉，在公安机关的催促下，于 2022 年 9 月 3 日向人民法院提起公诉。

［问题］

1. 在侦查期间，公安机关发现犯罪嫌疑人另有重要罪行的，如何判定侦查羁押期限？

2. 公安机关对案件如何提请延长羁押期限？

［解析］

1. 本案考查侦查羁押期限。《最高人民法院、最高人民检察院、公安部、国家安全部、司法部、全国人大常委会法制工作委员会关于实施刑事诉讼法若干问题的规定》第 22 条规定："'在侦查期间，发现犯罪嫌疑人另有重要罪行的，自发现之日起依照本法第一百五十六条的规定重新计算侦查羁押期限。'公安机关依照上述规定重新计算侦查羁押期限的，不需要经人民检察院批准，但应当报人民检察院备案，人民检察院可以进行监督。"

《六机关规定》规定："根据刑事诉讼法第 128 条的规定，公安机关在侦查期间，发现犯罪嫌疑人另有重要罪行，重新计算侦查羁押期限的，由公安机关决定，不再经人民检察院批准但须报人民检察院备案，人民检察院可以进行监督。"

2. 根据《刑事诉讼法》第 156 条、第 158 条、第 159 条关于侦查羁押期限的规定：一般刑事案件侦查羁押期为 2 个月，重刑案件可长达 7 个月。最高检《刑诉规则》第 309 条规定："公安机关需要延长侦查羁押期限的，应当在侦查羁押期限届满七日前提请批准延长侦察羁押期限。人民检察院办理直接受理侦查的案件，负责侦查的部门认为需要延长侦查羁押期限的，应当按照前款规定向本院负责捕诉的部门移送延长侦查羁押期限意见及有关材料。"

第二节　刑事诉讼的中止和终止

知识背景

一、刑事诉讼中止的概念、条件和程序

（一）刑事诉讼中止的概念

刑事诉讼的中止，是指在刑事诉讼过程中，由于发生某种情况或出现某种障碍影响诉讼的正常进行而将诉讼暂时停止，待有关情况或障碍消失后，再恢复诉讼的制度。

刑事诉讼中止的基本特点：(1)刑事诉讼中止可以发生在诉讼的任何阶段，即既可以发生在侦查阶段，又可以发生在起诉阶段，还可以发生在审判阶段；(2)刑事诉讼中止后，既不能撤销案件，也不能终止诉讼，而只是将诉讼程序暂时地、不定期地停止，直到引起诉讼中止的原因消失以后，诉讼才恢复进行；(3)刑事诉讼中止前所进行的诉讼活动仍然有效，有关专门机关和诉讼参与人有权利也有义务继续完成法定的诉讼行为；(4)刑事诉讼中止的期间不计入专门机关的办案期限，也不影响当事人行使其依法享有的诉讼权利。

(二)刑事诉讼中止的条件和程序

根据诉讼阶段的不同，刑事诉讼的中止可以分为中止侦查、中止审查和中止审理三种，其条件和程序有较大的差别：

1. 中止侦查。在侦查过程中，犯罪嫌疑人长期潜逃，采取有效追捕措施仍不能缉拿归案的，或者犯罪嫌疑人患有精神病及其他严重疾病不能接受讯问，丧失诉讼行为能力的，或者有其他不能抗拒的原因的，经侦查机关负责人决定，可以中止侦查。但是，根据《刑事诉讼法》第298条的规定，对于恐怖活动犯罪等重大犯罪案件，犯罪嫌疑人逃匿，在通缉一年后不能到案，依照《刑法》规定应当追缴其违法所得及其他涉案财产的，侦查机关应当写出没收违法所得意见书，移送人民检察院，而不得中止侦查。对于贪污贿赂犯罪等重大犯罪案件，具有上述情形的，人民检察院侦查部门应当写出没收违法所得意见书，移送公诉部门，亦不得中止侦查。中止侦查的理由和条件消失后，经侦查机关负责人决定，应当恢复侦查。中止侦查期间，如果犯罪嫌疑人在押，对符合延长侦查羁押期限条件的，应当依法延长侦查羁押期限；对侦查羁押期限届满的，应当依法变更为取保候审或者监视居住措施。

2. 中止审查。在审查起诉过程中，犯罪嫌疑人潜逃或者患有精神病及其他严重疾病不能接受讯问，丧失诉讼行为能力的，人民检察院可以中止审查。共同犯罪案件中的部分犯罪嫌疑人潜逃的，对该犯罪嫌疑人可以中止审查。但是，根据《刑事诉讼法》第298条的规定，对于贪污贿赂犯罪、恐怖活动犯罪等重大犯罪案件，犯罪嫌疑人逃匿，在通缉一年后不能到案，依照刑法规定应当追缴其违法所得及其他涉案财产的，人民检察院可以向人民法院提出没收违法所得的申请，而不宜中止审查。中止审查应当由办案人员提出意见，公诉部门负责人审核，报请检察长决定。撤销中止审查的，亦应当由办案人员提出意见，公诉部门负责人审核，报请检察长决定。

3. 中止审理。《刑事诉讼法》第206条第1款规定："在审判过程中，有下列情形之一，致使案件在较长时间内无法继续审理的，可以中止审理：(一)被告人患有严重疾病，无法出庭的；(二)被告人脱逃的；(三)自诉人患有严重疾病，无法出庭，未委托诉讼代理人出庭的；(四)由于不能抗拒的原因。"出现上述情形，人民法院决定中止审理的，应当使用裁定。需要注意的是，中止审理的裁定应当通知同级人民检察院或者自诉案件的对方当事人；中止审理的原因消失后，应当恢复审理；中止审理的期间不计入审理期限。

二、刑事诉讼终止的概念、条件和程序

（一）刑事诉讼终止的概念

刑事诉讼的终止，是指在刑事诉讼过程中，因出现某种法定情形，致使诉讼不必要或者不应当继续进行，从而结束诉讼的制度。刑事诉讼终止的基本特点是：一旦作出诉讼终止的决定，所有诉讼活动都要立即停止进行，已经对犯罪嫌疑人、被告人采取的各种强制措施也因诉讼终止的决定而失效。

刑事诉讼终止和刑事诉讼中止都具有停止诉讼进行的效力，但两者的区别主要表现在：（1）条件不同。刑事诉讼终止适用于不必要或者不应当进行诉讼的各种法定情形；刑事诉讼中止则适用于出现了致使诉讼无法继续进行的特殊情况或客观障碍。（2）结果不同。刑事诉讼终止是终结案件，不再追诉，即依法不必要或不应当追究犯罪嫌疑人、被告人的刑事责任；刑事诉讼中止则只是暂停诉讼，待特殊情况或客观障碍消除后再恢复诉讼，继续对犯罪嫌疑人、被告人进行追诉活动。（3）程序不同。出现刑事诉讼终止的法定情形时，公安机关、人民检察院、人民法院分别作出撤销案件的决定、不起诉的决定、宣告无罪的判决或者终止审理的裁定，并应制作法律文书，送达犯罪嫌疑人、被告人及其所在单位和家属，如果犯罪嫌疑人、被告人在押，应当立即释放，并且发给释放证明；出现刑事诉讼中止的特殊情况或客观障碍时，则由公安机关、人民检察院和人民法院分别作出中止侦查的决定、中止审查的决定或者中止审理的裁定，除中止审理的裁定需制作法律文书并送达人民检察院或者自诉案件的对方当事人外，中止侦查、中止审查的决定一般只需记录在案即可。

（二）刑事诉讼终止的条件和程序

我国《刑事诉讼法》第16条规定：“有下列情形之一的，不追究刑事责任，已经追究的，应当撤销案件，或者不起诉，或者终止审理，或者宣告无罪：（一）情节显著轻微、危害不大，不认为是犯罪的；（二）犯罪已过追诉时效期限的；（三）经特赦令免除刑罚的；（四）依照刑法告诉才处理的犯罪，没有告诉或者撤回告诉的；（五）犯罪嫌疑人、被告人死亡的；（六）其他法律规定免予追究刑事责任的。”此外，犯罪嫌疑人、被告人的行为缺乏犯罪构成要件不构成犯罪和案件经查证没有犯罪事实的，也不追究刑事责任。

从上述规定可以看出，刑事诉讼终止应当符合两个条件：一是必须是在刑事诉讼过程中。如果刑事案件没有立案，诉讼尚未开始，就不存在诉讼终止的问题；如果判决已经作出并发生法律效力，即诉讼业已结束，则不再适用诉讼终止。二是必须具有不追究刑事责任的法定情形之一，才能终止诉讼。

需要指出的是，2012年修正的《刑事诉讼法》规定了“犯罪嫌疑人、被告人逃匿、死亡案件违法所得的没收程序”。据此，对于贪污贿赂犯罪、恐怖活动犯罪等重大犯罪案件，被告人死亡，依照《刑法》规定应当追缴其违法所得及其他涉案财产的，公安司法机关应当适用该程序继续进行诉讼活动，而不得终止诉讼。

我国的刑事诉讼终止有撤销案件、不起诉、终止审理或宣告无罪几种方式，而且所处的诉讼阶段不同，采用的终止诉讼的方式及程序也就不同。其具体如下：第一，在侦查阶段，发现有不追究刑事责任的法定情形之一的，公安机关等侦查机关应当作出撤销案件的决定，从而终止诉讼。第二，在起诉阶段，发现有不追究刑事责任的法定情形之一的，人民检察院应当作出不起诉的决定，从而终止诉讼。第三，在审判阶段，人民法院发现有《刑事诉讼法》第16条第1项规定的情形以及被告人的行为缺乏犯罪构成要件不构成犯罪和案件经查证没有犯罪事实的，应当作出宣告被告人无罪的判决；发现有该条第2~4项规定的情形之一的，应当作出终止审理的裁定；发现有该条第5项规定的情形的，应当作出终止审理的裁定，但根据已查明的案件事实和认定的证据，能够确认无罪的，应当作出宣告被告人无罪的判决。此外，公安机关、人民检察院、人民法院分别作出的撤销案件的决定、不起诉的决定、宣告无罪的判决或终止审理的裁定，均应制作法律文书，及时送达有关专门机关和当事人；共同犯罪案件中只有部分犯罪嫌疑人、被告人被终止诉讼的，对其他犯罪嫌疑人、被告人的追诉仍应依法继续进行；对于终止诉讼的案件，如果犯罪嫌疑人、被告人在押的，应当立即释放，并发给释放证明。

【案例一】

［案情简介］

在刑事诉讼案件中，犯罪嫌疑人或被告人存在如下情形，人民法院应当作出终止审理的裁定：被告人患有严重疾病，无法出庭的；犯罪嫌疑人或被告人死亡的；犯罪已过追诉时效期限的；依照刑法告诉才处理的案件而没告诉的；经特赦令免除刑罚的。

［问题］

本案中犯罪嫌疑人或被告人存在以上哪种情形时人民法院应当作出终止审理的裁定？

［解析］

我国《刑事诉讼法》第16条规定："有下列情形之一的，不追究刑事责任，已经追究的，应当撤销案件，或者不起诉，或者终止审理，或者宣告无罪：(一)情节显著轻微、危害不大，不认为是犯罪的；(二)犯罪已过追诉时效期限的；(三)经特赦令免除刑罚的；(四)依照刑法告诉才处理的犯罪，没有告诉或者撤回告诉的；(五)犯罪嫌疑人、被告人死亡的；(六)其他法律规定免予追究刑事责任的。"

如果发现犯罪嫌疑人、被告人死亡的应当做出终止审理的裁定，但根据已查明的案件事实和认定的证据，能够确定无罪的，应当作出宣告被告人无罪的判决。因此，本案中犯罪嫌疑人或被告人死亡的；犯罪已过追诉时效期限的；依照刑法告诉才处理的案件而没告诉的；经特赦令免除刑罚的，这四种情形属于刑事诉讼中应当作出终止审理裁定的。

【案例二】

[案情简介]

被告人张三(男,31岁,农民),被害人李四(男,31岁,农民),张三和李四是某村农民。2022年10月13日,张三在本村李四家帮忙,晚饭时,张三与李四发生口角,于是互相殴打起来,随后被人劝开。当天晚上,李四和李四的妻子找到张三家讲理,李四的弟弟气急之下将张三的妻子推倒在地,张三于是与李四两兄弟厮打起来。在厮打过程中,张三被李四的弟弟用锄头打伤胸部,经鉴定属于轻伤。张三用木棍将李四家的电视机、冰箱等物品砸坏,造成经济损失约4000元。

李四向县公安机关报案,此案经侦查、起诉和审理。2022年10月14日,县人民法院以故意毁坏他人财物罪判处张三有期徒刑1年,赔偿李四经济损失4000元。张三接到判决后,认为自己也被李四家人打伤,法院判决过重,因此准备向上级人民法院上诉。2022年10月19日,张三正准备邮寄上诉状时,由于连天暴雨,冲坏了铁路,邮局停业,上诉状无法邮寄出。等到铁路恢复正常,邮局恢复营业时,已超过法定上诉期限。被告人张三在铁路通车的第二天直接到上级人民法院说明了情况,上级人民法院审查了被告人上诉超过期限的原因,最后接受了张三的上诉,并对案件进行了审理。

[问题]

结合本案简述诉讼期限恢复的条件有哪些。

[解析]

我国《刑事诉讼法》第106条规定:"当事人由于不能抗拒的原因或者有其他正当理由而耽误期限的,在障碍消除后五日以内,可以申请继续进行应当在期满以前完成的诉讼活动。前款申请是否准许,由人民法院裁定。"根据本条规定,刑事诉讼当事人耽误诉讼期限的,在符合以下条件时,有权申请继续进行应在期满以前完成的诉讼活动:(1)期限是由于不能抗拒的原因或者其他正当理由而耽误。"不可抗拒的原因"是指不以人的意志为转移的,不可阻挡的,只是当事人在法定期限无法进行诉讼的原因,如自然灾害、意外事故等。"其他正当理由"是指除不可抗拒原因之外的合理原因,也就是当事人没有过错的原因,如重病,当事人没有收到有关法律文书等。(2)当事人应在障碍消除后5日内提出申请。当事人的申请应由法院审查并作出是否准许的裁定。

根据上述法律规定,本案中,被告人张三在提出上诉之前,因暴雨冲毁铁路导致邮局不能正常营业,上诉书不能交邮,属于"当事人不能抗拒的"自然灾害造成耽误诉讼期限,而且张三在障碍消除后的第二天就赶到二审法院说明情况,符合法律规定的条件,二审法院经过审查受理了张三的上诉。

第三节　送　　达

知识背景

一、送达的概念

刑事诉讼中的送达，指公安机关、人民检察院、人民法院等专门机关按照法定的程序和方式将有关诉讼文件送交收件人的一种诉讼活动。送达的特点：一是送达的主体是公安司法机关。在我国刑事诉讼中，送达仅限于公安机关、人民检察院、人民法院向收件人送交诉讼文件的行为。至于诉讼参与人向公法机关递交诉讼文书或者诉讼参与人相互之间传递诉讼文书的行为，不属于法律意义上的送达。二是送达的内容是有关的诉讼文件。送达的内容包括各种诉讼文件，其中，公安司法机关制作的诉讼文书是送达的主要内容，如传票、通知书、不起诉决定书、起诉书、判决书、裁定书等。此外，诉讼参与人制作的自诉状副本、附带民事诉讼诉状及答辩状副本、上诉状副本等诉讼文书也通过人民法院送达。三是送达的对象可以是公民个人，也可以是机关、单位，如接受不起诉决定书的被不起诉人，接受开庭通知的人民检察院。四是送达必须依照法定的程序和方式进行。立法对送达的程序和方式进行了严格的规定。公安司法机关只有经依法送达，诉讼文件才会发生法律效力。

二、送达的方式和程序

按照《刑事诉讼法》以及相关司法解释的规定，刑事诉讼中的送达方式和程序主要有：

（一）直接送达

直接送达是指公安司法机关派员将诉讼文书直接送交收件人的送达方式。其特点是诉讼文书被直接交付收件人，无须经过转交等中间环节。由于直接送达可靠性强，所需时间短、效率高，因此公安司法机关送达诉讼文书，一般以直接送达为原则。根据相关规定，直接送达的程序是，由公安司法人员将诉讼文书交给收件人本人，由收件人本人在送达回证上记明收到的日期，并且签名或者盖章。如果本人不在，可以将诉讼文书交给他的成年家属或者所在单位的负责人员代收，由代收人在送达回证上记明收到的日期，并且签名或者盖章。此处“所在单位的负责人员”指所在单位负责收件的人员。收件人或者代收人在送达回证上签收的日期为送达日期。

（二）留置送达

留置送达是指收件人本人或者代收人拒绝签收向其送达的诉讼文件时，送达人依法将诉讼文件留在收件人住处的送达方式。采用留置送达必须具备一个前提，即收件人本人或者代收人拒绝接收向其送达的诉讼文件或者拒绝签名、盖章。如果仅仅是找不到收件人本人或代收人，不可采用留置送达。根据相关规定，在程序上，收件人本人或者代收人拒绝接收或者拒绝签名、盖章的时候，送达人可以邀请他的邻居或者其他见证人到场，说明情况，在送达回证上注明拒绝的事由、送达的日期，由送达人、见证人签名或者盖章，并把诉讼文书留在收件人或者代收人住处或者单位后，即视为送达；也可以把诉讼文书留在受送达人的住处，并采用拍照、录像等方式记录送达过程，即视为送达。

（三）委托送达

委托送达是指公安司法机关直接送达诉讼文书有困难的，委托收件人所在地的公安司法机关代为交给收件人的送达方式。委托送达的前提是，收件人所在地并非送达主体的所在地，后者对前者直接送达有困难。根据相关规定，委托送达的，应当将委托函、委托送达的诉讼文书及送达回证，寄送收件人所在地的公安司法机关。受委托的机关收到委托送达的诉讼文书，应当登记，并由专人在10日内送达收件人，然后将送达回证及时退回委托送达的机关。受委托的机关无法送达时，应当将不能送达的原因及时告知委托机关，并将诉讼文书和送达回证退回。

（四）邮寄送达

邮寄送达是指公安司法机关通过邮局将诉讼文书用挂号方式邮寄给收件人送达方式。邮寄送达通常也是在直接送达有困难的情况下采用的一种送达式。根据相关规定，邮寄送达的，应当将诉讼文书、送达回证挂号邮寄给收件人。挂号回执上注明的日期为送达的日期。

（五）转交送达

转交送达是指公安司法机关将诉讼文书交收件人所在机关、单位代收后再转交给收件人的送达方式。转交送达仅适用于收件人较为特殊的情形，具体包括以下三种：一是收件人是军人的，可以通过所在部队团级以上单位的政治部门转交；二是收件人正在服刑的，可以通过所在监狱或者其他执行机关转交；三是收件人正在被采取强制性教育措施的，可以通过强制性教育机构转交。代为转交的部门、单位收到诉讼文书后，应当立即交收件人签收，并将送达回证及时退回送达的公安司法机关。

【案例一】

［案情简介］

2022年7月，被告人王五因重大交通事故造成1人伤亡，涉嫌交通肇事罪被依法逮捕。王五的家人积极同受害人家属协商赔偿事宜，并最终达成了赔偿协议，进行了赔偿。经王五家人的担保，王五被取保候审。8月底，被告人王五被人民检察院提起公诉。人民法院受理案件后，依照法律进行了一系列开庭前的准备工作。审判人员先是电话通知王五到人民法院领取开庭传票，王五拒绝领取。再后来，人民法院派人到王五家里送达传票，王五得知后2次故意逃避。人民法院第3次送达开庭传票时，终于见到了王五本人。但王五以交通事故赔偿问题已经解决为由，拒绝接收开庭传票，拒绝在送达回证上签字。

[问题]

依据法律规定分析本案应采用什么送达方式?

[解析]

本案考查送达方式。《刑事诉讼法》第107条第2款规定:"收件人本人或者代收人拒绝接收或者拒绝签名、盖章的时候,送达人可以邀请他的邻居或者其他见证人到场,说明情况,把文件留在他的住处,在送达证上记明拒绝的事由、送运的日期,由送达人签名,即认为已经送达。"这种送达方式,即为留置送达,它同直接送达和间接送达产生同样的法律和诉讼效果。留置送达必须具备一定条件,即只有在收件人或代收入拒绝接受诉讼文书或者拒绝签名、盖章时才能采用。虽然留置送达与直接送达具有同等的法律效力,但适用时应注意:调解书不适用留置送达。当事人或者其指定的代收人拒绝签收调解书,说明当事人已反悔,不能将调解书留在受送达人的住所。

本案中,送达人员依照法律规定可以采用留置送达。送达人员可以找王五的两位邻居作为送达的见证人,当场向他们简要说明了上述情况,把传票留在了王五的住处,并在送达回证上注明王五拒绝签收,邻居见证、留置传票和送达日期等情况,由送达人员和两位见证人签名。

【案例二】

[案情简介]

被告人张三(男,15岁),学生。张三有上网玩游戏的恶习,2022年7月11日,张三想上网吧玩游戏,可是没钱,于是想起了抢劫的念头。案发后,被害人向当地某区人民法院报案,区法院受理此案后,区法院书记员到张三住处送达起诉书副本,张三及其父母拒绝签收。对此,本案中该书记员对送达起诉书副本作出以下处理:(1)邀请见证人到场;(2)在起诉书副本上注明拒收的事由和日期,该书记员和见证人签名或盖章;(3)采取拍照、录像等方式记录送达过程;(4)将起诉书副本留在张三住处。

[问题]

本案中书记员关于送达起诉书副本所作出的以上处理是否正确?

[解析]

本案考查诉讼文书的送达。根据我国最高法《刑诉解释》第204条第2款规定:"收件人或者代收人拒绝签收的,送达人可以邀请见证人到场,说明情况,在送达回证上注明拒收的事由和日期,由送达人、见证人签名或者盖章,将诉讼文书留在收件人、代收人的住处或者单位;也可以把诉讼文书留在受送达人的住处,并采用拍照、录像等方式记录送达过程,即视为送达。"该条规定的送达方式是留置送达。本案中,被告人及其法定代理人拒绝签收起诉书副本,该书记员可以留置送达,根据上述规定,本案中书记员关于送达起诉书副本所作出的以上处理(1)、(3)、(4)都是正确的。

该书记员对本案诉讼文书送达的处理(2)是错误的。其错在不是在起诉书副本上,而应在送达回证上注明拒收的事由和日期,由书记员和见证人签名或盖章。因为在送达回证上注明拒收的事由和日期,由送达人、见证人签名或盖章是为了日后证明将起诉书副本送达了,而起诉书副本是送达给被告人的,并不由法院保存,所以在起诉书副本上进行上述活动,是没有意义的,法院日后还是没有证据证明完成了送达。

【综合案例】

【综合案例一】

[案情简介]

被告人吕某(女,46岁),原系A市工商局局长,任职期间利用职权,收受贿赂,为他人办事,被知情人举报。此案经A市监察机关调查,A市人民检察院审查、提起公诉,A市人民法院依法审理,2021年7月5日,吕某因受贿罪被判处有期徒刑11年。吕某收到判决书后,认为量刑过重,于是让其丈夫李四代为上诉。2021年7月14日,李四将上诉状交邮,二审法院于7月18日接到上诉状,认为吕某的上诉已经超过法定期限,于是驳回上诉。

[问题]

本案中二审法院的做法是否正确?

[思路]

我国《刑事诉讼法》第105条规定:“期间以时、日、月计算。期间开始的时和日不算在期间以内。法定期间不包括路途上的时间。上诉状或者其他文件在期满前已经交邮的,不算过期。”《刑事诉讼法》第230条规定:“不服判决的上诉和抗诉的期限为十日,不服裁定的上诉和抗诉期限为五日,从接到判决书、裁定书的第二日起算。”

根据上述法律规定,就本案情而言,吕某于2015年7月5日收到判决书,上诉期限的起算日期应为7月6日,终止日期为7月15日,吕某的丈夫李四于7月14日将上诉书交邮,属于在法定期间上诉,并不过期。本案中,二审法院从自己接到上诉书的日期7月18日,认定吕某上诉超过法定期限,于是作出驳回上诉的决定,是错误的,显然侵犯了吕某依法享有的诉讼权利。

【综合案例二】

[案情简介]

甲某等抢劫案。公安机关立案侦查后认定的犯罪嫌疑人甲某(男,19岁)、乙某(男,18岁)和丙某(男,14岁)。公安机关经过一系列侦查活动,查获证据表明,甲某是本案的主谋,乙某为积极参与者,丙某是未成年人,被甲、乙胁迫参与本案,负责“望风”,事后由家长带领丙某前往公安机关自首。甲某明知罪责难逃,在检察院对本案审查阶段,甲某利用前往检察机关接受讯问的途中发生交通事故的机会,趁机潜逃,经公安机关发布通缉令,追捕一直下落不明。

[问题]

检察院对本案的处理是继续进行诉讼、中止诉讼,还是终止诉讼?

[思路]

刑事诉讼中止,可以发生在刑事诉讼中任何阶段,所以包括中止侦查、中止审查、中止审理。刑事诉讼中止,是指在刑事诉讼过程中,因发生某种特殊情况或法定原因,而使诉讼无法进行或不宜进行,由司法机关决定暂时停止诉讼程序,待中止的条件消失后,再恢复诉讼的制度。诉讼中止的期间不计入诉讼期限。诉讼中止是刑事诉讼过程中的一种特殊情况。当诉讼中止的情况出现时,刑事诉讼既无法进行下去,又不能使诉讼终结,而且这种引起诉讼中止的原因或条件一般难以确定何时得以排除。所以,这时只能是将诉讼程序暂时停止。至于何时可以恢复刑事诉讼的进程则只能视客观情况具体分析,通常很难确定具体时间。

刑事诉讼终止,是指在刑事诉讼过程中,由于出现某种法定的特殊情况,致使刑事诉讼没有必要或者不可能继续进行,从而由有关机关决定结束诉讼的制度。刑事诉讼的终止和中止一样,都是诉讼中的非正常程序,是针对诉讼过程中的某些特殊情况设立的。其理论基础也是基于维护刑事诉讼的严肃性,诉讼效益原则和保护当事人合法权利。通常情况下,刑事诉讼要经过立案、侦查、起诉、审判、执行等阶段,其中心任务是解决被告人的刑事责任问题,但在某些情况下,需要非正常地终止刑事诉讼程序。根据《刑事诉讼法》第16条的规定:“有下列情形之一的,不追究刑事责任,已经追究的,应当撤销案件,或者不起诉,或者终止审理,或者宣告无罪:(一)情节显著轻微、危害不大,不认为是犯罪的;(二)犯罪已过追诉时效期限的;(三)经特赦令免除刑罚的;(四)依照刑法告诉才处理的犯罪,没有告诉或者撤回告诉的;(五)犯罪嫌疑人、被告人死亡的;(六)其他法律规定免予追究刑事责任的。”

从本案来看,甲、乙、丙三名犯罪嫌疑人系共同犯罪,但各自在本案中的地位和作用不同,甲某和乙某应当负主要刑事责任,丙某起次要作用,对丙某可以考虑依法不予追究刑事责任。所以,根据上述刑事诉讼法律规定,检察院对本案中甲、乙、丙三名犯罪嫌疑人应当做出不同的诉讼处理:(1)鉴于甲某在侦查过程中脱逃,并且经过公安机关追捕尚未归案,应当作出暂时中止诉讼,待甲某被抓捕归案后再恢复诉讼。中止诉讼的结果意味着既不是撤销案件也不是终结诉讼,此前进行的诉讼活动仍然有效,专门机关并不停止对甲某的抓捕,诉讼中止的期间不计入办案期限。(2)为了防止诉讼的拖延,及时查明犯罪事实,惩罚犯罪,对于乙某继续进行审查。根据《刑事诉讼法》第176条规定:“人民检察院认为犯罪嫌疑人的犯罪事实已经查清,证据确实、充分,依法应当追究刑事责任的,应当作出起诉决定,按照审判管辖的规定,向人民法院提起公诉,并将案卷材料、证据移送人民法院。”检察院如果认为乙某符合《刑事诉讼法》第

176 条规定的条件,应当作出提起公诉的决定。(3)对于丙某,如果认为符合《刑事诉讼法》第 16 条的规定:"有下列情形之一的,不追究刑事责任,已经追究的,应当撤销案件,或者不起诉,或者终止审理,或者宣告无罪:(一)情节显著轻微、危害不大,不认为是犯罪的……"检察院对丙某应当作出不起诉的决定,也即是对丙某做出终止诉讼的处理。

【综合案例三】

[案情简介]

甲、乙抢劫案。在审判阶段,因发生某种特殊情况或法定原因,而使诉讼无法进行。关于本案涉及的诉讼期间计算,法院作出如下处理:(1)因被告人甲脱逃而中止审理的期间,计入审理期限;(2)法院对提起公诉案件进行审查的期限,不计入审理期限;(3)被告人乙要求法院另行指定辩护律师,自合议庭同意而宣布延期审理之日起至第 10 日止准备辩护的时间,计入审理期限;(4)因当事人和辩护人申请调取新的证据而延期审理期限,不计入审理期限。

[问题]

本案中法院关于诉讼期间计算的处理是否正确?

[思路]

本案考查诉讼期间的计算。根据《刑事诉讼法》第 206 条规定:"在审判过程中,有下列情形之一,致使案件在较长时间内无法继续审理的,可以中止审理:……(二)被告人脱逃的……中止审理的期间不计入审理期限。"据此,被告人逃脱而中止审理的期间不应计入审理期限,所以,本案涉及的诉讼期间计算的处理(1)错误。

根据最高法《刑诉解释》第 219 条第 2 款规定:"对公诉案件是否受理,应当在七日内审查完毕。"法律并未将审查期限排除在审理期限外,据此,本案涉及的诉讼期间计算的处理(2)是错误的。

《刑诉解释》第 311 条第 1 款规定,被告人当庭拒绝辩护人辩护,要求另行委托辩护人或者指派律师的,合议庭应当准许。第 313 条规定,依照前两条规定另行委托辩护人或者指派律师的,自案件宣布休庭之日起至第 15 日止,由辩护人准备辩护,但被告人及其辩护人自愿缩短时间的除外。据此,被告人要求法院另行指定辩护律师,自合议庭同意而宣布延期审理之日起至第 15 日止准备辩护的时间,法律并未排除,应计入审理期限,本案中,15 日应计入审限,10 日内自然也应计入审限。所以,本案涉及的诉讼期间计算的处理(3)是正确的。

《刑诉解释》第 273 条规定:"法庭审理过程中,控辩双方申请通知新的证人到庭,调取新的证据,申请重新鉴定或者勘验的,应当提供证人的基本信息、证据的存放地点,说明拟证明的事项,申请重新鉴定或者勘验的理由。法庭认为有必要的,应当同意,并宣布休庭;根据案件情况,可以决定延期审理。人民法院决定重新鉴定的,应当及时委托鉴定，并将鉴定意见告知人民检察院、当事人及其辩护人、诉讼代理人。”因此，当事人和辩护人申请调取新的证据而延期审理期限，应计入审理期限。所以，本案涉及的诉讼期间计算的处理（4）是错误的。

▲ 资料链接

1. 陈光中主编：《刑事诉讼法》（第 7 版），北京大学出版社 2021 年版。

2. 陈卫东主编：《刑事诉讼法》（第 4 版），中国人民大学出版社 2014 年版。

3. 姚莉主编：《刑事诉讼法学》（第 3 版），中国法制出版社 2023 年版。

4. 宋英辉主编：《刑事诉讼法学》（第 6 版），中国人民大学出版社 2019 年版。

5.《刑事诉讼法学》编写组编：《刑事诉讼法学》（第 3 版），高等教育出版社 2019 年版。

6. 孙彩虹主编：《刑事诉讼法学——理论·实务·案例》，中国政法大学出版社 2011 年版。

7. 刘玫：《刑事诉讼法定期间问题研究》，载《刑事司法论坛》2004 年第 1 期。

◇ 讨论思考

1. 简述诉讼中止。
2. 简述留置送达。
3. 如何计算刑事诉讼的期间？
4. 如何理解我国的刑事诉讼中止？
5. 中止诉讼与终止诉讼有何区别？
6. 终止审理与延期审理有何区别？
7. 简述诉讼文书的送达方式有几种。

第十章　立　　案

◈ 本章提要

立案作为刑事诉讼开始的标志，是一项具有中国特色的诉讼程序和制度。它是指公安机关、人民检察院、人民法院对于报案、控告、举报、自首等方面的材料，依照管辖范围进行审查，以判断是否确有犯罪事实存在和应否追究刑事责任，并依法决定是否作为刑事案件进行侦查或审判的一种诉讼活动。正确、及时地启动立案程序，有利于迅速揭露犯罪、证实犯罪和惩罚犯罪，有效保护公民的合法权益不受侵犯。公安司法机关的立案条件是有犯罪事实存在，依法需要追究刑事责任。人民检察院作为国家的专门法律监督机关，有权对立案活动实行法律监督。

◉ 法考重点

立案的含义和意义；立案的材料来源；立案的条件；立案的程序；立案、不立案应遵循的程序。

第一节　立案的材料来源和条件

△ 知识背景

一、立案的材料来源

刑事诉讼中的立案是指公安司法机关对于报案、控告、举报、自首以及自诉人起诉等材料，按照各自的职能管辖范围进行审查后，认为有犯罪事实发生并需要追究刑事责任时，决定将其作为刑事案件进行侦查或审判的一种诉讼活动。根据《刑事诉讼法》的规定，立案具有以下特点：一是立案是法律赋予公安机关、人民检察院、人民法院特有的权力和职责，其他任何机关和个人都无立案权；二是立案是我国刑事诉讼一个独立、必经的诉讼阶段，是刑事诉讼活动开始的标志。

立案材料是指公安司法机关发现的或者有关单位、组织或个人向公安司法机关提交的有关犯罪事实和犯罪嫌疑人情况的材料。它是公安司法机关进行审查，决定是否立案的事实根据。从我国《刑事诉讼法》规定和司法实践情况来看，立案材料的来源主要有以下几种渠道：(1)单位或者个人的报案或者举报；(2)被害人的报案或者控告；

(3)犯罪人的自首;(4)公安机关、人民检察院自行主动获取的材料;(5)其他途径。

二、立案的条件

根据我国《刑事诉讼法》第 112 条的规定,人民法院、人民检察院或者公安机关认为有犯罪事实需要追究刑事责任的时候,应当立案;认为没有犯罪事实,或者犯罪事实显著轻微,不需要追究刑事责任的时候,不予立案,并且将不立案的原因通知控告人。因此,刑事诉讼立案的条件包括:

(一)有犯罪事实

有犯罪事实是指有刑法规定的犯罪事实发生,并且该犯罪事实的发生有一定的证据证明,这是立案的首要条件。具体而言,“有犯罪事实”包括以下两层含义:(1)需要立案追究的只能是依照刑法的规定构成犯罪的事实;(2)犯罪事实必须有相关的证据材料证明。

(二)需要追究刑事责任

有犯罪事实并不是都需要立案以启动刑事诉讼程序,因为立案以追究犯罪嫌疑人、被告人刑事责任,实现国家刑罚权为目的,但并不是所有犯罪事实都需要追究刑事责任,依法不需要追究刑事责任的就不能立案,只有既有犯罪事实发生又需要追究刑事责任的才能立案。

根据我国《刑事诉讼法》第 16 条规定,有以下情形之一的,不追究刑事责任,已经追究的应当撤销案件,或者不起诉,或者终止审理,或者宣告无罪。尚未立案的应不予立案:(1)情节显著轻微、危害不大,不认为是犯罪的;(2)犯罪已过追诉时效期限的;(3)经特赦令免除刑罚的;(4)依照刑法告诉才处理的犯罪,没有告诉或者撤回告诉的;(5)犯罪嫌疑人、被告人死亡的;(6)其他法律规定免予追究刑事责任的。

(三)符合管辖的规定

有犯罪事实和需要追究刑事责任是立案必须具备的两个实体条件。而特定的公安司法机关对某个刑事案件是否具有管辖权则是立案的程序条件。我国《刑事诉讼法》第 109 条规定,公安机关或者人民检察院发现犯罪事实或者犯罪嫌疑人,应当按照管辖范围,立案侦查。第 110 条第 3 款规定,对于不属于自己管辖的,应当移送主管机关处理,并且通知报案人、控告人、举报人;对于不属于自己管辖而必须采取紧急措施的,应当先采取紧急措施,然后移送主管机关。

【案例】

[案情简介]

2022 年 5 月 17 日晚 7 时许,高二学生周某与何某因琐事发生口角,于是互相殴打。班主任商某严厉地批评了周某,周某被商某批评后,晚自习时,班主任商某发现周某不认真学习,却在看武打书,于是没收周某的书。周某很生气,背起书包要回家,商某一时怒起,打了周某两耳光。周某回到家中,越想越伤心,认为商某当着全班同学的面打骂他、羞辱他，于是写了一封遗书："商某当着众人的面，打我耳光，羞辱我，我已无脸见人，他害死了我……"随后，周某服下大量安眠药，经抢救无效死亡。周某母亲到某区公安局控告商某故意杀害周某，请求予以惩处。某区公安局经过调查，认为商某打骂周某的行为是错误的，但不是犯罪行为，周某的死与商某的打骂行为无必然的因果关系，是周某一时想不开而自杀身亡。商某主观上无杀人的故意，客观上没有实施故意杀人行为，据此，某区公安局决定不予立案，并且将不立案的原因通知了周某的父母。由于商某批评教育学生的行为过于粗暴、不讲方式，某区公安局将此情况向该中学如实反映，并建议该中学对商某进行严格批评教育。

［问题］

1. 阐释刑事案件立案应当具备的法定条件。

2. 某区公安局对本案决定不立案是否合法？

［解析］

1. 立案的条件，是指立案必须具备的基本条件，也就是决定刑事案件成立、开始进行刑事追究必须具备的法定条件。它是立案的实质内容。《刑事诉讼法》第112条规定："人民法院、人民检察院或者公安机关对于报案、控告、举报和自首的材料，应当按照管辖范围，迅速进行审查，认为有犯罪事实需要追究刑事责任的时候，应当立案；认为没有犯罪事实，或者犯罪事实显著轻微，不需要追究刑事责任时候，不予立案。"根据这一规定，立案必须同时具备两个条件：一是有犯罪事实；二是需要追究刑事责任。有犯罪事实，是指客观上存在某种危害社会的行为。这是立案的首要条件，具体包含两方面的内容：(1)要立案追究的，必须是依照刑法规定构成犯罪的行为。没有犯罪事实，或者行为尚未构成犯罪的，就不应立案。立案时必须划清罪与非罪的界限，不能把一些违反道德规范的行为，违反党纪、政纪的行为，或者一般的违法行为当作犯罪，立案追究。(2)要有一定的证据材料证明犯罪事实确已发生。在立案阶段，只要掌握了足以证明犯罪事实已经发生的一定证据材料就可以了，不必要也不可能掌握证实犯罪事实和犯罪嫌疑人的全部证据。司法实践中存在的"先破后立""不破不立"的情况，实质上颠倒了立案阶段和侦查阶段的顺序，混淆了这两个诉讼阶段的任务，不符合刑事诉讼法关于立案的规定。需要追究刑事责任，是指依法应当追究犯罪行为人的刑事责任。这是立案必须具备的另一条件。

2. 根据《刑事诉讼法》第16条的规定，有下列情形之一的，不追究刑事责任：(1)情节显著轻微，危害不大，不认为是犯罪的；(2)犯罪已过追诉时效期限的；(3)经特赦令免除刑罚的；(4)依照刑法告诉才处理的犯罪，没有告诉或者撤回告诉的；(5)犯罪嫌疑人、被告人死亡的；(6)其他法律规定免予追究刑事责任的。因此，虽有犯罪事实发生，但犯罪行为人具有上述法定的不追究刑事责任情形之一的，就不应当立案。

本案中，周某的死与商某的行为并无直接的必然因果联系，周某是一时想不开而自杀身亡，商某主观上并无杀人的故意，客观上也没有实施故意杀人行为，商某打周某的行为只是一般违法行为，不是犯罪。据此，本案不符合"有犯罪事实，需要追究刑事责任"法定立案条件，所以，某区公安局的不立案决定是合法的。

第二节 立案程序和立案监督

知识背景

一、立案程序

立案程序是立案活动中各种诉讼活动进行的先后步骤和具体过程，它主要包括对立案材料的接受、对立案材料的审查和对立案材料的处理三个方面。

（一）对立案材料的接受

《刑事诉讼法》关于管辖的划分是针对公、检、法三机关的职责权限而言的，单位、个人或被害人的报案、举报、控告以及犯罪人的自首并不受此限制。但公、检、法三机关接受后，发现不属于自己管辖的，应当移送有关主管机关处理，并且通知报案人、控告人、举报人或自首的犯罪人。对于不属于自己管辖范围而又必须采取紧急措施的，应当先采取紧急措施，然后移送有关主管机关，以防止犯罪嫌疑人逃跑、自杀、行凶、毁灭罪证等妨碍或逃避侦查、起诉和审判行为的发生。关于立案材料的接受，我国《刑事诉讼法》第 110 条规定，公安机关、人民检察院或者人民法院对于任何单位、个人和被害人的报案、举报和控告以及犯罪人的自首，无论是否属于自己的管辖范围，都应当接受，不得推诿或者拒绝。

对于自诉案件，被害人有权直接向人民法院起诉，被害人死亡或者丧失行为能力的，被害人的法定代理人、近亲属有权向人民法院起诉，人民法院应当受理。这里需要特别指出的是，对于《刑事诉讼法》第 210 条第 3 项"被害人有证据证明被告人侵犯自己人身、财产权利的行为应当依法追究刑事责任，而公安机关或者人民检察院不予追究被告人刑事责任的案件"的规定，公安机关、人民检察院本应追究被告人刑事责任，但作了不立案、不起诉或不追究刑事责任决定，被害人直接向人民法院递交有关犯罪事实材料要求起诉的，如果符合法律规定的公诉转自诉的条件，人民法院也不得以该案属于公诉案件为由拒绝受理。

《刑事诉讼法》第 110 条规定，报案、控告、举报既可以书面方式提出，也可以口头方式提出，两者具有同等的法律效力。接受口头报案、控告、举报的公安人员、检察人员和审判人员，应当就报案、控告、举报的内容认真、详细地写成笔录，经宣读无误后，由报案人、控告人、举报人签名或者盖章。对于单位报案、控告、举报的，应当由单位负责人签名或者盖章，以便查证和防止诬告陷害。对于犯罪人的自首，接受自首的公安、司法工作人员也应当将犯罪人投案自首的时间、地点，以及其供述的犯罪行为发生的过程、情节、手段、后果等写成笔录，并经宣读无误后，由自首人签名或者盖章。

为了保证公安、司法机关准确、及时打击犯罪、惩罚犯罪，保障无辜的公民不受诬告陷害，保证控告、举报的真实性，法律规定接受控告、举报的公安、司法工作人员应当向控告人、举报人说明诬告应负的法律责任，以使他们能够实事求是，全面地揭发、控告自己所知道的有关犯罪事实或犯罪嫌疑人的情况。另外，为了保护人民群众同犯罪作斗争的积极性，《刑事诉讼法》第111条第3款规定："公安机关、人民检察院或者人民法院应当保障报案人、控告人、举报人及其近亲属的安全。报案人、控告人、举报人如果不愿公开自己的姓名和报案、控告、举报的行为，应当为他保守秘密。"公安机关、人民检察院和人民法院的工作人员在接受报案、控告、举报或者犯罪人自首的立案材料后，应当填写"受理刑事案件登记表"，并出具回执。

（二）对立案材料的审查

根据《刑事诉讼法》第112条的规定，人民法院、人民检察院或者公安机关对于报案、控告、举报和自首的材料，应当按照管辖范围迅速进行审查。公、检、法三机关对接受的立案材料进行审查核实，是能否正确、及时立案的关键。人民法院、人民检察院、公安机关对立案材料审查的内容主要是：案件是否属于本部门管辖、是否符合立案条件；而对立案材料审查的方法，通常是根据已掌握的材料和证据，确认犯罪事实是否存在、是否依法应当追究刑事责任。经过审查认为犯罪事实存在，依法应当追究刑事责任的，应当迅速作出立案决定。经过审查认为证据不足、不能判明犯罪事实是否发生的，或对立案材料尚有疑问的，可以要求报案人、控告人、举报人补充材料或者进一步说明情况；公安、司法机关也可以自行调查、收集证据，必要时可以采取勘验、检查、鉴定、询问知情人等一般调查方法。但通常情况下，人民检察院和公安机关对案件的侦查活动以及人民法院对案件的审判活动，均应在立案以后进行。此外，对立案材料的审查，公安、司法机关还可以委托发案单位进行调查，或者公安、司法机关与发案单位或其上级主管部门等共同进行调查。对于自诉案件，由于法律要求自诉人在提出控诉时，应当同时提出证明犯罪事实发生的各种证据，故而人民法院在审查过程中，如果认为自诉人提出的证据不充分，可以要求自诉人补充证实有关犯罪事实的材料，但立案前法院不能进行调查。应予以纠正司法实践中存在的"不破不立""先破后立"等"提高"刑事案件破案率的错误做法。总之，立案前的审查仅仅是为了查明是否确有犯罪事实发生，以便判明是否需要立案追究犯罪行为人刑事责任，而不是要求查明犯罪的目的、动机、手段、过程等全部的犯罪事实；也不要求在这一阶段查清谁是犯罪嫌疑人，因为这是立案以后侦查阶段的任务。

（三）对立案材料的处理

对立案材料的处理，是指公安机关、人民检察院或者人民法院对报案、控告、举报和自首的材料进行审查后，根据事实和法律作出立案或不立案的决定。

立案方面，公安机关、人民检察院、人民法院经过对立案材料的审查，认为符合立案条件，即确有犯罪事实发生，对犯罪行为人依法需要追究刑事责任的，应当作出立案的决定。决定立案的,应当先由承办人员写出立案报告书或者填写“立案报告表”。立案报告书的内容应当写明:立案机关的名称,立案的材料来源和案由,发案的时间、地点、犯罪事实、现有的证据材料,立案的法律根据和初步意见,立案的时间,承办人姓名等。然后,承办人员将制作好的立案报告书或“立案报告表”连同有关证据材料报送本机关主管领导审批。经批准后,填写“立案决定书”并由负责审批人签名或盖章,以标志正式立案。对于自诉案件,经过审查,如果认为符合立案条件的,人民法院应当在收到自诉状或者口头告诉第2日起15日以内作出立案决定,并书面通知自诉人。

不立案方面,接受立案材料的公安、司法机关,经审查,如果认为不符合立案条件,即没有犯罪事实发生,或者不需要追究刑事责任的,应当作出不立案的决定。决定不予立案的,应当制作“不立案决定书”,写明案件的材料来源、决定不立案的理由和法律依据、决定不立案的机关等。“不立案决定书”也必须经过主管机关或者主管部门的负责人批准。控告人如果对公安机关不立案的决定不服,还有权向人民检察院提出申诉,请求人民检察院按立案监督程序要求公安机关立案。控告人对人民检察院不立案决定不服的,可以在收到不立案通知书后10日以内申请复议。人民检察院应当在收到复议申请后15日以内作出答复。另外,对于自诉案件,经审查不符合立案条件的,人民法院应当在15日以内作出不立案决定,书面通知自诉人并说明不立案的理由和根据。

对于某些控告、举报的材料,虽不够立案条件,但被控告人、被举报人的行为有严重错误或者属于违法行为,需要作党纪、政纪处分,或者需要给予行政处罚的,应当将控告、举报的材料移送有关主管机关进行处理。立案后经过侦查,发现具有以下情形之一的,应当撤销案件:(1)没有犯罪事实的;(2)犯罪情节显著轻微、危害不大、不认为是犯罪的;(3)犯罪已过追诉时效期限的;(4)经特赦令免除刑罚的;(5)犯罪嫌疑人死亡的;(6)其他依法不追究刑事责任的。对于经过侦查,发现有犯罪事实需要追究,但不是立案侦查的犯罪嫌疑人实施的,或者共同犯罪案件中部分犯罪嫌疑人不够刑事处罚的,应当对有关犯罪嫌疑人终止侦查,并对该案件继续侦查。

二、立案监督

人民检察院对刑事诉讼实行法律监督是我国刑事诉讼的一项基本原则。控告人对不立案决定不服的,除了可以向作出不立案决定的机关申请复议外,也可不经复议而要求人民检察院予以监督。我国《刑事诉讼法》第113条规定,人民检察院认为公安机关对应当立案侦查的案件而不立案侦查的,或者被害人认为公安机关对应当立案侦查的案件而不立案侦查,向人民检察院提出的,人民检察院应当要求公安机关说明不立案的理由。人民检察院认为公安机关不立案理由不能成立的,应当通知公安机关立案,公安机关接到通知后应当立案。我国《刑事诉讼法》强化了人民检察院对公安机关不立案的监督制约机制,但对公安机关不该立案而立案的监督却没有明确规定,对此最高检《刑诉规则》弥补了这一不足。

人民检察院是国家的法律监督机关,在刑事诉讼中有权对整个刑事诉讼活动实行法律监督,立案是刑事诉讼程序中的一个相对独立的诉讼阶段,自然应当包括在人民检察院的法律监督之内。我国《刑事诉讼法》及最高检《刑诉规则》专门规定了人民检察院对公安机关的不立案和立案决定进行监督的内容。

【案例一】

[案情简介]

举报人甲某,A 市人。2022 年 10 月 18 日,甲某在网上爆料,A 市工商局局长杨某贪污受贿,拥有多处房产,甲某在举报帖文中附有材料。在发帖举报后,甲某在网上收到恐吓帖文,很多网友转发了关于举报人甲某全家都受恐吓及全家生命危在旦夕的帖文。

[问题]

立案材料的受理一般包括哪些内容?

[解析]

立案材料的受理是指公安机关、人民检察院和人民法院对举报、报案、控告、自首或自诉的案件材料收受的活动。根据《刑事诉讼法》第 110 条第 3 款的规定,公安机关、人民察院或者人民法院对于报案、控告、举报,都应当接受。对于不属于自己管辖的,应当移送主管机关处理,并且通知报案人、控告人、举报人;对于不属于自己管辖而又必须采取紧急措施的,应当先采取紧急措施,然后移送主管机关。鉴于此,立案材料的受理一般包括如下内容:(1)根据《刑事诉讼法》第 111 条的规定,公民可以口头和书面等形式提供证据材料。报案、控告、举报、自首或自诉都是公民的权利,一般对具体的形式并没有要求,既可以是口头形式,也可以是书面形式。接受口头报案、控告、举报的工作人员,应当写成笔录,经宣读无误后,由报案人、控告人、举报人签名或者盖章。另外,视听资料、电子资料等各种形式的证据资料在刑事诉讼中的作用也越来越大,公民应当也可以这种形式提交有关证据资料。本案中的举报帖文及所附的材料、举报人甲某被恐吓的帖文,可以作为立案材料。(2)公安司法人员对所有的报案、控告、举报、自首都应当立即接受,并及时根据管辖范围进行分流。此外,《刑事诉讼法》第 210 条、第 211 条对自诉案件的立案作了规定;同时,最高人民法院、最高人民检察院和公安部对各自机关内部的案件受理程序都有相应的司法解释或内部规定。

【案例二】

[案情简介]

A 市丁公司以伪造文件的方式,骗取丙保证金 500 万元。公安机关接到丙控告后,以尚无明确证据证明丁涉嫌犯罪为由不予立案。对此,丙请求立案监督,检察院的做法如下:(1)检察院告知丙应先申请公安机关复议,只有不服复议决定的才能请求检察院立案监督;(2)丙请求立案监督,检察院审查后认为公安机关应立案的,可以通知公安机关立案;(3)丙请求立案监督,公安机关接到检察院立案通知后仍不立案的,经省级检察院决定,检察院可自行立案侦查。

[问题]

1. 本案中检察院的以上做法是否正确?

2. 本案中丙能否直接向人民法院提起自诉?

[解析]

1. 检察院的做法(1)考查控告人不服不立案决定时,向公安机关复议与请求人民检察院立案监督之间的关系。最高检《刑诉规则》第557条第1款规定:“被害人及其法定代理人、近亲属或者行政执法机关,认为公安机关对其控告或者移送的案件应当立案侦查而不立案侦查,或者当事人认为公安机关不应当立案而立案,向人民检察院提出的,人民检察院应当受理并进行审查。”根据以上规定可知,控告人不服不立案决定时,既可以向公安机关复议,也可以请求人民检察院立案监督,公安机关、人民检察院应当受理并审查,两者是选择的关系。因此,检察院的做法(1)是错误的。

检察院的做法(2)考查检察院立案审查后的决定。根据《刑事诉讼法》第113条规定:“人民检察院认为公安机关对应当立案侦查的案件而不立案侦查的,或者被害人认为公安机关对应当立案侦查的案件而不立案侦查,向人民检察院提出的,人民检察院应当要求公安机关说明不立案的理由,人民检察院认为公安机关不立案理由不能成立的,应当通知公安机关立案,公安机关接到通知后应当立案。”所以检察院应先要求公安机关说明不立案理由。最高检《刑诉规则》第561条第1款规定:“公安机关说明不立案或者立案的理由后,人民检察院应当进行审查,认为公安机关不立案或者立案理由不能成立的,经检察长决定,应当通知公安机关立案或者撤销案件。”检察院应先要求公安机关说明不立案的理由,审查后认为公安机关应立案的,“应当”通知公安机关立案,而非“可以”通知公安机关立案。因此,检察院的做法(2)是错误的。

检察院的做法(3)考查特殊情况下检察院的直接立案侦查。最高检《刑诉规则》第564条第2款规定,即“公安机关在收到通知立案书或者通知撤销案件书后超过十五日不予立案或者未要求复议、提请复核也不撤销案件的,人民检察院应当发出纠正违法通知书。公安机关仍不纠正的,报上一级人民检察院协商同级公安机关处理。”本案中,丁公司的行为构成了诈骗罪,而非国家机关工作人员利用职权实施的重大犯罪案件,不能由检察院直接立案侦查,而应由检察院向公安机关发出纠正违法通知书。因此,检察院的做法(3)不正确。

2. 本案第2问考查公安机关不予立案情况下,被害人自诉权的行使。《刑事诉讼法》第210条规定:“自诉案件包括下列案件:(一)告诉才处理的案件;(二)被害人有证据证明的轻微刑事案件;(三)被害人有证据证明对被告人侵犯自己人身、财产权利的行为应当依法追究刑事责任,而公安机关或者人民检察院不予追究被告人刑事责任的案件。”本案中,被害人丙有证据证明被告人丁诈骗行为侵犯自己财产权利,且公安机关不予立案,被害人可以依据该条文第3项的规定提起自诉案件。根据《刑事诉讼法》第114条的规定:“对于自诉案件,被害人有权向人民法院直接起诉。”据此,本案中丙可以直接向人民法院提起自诉,人民法院应当受理。

【综合案例】

【综合案例一】

[案情简介]

2016年7月3日,辛某坠楼身亡,辛某的妻子汤某向公安机关报案。公安机关经过侦查,排除他杀,不予立案。辛某的妻子汤某认为他杀可能性很大,公安机关应当立案。2016年8月4日,汤某请求检察院立案监督,检察院的做法如下:(1)检察院要求公安机关说明不立案理由;(2)检察院拒绝受理并向辛某的妻子汤某解释不立案原因;(3)检察院认为符合立案条件的,检察院可以立案并交由公安机关侦查;(4)检察院认为公安机关不立案理由不能成立的,应当建议公安机关立案。

[问题]

本案中检察院的做法是否正确?

[思路]

本案考查立案监督。根据最高检《刑诉规则》第558条规定:人民检察院负责控告申请检察的部门受理对公安机关应当立案而不立案或者不应当立案而立案的控告、申诉,应当根据事实、法律进行审查,并可以要求控告人、申诉人提供有关材料,认为需要公安机关说明不立案或者立案理由的。认为需要公安机关说明“不立案或者立案理由的,应当及时将案件移送负责捕诉的部门办理;认为公安机关立案或者不立案决定正确的,应当制作相关法律文书,答复控告人、申诉人。”以及最高检《刑诉规则》第559条第1款规定:“人民检察院经审查,认为需要公安机关说明不立案理由的,应当要求公安机关书面说明不立案的理由。”由此可知,根据本案的表述,辛某被他杀的可能性较大,检察院应当核实证据,认为需要公安机关说明不立案理由的,经检察长批准,应当要求公安机关书面说明不立案的理由。所以检察院的做法(1)是正确的。

根据最高检《刑诉规则》第557条第1款规定:“被害人及其法定代理人、近亲属或者行政执法机关,认为公安机关对其控告或者移送的案件应当立案侦查而不立案侦查,或者当事人认为公安机关不应当立案而立案,向人民检察院提出的,人民检察院应当受理并进行审查。”由此可知,辛某的妻子汤某作为其近亲属请求检察院对公安机关不立案的决定进行监督,检察院正确的做法应是受理并进行审查,而非拒绝受理,所以检察院的做法(2)错误。

根据最高检《刑诉规则》第561条第1款规定:“公安机关说明不立案或者立案的

理由后，人民检察院应当进行审查。认为公安机关不立案或者立案理由不能成立的，经检察长决定，应当通知公安机关立案或者撤销案件。”由此可知，检察院认为公安机关不立案理由不能成立的，应当“通知”公安机关立案，而非“建议”立案，所以检察院的做法(4)错误。辛某的案件不属于检察院立案管辖的案件范围，所以检察院无权立案，只能通知公安机关立案。所以检察院的做法(3)错误。

【综合案例二】

[案情简介]

犯罪嫌疑人张三(男，22岁)，A市工人。被害人李四(男，21岁)，A市工人。2022年5月13日晚，张三与被害人李四在A市某区饭店吃饭，两人为琐事争吵，继而打斗起来。张三一怒之下拿出随身携带的水果刀朝李四猛刺一刀，李四胳膊受伤，经鉴定属于重伤。被害人李四向A市公安局报案，公安局经调查不予立案。被害人李四向A市人民检察院提出立案监督的请求。A市人民检察院要求市公安局向其提供对本案不立案的理由。A市公安局以“张三那晚喝酒过多，李四对该事件也有责任”为理由，说明不立案的原因。A市人民检察院经过调查，认为A市公安局不立案的理由不成立，于是通知A市公安局立案。A市公安局接到立案通知后，予以立案。

[问题]

1. 人民检察院如何对公安机关立案、不立案进行监督?

2. 如何完善我国人民检察院的立案监督机制?

[思路]

1. 立案是刑事诉讼程序中的独立诉讼阶段。人民检察院是国家的法律监督机关，依法对刑事诉讼活动进行法律监督，理应包括对立案活动的监督。《刑事诉讼法》第113条规定:“人民检察院认为公安机关对应当立案侦查的案件而不立案侦查的，或者被害人认为公安机关对应当立案侦查的案件而不立案侦查，向人民检察院提出的，人民检察院应当要求公安机关说明不立案的理由。人民检察院认为公安机关不立案理由不能成立的，应当通知公安机关立案，公安机关接到通知后应当立案。”根据上述规定，公安机关在收到人民检察院要求说明不立案理由通知书后7日内应当将说明情况书面答复人民检察院。人民检察院认为公安机关不立案理由不能成立，发出通知立案书时，应当将有关证明应该立案的材料同时移送公安机关。公安机关在收到通知立案书后，应当在15日内决定立案，并将立案决定书送达人民检察院。本案中，人民检察院认为公安机关以“犯罪嫌疑人喝酒过多，被害人亦有过错”为不立案的理由不能成立，于是通知公安机关立案侦查，这种做法是正确的，符合刑事诉讼法关于立案监督的规定。

按照《刑事诉讼法》第113条的规定，立案监督的内容限于公安机关应立而未立的案件，即对消极的立案行为进行监督；而对公安机关不应立而立的案件，即积极的立案行为的监督不在此列。对于不应立案而公安机关立案侦查的案件的监督，司法实践中的做法是检察机关通过审查批捕、审查起诉等侦查监督活动予以纠正。这种做法显然不能覆盖自诉案件,因为自诉案件中无批捕、审查起诉问题。另外,通过审查批捕、起诉来审查立案,会导致实际上以逮捕、起诉的条件来审查立案,显然会对评价立案决定的正确与否产生不利影响。理论界认为,对于公安机关积极的立案行为也应纳入立案监督之内,应当建立起专门对立案决定的监督,对立案决定是否合法进行即时监督,而非滞后监督。

2. 刑事诉讼法虽然规定了人民检察院对公安机关的立案监督机制,使立案监督工作步入了法制化、正规化、程序化的轨道,初步解决了司法实践中长期以来告状有门而诉权得不到保障的一大难题。但司法实践也证明,由于法律的规定过于原则,缺乏可操作性,立案监督仍需进一步补充和完善。针对司法实践中立案监督存在的问题,完善我国的立案监督机制应做到以下几方面:(1)增强立案监督的自觉性。检察机关应充分认识到立案监督的重要性,把立案监督工作纳入议事日程。(2)把完善立案监督纳入完善法律机制的重要内容。一是要从立法上完善检察监督的法律体系。二是加快修补刑事诉讼法及司法解释中关于诉讼立案监督的条款。通过司法解释进一步明确立案监督不仅应包括"应当立案而不立案"的监督,而且要包括整个立案活动的全面监督;赋予检察机关对拒不接受监督的单位和个人的建议处分权等。(3)构建受理刑事案件备案审查制度。凡是公安机关受理的刑事案件均报同级检察机关备案,由检察机关对立案活动的合法性进行审查。(4)加强立案监督部门对立案监督的案件有效监督。

资料链接

1.《刑事诉讼法学》编写组编:《刑事诉讼法》(第3版),高等教育出版社2019年版。

2. 陈光中主编:《刑事诉讼法》(第7版),北京大学出版社2021年版。

3. 陈卫东主编:《刑事诉讼法学研究》,中国人民大学出版社2008年版。

4. 陈卫东编:《刑事诉讼法原理与案例教程》(第3版),中国人民大学出版社2015年版。

5. 叶青主编:《案例刑事诉讼法学》,中国法制出版社2013年版。

讨论思考

1. 简述立案的含义和意义。
2. 简述立案程序。
3. 如何理解立案的条件?
4. 立案的材料来源有哪些?
5. 立案、不立案分别应当遵循哪些程序?
6. 如何理解立案程序的独立性?
7. 如何完善立案监督?

第十一章　侦　　查

◈ 本章提要

侦查，是指公安机关、人民检察院在办理刑事案件过程中，依照法律进行的专门调查工作和有关的强制性措施，是国家专门机关同犯罪作斗争的有力手段。侦查是刑事诉讼程序中的一个独立诉讼阶段，在刑事诉讼中具有非常重要的地位。侦查的任务主要是收集证据，查明犯罪事实和查获犯罪嫌疑人，为打击和预防犯罪、保证诉讼的顺利进行提供可靠的根据。通过侦查，也可以使无罪的人早日摆脱犯罪嫌疑，以维护无辜者的合法权益。侦查作为公诉案件提起公诉和进行审判的基础和前提，在刑事诉讼中具有十分重要的意义，侦查必须严格依照法定的程序进行。侦查具体包括侦查行为、侦查终结、补充侦查及侦查监督等方面内容。

◉ 法考重点

侦查行为的种类；侦查终结的条件；侦查终结的程序；补充侦查的种类和方式；技术侦查的程序；鉴定的程序；通缉的程序；侦查监督；讯问犯罪嫌疑人的程序；搜查的程序；侦查阶段律师的诉讼地位。

第一节　侦查行为

△ 知识背景

我国《刑事诉讼法》第108条第1项规定：侦查，是指公安机关、人民检察院在办理案件过程中，依照法律进行的专门调查工作和有关的强制性措施。侦查的含义：(1)侦查是我国刑事诉讼的一个独立阶段；(2)侦查只能由法定的侦查机关进行；(3)侦查的内容包括专门调查工作和有关的强制性措施；(4)侦查活动必须严格依法进行。在我国，侦查是全部刑事诉讼程序中的一个独立诉讼阶段，在刑事诉讼中具有非常重要的地位，是国家专门机关同犯罪作斗争的强有力的手段。

侦查行为，是指侦查机关在办理案件过程中，依照法律规定进行的各种专门调查工作。刑事诉讼法规定的侦查行为主要：讯问犯罪嫌疑人，询问证人、被害人，勘验、检查，搜查，查封、扣押，鉴定，通缉等。

一、讯问犯罪嫌疑人

讯问犯罪嫌疑人，是指侦查人员依照法定程序以言词方式，向犯罪嫌疑人查问案件事实和其他与案件有关的问题的一种侦查活动。

根据《刑事诉讼法》的规定，讯问犯罪嫌疑人应当严格遵守法定程序：

1. 讯问犯罪嫌疑人必须由人民检察院或者公安机关的侦查人员负责进行，除法律规定以外的其他任何机关、其他任何人员都无权行使这项专有职权。并且《刑事诉讼法》第118条规定，“讯问的时候，侦查人员不得少于二人”。

2. 对于不需要拘留、逮捕的犯罪嫌疑人，可以传唤到犯罪嫌疑人所在市、县内的指定地点或者到他的住处进行讯问，但是应当出示公安机关或者人民检察院的证明文件。对于现场发现的犯罪嫌疑人，经出示工作证件，可以口头传唤，但应当在讯问笔录中注明。传唤犯罪嫌疑人应当使用“传唤通知书”。犯罪嫌疑人经合法传唤，无正当理由而不到案的，可以拘传。但事先不经传唤，直接拘传犯罪嫌疑人也是合法的。无论传唤或者拘传，持续的时间最长不得超过12小时；案情特别重大、复杂，需要采取拘留、逮捕措施的，经办案负责人批准，持续的时间最长不得超过24小时，并且，不得以连续传唤、拘传的形式变相拘禁犯罪嫌疑人，应当保证犯罪嫌疑人的饮食和必要的休息时间。对于已被拘留、逮捕的犯罪嫌疑人，必须在拘留、逮捕后的24小时以内进行讯问。并且，犯罪嫌疑人被送交看守所羁押以后，侦查人员对其进行讯问应当在看守所内进行。在讯问过程中，如果发现犯罪嫌疑人有不应当拘留、逮捕的情况的，为及时纠正错拘、错捕行为，保护公民的合法权益，应当立即释放犯罪嫌疑人，并发给释放证明。如果需要逮捕而证据还不充足的，可以取保候审或者监视居住。

3. 侦查人员在讯问犯罪嫌疑人的时候，应当首先讯问犯罪嫌疑人是否有犯罪行为，并应当告知其如实陈述自己的罪行可以从宽处理的法律规定，让他陈述有罪的情节或者作无罪的辩解，然后向他提出问题。我国2018年修订的《刑事诉讼法》规定了不得强迫任何人证实自己有罪，但尚未赋予犯罪嫌疑人沉默权。根据法律规定，犯罪嫌疑人对侦查人员的提问，应当如实回答，但是对于与本案无关的问题，有权拒绝回答。至于是否与本案无关，应当以是否对于查明本案的全部事实情节有实际意义或证据价值为准。对共同犯罪案件的同案犯罪嫌疑人的讯问应当分别进行，未被讯问的犯罪嫌疑人不得在场，以防止同案犯串供或者相互影响供述。

4. 侦查人员讯问聋、哑犯罪嫌疑人时，应当有通晓聋、哑手势的人参加，并将这种情况在笔录上加以注明；对于不通晓当地通用语言文字的犯罪嫌疑人，讯问时，应当有翻译人员参加；讯问未成年犯罪嫌疑人时，应当通知其法定代理人到场，无法通知、法定代理人不能到场或者法定代理人是共犯的，也可以通知未成年犯罪嫌疑人的其他成年亲属，所在学校、单位、居住地基层组织或者未成年人保护组织到场，并将有关情况记录在案。

5. 侦查人员在讯问犯罪嫌疑人时，可以对讯问过程进行录音或者录像，对于可能判处无期徒刑、死刑的案件或者其他重大犯罪案件，应当对讯问过程进行录音或录像，并且，录音或者录像应当全程进行，保持完整性。根据最高检《刑诉规则》第190条的规定，人民检察院在自侦案件中讯问犯罪嫌疑人时应当实行全程同步录音录像。

6. 讯问犯罪嫌疑人应当制作笔录。讯问笔录应当如实记载提问、回答和其他在场人的情况。讯问笔录应当交犯罪嫌疑人核对；对于没有阅读能力的，应当向他宣读。如果记录有遗漏或差错，犯罪嫌疑人可以补充或改正。犯罪嫌疑人承认笔录没有错误后，应当签名或盖章；侦查人员也应当在笔录上签名。犯罪嫌疑人请求自行书写供述的，应当准许。必要时，侦查人员也可以要求犯罪嫌疑人亲笔书写供词。

7. 侦查人员讯问犯罪嫌疑人，必须严格遵守法律规定的程序，切实保障犯罪嫌疑人的诉讼权利，严禁刑讯逼供或以威胁、引诱、欺骗以及其他非法的方法进行讯问，不得强迫任何人证实自己有罪。对于侦查人员侵犯犯罪嫌疑人诉讼权利的违法行为，犯罪嫌疑人有权提出控告；构成犯罪的，应当依法追究其刑事责任。

二、询问证人、被害人

（一）询问证人

询问证人，是指侦查人员依照法定程序以言词方式向证人调查、了解案件情况的一种侦查行为。根据刑事诉讼法的规定，询问证人应当遵守下列程序：

1. 询问证人只能由侦查人员进行。侦查人员询问证人，可以在现场进行，也可以到证人所在单位、住处或者证人提出的地点进行，在必要的时候，可以通知证人到人民检察院或者公安机关提供证言。在现场询问证人，应当出示工作证件；到证人所在单位、住处或者证人提出的地点询问证人，应当出示人民检察院或者公安机关的证明文件。

2. 侦查人员询问证人，应当分别进行。这是法律关于侦查人员询问证人方式的规定和要求。为了避免证人之间相互影响，保证证言的真实性，同一案件若有几个证人，应当分别进行、个别询问，即不能采用“座谈会”的方式将多名证人召集在一起进行询问，更不能让多名证人共同出具一份书面证词。

3. 询问证人时，侦查人员应当告知他应当如实地提供证据、证言和有意作伪证或者隐匿罪证要负的法律责任。所谓要负的法律责任，主要是指我国《刑法》第305条规定的伪证罪和第310条规定的包庇罪。侦查人员也应当告知、保护证人依法享有的各种诉讼权利，保障证人及其近亲属的安全。对证人及其近亲属进行威胁、侮辱、殴打或者打击报复而构成犯罪的，应依法追究刑事责任；尚不够刑事处罚的，依法给予治安管理处罚。

4. 询问证人，应当为证人提供客观、充分地提供证言的条件。侦查人员在询问证人时，一般先让证人就他所知道的案件情况作连续的详细叙述，然后对其所陈述的事实，问明来源和根据。侦查人员应当耐心听取证人的陈述，然后根据案件的具体情况进行询问，提出的问题应当明确、清楚，不得用提示性、暗示性的方式询问，更不得以暴力、胁迫、引诱、欺骗等非法的方法逼取证人证言。询问聋、哑证人时，应当有通晓聋、哑手势的人做翻译，并将这种情况记入笔录；询问不通晓当地语言文字的人、外国人时，应当为其聘请翻译人员。

5. 询问证人，应当制作笔录。证言笔录应当如实记载证人的陈述，询问结束后，交证人核对或者向他宣读。如果记载有遗漏或差错，证人可以申请补充或者纠正。证人确认笔录无误后，证人和侦查人员都应当在笔录上签名或盖章。如果证人愿意提供书面证言，应当允许；必要时，侦查人员也可以让证人亲笔书写证词，但是书面证言不能代替口头询问。

（二）询问被害人

询问被害人，是指侦查人员依照法定程序，以言词方式向直接遭受犯罪行为侵害的人就其受害及犯罪嫌疑人的有关情况进行调查、了解的一种侦查活动。根据《刑事诉讼法》第127条的规定，询问被害人适用询问证人的程序。但是，由于被害人与证人具有不同的诉讼地位——被害人是刑事诉讼的当事人且与案件的处理有直接利害关系，所以，在询问被害人时，除了依照询问证人的各项规定进行外，还要注意被害人的特点：一方面，由于被害人直接遭受犯罪行为侵害，在不少案件中被害人与犯罪分子还有过直接接触，所以，通过询问被害人，可以更多地掌握犯罪事实和犯罪嫌疑人的有关情况；另一方面，也要考虑到被害人与案件的利害关系，在询问时，既要认真听取他的陈述，又要注意分析是否合乎情理、有无夸大情节。对于被害人的个人隐私，应当为他保守秘密；对于被害人的人身安全，也应当采取切实、有效的措施予以保护。

三、勘验、检查

勘验、检查，是指侦查人员对与犯罪有关的场所、物品、尸体、人身等进行勘查和检验，以发现、收集和固定犯罪活动所遗留下来的各种痕迹和物品的一种侦查行为。勘验、检查的主体、任务和性质相同，但适用对象有所区别：勘验的对象是现场、物品和尸体；而检查的对象是活人的人身。按照对象和内容的不同，勘验、检查可以分为现场勘查、物品检验、人身检查、尸体检验四种。

根据《刑事诉讼法》的规定，勘验、检查的基本程序是：(1)勘验、检查由侦查人员进行，必要的时候可以指派或者聘请具有专门知识的人，在侦查人员的主持下进行；(2)侦查人员进行勘验、检查，必须持有人民检察院或者公安机关的证明文件；(3)侦查人员应当邀请与案件没有利害关系的人作为见证人参加勘验、检查工作；(4)人民检察院要求复验、复查的，侦查机关应当及时进行复验、复查，并可以通知人民检察院派员参加；(5)勘验、检查的情况应当写成笔录，由参加勘验、检查的人和见证人签名或者盖章。

（一）现场勘查

现场勘查，是指侦查人员对犯罪分子实施犯罪的地点以及遗留有犯罪痕迹和物品的场所进行勘查的一种侦查活动。对犯罪现场进行勘查，应当遵守一定程序和要求。

《刑事诉讼法》第129条规定："任何单位和个人，都有义务保护犯罪现场，并且立即通知公安机关派员勘验。"同时，发案地派出所、巡警等部门应当保护犯罪现场和证据，控制犯罪嫌疑人，并立即报告公安机关主管部门。现场勘查，由县级以上公安机关侦查部门负责。其中，一般案件的现场勘查，由侦查部门负责人指定的人员现场指挥；重大、特别重大案件的现场勘查，由侦查部门负责人现场指挥。必要时，发案地公安机关负责人应当亲自到现场指挥。现场勘查由侦查人员进行；在必要的时候，可以指派或者聘请具有专门知识的人，在侦查人员的主持下进行勘查。执行勘查的侦查人员接到通知后，应当立即赶赴现场，并应当持有刑事犯罪现场勘查证。公安机关对案件现场进行勘查不得少于2人。勘查现场，应当拍摄现场照片、绘制现场图，制作笔录。现场勘查笔录应客观、准确而又全面地反映现场的实际情况和侦查人员的勘查活动，其内容包括：勘查的时间，现场所在的地点、位置及其与周围环境的关系，现场物品变动和破坏情况，犯罪嫌疑人遗留在现场的各种痕迹、物品及其位置和特征，提取痕迹、物证、生物样本等的情况，并附上拍摄的照片。对重大案件的现场，应当录像；勘查计算机犯罪案件的现场，应注意复制电子数据。侦查人员、其他参加勘查的人员和见证人应当在现场勘查笔录上签名，并注明时间。

（二）物品检验

物品检验，是指侦查人员对已经收集到的物品及其痕迹进行检查和验证，以确定其与案件有无联系的一种侦查活动。侦查人员对物品进行检验，应注意以下几点：（1）要仔细地查验物品上的特征，如单据上被涂改的痕迹、鞋底上的花纹等；对于在现场收集的物品，还要注意它与周围环境的关系，并分析研究物品的特征和痕迹的变化情况。（2）通过分析研究，要确定该物品及其痕迹与案件事实有无联系以及有何种联系。（3）对物品的特征，如果侦查人员不能判断时，应当指派或者聘请具有专门知识的人进行鉴定。检验物品，应当制作检验笔录，详细记载检验的过程、物品及其痕迹的特征。侦查人员、其他参加检验的人员和见证人应当在物品检验笔录上签名或者盖章，并注明时间。

（三）人身检查

人身检查，是指为了确定被害人、犯罪嫌疑人的某些特征、伤害情况或者生理状态，对其人身进行检查，提取指纹信息，或者采集血液、尿液、汗液、精液、唾液以及毛发、气体等生物样本的一种侦查活动。人身检查涉及公民的人身权利和自由，因此必须严格按照《刑事诉讼法》和公安部《刑诉规定》的有关规定进行：（1）人身检查只能由侦查人员进行，必要时可以邀请法医或医师参加；（2）犯罪嫌疑人如果拒绝检查、提取、采集的，侦查人员认为必要的时候，经办案部门负责人批准，可以强制检查、提取、采集，但是对被害人不得强制检查；（3）被害人死亡的，应当通过被害人近亲属辨认、提取生物样本鉴定等方式确定被害人身份；（4）检查妇女的身体，应当由女工作人员或者医师进行。其中，对强奸案件的被害妇女，不得进行生殖器和处女膜检查。个别确实需要检查的，应当征得被害人及其家长或亲属的同意，并经地（市）级侦查机关批准，在指定的医院由女医师或女法医进行。人身检查的情况应当写成笔录，由参加检查的侦查人员、检查人员、被检查人员和见证人签名；被检查人员拒绝签名的，侦查人员应当在笔录中注明。

（四）尸体检验

尸体检验，是指在侦查人员的主持下，由法医或医生对非正常死亡者的尸体进行检验或者解剖的一种侦查活动。其目的在于确定死亡的原因，判断死亡的时间、致死的工具、致死的手段和方法，以便分析研究案情，认定案件的性质，为侦查破案提供线索和证据。尸体检验应当及时进行，以防止尸体上的痕迹或现象因尸体的变化和腐烂而消失。尸体检验分为尸表检验和尸体解剖两种。尸表检验，是指对尸体外部表面的检验，具体做法是：（1）在检验前，应仔细察看尸体的位置、姿态、尸体周围的环境和情况，注意发现尸体周围痕迹和物品的情况，以免在进行尸体检验时对其他痕迹、物品造成破坏，影响其证据价值；（2）对尸体的衣着、身长、体格状况、皮肤情况进行观察、测量，检验尸体是否出现尸斑、尸僵或腐烂等现象，其程度如何；（3）注意观察尸体各部位是否有损伤，损伤的具体位置、形状、大小、深度和方向等，尸体的隐蔽部位（如口、鼻、眼、指甲、腋下、阴部等）有无附着物。尸体解剖，是指对尸体的内部器官进行的检验。《刑事诉讼法》第 131 条规定："对于死因不明的尸体，公安机关有权决定解剖，并且通知死者家属到场。"解剖尸体应严格按照卫生部《解剖尸体规则》进行，注意尊重当地的风俗习惯，保持尸体外貌的完整。无论是局部解剖还是全部解剖，均应写明结论，如确定死亡的时间、原因、损伤情况及有无病史等。此外，解剖只能在公安机关和医院附设的法医室（科）进行。尸体检验的情况应写成笔录，由侦查人员和进行检验的法医或医生、死者的家属或见证人签名，并注明时间。

四、搜查

搜查，是指侦查人员对犯罪嫌疑人以及可能隐藏罪犯或者犯罪证据的人的身体、物品、住处和其他有关的地方进行搜索检查的一种侦查活动。搜查的任务是发现和收集犯罪证据，查获犯罪人。《刑事诉讼法》第 137 条规定："任何单位和个人，有义务按照人民检察院和公安机关的要求，交出可以证明犯罪嫌疑人有罪或者无罪的物证、书证、视听资料等证据。"对于拒不交出的，侦查机关有权决定搜查。因此，凡是可能隐藏罪犯或者犯罪证据的人的身体、物品、住处和其他有关的地方，侦查机关都可以进行搜查。正确地进行搜查，对于收集证据、查获犯罪人，具有十分重要的意义。

根据《刑事诉讼法》和公安部《刑诉规定》的有关规定，搜查应当遵守下列程序和要求：（1）搜查须由县级以上公安机关负责人批准，签发搜查证，执行搜查的侦查人员不得少于 2 人。侦查人员进行搜查，既可以在勘验、检查时进行，也可以在执行逮捕、拘留时进行，还可以单独进行。搜查前，应当了解被搜查对象的基本情况、搜查现场及周围环境，确定搜查的范围和重点，明确搜查人员的分工和责任。（2）进行搜查，必须向被搜查人出示搜查证。侦查人员执行逮捕、拘留的时候,遇有下列紧急情况之一的,不用搜查证也可以进行搜查:①可能随身携带凶器的;②可能隐藏爆炸、剧毒等危险物品的;③可能隐匿、毁弃、转移犯罪证据的;④可能隐匿其他犯罪嫌疑人的;⑤其他突然发生的紧急情况。侦查人员向被搜查人出示搜查证,然后可以要求被搜查人或其家属交出可以证明犯罪嫌疑人有罪或者无罪的物证、书证、视听资料等证据。(3)进行搜查时,应当有被搜查人或者他的家属、邻居或者其他见证人在场。在搜查过程中,如果遇到阻碍,可以强制搜查。(4)搜查妇女的身体,应当由女工作人员进行。(5)搜查的情况应当制作笔录,由侦查人员和被搜查人或者他的家属、邻居或者其他见证人签名。如果被搜查人拒绝签名,或者被搜查人在逃,他的家属拒绝签名或者不在场的,侦查人员应当在笔录上注明。最后,应注意保护公私财物。为了收集和提取证据或者查获犯罪人而不得不损坏财物时,应尽量将损失控制在最低限度。

五、鉴定

鉴定,是指侦查机关指派或者聘请具有鉴定资格的人,就案件中某些专门性问题进行鉴别判断并作出鉴定意见的一种侦查活动。

(一)鉴定人的条件和鉴定的范围

鉴定人应具备以下三个条件:(1)必须是具有鉴定资格的人。具体包括两类人员:一是在侦查机关根据侦查工作的需要而设立的鉴定机构中从事鉴定工作的人员;二是在司法行政机关核准登记的司法鉴定机构中从事司法鉴定业务的人员。(2)必须是获得侦查机关指派或聘请的人。(3)必须是与案件无利害关系,能够客观公正地作出鉴定意见的人。

鉴定的范围,限于案件中的某些专门性问题,通常是指法医问题、司法精神病问题、毒物毒品问题、会计问题、刑事技术问题(如指纹、脚印、弹痕、文件检验等)以及其他涉及工业、运输、建筑等技术问题。只有这些专门性问题才需要指派或聘请鉴定人进行鉴定。如果是刑事案件的一般问题或法律问题,则由侦查人员进行分析判断,无须进行鉴定。

(二)鉴定的程序

根据《刑事诉讼法》和公安部《刑诉规定》的有关规定,鉴定应当遵守下列程序和要求。

(1)刑事技术鉴定,由县级以上公安机关指派其刑事技术部门专职人员或者其他专职人员负责进行;其他专门性问题需要聘请有专门知识的人进行鉴定的,应当经县级以上侦查机关负责人批准,并制作鉴定聘请书。(2)侦查机关应当为鉴定人进行鉴定提供必要的条件,及时向鉴定人送交有关检材和对比样本等原始材料,介绍与鉴定有关的情况,并且明确提出要求鉴定解决的问题;但是,禁止暗示或者强迫鉴定人作出某种鉴定意见。此外,侦查人员还应当做好检材的保管和送检工作,并注明检材送检环节的责任人,确保检材在流转环节中的同一性和不被污染。(3)鉴定人应当按照鉴定规则,运用科学方法独立进行鉴定。鉴定后,应当出具鉴定意见,并在鉴定意见书上签名,同时附上鉴定机构和鉴定人的资质证明或者其他证明文件。此外,多人参加鉴定,鉴定人有不同意见的,应当注明。(4)对鉴定意见,侦查人员应当进行审查。对经审查作为证据使用的鉴定意见,侦查机关应当及时告知犯罪嫌疑人、被害人或者其法定代理人。犯罪嫌疑人、被害人对鉴定意见有异议提出申请,以及侦查部门或者侦查人员对鉴定意见有疑义的,可以将鉴定意见送交其他有专门知识的人员提出意见。必要时,应当询问鉴定人并制作笔录附卷。(5)侦查人员经审查,发现鉴定内容有明显遗漏的,发现新的有鉴定意义的证物的,对鉴定证物有新的鉴定要求的,鉴定意见不完整、委托事项无法确定的,或者有其他需要补充鉴定的情形的,经县级以上公安机关负责人批准,应当补充鉴定;经审查,不符合上述情形的,经县级以上公安机关负责人批准,作出不准予补充鉴定的决定,并应在作出决定后3日以内书面通知申请人。(6)侦查人员经审查,发现鉴定程序违法或者违反相关专业技术要求的,鉴定机构、鉴定人不具备鉴定资质和条件的,鉴定人故意作虚假鉴定或者违反回避规定的,鉴定意见依据明显不足的,检材虚假或者被损坏的,或者有其他应当重新鉴定的情形的,经县级以上公安机关负责人批准,应当另行指派或者聘请鉴定人进行重新鉴定;经审查,不符合上述情形的,经县级以上公安机关负责人批准,作出不准予重新鉴定的决定,并在作出决定后3日以内书面通知申请人。

六、通缉

通缉,是指公安机关以发布通缉令的方式将应当逮捕而在逃的犯罪嫌疑人通报缉拿归案的一种侦查行为。

(一)通缉的对象和条件

根据《刑事诉讼法》第155条的规定,通缉的对象是应当逮捕而在逃的犯罪嫌疑人。其具体包括:(1)已批准或决定逮捕而在逃和在采取取保候审、监视居住期间逃跑的犯罪嫌疑人;(2)已决定拘留而在逃的重大嫌疑分子;(3)从被羁押场所逃跑的犯罪嫌疑人;(4)在讯问或者在押解期间逃跑的犯罪嫌疑人。此外,对越狱逃跑的被告人或者罪犯,也可以通缉。在实践中,公安机关仅对罪行比较严重而逃跑的犯罪嫌疑人采取通缉措施,对罪该逮捕但罪行不太严重而在逃的犯罪嫌疑人一般由公安机关发出协查通报,要求其他公安机关协助查获。

通缉应当具备以下两个条件:一是实质条件,即按照犯罪嫌疑人所犯罪行依法应当逮捕;二是形式条件,即有证据证明犯罪嫌疑人确已逃跑。

(二)通缉的程序

根据《刑事诉讼法》和公安部《刑诉规定》的有关规定,通缉应当按照下列程序进行:(1)决定通缉。侦查过程中需要通缉捉拿罪该逮捕而在逃的犯罪嫌疑人的,侦查人员应报经县级以上侦查机关负责人作出决定。(2)制作通缉令。通缉令是公安机关根据本机关和其他侦查机关的通缉决定,向社会和本系统发布的缉拿应当逮捕而在逃的犯罪嫌疑人的书面命令。(3)发布通缉令。县级以上公安机关在自己管辖的地区内,可以直接发布通缉令;超出自己管辖的地区,应当报请有权决定的上级公安机关发布。通缉令的发送范围,由签发通缉令的公安机关负责人决定。同时,为发现重大犯罪线索,追缴涉案财物、证据,查获犯罪嫌疑人,必要时,经县级以上公安机关负责人批准,可以发布悬赏通告。悬赏通告应当写明悬赏对象的基本情况和赏金的具体数额。通缉令、悬赏通告应当广泛张贴,并可以通过广播、电视、报纸、计算机网络等方式发布。(4)补发通报。通缉令发出后,如果发现新的重要情况,发布通缉令的公安机关可以补发通报。通报必须注明原通缉令的编号和日期。(5)布置查缉。有关公安机关接到通缉令后,应当及时布置查缉,其措施包括:控制被通缉人可能出入或者隐藏的地方,发动群众提供线索,围追堵截等。为防止犯罪嫌疑人逃往境外,需要在口岸采取边控措施的,应当按照有关规定制作边控对象通知书,经县级以上公安机关负责人审核后,层报省级公安机关批准,办理全国范围内边控措施。(6)撤销通缉令。经核实,犯罪嫌疑人已经自动投案、被击毙或者被抓获,以及发现有其他不需要采取通缉、边控、悬赏通告的情形的,发布机关应当在原通缉、通知、通告范围内,撤销通缉令、边控通知、悬赏通告。

【案例一】

[案情简介]

1998年2月15日,河南省商丘市柘城县老王集乡赵楼冬村赵振晌的侄子赵作亮到公安机关报案,其叔父赵振晌于1997年10月30日离家后已失踪4个多月,怀疑被同村的赵作海杀害,公安机关当年进行了相关调查。1999年5月8日,赵楼村在挖井时发现一具高度腐烂的无头、膝关节以下缺失的无名尸体,公安机关遂把赵作海作为重大嫌疑人于5月9日刑拘。5月10日至6月18日,赵作海做了9次有罪供述。2002年10月22日,商丘市人民检察院以被告人赵作海犯故意杀人罪向商丘市中级人民法院提起公诉。2002年12月5日商丘中院作出一审判决,以故意杀人罪判处被告人赵作海死刑,缓期2年执行,剥夺政治权利终身。省法院经复核,于2003年2月13日作出裁定,核准商丘中院上述判决。2010年4月30日,赵振晌回到赵楼村。商丘中院在得知赵振晌在本村出现后,立即会同检察人员赶赴赵楼村,经与村干部座谈、询问赵振晌本人及赵振晌的姐姐、外甥女等,确认赵振晌即是本案的被害人。同时,从赵振晌本人处了解到:1997年10月30日夜里,其对赵作海到杜某某家比较生气,就携自家菜刀在杜某某家中往赵作海头上砍了一下,怕赵作海报复,也怕赵作海被砍死,就收拾东西于10月31日凌晨骑自行车,带400元钱和被子、身份证等外出,以捡废品为生。因去年得偏瘫无钱医治,才回到村里。

而根据赵作海的说法,其在讯问阶段遭受到刑讯逼供:从抓走那天就开始打我,拳打脚踢。你看我头上的伤,这是用枪头打的,留下了疤。他们用擀面杖一样的小棍敲我的脑袋,一直敲一直敲,敲得头发晕。他们还在我头上放鞭炮。我被铐在板凳腿上,头晕乎乎的时候,他们就把一个一个的鞭炮放在我头上,点着了,炸我的头。赵作海,坐牢 11 年,被迫 9 次认罪(案件来源:赵作海案情全程回顾,央视网,2010 年 5 月 11 日访问)。

[问题]

本案中侦查人员讯问犯罪嫌疑人的侦查行为是否合法?

[解析]

本案中侦查人员讯问犯罪嫌疑人的侦查行为不合法。侦查人员讯问犯罪嫌疑人时采用刑讯逼供行为,严重违背了讯问的禁止性规定,导致了冤假错案的发生,严重侵害了公民的合法权利。《刑事诉讼法》第 52 条规定,侦查人员必须依照法定程序讯问犯罪嫌疑人,"严禁刑讯逼供和以威胁、引诱、欺骗以及其他非法方法收集证据,不得强迫任何人证实自己有罪。"最高人民检察院和最高人民法院也通过司法解释强调:非法收集的言词证据不能作为定案的证据。据此,赵作海案中,侦查人员讯问犯罪嫌疑人赵作海,采用刑讯逼供非法方法收集证据,导致赵作海被迫 9 次认罪,本案侦查行为是严重违法的。

2010 年 5 月 5 日下午,河南省高级人民法院在听取了商丘市中级人民法院关于赵作海案件情况汇报后,决定启动再审程序。审判委员会决定:一、撤销省法院(2003)豫法刑一复字第 13 号刑事裁定和商丘市中级人民法院(2002)商刑初字第 84 号刑事判决,宣告赵作海无罪。二、省法院连夜制作法律文书,派员立即送达判决书,并和监狱管理机关联系放人。三、安排好赵作海出狱后的生活,并启动国家赔偿程序。

【案例二】

[案情简介]

被告人张三(男,33 岁),工人,被害人王某(幼女,7 岁)。2021 年 5 月 11 日,张三流窜到邻居王某家,以哄骗手段将 7 岁幼女王某奸淫。2022 年 4 月 15 日,张三将 7 岁幼女王某骗到自己家,先后奸淫 4 次。张三的罪行被告发后,2022 年 6 月 17 日,张三持刀恐吓被害人王某及家人。后公安机关将其抓获归案。公安机关在侦查此案中,为了方便群众和保证证人如实作证,侦查人员到被害人的住地询问被害人和被害人家长,询问前先出示了公安机关调查介绍信。由于当地基层组织的配合,很快查明了案件事实。侦查终结后,经法定诉讼程序,人民法院以奸淫幼女罪,判处张三无期徒刑,剥夺政治权利终身。

[问题]

1. 询问证人、被害人应如何进行?

2. 本案中侦查人员询问证人、被害人的方式是否适当?

［解析］

1. 询问证人。根据《刑事诉讼法》和公安部《刑诉规定》的有关规定，侦查人员询问证人应当遵守下列程序和要求：(1)询问的地点和方式。《刑事诉讼法》第 124 条第 1 项规定：“侦查人员询问证人，可以在现场进行，也可以到证人所在单位、住处或者证人提出的地点进行，在必要的时候，可以通知证人到人民检察院或者公安机关提供证言。在现场询问证人，应当出示工作证件，到证人所在单位应、住处或者证人提出的地点询问证人，应当出示人民检察院或者公安机关的证明文件。”(2)询问证人应当个别进行。《刑事诉讼法》第 124 条第 2 项规定：“询问证人应当个别进行。”据此，同一案件有几个证人需要询问的时候，侦查人员应当对每个证人进行单独询问；询问其一证人时，不得有其他证人在场，也不允许采用开座谈会的形式，让证人集体讨论和作证。(3)询问前的准备。询问前，侦查人员应分析研究有关的案件情况和证据材料；了解证人的身份、职业、性格特点，证人与犯罪嫌疑人、被害人的关系；明确通过询问证人应查明的问题，拟出询问提纲，以使询问证人有计划、有目的地进行，保证询问成效。(4)询问证人的步骤、方法。首先，侦查人员应当问明证人的基本情况以及与当事人的关系。其次，侦查人员应当告知证人有如实作证的义务。《刑事诉讼法》规定，询问证人，应当告知他应当如实地提供证据、证言和有意作伪证或者隐匿罪证要负的法律责任。最后，根据侦查实践，侦查人员询问证人应当首先让他把知道的案件情况连续地陈述出来，然后再就其陈述中不清楚、不全面或者有矛盾的地方以及其他需要查明的事实情节，向他提问，要求他回答。在证人陈述时，侦查人员不宜随意打断，以保证其记忆的连贯性和陈述的客观性。对证人陈述的事实，应当问明来源和根据，并注意查明证人得知案件情况时的主观和客观条件。另外，侦查人员不得向证人、被害人泄露案情或者表示对案件的看法，严禁采用暴力、威胁等非法方法询问证人。(5)询问证人，应当制作询问笔录。询问笔录是重要的证据材料，应当客观、真实和详细，力求反映证人作证的原意。根据《刑事诉讼法》第 122 条、第 126 条的规定：询问笔录应当交证人核对，对于没有阅读能力的，应当向他宣读。如果记载有遗漏或者差错，证人可以提出补充或者改正。证人承认笔录没有错误后，应当签名或者盖章。侦查人员也应当在笔录上签名；证人请求自行书写证词的，应当准许，必要的时候，侦查人员也可以要求证人亲笔书写证词。

询问被害人。根据我国《刑事诉讼法》第 127 条的规定，询问被害人适用询问证人的程序。但是，由于被害人受到犯罪行为的直接侵犯，是刑事诉讼的当事人，与犯罪嫌疑人有着直接的利害关系，在诉讼中与证人的地位不同，因此询问被害人除了应当遵守询问证人的各项规定以外，还应当注意被害人害怕打击报复或顾及名誉、情面的特殊心理和了解犯罪嫌疑人更多情况的特点，耐心细致做好被害人的思想工作，使其如实陈述；对伤势较重、有生命危险的被害人，要及时询问并尽可能地进行录音、录像；要采取有效措施保障被害人的人身安全；对于被害人的个人隐私，应当为他保守秘密。

此外,第一次询问被害人时,应当告知他有提起附带民事诉讼的权利。

2. 本案中,侦查人员在侦查中,到被害人的住地询问被害人,体现了便利群众的诉讼原则;询问时出示公安机关的证明文件,是符合法律规定的,对迅速查明案件事实起到了重要作用;询问中侦查人员采取分别询问的方式,遵守了法律规定,有利于避免错误。

【案例三】

[案情简介]

刘三(男,34岁),A市某围巾公司副经理。2021年3月至5月,刘三发现公司经常出现围巾被偷的现象。刘三怀疑是女工在下班时夹偷窃的。于是,刘三指使公司保安甲某(男,27岁)和乙某(男,29岁)对制围巾女工丙某、丁某等6人搜查。先是对6人人身进行搜查,搜身过程中要求女工脱得只剩内衣裤。然后对她们的更衣柜进行搜查,再到6人住的集体宿舍搜查,结果无获。6名女工越想越觉得气愤,向当地劳动管理部门投诉。当地劳动管理部门觉得问题严重,向当地公安分局报案。公安分局决定对刘三、甲某和乙某立案侦查。

[问题]

1. 搜查应符合什么要求?

2. 刘三等人有权私自搜查6名女工吗?

[解析]

1. 本案考查搜查。搜查,是指侦查人员为了搜集犯罪证据、查获犯罪人,依法对犯罪嫌疑人以及可能隐藏犯罪嫌疑人或者犯罪证据的人的身体、物品、住处和其他有关的地方进行搜索、检查的一种侦查行为。搜查是一种强制性的侦查措施,是侦查机关同犯罪作斗争的重要手段。搜查作为一种侦查手段,其目的是发现和收集与犯罪有关的证据,查获隐藏的犯罪嫌疑人。搜查可以对犯罪嫌疑人进行,也可以对其他可能隐藏罪犯的地方,或者可能隐藏有犯罪证据的地方或者人身进行;可以对被搜查人的身体进行,也可以对被搜查人的物品、住处和其他有关的地方进行。搜查,直接关系到公民的人身自由和住宅不受侵犯的权利。我国《宪法》明文规定,禁止非法搜查公民的身体和住宅。因此,搜查必须严格依照法律规定的程序进行:(1)在侦查中,搜查只能由公安机关和人民检察院的侦查人员进行,其他任何组织、机关、团体、单位和个人都无权对公民的人身或住宅进行搜查。(2)根据《刑事诉讼法》第137条的规定,任何单位和个人,有义务按照人民检察院或公安机关的要求,交出可以证明犯罪嫌疑人有罪或者无罪的物证、书证、视听资料。(3)根据《刑事诉讼法》第138条的规定:“进行搜查,必须向被搜查人出示搜查证。在执行逮捕、拘留的时候,遇有紧急情况,不另用搜查证也可以进行搜查。”(4)根据《刑事诉讼法》第139条的规定:“在搜查的时候,应当有被搜查人或者他的家属,邻居或者其他见证人在场。搜查妇女的身体,应当由女工作人员进行。”(5)根据《刑事诉讼法》第140条的规定:“搜查的情况应当写成笔录,由侦查人员和被搜查人或者他的家属,邻居或者其他见证人签名或盖章。如果被搜查人或者他的家属在逃或者拒绝签名、盖章,应当在笔录上注明。”

2. 本案中的犯罪嫌疑人刘三、甲某和乙某并非侦查机关的侦查人员,不具有采取侦查措施的权力,他们对丙某等6名女工进行的搜查是非法的,且严重地侵犯了6名女工的人身权利。根据我国《宪法》第37条的规定,中华人民共和国公民的人身自由不受侵犯。禁止非法拘禁和以其他方法剥夺或者限制公民的人身自由,禁止非法搜查公民的身体。禁止非法搜查或者非法侵入公民的住宅。人身自由权和住宅权是公民的宪法权利。刘三、甲某和乙某的非法搜查行为情节严重,应当追究其刑事责任。

【案例四】

[案情简介]

被告人商某(男,27岁),某单位工人,被害人宗某(男,49岁),某单位工人。商某得悉本单位宗某有5万元存款,产生歹意。商某蓄意从宗某口中问得其家庭住处,然后携带盗窃工具,准备到宗某家行窃。2021年4月7日,商某蹲守等待宗某及之妻梁某熄灯睡觉后,即潜入内室,被宗、梁发觉。商某竟用铁棍猛击宗、梁的头部,宗、梁倒地后,商又用菜刀、铁棍继续猛击被害人的头部,致使宗某、梁某头部多处损伤,两被害人均因颅脑挫伤和粉碎性骨折造成大出血而死亡。于是,商某在宗某家翻箱倒柜,未找到宗某的存款,随手窃走笔记本电脑一台、手表1块、相机1部、手机2部,共折合人民币2万元。

案发后,侦查人员对现场进行了勘查,写出现场勘查笔录,提取了现场遗留物;指派法医对宗某和梁某两人尸体进行检验,确认是他杀死亡,并写出了尸体检验报告,又对血痕进行了检验,确认现场遗留的铁棍、铁棍上的血痕与死者宗某、梁某的血型一致,确认铁棍是犯罪分子所用的杀人凶器,于是写出了血痕检验鉴定书和物证检验报告,作为证据材料收存在卷。侦查人员破案后,法院以抢劫罪判处被告人商某死刑,剥夺政治权利终身。

[问题]

1. 简述勘验、检查在侦破案件中的意义。

2. 本案中侦查人员的做法是否合法?

[解析]

1. 本案考查勘验、检查。勘验、检查,是指侦查人员对与犯罪有关的场所、物品、尸体、人身进行查看,以发现和收集犯罪活动所遗留下来的各种痕迹和物品的一种诉讼活动。勘验、检查二者的性质是一样的,只是对象有所不同。勘验的对象是现场、物品和尸体,而检查的对象则是活人的身体。勘验、检查,是一种极其重要的侦查行为,是发现和获取证据、查明案情的重要手段,对侦查破案有着特别重要的作用。通过勘验、检查,可以发现和提取由于犯罪活动而留下的种种痕迹和物品。通过对这些证据材料的分析研究,可以了解犯罪嫌疑人实施犯罪的情况,判断案件的性质,了解犯罪嫌疑人的特征,发现侦查破案的各种线索,明确侦查方向和范围,能为进一步开展侦查活动,彻底查明犯罪事实,查获犯罪嫌疑人提供可靠的依据。

2.《刑事诉讼法》第128条规定:“侦查人员对于与犯罪有关的场所、物品、人身、尸体应当进行勘验或者检查。在必要的时候,可以指派或者聘请具有专门知识的人,在侦查人员的主持下进行勘验、检查。”法律的这一规定表明:在侦查中,凡是与犯罪有关的场所、物品、人身、尸体,必须进行勘验或者检查。侦查人员在勘验的时候,不仅应对犯罪现场遗留的物品、尸体进行全面勘验或者检查,而且应对现场的每一有关情况,例如,尸体的位置、犯罪的痕迹以及现场周围的环境等都应勘验、检查清楚。但是,勘验、检查往往涉及一些侦查人员不具备的专门知识问题,没有专门知识的人参加,就达不到勘验、检查的目的。因此,在必要的时候,也可以在侦查人员的主持下,指派或者聘请具有专门知识的人参加勘验和检查。所谓“必要的时候”,根据司法实践,主要是指涉及医学、化学、机械学等专门知识的案件,该专门知识又关系到侦查的进程和结局时,人民检察院或公安机关、国家安全机关应指派本单位或聘请其他单位具有专门知识的人,在侦查人员的主持下,参加对犯罪现场、尸体、物品等的勘验、检查,以利于侦查工作的顺利进行。为了确保勘验、检查的客观公正与合法,在进行勘验、检查中,应邀请两名与本案无利害关系的公民作为见证人。勘验、检查完毕,应制作勘验笔录或检查报告,由参加勘验、检查的人和见证人签名或者盖章。本案中,侦查人员的做法是符合法律规定的。通过勘验、检查所收集的证据,对准确、及时地打击犯罪起了重要作用。

【案例五】

[案情简介]

2022年9月5日,被害人张某(女,57岁)被杀,家中被盗。公安机关勘查现场时,虽然提取了罪犯留下的脚印和指纹等痕迹,但此案久侦未破。数月后,某公安局技术员经过翻阅很多张指纹卡,进行比对,终于查出与已经有盗窃前科的何某的指纹相同。随即将何某带回公安局审查。在审讯时,何某供认自己曾在一盗窃案中,由于女主人要报案,便将该妇女杀死,后携物逃窜。在审讯期间,犯罪嫌疑人何某乘机,打开手铐逃跑。何某脱逃后,市公安局立即向省公安厅汇报,请求外地协查,并在管辖区内发出通缉令,请求群众协助缉捕何某,同时,迅速部署本市、区、县警力,在全市车站、旅店、交通要道、人犯的住址等处设卡守候。有一天,侦查人员发现一树林中窜出一人,其背影与何某体态相像,即驱车查看,侦查人员紧追不舍,终于将犯罪嫌疑人何某抓获。经确认,该人确实是被通缉的犯罪嫌疑人何某,并从其身上搜出杀人凶器斧头一把,犯罪嫌疑人何某被追捕归案。

[问题]

1. 发布通缉令应遵守什么规则？

2. 本案中市公安局有权在辖区内发布通缉令吗？

[解析]

1. 通缉是在刑事诉讼过程中公安机关通令追捕在逃的犯罪嫌疑人的一项侦查措施，它是公安机关通力合作、协同作战的一种形式，其目的是把在逃的犯罪嫌疑人捕获归案，交付侦查或审判。我国《刑事诉讼法》第155条规定："应当逮捕的犯罪嫌疑人如果在逃，公安机关可以发布通缉令，采取有效措施，追捕归案。各级公安机关在自己管辖的地区以内，可以直接发布通缉令；超出自己管辖的地区，应当报请有权决定的上级机关发布。"由此可见，通缉的对象是依法应当逮捕而在逃的犯罪嫌疑人。

一般来说，发布通缉令应遵守以下规则：(1)只有公安机关才有权发布通缉令，其他任何机关、团体或个人都无这种权力。人民检察院、人民法院需要通缉犯罪嫌疑人、被告人时，应提请公安机关发布通缉令。公安机关发布通缉令的依据是人民检察院的批准逮捕决定书或人民法院的逮捕决定书。(2)通缉的对象是依法应当逮捕而在逃的犯罪嫌疑人。包括未采取强制措施以前即流窜在外下落不明的；在羁押期间越狱潜逃下落不明的；罪应逮捕，由于某种原因而采用监视居住、取保候审的办法，在此期间逃跑的。(3)通缉令应制成书面文书，主要应写明：案件性质、犯罪嫌疑人的姓名、性别、年龄、籍贯、衣着打扮和体貌特征，并附上犯罪嫌疑人近期的照片。还应写上发现被通缉的人应怎样处理，联系机关和具体联系人。如被通缉的人携带武器、凶器、毒品、出境证明、巨款等，应特别注明注意事项。有条件的，可附指纹及其他物证照片，之后加盖公章发布。(4)通缉令应当及时发布。各级公安机关接到通缉令后，要迅速采取防止犯罪嫌疑人逃跑的有效措施进行追查，以保证通缉令的实施。任何机关、单位和公民都有义务协助公安机关追捕在逃犯，有权将在逃犯扭送公安机关。故意协助罪犯潜逃或者窝藏犯罪嫌疑人的，按刑法的有关规定追究法律责任。通缉令发出后，如发现新的重大情况，可发补充通报。通报要注明通缉令的编号和期。(5)通缉令只能由县以上公安机关在自己管辖的区域内发布方有效。如果超出自己的管辖范围，应报请有决定权的上级公安机关发布。向全国范围内发布的通缉令，只能由公安部发布。(6)被通缉的犯罪嫌疑人一经追捕归案或自动投案，或死亡以及无继续通缉必要的时候，应及时通知发布通缉令的机关核实，并向原发布范围内发通报，撤销通缉令。

2. 本案犯罪嫌疑人何某杀人后被羁押于看守所，后又趁机脱逃。市公安局向省公安厅汇报，请求外地协查，市公安局为组织力量，迅速抓获犯罪嫌疑人何某，在其辖区内发布通缉令是完全合法的。结果也证明市公安局的做法是十分必要和正确的。

第二节 侦查终结

△ 知识背景

侦查终结,是指侦查机关对于其立案侦查的案件,经过一系列的侦查活动,认为案件事实已经查清,证据确实、充分,足以认定犯罪嫌疑人是否有罪和应否对其追究刑事责任而决定结束侦查,并对案件依法作出结论和处理的一种诉讼活动。侦查终结是侦查阶段对于已经开展的各种侦查活动和侦查工作进行审核和总结的最后一道程序,是侦查任务完成的标志。

一、侦查终结的条件

根据《刑事诉讼法》第162条的规定,公安机关负责侦查的案件和人民检察院自行侦查的案件的侦查终结都必须具备以下三个条件:(1)案件事实已经查清。案件事实包括犯罪嫌疑人有罪或无罪、罪重或罪轻,以及是否应受刑事处罚的全部事实和情节。事实已经查清,是侦查终结的首要条件。侦查机关如果认为犯罪嫌疑人确有犯罪行为,在侦查终结时,对于犯罪嫌疑人犯罪的时间、地点、动机、目的、情节、手段和危害结果等情况应当全部查清,并且没有遗漏任何罪行。对于共同犯罪的案件,还应当查清每个犯罪嫌疑人在共同犯罪中的地位和作用,且没有遗漏其他应当追究刑事责任的同案人。(2)证据确实、充分。证据确实、充分是侦查终结的重要条件。它要求侦查终结的案件,证明犯罪事实、情节的每一个证据来源都是可靠的,经查证属实、核对无误的,并且证据与证据之间能够相互印证,形成一个完整的证明体系,足以排除其他可能性,确认犯罪嫌疑人有罪或者无罪、罪重或者罪轻。(3)法律手续完备。法律手续完备同样是侦查终结必不可少的条件。它要求侦查机关采取的专门调查工作和有关的强制性措施的各种法律文书,以及审批、签字、盖章等手续都是齐全、完整并符合法律规定要求的,因为这是衡量侦查活动是否严格依法进行的标准。如果发现有遗漏或不符合法律规定之处,应当及时采取有效的措施予以补充或改正。以上三个条件必须同时具备,缺一不可。此外,《刑事诉讼法》第163条规定:“在侦查过程中,发现不应对犯罪嫌疑人追究刑事责任的,应当撤销案件;犯罪嫌疑人已被逮捕的,应当立即释放,发给释放证明,并且通知原批准逮捕的人民检察院。”其中,“不应对犯罪嫌疑人追究刑事责任的”,是指查明本案不存在犯罪事实,或者犯罪嫌疑人的行为符合《刑事诉讼法》第16条的规定。侦查机关经过侦查,发现不应对犯罪嫌疑人追究刑事责任的,也应当及时终结侦查,并立即释放在押的犯罪嫌疑人,通知原批准逮捕的人民检察院。

二、侦查终结的处理

根据《刑事诉讼法》的规定,侦查终结的案件,应当根据案件的不同情况,分别作出起诉、不起诉或者撤销案件的决定。

公安机关侦查的案件侦查终结后，对于犯罪事实清楚，证据确实、充分，犯罪性质和罪名认定正确，法律手续完备，依法应当追究犯罪嫌疑人刑事责任的案件，应当写出"起诉意见书"，连同案卷材料、证据一并移送同级人民检察院审查决定，同时将案件移送情况告知犯罪嫌疑人及其辩护律师。共同犯罪案件的"起诉意见书"中应当写明每个犯罪嫌疑人在共同犯罪中的地位、作用、具体罪责和认罪态度，并分别提出处理意见。对于犯罪情节轻微，依法不需要判处刑罚或者免除刑罚的案件，公安机关在移送审查起诉时，应当注明具备不起诉的条件，由人民检察院审查决定起诉或者不起诉。对于侦查中发现不应对犯罪嫌疑人追究刑事责任的案件，应当作出撤销案件的决定，并制作"撤销案件决定书"；犯罪嫌疑人已被逮捕的，应当立即释放，发给释放证明，并通知原批准的人民检察院。

【案例】

［案情简介］

2022 年 7 月 5 日晚 9 时，某省某市的被害人田某，在河边被人连刺数刀死亡，当时案发现场停电，周围一片漆黑。侦查人员根据尸体上创伤的形状推断凶器为军用刺刀，便将被害人田某的邻居从部队转业返家的朱某列为犯罪嫌疑人。7 月 6 日，经询问朱某，发现他在 7 月 5 日夜里有一段时间的行踪无人证明。7 月 7 日，在朱某家中搜出一件带血的军衣，上面缺失 2 颗纽扣，都放在衣服兜里。还有一把水果刀。法医鉴定衣服上的血迹为 A 型血和 B 型血，被害人田某为 A 型血。在对朱某实行拘留后，朱某起初不承认杀人，而后又承认。朱某的父亲证明，7 月 4 日晚上，他与朱某争吵以致动手打架，互有出血，当时朱某母亲正在旁边劝阻。

［问题］

简述刑事案件侦查终结的条件，并分析本案是否已侦查终结。

［解析］

《刑事诉讼法》第 162 条规定："公安机关侦查终结的案件，应当做到犯罪事实清楚，证据确实、充分，并且写出起诉意见书，连同案卷材料、证据一并移送同级人民检察院审查决定……"据此，刑事案件侦查终结应当符合以下条件：(1) 案件事实清楚；(2) 证据确实、充分；(3) 犯罪性质和罪名认定正确；(4) 法律手续完备；(5) 依法应当追究刑事责任。

本案至此并没侦查终结。因为以现有的证据不能确认犯罪嫌疑人就是朱某。在已有的证据中，有些存在相互矛盾：一是根据尸体创口的创缘表明，被害人是被军用刺刀所刺，即使这只是一种推断，但尸检完全可以作出凶器究竟是单刃还是双刃工具，而从朱某家搜出的刀具为水果刀，显然是单刃刀，与尸体情况不符。二是如果被害人与歹徒发生过搏斗，而因此致歹徒的衣服扣子脱落，以当时河边停电的情形，根本不可能及时找回丢失的纽扣。三是关于犯罪嫌疑人朱某衣服上的血迹，既然有朱某父亲的相关证言，就应当进行必要且完整的检验鉴定，仅仅检出上面的血型是不够的，必须将被害人、犯罪嫌疑人的血迹各自确定，也就是说必须检出衣服上的血迹究竟是谁的，包括证人所述的情况通过鉴定是可以证实的，本案中只进行了被害人血型的鉴定，这种情况下的“血衣”物证的作用和价值显现证明力不足。所以，本案应当继续侦查下去：继续查找犯罪工具；进行血痕的确认检测；对犯罪嫌疑人进行进一步的讯问，即便是供述了有关的事实，也要听取其辩解，同时要注意与案中的其他证据进行比对，以便作出正确的判断；核实有关的证人证言；开展更广泛的调查，在本案目前情况下，有关犯罪原因和动机的证据尚未调取，目前侦查收集到的证据还有问题，所以本案侦查到此不能侦查终结。

第三节　人民检察院对直接受理案件的侦查

知识背景

一、人民检察院在自侦案件中的侦查权限

人民检察院对直接受理的案件的侦查，也称自侦案件的侦查，是指人民检察院在对诉讼活动实行法律监督中发现的司法工作人员利用职权实施的非法拘禁、刑讯逼供、非法搜查等侵犯公民权利、损害司法公正的犯罪案件，依法进行的专门调查工作和有关的强制性措施。根据《刑事诉讼法》第 164 条的规定，人民检察院对直接受理的案件的侦查，适用《刑事诉讼法》关于侦查的一般规定。也就是说，《刑事诉讼法》关于侦查的一般规定同样适用于人民检察院的自侦案件。但考虑到人民检察院法律监督的性质和自侦案件本身所具有的特殊性，我国法律对于人民检察院在自侦案件中的侦查权限及侦查终结案件的处理作了一些特殊规定。

根据《刑事诉讼法》第 165 条的规定：“人民检察院直接受理的案件中符合本法第八十一条、第八十二条第四项、第五项规定情形，需要逮捕、拘留犯罪嫌疑人的，由人民检察院作出决定，由公安机关执行。”人民检察院对于自行决定拘留的人犯应当尽快审查，根据《刑事诉讼法》第 166 条的规定，应当在拘留后的 24 小时以内进行讯问。在发现不应当拘留的时候，必须立即释放，发给释放证明。根据《刑事诉讼法》第 167 条的规定：“人民检察院对直接受理的案件中被拘留的人，认为需要逮捕的，应当在十四日以内作出决定。在特殊情况下，决定逮捕的时间可以延长一日至三日。对不需要逮捕的，应当立即释放；对需要继续侦查，并且符合取保候审、监视居住条件的，依法取保候审或监视居住。”

二、人民检察院自侦案件侦查终结后的处理

根据《刑事诉讼法》第 168 条和最高检《刑诉规则》第 339 条的相关规定，人民检察院直接受理的案件，在侦查终结后，有三种处理方式：提起公诉、不起诉和撤销案件。

（一）提起公诉

人民检察院自侦案件侦查终结后，认为犯罪嫌疑人犯罪事实清楚，证据确实、充分，已认定犯罪嫌疑人构成犯罪，依法应当追究刑事责任的，人民检察院应当作出提起公诉的决定。首先，侦查人员应当写出侦查终结报告，并制作起诉意见书，报送侦查部门负责审核、检察长批准；其次，经检察长批准提出起诉意见书的，侦查部门应当将起诉意见书以及其他案件材料一并移送本院审查起诉部门审查；最后，审查起诉部门审查后，根据检察长或检察委员会的决定做出是否提起公诉的决定。另外，如果是国家或者集体财产遭到损失的，侦查部门在提出公诉意见的同时，也可以提出附带民事诉讼意见。

（二）不起诉

人民检察院自侦案件侦查终结后，发现有《刑事诉讼法》第 177 条规定的情形，认为犯罪事实清楚，证据确实、充分，足以认定犯罪嫌疑人构成犯罪，但是犯罪情节轻微，依照刑法规定不需要判处刑罚或者应当免除刑罚的，侦查人员应当写出侦查终结报告，并制作不起诉意见书，报送侦查部门负责人审核，检察长批准；经检察长批准提出不起诉意见书的，侦查部门应当将不起诉意见书以及其他案件材料一并移送本院审查起诉部门审查。这里的"犯罪情节轻微，依照刑法规定不需要判处刑罚"是指《刑法》第 13 条规定的情形；"应当免除刑罚的"是指《刑法》中有"应当（可以）免除刑罚"字样的条款中规定的情形，如对预备犯、中止犯、胁从犯等就应当或可以免除刑罚。

（三）撤销案件

人民检察院直接侦查的案件，在侦查过程中发现有足够的证据证明犯罪嫌疑人的行为不构成犯罪，或者依法不应当追究刑事责任的情形，应当撤销案件的，由侦查部门制作撤销案件意见书，报经检察长或者检察委员会决定后撤销案件。这里的"不应当追究刑事责任"的情况和公安机关撤销案件的情形是相同的，即具备《刑事诉讼法》第 16 条规定的六种情形之一的或经侦查认为没有犯罪事实发生的，就属于"不应当追究刑事责任"，人民检察院就应当撤销案件。人民检察院撤销案件的决定，应当分别送达犯罪嫌疑人所在的单位和犯罪嫌疑人。如果犯罪嫌疑人在押，应当制作决定释放通知书，通知公安机关依法释放。公安机关应当立即释放，并发给释放证明。

【案例一】

［案情简介］

吴某（男，53 岁），某公安机关刑侦人员。2022 年 11 月，吴某在办理刑事案件过程中，伙同另一刑侦人员商某，对明知是无罪的人，非法拘禁 32 天，且情节严重，构成非法拘禁罪该市人民检察院举报中心接到举报线索后，立即将线索转给该院自侦部门进行侦查。吴某、商某在发觉罪行败露后，策划对策，准备销毁证据。为此，人民检察院决定逮捕吴某、商某二人，通知公安机关执行。

[问题]

本案中检察院对自侦案件侦查终结后的处理是否正确?

[解析]

根据我国《刑事诉讼法》的有关规定,检察院对自侦案件侦查终结后的处理不妥当。我国《刑事诉讼法》规定,人民检察院直接受理的案件中,如符合相关的法律规定,需要拘留犯罪嫌疑人的,由人民检察院直接作出决定,由公安机关执行。这表明,人民检察院在直接受理的自侦案件的侦查过程中,发现有下列两种情形的,有权决定拘留犯罪嫌疑人:一是犯罪嫌疑人犯罪后企图自杀、逃跑或者在逃的;二是犯罪嫌疑人有毁灭、伪造证据或者串供可能的。人民检察院的拘留决定权对于及时侦破案件非常重要。但是在适用的过程中应当注意两点:一是人民检察院必须依法作出拘留决定并交由有关的公安机关执行,其并没有执行拘留的权力;二是人民检察院依法决定拘留犯罪嫌疑人的,应当负责讯问,应当在拘留后 24 小时内进行讯问,在发现不应当拘留的情形时,必须立即释放,并发给释放证明,对于需要逮捕而证据不充足的,可以变更强制措施为取保候审或监视居住。

本案中,犯罪嫌疑人吴某、商某策划销毁证据,具有毁灭、伪造证据或者串供的情形,据此,人民检察院有权决定逮捕犯罪嫌疑人,但必须交由公安机关执行。所以,本案中检察院对自侦案件侦查终结后的处理是不正确的。

【案例二】

[案情简介]

被告人刘某(男,49 岁),某公安机关刑侦人员,在办案过程中,采用暴力方式逼取口供,致犯罪嫌疑人重伤。罪行被揭露后,人民检察院对其进行立案侦查。根据刘某的罪行及社会危害程度,经人民检察院决定,公安机关执行,将刘某依法逮捕。人民检察院经侦查认为,刘某身为司法工作人员,暴力逼取口供致人重伤,已构成刑讯逼供罪。侦查终结后,检察院以刑讯逼供罪向人民法院提起公诉。人民法院以刑讯逼供罪判处刘某有期徒刑 3 年,缓刑 4 年。

[问题]

人民检察院对自侦案件是如何行使侦查权的?

[解析]

《刑事诉讼法》第 19 条第 2 项规定:“人民检察院在对诉讼活动实行法律监督中发现的司法工作人员利用职权实施的非法拘禁、刑讯逼供、非法搜查等侵犯公民权利、损害司法公正的犯罪,可以由人民检察院立案侦查。对于公安机关管辖的国家机关工作人员利用职权实施的其他重大的犯罪案件,需要由人民检察院直接受理的时候,经省级以上人民检察院决定,可以由人民检察院立案侦查。”

《刑事诉讼法》第 165 条规定:“人民检察院直接受理的案件中符合本法第八十一

条,第八十二条第四项、第五项规定情形,需要逮捕、拘留犯罪嫌疑人的,由人民检察院作出决定,由公安机关执行。”该条规定了人民检察院自行侦查案件,逮捕、拘留犯罪嫌疑人的条件和权限,包含以下三层含义:(1)人民检察院对直接受理的案件,根据侦查的需要有决定拘留、逮捕犯罪嫌疑人的权力。为保证人民检察院有效地侦查案件,赋予检察机关决定拘留、逮捕的权力,为检察机关打击犯罪活动提供必要的侦查手段。(2)人民检察院拘留、逮捕犯罪嫌疑人,必须依照法定条件进行。根据检察机关需要拘留、逮捕犯罪嫌疑人的实际情况,规定了人民检察院可以决定拘留、逮捕犯罪嫌疑人的条件,即逮捕犯罪嫌疑人,必须符合《刑事诉讼法》第81条的规定;拘留犯罪嫌疑人必须符合《刑事诉讼法》第82条的规定。(3)需要逮捕、拘留犯罪嫌疑人的,由人民检察院作出决定,由公安机关执行。实践中,人民检察院自行侦查的案件,需要对犯罪嫌疑人先行拘留的,主要有两种情况:一种是犯罪嫌疑人因有罪害怕承担刑事责任,为逃避刑事追究,企图自杀、逃跑或者已经在逃的;另一种是通过毁灭证据、伪造证据等手段,进行反侦查的。发现这两种情况,如果不及时采取有效措施,加以控制,就很可能失去侦查线索,错过侦查时机,给侦破案件造成极大困难,甚至使侦查工作前功尽弃,为保障检察机关侦查活动的顺利进行,刑事诉讼法针对上述影响检察机关打击犯罪的实际情况,规定了人民检察院对自行侦查的案件中符合《刑事诉讼法》第82条规定情形之一的,有决定拘留的权力。这样规定,既为人民检察院侦查直接受理的案件提供了必要的手段,又对其作了较严格的限制,以防止滥用拘留权,有利于保护公民的人身权利。

本案中,人民法院以刑讯逼供罪判处被告人刘某有期徒刑3年,缓刑4年。根据《刑事诉讼法》第165条的规定,人民检察院对直接受理的案件,在侦查中对可能判处有期徒刑以上刑罚,采取取保候审、监视居住尚不足以防止发生社会危害性的犯罪嫌疑人决定逮捕,由公安机关执行逮捕,是符合法律规定的。

第四节　补充侦查

△ 知识背景

一、不同诉讼阶段的补充侦查

补充侦查,是指公安机关或者人民检察院对于案件部分事实不清、证据不足或者尚有遗漏罪行、遗漏同案犯罪嫌疑人的,依照法定程序,在原有侦查工作的基础上作进一步调查,补充证据的一种诉讼活动。

(一)审查逮捕阶段的补充侦查

《刑事诉讼法》第90条规定:“人民检察院对于公安机关提请批准逮捕的案件进行审查后,应当根据情况分别作出批准逮捕或者不批准逮捕的决定。对于批准逮捕的决定，公安机关应当立即执行，并且将执行情况及时通知人民检察院。对于不批准逮捕的，人民检察院应当说明理由，需要补充侦查的，应当同时通知公安机关。”根据这一规定，在审查逮捕阶段需要补充侦查的，由人民检察院通知公安机关；人民检察院补充侦查的通知应当和不批准逮捕决定书同时作出并送达公安机关。为保证侦查活动的顺利进行，公安机关在补充侦查期间，可以对犯罪嫌疑人取保候审或者监视居住。

（二）审查起诉阶段的补充侦查

《刑事诉讼法》第 175 条第 2 款、第 3 款规定：“人民检察院审查案件，对于需要补充侦查的，可以退回公安机关补充侦查，也可以自行侦查。对于补充侦查的案件，应当在一个月以内补充侦查完毕。补充侦查以二次为限……”据此，退回公安机关补充侦查的案件，补充侦查的期限不得超过 1 个月；一个案件侦查完毕移送审查起诉后，人民检察院决定退回公安机关补充侦查的次数，总计不得超过 2 次；如果是检察院自行侦查的，应在审查起诉期限内进行完毕。这对于防止案件久拖不决，及时打击犯罪和切实保障犯罪嫌疑人的合法权益，具有十分重要意义。对于二次补充侦查的案件，人民检察院仍认为证据不足，不符合起诉条件的，应当作出不起诉的决定。

（三）法庭审判阶段的补充侦查

根据《刑事诉讼法》第 204 条、第 205 条的规定，在法庭审判过程中，检察人员发现提起公诉的案件需要补充侦查，提出建议的，人民法院可以延期审理；人民法院决定延期审理的，人民检察院应当在 1 个月以内补充侦查完毕。据此，在法庭审判阶段，人民法院不能主动将案件退回人民检察院补充侦查，案件是否需要补充侦查，由检察人员提出建议，人民法院根据审判的实际情况可以同意检察人员补充侦查的要求，也可以不同意；如果同意的，人民法院应当作出延期审理的决定。另外，根据最高法《刑诉解释》第 277 条的规定，审判期间，被告人提出新的立功线索的，人民法院可以建议人民检察院补充侦查。笔者认为，在此种有利于被告人的情形下，人民法院应有“建议”的职责。

二、补充侦查的方式

根据《刑事诉讼法》的规定，补充侦查有以下两种方式：

（一）退回补充侦查

退回补充侦查，是指决定补充侦查的人民检察院将案件退回公安机关进行补充侦查。根据《刑事诉讼法》的规定，退回补充侦查的案件必须是公安机关立案侦查的案件，人民检察院不能将自己直接受理的案件退给公安机关补充侦查。人民检察院认为犯罪事实不清、证据不足或者遗漏罪行、遗漏同案犯罪嫌疑人等情形需要补充侦查的，应当提出具体的书面意见，连同案卷材料一并退回公安机关补充侦查。对人民检察院退回补充侦查的案件，公安机关根据不同情况，报县级以上公安机关负责人批准，分别作如下处理：(1)原认定犯罪事实清楚，证据不够充分的，应当在补充证据后，制作补充侦查报告书，移送人民检察院审查；对无法补充的证据，应当作出说明。(2)在补充侦查过程中,发现新的同案犯或者新的罪行,需要追究刑事责任的,应当重新制作起诉意见书,移送人民检察院审查。(3)发现原认定的犯罪事实有重大变化,不应当追究刑事责任的,应当重新提出处理意见,并将处理结果通知退查的人民检察院。(4)原认定犯罪事实清楚、证据确实充分,人民检察院退回补充侦查不当的,应当说明理由,移送人民检察院审查。

(二)自行补充侦查

自行补充侦查,是指决定补充侦查的人民检察院自行对案件进行的补充侦查。自行补充侦查的案件,既可以是原来由公安机关立案侦查的案件,也可以是人民检察院直接受理侦查的案件。如果是审查起诉阶段案件需要补充侦查,人民检察院既可以退回公安机关,由公安机关进行补充侦查,也可以由检察院自行侦查;如果是审判阶段案件需要补充侦查,只能由检察院自行补充侦查,而不能再退回公安机关,但必要时可以要求公安机关提供协助。在审查起诉阶段,人民检察院是退回补充侦查还是自行补充侦查,一般取决于未查明案件事实的内容和性质。如果主要事实不清、证据不足或者有遗漏罪行、遗漏同案犯罪嫌疑人等情形的,原则上应退回公安机关补充侦查;如果只是次要事实不清、证据不足的,则应尽可能自行补充侦查,以节省办案时间,提高诉讼效率。

【案例一】

[案情简介]

张三抢劫罪。犯罪嫌疑人张三(男,24岁)。2022年5月19日,张三在某建设银行门口蹲守,蓄意抢劫前来取款的客户。案发后,公安机关接到报案后,立案侦查。公安机关经过2次补充侦查后将案件移送检察机关。检察机关通过对案件审查,发现张三可能还实施了另一起盗窃犯罪,检察院关于张三案作出以下处理:(1)再次退回公安机关补充侦查,并要求在一个月内补充侦查完毕;(2)要求公安机关收集并提供新发现的盗窃犯罪的证据材料;(3)对新发现的盗窃犯罪自行侦查,并要求公安机关提供协助;(4)将新发现的盗窃犯罪移送公安机关另行立案侦查,对已经查清的抢劫犯罪提起公诉。

[问题]

检察院对张三案件的处理是否正确?

[解析]

本案考查补充侦查。根据《刑事诉讼法》第175条第2款、第3款的规定:"人民检察院审查案件,对于需要补充侦查的,可以退回公安机关补充侦查,也可以自行侦查。对于补充侦查的案件,应当在一个月以内补充侦查完毕。补充侦查以二次为限。补充侦查完毕移送人民检察院后,人民检察院重新计算审查起诉期限。"在本案中,公安机关已经过二次补充侦查,所以检察院不可再次退回补充侦查。所以,检察院对张三案件的处理(1)是错误的。

最高检《刑诉规则》第349条规定："人民检察院对已经退回监察机关二次补充调查或者退回公安机关二次补充侦察的案件，在审查起诉中又发现新的犯罪事实，应当将线索移送监察机关或者公安机关。对已经查清的犯罪事实，应当依法提起公诉。"本案中，张三涉嫌抢劫案经公安机关二次补充侦查后移送检察机关，检察机关审查发现张三可能还实施了另一起盗窃犯罪，依照上述规定，应当将新发现的盗窃犯罪移送公安机关另行立案侦查，对已经查清的抢劫犯罪提起公诉。据此，检察院对张三案件的处理(2)、(3)是错误的，对张三案件的处理(4)正确。

【案例二】

［案情简介］

被告人周某(男，29岁)，某学校职工。2022年5月21日至27日，某学校食堂就餐学生陆续出现中毒症状，经公安机关查明确定为灭鼠药中毒，并认定人为投毒可能性较大。公安机关了解到某学校食堂职工周某购买并保管过鼠药，遂将其列为重大犯罪嫌疑人。6月7日周某被检察机关批准逮捕，羁押在某看守所。公安机关对周某的犯罪事实依法在一个半月后侦查终结并移送检察机关审查起诉。检察机关以毒药来源、投毒方式、投毒动机等方面存在犯罪事实不清、证据不足的问题为由，决定退回公安机关补充侦查。公安机关在半个月内补充侦查完毕后又移送起诉，再次被检察机关退回补充侦查。公安机关在第二次补充侦查期间认为该案的案情复杂，期间届满未能侦查终结，申请延长对犯罪嫌疑人周某的羁押期限。

［问题］

1. 简述补充侦查的种类和方式。

2. 公安机关对于检察院再次退回补充侦查的案件是否可以延长羁押期限？

［解析］

1. 补充侦查，是指公安机关或者人民检察院依照法定程序，在原有侦查工作的基础上，就案件的部分事实、情节继续进行侦查的诉讼活动。补充侦查，本质上是原有侦查工作的继续，仍属于侦查程序的范畴。

根据《刑事诉讼法》的规定，补充侦查在程序上有以下三种：(1)审查逮捕阶段的补充侦查。《刑事诉讼法》第90条规定："人民检察院对于公安机关提请批准逮捕的案件进行审查后，应当根据情况分别作出批准逮捕或者不批准逮捕的决定。对于批准逮捕的决定，公安机关应当立即执行，并且将执行情况及时通知人民检察院。对于不批准逮捕的，人民检察院应当说明理由，需要补充侦查的，应当同时通知公安机关。"根据这一规定，在审查逮捕阶段需要补充侦查的，由人民检察院通知公安机关；人民检察院补充侦查的通知应当和不批准逮捕决定书同时作出并送达公安机关。为保证侦查活动的顺利进行，公安机关在补充侦查期间，可以对犯罪嫌疑人取保候审或者监视居住。(2)审查起诉阶段的补充侦查。《刑事诉讼法》第175条第2款、第3款和第4款规定：

"人民检察院审查案件,对于需要补充侦查的,可以退回公安机关补充侦查,也可以自行侦查。对于补充侦查的案件,应当在1个月以内补充侦查完毕。补充侦查以二次为限。补充侦查完毕移送人民检察院后,人民检察院重新计算审查起诉期限。对于二次补充侦查的案件,人民检察院仍然认为证据不足,不符合起诉条件的,应当作出不起诉的决定。"(3)法庭审判阶段的补充侦查。《刑事诉讼法》第204条规定:"在法庭审判过程中,遇有下列情形之一,影响审判进行的,可以延期审理:(一)需要通知新的证人到庭,调取新的物证,重新鉴定或者勘验的;(二)检察人员发现提起公诉的案件需要补充侦查,提出建议的;(三)由于申请回避而不能进行审判的。"《刑事诉讼法》第205条规定:"依照本法第二百零四条第二项的规定延期审理的案件,人民检察院应当在一个月以内补充侦查完毕。"据此,在法庭审判阶段,人民法院不能主动将案件退回人民检察院补充侦查,案件是否需要补充侦查,由检察人员提出建议,人民法院根据审判的实际情况可以同意检察人员补充侦查的要求,也可以不同意;如果同意的,人民法院应当作出延期审理的决定。另外,根据最高法《刑诉解释》第277条的规定,审判期间,被告人提出新的立功线索的,人民法院可以建议人民检察院补充侦查。

根据《刑事诉讼法》第175条第2款的规定,补充侦查有以下两种方式:(1)退回公安机关补充侦查;(2)自行补充侦查。

2. 对犯罪嫌疑人在侦查中的羁押期限是指犯罪嫌疑人在侦查中被逮捕以后到侦查终结的期限。对于被逮捕的犯罪嫌疑人法律要求侦查在一定期限内终结,是为了防止对犯罪嫌疑人久拖不决,维护公民的合法权益。《刑事诉讼法》第156条规定:"对犯罪嫌疑人逮捕后的侦查羁押期限不得超过二个月。案情复杂、期限届满不能终结的案件,可以经上一级人民检察院批准延长一个月。"根据《刑事诉讼法》第98条规定:"犯罪嫌疑人、被告人被羁押的案件,不能在本法规定的侦查羁押、审查起诉、一审、二审期限内办结的,对犯罪嫌疑人、被告人应当予以释放;需要继续查证、审理的,对犯罪嫌疑人、被告人可以取保候审或者监视居住。"《刑事诉讼法》第175条第2款、第3款和第4款规定:"人民检察院审查案件,对于需要补充侦查的,可以退回公安机关补充侦查,也可以自行侦查。对于补充侦查的案件,应当在一个月以内补充侦查完毕。补充侦查以二次为限。补充侦查完毕移送人民检察院后,人民检察院重新计算审查起诉期限。对于二次补充侦查的案件,人民检察院仍认为证据不足,不符合起诉条件的,应当作出不起诉的决定。"

据此,本案中,对于检察院再次退回补充侦查的案件,公安机关在补充侦查期限内不能侦查完毕的,不能对补充侦查中的犯罪嫌疑人延长羁押期限。对犯罪嫌疑人、被告人应当予以释放;需要继续查证、审理的,可以变更强制措施,对犯罪嫌疑人、被告人可以取保候审或者监视居住。补充侦查以2次为限。补充侦查完毕移送人民检察院后,人民检察院重新计算审查起诉期限。对于二次补充侦查的案件,人民检察院仍认为证据不足,不符合起诉条件的,应当作出不起诉的决定。

第五节 侦查监督

◬ 知识背景

侦查监督，是指人民检察院依法对侦查机关和侦查人员的侦查活动是否合法进行的监督。根据《刑事诉讼法》的规定，除公安机关外，国家安全机关、监狱、军队保卫部门、中国海警局以及人民检察院的侦查部门也依法行使侦查权。

侦查监督的内容，是指人民检察院通过履行侦查监督职能予以发现和纠正的违法行为。根据最高检《刑诉规则》第567条的规定，侦查监督的内容主要是：(1)采用刑讯逼供以及其他非法方法收集犯罪嫌疑人供述的；(2)讯问犯罪嫌疑人依法应当录音或者录像而没有录音或者录像，或者未在法定羁押场所讯问犯罪嫌疑人的；(3)采用暴力、威胁以及非法限制人身自由等非法方法收集证人证言、被害人陈述，或者以暴力、威胁等方法阻止证人作证或者指使他人作伪证的；(4)伪造、隐匿、销毁、调换、私自涂改证据，或者帮助当事人毁灭、伪造证据的；(5)违反刑事诉讼法关于决定、执行、变更、撤销强制措施的规定，或者强制措施法定期限届满，不予释放、解除或者变更的；(6)应当退还取保候审保证金不退还的；(7)违反刑事诉讼法关于讯问、询问、勘验、检查、搜查、鉴定、采取技术侦查措施等规定的；(8)对与案件无关的财物采取查封、扣押、冻结措施，或者应当解除查封、扣押、冻结而不解除的；(9)贪污、挪用、私分、调换、违反规定使用查封、扣押、冻结的财物及其孳息的；(10)不应当撤案而撤案的；(11)侦查人员应当回避而不回避的；(12)依法应当告知犯罪嫌疑人诉讼权利而不告知，影响犯罪嫌疑人行使诉讼权利的；(13)对犯罪嫌疑人拘留、逮捕、指定居所监视居住后依法应当通知家属而未通知的；(14)阻碍当事人、辩护人、诉讼代理人、值班律师依法行使诉讼权利的；(15)应当对证据收集的合法性出具说明或者提供证明材料而不出具、不提供的；(16)侦查活动中的其他违反法律规定的行为。

【案例一】

[案情简介]

某市公安局侦查终结一起盗窃案后，将证实犯罪嫌疑人甲某犯有盗窃罪的证据，全部入卷移交检察机关审查起诉。检察机关在提审犯罪嫌疑人时，犯罪嫌疑人全部翻供。经细问，原来犯罪嫌疑人在侦查期间，曾5次向公安机关做了交代：有3次承认盗窃事实，2次交代没有盗窃事实。承办该案的检察员到公安机关索取犯罪嫌疑人2次无罪交代的材料，侦查人员说，这些材料都是犯罪嫌疑人的诡计，所以没有装入诉讼卷内。检察机关对公安机关这种违反诉讼法的做法，及时发出纠正违法通知书，并将案卷退回公安机关，要求将侦查期间所取得的能证明犯罪嫌疑人有罪或无罪的证据，均一并附卷。公安机关认为检察机关退卷理由不充分,因为对无罪证据公安机关并非销毁,而是装入了侦查卷,检察机关需要时,可以调卷。公安机关以此为由拒绝重新装订诉讼卷。

［问题］

1. 如何理解侦查监督?

2. 本案中公安机关的做法正确吗?

［解析］

1. 侦查监督是人民检察院对侦查机关的刑事侦查工作实行的法律监督。人民检察院是国家的法律监督机关,对公安机关的侦查活动实行法律监督,是人民检察院的重要职权。侦查监督的作用在于监督公安机关的侦查活动严格按照《刑事诉讼法》的规定进行,发现和纠正错误,保证准确、及时地查明犯罪事实,正确适用法律,惩罚犯罪分子,既不让真正的罪犯逃避法律制裁,又不能罪及无辜,保障公民的人身权利、民主权利以及其他合法权益不受非法侵犯,维护国家法律的统一实施。

侦查监督的主要内容和程序,即批准逮捕、审查起诉和对侦查活动的监督。本案属于审查起诉过程中对侦查活动的监督。《刑事诉讼法》第 162 条第 1 款规定:"公安机关侦查终结的案件,应当做到犯罪事实清楚,证据确实、充分,并且写出起诉意见书,连同案卷材料、证据一并移送同级人民检察院审查决定;同时将案件移送情况告知犯罪嫌疑人及其辩护律师。"这条规定只是强调了要移送的手续和侦查终结的要求,而对案卷材料应包括哪些内容,证据材料应否同时移送有罪和无罪两方面的证据,未作具体规定。《刑事诉讼法》第 120 条规定:"侦查人员在讯问犯罪嫌疑人的时候,应当首先讯问犯罪嫌疑人是否有犯罪行为,让他陈述有罪的情节或者无罪的辩解,然后向他提出问题。"这里明确规定,对犯罪嫌疑人的有罪的情节或无罪的辩解都应当如实记录在案。《刑事诉讼法》第 52 条还规定:"审判人员、检察人员、侦查人员必须依照法定程序,收集能够证实犯罪嫌疑人、被告人有罪或者无罪、犯罪情节轻重的各种证据。"这就更明确地要求公安机关、检察机关、审判机关在收集证据时,要收集能够证实犯罪嫌疑人、被告人有罪或无罪的各种证据。

2. 公安机关的内部侦查卷,从一定意义上讲,是指记录侦查、预审活动的工作卷。它包括公安机关内部的有关批复、讨论意见,以及案件发生的事实,如报案登记、审查意见、破案部署等;还有一部分公安机关制作的诉讼法律文书的原稿、附件,如侦查终结报告、破案报告、起诉意见书等;而对于反映犯罪嫌疑人有罪、无罪、罪轻、罪重的各种证据,则不属于侦查卷入卷的范围,只能装入诉讼卷,供人民检察院和人民法院审查和判断,以查清证据材料与案件的客观联系及对犯罪事实所具有的证明力的强弱和真伪。本案中,公安机关只把犯罪嫌疑人 3 次供认犯罪的证据装入诉讼卷移送给检察机关,而未把犯罪嫌疑人 2 次无罪的陈述也装进去,是不利于客观真实地反映实际情况的,从而可能给检察机关、审判机关造成误导,使其作出错误的指控和判决。检察机关退回案卷，要求公安机关将证据材料全部附卷，是正确的。笔者认为，凡是证据均应该随案移送。

【案例二】

［案情简介］

犯罪嫌疑人甲某、乙某、丙某三人经共谋轮流对吴某实施奸淫。2022年4月7日晚8时许，犯罪嫌疑人甲某、乙某、丙某三人将被害人吴某骗到偏僻树林里，采用暴力、胁迫手段轮流对吴某实施奸淫，导致吴某轻伤。案发后，公安机关立案侦查，公安机关提请批准逮捕，侦监部门在审查逮捕甲某等三人时，发现存在两处侦查问题。一是遗漏本案共犯。卷宗材料显示，本案被害人系由证人李某约出后到作案地点，且有线索显示李某可能知道甲某等人欲强奸被害人，其有共犯嫌疑；二是遗漏重大犯罪事实。经过讯问发现，三名犯罪嫌疑人均被提及曾多次与其他女性发生性关系，且采取了暴力、胁迫手段，但是，对相关案件事实未予立案侦查。后侦监部门增加认定多起犯罪事实，并依法追加多名犯罪嫌疑人到案。

［问题］

人民检察院主要采取哪些措施对公安机关的侦查活动实行侦查监督？

［解析］

侦查监督，是指人民检察院作为国家专门的法律监督机关，依法对侦查机关刑事侦查活动的合法性进行的监督。根据我国法律规定，除公安机关之外，国家安全机关、军队保卫部门、海关走私犯罪侦查局也依法行使相应的刑事侦查权。侦查监督的目的是规范侦查行为，提高侦查的质量与水平，从而促进司法的公正文明。侦查是公权力，在行使过程中有无枉法、徇私、放纵或冤枉；有无遗漏或错误；通常都是通过对侦查行为是否规范来行使监督的，即获取证据的途径方式是否合法正当，有无刑讯逼供，诱供诱证；取证是否全面、客观；采取强制措施或侦查措施是否依法等。

本案中公安机关存在遗漏犯罪嫌疑人、犯罪事实的情况，尽管可能公安人员不是出于徇私舞弊放纵包庇犯罪分子的目的，但从客观公正的角度来看，公安机关的行为使得一些犯罪嫌疑人得不到应有的处罚，被害人的合法权利没有得到全面的保护，从总体上看案件事实也没有能够查清。为此，检察机关通过行使侦查监督职能，通过追捕程序，将其余的同案犯抓获到案；通过立案监督程序，促使公安机关立案侦查；同时及时介入侦查，对证据的搜集、提取、固定及侦查取证的方向，提出意见和建议，确保刑事诉讼的顺利进行。

【综合案例】

【综合案例一】

[案情简介]

2022年10月,A市D区公安局在侦查一起强奸案件时,成功运用DNA鉴定刑事科学技术,一举侦破此案,使犯罪嫌疑人张三终于落入法网。2022年8月21日晚9时许,被害人刘某回家路上,身后突然蹿出一男子,猛用胳膊将刘某勒倒在地。刘某还未反应过来,就被该男子拖至草丛中,对其实施强奸后逃离。等刘某回过神,该男子已不知去向,刘某才想起赶紧报警。该案引起了A市D区公安局领导的高度重视。D区公安局侦查人员在案发现场勘察中,现场提取到了犯罪嫌疑人遗留在案发场地的几根毛发、一只旧皮鞋、几枚衬衣纽扣。侦查人员针对现场遗留的一只旧皮鞋,开展大量排查工作,最后锁定一个名叫张三的犯罪嫌疑人。随后,侦查人员将案发现场提取的毛发送往A市公安局刑科所DNA室进行检验。2022年10月11日上午,鉴定结果作出:张三DNA与强奸案现场所留的毛发的DNA一致。鉴于此,A市D区公安局成功告破此案。

[问题]

1. 如何理解技术侦查的适用?

2. 结合本案分析刑事鉴定的适用。

[思路]

1. 根据有关规定,国家安全法和人民警察法所规定的"技术侦查",是指国家安全机关和公安机关为了侦查犯罪而采取的特殊侦查措施,即侦查机关在秘密的前提下,应用现代科学技术与刑事犯罪作斗争的一种秘密侦查手段。技术侦查措施包括:测谎检查、网上查控、模拟画像、刑事鉴定、会计资料勘验、脑纹识别、通信工具控制等。还需要注意的是,技术侦查作为一种侦查手段,其获得的某些信息和结果并不能作为直接证据证明犯罪嫌疑人的犯罪事实,但是可以作为一种线索或一种与犯罪嫌疑人周旋的侦查手段,从而有利于全案的侦破。《刑事诉讼法》第150条规定,技术侦查的适用上有着严格的条件限制:一是时间上的限制,必须是在公安机关或人民检察院立案后,才能实施技术侦查措施。二是所针对的犯罪种类的限制,必须是公安机关侦查的危害国家安全犯罪、恐怖活动犯罪、黑社会性质的组织犯罪、重大毒品犯罪或者其他严重危害社会的犯罪案件或者人民检察院侦查的重大的贪污、贿赂犯罪案件以及利用职权实施的严重侵犯公民人身权利的重大犯罪案件,才能实施技术侦查措施。三是在审批过程中有严格的限制,必须根据侦查犯罪的需要,经过严格的批准手续,按照规定交有关机关执行技术侦查措施。四是技术侦查具有有效期限,技术侦查的批准决定自签发之日起3个月以内有效,对于不需要继续采取技术侦查措施的,应当及时解除;对于复杂、疑难案件，期限届满仍有必要继续采取技术侦查措施的，经过批准，有效期可以延长，每次不得超过3个月。

2. 本案例是一则利用刑事鉴定中的DNA鉴定技术查找犯罪嫌疑人，并成功突破案件的真实案例。刑事鉴定是指侦查机关为查明案情，指派或聘请具有专门知识的人，对于犯罪案件有关的物品、文件、痕迹、人身、尸体等专门性问题进行审查、检验、鉴别和评定的一项技术性侦查措施。刑事鉴定是获取证据的重要侦查措施，它以解决某些专门性问题来弥补侦查人员知识水平的不足，帮助司法机关判断证据的真伪，从而达到确认犯罪嫌疑人，查清犯罪事实的目的。刑事技术鉴定，必须由县级以上公安机关刑事技术部门或者其他专职人员负责进行，一般的侦查人员没有接受过正式的培训和专业的知识技巧，是无权进行刑事鉴定的，否则会造成鉴定结果的非科学性，不利于查清事实真相。

【综合案例二】

[案情简介]

2022年6月3日，戊某（女，29岁）乘大巴车汽车从甲市前往乙市。乙市的公安机关根据线报随即在高速公路入口处设置关卡，对来往的车辆进行检查。当戊某乘坐的大巴汽车到达检查地点时，公安机关的侦查人员即要求戊某下车，准备对其随身携带的行李进行开包检查。但是，戊某拒绝侦查人员查看其挎包内的物品。侦查人员认为戊某形迹可疑，要求其到公安机关接受进一步的调查。公安局局长根据侦查人员的汇报签发了搜查证。侦查人员根据搜查证对戊某的挎包进行了搜查，在里面发现了用报纸包裹的海洛因200克。公安机关为此拘留了戊某，并由女警员对戊某的身体进行了搜查。经侦查人员讯问，戊某交代在乙市是由一名叫刘二的人和她接头，并供出了刘二的地址。侦查人员决定拘留刘二。在公安局局长签发拘留证后，经周密部署，侦查人员在刘二的家中拘留了刘二，并同时对刘二的住所进行了搜查，查获海洛因600克，并发现天平秤、打磨机等一批贩毒工具。

[问题]

1. 侦查人员在公安局对戊某的搜查是否合法？

2. 侦查人员在没有搜查证的情况下搜查刘二的住所是否合法？

[思路]

1. 本案侦查人员在公安局对戊某的搜查是合法的。根据《刑事诉讼法》第138条的规定："进行搜查，必须向被搜查人出示搜查证。"否则被搜查人有权拒绝搜查。根据《刑事诉讼法》第139条的规定："在搜查的时候，应当有被搜查人或者他的家属，邻居或者其他见证人在场。搜查妇女的身体，应当由女工作人员进行。"

据此，本案中公安局局长根据侦查人员的汇报签发了搜查证，侦查人员根据搜查证对戊某的挎包进行了搜查。当戊某不同意侦查人员查看其挎包时，侦查人员可以强制搜查。根据《刑事诉讼法》第137条的规定,任何单位和个人,有义务按照人民检察院或公安机关的要求,交出可以证明犯罪嫌疑人有罪或者无罪的物证、书证、视听资料。根据《刑事诉讼法》的有关规定,在搜查过程中,如果遇到阻碍,可以强制搜查。在搜查的时候,被搜查人在场,通过对其挎包搜查,在里面发现了用报纸包裹的海洛因187克,公安机关拘留了戊某。另外,根据《刑事诉讼法》第139条的规定,本案中由女警员对戊某的身体进行了搜查。

2. 本案中侦查人员在没有搜查证的情况下搜查了刘二的住所是不合法的。根据《刑事诉讼法》第138条的规定:进行搜查,必须向被搜查人出示搜查证。公安部《公安机关办理刑事案件程序规定》第224条规定,侦查人员执行逮捕、拘留的时候,遇有下列紧急情况之一的,不用搜查证也可以进行搜查:(1)可能随身携带凶器的;(2)可能隐藏爆炸、剧毒等危险物品的;(3)可能隐匿、毁弃、转移犯罪证据的;(4)可能隐匿其他犯罪嫌疑人的;(5)其他突然发生的紧急情况。侦查人员向被搜查人出示搜查证,然后可以要求被搜查人或其家属交出可以证明犯罪嫌疑人有罪或者无罪的物证、书证、视听资料等证据。本案中侦查人员执行逮捕、拘留的时候,没有遇到以上紧急情况之一的,所以对被搜查人刘二在没有搜查证的情况下搜查其住所是不合法的。

△ 资料链接

1. 陈光中主编:《刑事诉讼法》(第7版),北京大学出版社2021年版。

2. 姚莉主编:《刑事诉讼法学》(第2版),中国法制出版社2023年版。

3. 杨正鸣、倪铁主编:《侦查学案解》,复旦大学出版社2011年版。

4. 中国法制出版社编:《中华人民共和国刑事诉讼法注解与配套》,中国法制出版社2021年版。

5.《刑事诉讼法学》编写组编:《刑事诉讼法学》(第3版),高等教育出版社2018年版。

6. 刘志远、赵景川:《侦查监督制度的功能定位与重构——兼论侦查程序中被害人的权利保护》,载《法学杂志》2008年第6期。

7. 王文生:《论宽严相济刑事政策在侦查监督中的运用》,载《当代法学》2011年第3期。

讨论思考

1. 简述侦查的原则和任务。

2. 简述讯问犯罪嫌疑人应当遵守的程序。

3. 试述侦查终结的条件和程序。

4. 简述补充侦查的种类和方式。

5. 搜查应当遵守哪些程序?

6. 如何认识侦查阶段律师的诉讼地位?
7. 如何理解人民检察院的侦查监督?
8. 搜查应当遵守哪些程序?
9. 如何完善对侦查的司法控制?

第十二章　起　　诉

◈ 本章提要

从行使追诉权主体的角度来看，刑事起诉可以分为公诉和自诉两种方式。公诉是指依法享有刑事起诉权的国家专门机关，代表国家向法院提起诉讼，要求法院通过审判确定被告人犯有被指控的罪行并给予其相应的刑事制裁的诉讼活动。自诉则是指刑事案件的被害人及其法定代理人、近亲属等，以个人的名义向法院起诉，要求保护自己的合法权益，追究被告人刑事责任的诉讼活动。在我国，无论是公安机关侦查终结移送起诉的案件，还是人民检察院自行侦查终结的案件与监察机关调查终结的案件，凡是需要对犯罪嫌疑人提起公诉的，只能由人民检察院代表国家行使审查起诉的权力。人民检察院通过审查起诉，应当根据案件的不同情况，依法作出提起公诉或不起诉的决定。依据各自的适用条件，不起诉又可分为法定不起诉、酌定不起诉和证据不足不起诉三种类型。《刑事诉讼法》规定的自诉案件包括三类，提起自诉也须符合相关的条件，并遵循一定的程序。

◉ 法考重点

审查起诉的内容和方法；提起公诉的条件；不起诉的种类和适用条件；不起诉的程序；自诉案件的范围；提起自诉的主体；提起自诉的条件和程序。

第一节　审 查 起 诉

△ 知识背景

一、审查起诉的内容

审查起诉，是指人民检察院对侦查机关或侦查部门侦查终结移送起诉的案件受理后，依法对侦查机关或侦查部门认定的犯罪事实和证据、犯罪性质以及适用的法律等进行审查核实，并作出处理决定的一项诉讼活动。其内容包括：对移送起诉案件的受理；对案件的实体问题和程序问题进行全面审查，监督侦查机关或侦查部门的侦查活动，纠正违法情况；通过审查依法作出起诉或不起诉决定等。

我国《刑事诉讼法》第169条规定："凡需要提起公诉的案件，一律由人民检察院审查决定。”这一规定表明，在公诉案件中，人民检察院作为公诉机关，是代表国家对犯罪追诉的唯一机关，其他任何机关、团体、组织或个人都无权行使此项权力，体现了社会主义法治的统一性和严肃性。依据我国《刑事诉讼法》第 171 条和最高检《刑诉规则》第 330 条的规定，人民检察院审查移送审查起诉的案件，应当查明：

（1）犯罪嫌疑人身份状况是否清楚。身份状况包括姓名、性别、国籍、出生年月日、职业和单位等。单位犯罪的，单位的相关情况是否清楚。

（2）犯罪事实、情节是否清楚。犯罪事实和犯罪情节，是正确处理案件和决定应否提起公诉的关键，也是正确适用法律的前提。因此，检察机关必须依照刑法对犯罪构成的规定，全面查明犯罪嫌疑人的犯罪事实和影响定罪量刑的各个具体情节，做到犯罪事实、情节清楚、明确，并且在此基础上，审查侦查机关或侦查部门移送起诉意见书中认定的犯罪性质和罪名是否正确、恰当。检察机关在审查犯罪性质和罪名时不受侦查机关或侦查部门移送起诉意见书中所认定的犯罪性质和罪名的影响，而是按照法律规定，严格把关，公正、客观地追究犯罪嫌疑人的刑事责任；在共同犯罪案件中，还必须查明各个犯罪嫌疑人在共同犯罪中的地位、作用，分清主犯、从犯、胁从犯和教唆犯等。

（3）案卷材料、证据是否随案移送。证明犯罪事实的证据材料包括采取技术侦查措施的决定书及证据材料是否随案移送；证明相关财产系违法所得的证据材料是否随案移送；不宜移送的证据的清单、复制件、照片或者其他证明文件是否随案移送。根据《刑事诉讼法》第 162 条的规定，公安机关对侦查终结需要追究犯罪的案件，应当写出起诉意见书，连同案卷材料、证据一并移送同级人民检察院审查决定。

（4）证据是否确实、充分，是否依法收集，有无应当排除非法证据的情形。侦查的各种法律手续和诉讼文书是否完备。证据是认定犯罪事实和情节的依据，要做到犯罪事实、情节清楚，必须有确实、充分的证据予以证明。检察机关在审查时，首先，要对有关证据资料的真实性、客观性、合法性进行审查，看其是否伪造、虚假，只有客观、真实的事实才有可能作为证据，只有合法收集的证据资料才有证据能力；其次，要审查证据事实是否与案件事实相关，有无证明力，证据是否全面充分。在审查时，不仅要注意证明犯罪嫌疑人有罪和罪重的证据，而且还要同样注意证明犯罪嫌疑人无罪或罪轻的证据。

（5）有无遗漏罪行和其他应当追究刑事责任的人。在“控审分离”“不告不理”的现代刑事诉讼中，起诉范围限制审判范围，因而全面、正确的起诉直接关系到审判的质量和对犯罪行为的打击、追诉。检察机关在审查时要注意查明犯罪嫌疑人的全部事实，在共同犯罪案件中要注意查明是否还有其他应当追究刑事责任者。一旦发现犯罪嫌疑人还有其他遗漏罪行或者其他应当追究刑事责任的人，即应退回公安机关补充侦查，或者自行补充侦查。

（6）是否有属于不应当追究刑事责任的情形。保障无罪的人或者依法不应追究刑事责任的人不受到错误追究，是刑事诉讼的基本要求。因此，人民检察院在审查案件时，必须注意查明犯罪嫌疑人有无《刑事诉讼法》第16条规定的六种不应追究刑事责任的情形，一经查明有其中情形之一的，应当作出不起诉决定。

(7)有无附带民事诉讼，对于国家财产、集体财产遭受损失的，是否需要由人民检察院提起附带民事诉讼。刑事附带民事诉讼制度的目的，在于追究被告人刑事责任的同时追究其应当承担的民事赔偿责任，从而全面保护国家、集体利益和公民的合法权益。《刑事诉讼法》第101条规定："被害人由于被告人的犯罪行为而遭受物质损失的，在刑事诉讼过程中，有权提起附带民事诉讼。被害人死亡或者丧失行为能力的，被害人的法定代理人、近亲属有权提起附带民事诉讼。如果是国家财产、集体财产遭受损失的，人民检察院在提起公诉的时候，可以提起附带民事诉讼。"

(8)采取的强制措施是否适当，对于已经逮捕的犯罪嫌疑人，有无继续羁押的必要。我国《刑事诉讼法》规定五种强制措施，每一种都有严格的法定适用条件，条件各不相同。并且，刑事诉讼强制措施的适用也不是一成不变的，随着诉讼进程，案件事实的查明，适用条件的变化，可能需要撤销、变更或解除。因而人民检察院在审查时，要依据刑事诉讼强制措施的法定条件对已采取的强制措施进行审查，如有不当的，应依法予以撤销、变更或解除。

(9)侦查活动是否合法。人民检察院是国家专门的法律监督机关，对整个刑事诉讼活动实施法律监督。通过对公诉案件的审查，监督侦查机关的侦查活动，是人民检察院实现其检察监督职能的重要途径。检察机关在审查时应注意侦查人员的侦查活动是否符合法定程序、法律手续是否完备，特别要注意侦查活动中有无刑讯逼供、超期羁押和以威胁、引诱、欺骗以及其他非法方法收集证据的情况。发现侦查活动有违法情况时，应及时提出纠正意见，构成犯罪的，依法立案追究刑事责任。

(10)涉案款物是否查封、扣押、冻结并妥善保管，清单是否齐备；对被害人合法财产的返还和对违禁品或者不宜长期保存的物品的处理是否妥当，移送的证明文件是否完备。

二、审查的步骤和方法

人民检察院对移送起诉案件审查的基本步骤和方法是：

(一)审阅案卷材料

审阅案卷材料是办案人员接到案卷后的第一步工作。侦查机关或侦查部门移送的案卷材料是办案人员了解、掌握案情的基础。办案人员应当全面审阅案卷材料，必要时制作阅卷笔录。对于物证、书证、视听资料、勘验检查笔录存在的疑问，可以要求侦查人员提供相关的情况说明，必要时也可以询问提供证据材料的人员或进行技术鉴定。对证人证言笔录中存在的疑点或认为对证人的询问不够全面具体的，可以再次对证人进行询问调查，并制作笔录。

(二)讯问犯罪嫌疑人

《刑事诉讼法》第173条规定：人民检察院审查案件，应当讯问犯罪嫌疑人。这一规定表明讯问犯罪嫌疑人是办案人员审查案件的必经程序。在审查起诉阶段讯问犯罪嫌疑人的目的，在于通过办案人员直接听取犯罪嫌疑人的供述和辩解，核实犯罪嫌疑人在侦查阶段口供的可靠性，分析口供与其他证据之间有无矛盾，查清犯罪事实和情节的具体细节，以便正确认定犯罪性质和罪名，同时了解犯罪嫌疑人的思想动态、认罪悔罪态度和是否聘请律师辩护等情况。通过办案人员直接讯问，还可以发现有无遗漏罪行和其他应当追究刑事责任的人，发现侦查人员在侦查活动中有无刑讯逼供、诱供、骗供等违法情况。最高检《刑诉规则》第 280 条第 1 款规定，人民检察院审查案件应当讯问犯罪嫌疑人的情况，并制作笔录附卷。

（三）听取被害人意见

《刑事诉讼法》第 173 条规定：人民检察院审查案件，应当听取被害人意见。最高检《刑诉规则》第 262 条规定，对于无法直接听取被害人意见的，可以通知被害人提出书面意见，在指定期限内未提出意见的，应当记录在案。办案人员直接听取被害人的意见包括两个方面的内容：一是通过询问被害人进一步查清案件事实，核实其他证据；二是听取被害人关于案件处理的意见以及对惩罚犯罪的要求，告知被害人有权就因犯罪行为遭受的物质损害提起附带民事诉讼。

（四）听取辩护人和诉讼代理人的意见

《刑事诉讼法》第 173 条规定：人民检察院审查案件，应当听取辩护人、被害人及其诉讼代理人的意见，并记录在案。辩护人、被害人及其诉讼代理人提出书面意见的，应当附卷。最高检《刑诉规则》第 262 条规定，直接听取辩护人、被害人及其诉讼代理人的意见有困难的，可以通知辩护人、被害人及其诉讼代理人提出书面意见，在指定期限内未提出意见的，应当记录在案。因此，听取被害人、犯罪嫌疑人委托人的意见是人民检察院审查案件的必经程序，对相关口头意见应记录在案，对相关书面意见应附卷保存。

（五）补充侦查

根据《刑事诉讼法》第 175 条第 2 款的规定，在审查起诉阶段的补充侦查，是指人民检察院通过审查发现案件事实不清、证据不足或遗漏罪行、同案犯罪嫌疑人等情形，不能作出提起公诉或者不起诉决定，而采取的补充进行有关专门调查等工作的一项诉讼活动。补充侦查的目的在于查清有关事实和证据，以决定是否将犯罪嫌疑人交付审判。这里所说补充侦查，包括两种情况：一种情况是指人民检察院自行补充侦查，其适用情形包括：非主要的犯罪事实、情节不清，证据不足，侦查机关侦查活动有违法情况，人民检察院在事实和证据认定上与侦查机关有较大分歧，以及案件已经过退查仍未查清的案件等。另一种情况是指检察院退回公安机关补充侦查或者退回监察机关补充调查，主要适用于主要犯罪事实不清、证据不足，或遗漏了重要犯罪事实，遗漏了应当追究刑事责任的同案犯罪嫌疑人，或需要采用技术性较强的专门侦查手段才能查清事实的案件等。

三、审查后的处理

人民检察院对案件进行审查后,认为犯罪事实已经查清,证据确实、充分,依法应当追究刑事责任的,应当作出起诉决定,按照审判管辖的规定,向人民法院提起公诉,并将案卷材料、证据移送人民法院。如果认为犯罪嫌疑人没有犯罪事实,或者有我国《刑事诉讼法》第16条规定的情形之一的,应当作出不起诉决定,对于犯罪情节轻微,依照《刑法》规定不需要判处刑罚或者免除刑罚的,可以作出不起诉决定。

我国《刑事诉讼法》第172条规定,人民检察院对于监察机关、公安机关移送起诉的案件,应当在1个月内作出决定,重大复杂案件,可以延长15日。对于补充侦查的案件,应当在1个月内补充侦查完毕,补充侦查以两次为限,补充侦查完毕移送人民检察院后,人民检察院重新计算审查起诉期限。人民检察院审查起诉的案件,改变管辖的,从改变后的人民检察院收到案件之日起计算审查起诉期限。

【案例一】

[案情简介]

犯罪嫌疑人李四(男,21岁),漯河市某区人,被害人张三(男,23岁)。2022年5月14日下午4时许,被害人张三在某超市买货时与售货员李四发生口角。李四向张三解释,遭到张三的辱骂。于是,李四与张三打斗起来,张三将李四打倒在地后,他很恐惧,当即逃跑。但李四未善罢甘休,他找到两块石头追赶张三,李四从后面先后将石块砸向张三,他看到张三被砸倒后,立即逃跑。张三被送到医院抢救,经检查,发现张三的头部遭受严重型颅脑损伤。

案发后,某区公安机关对本案进行了侦查,侦查终结后,以过失伤害罪移送某区人民检察院审查起诉。在人民检察院审查起诉过程中,承办人员认为该案事实清楚、证据确实、充分,而且法定审查起诉期限即将届满,于是没有对犯罪嫌疑人李四进行讯问,直接对本案做出提起公诉的决定。

[问题]

人民检察院在审查起诉时是否必须讯问犯罪嫌疑人?

[解析]

本案考查人民检察院审查案件应当讯问犯罪嫌疑人。人民检察院在审查起诉的过程中对犯罪嫌疑人进行讯问,这是人民检察院核实证据,正确认定案件事实,依法维护犯罪嫌疑人的合法权利,监督侦查活动是否合法,保障诉讼活动顺利进行的重要环节,也是检察人员了解、掌握犯罪嫌疑人的心理状态,对其进行法治宣传和教育的重要手段。因此,我国《刑事诉讼法》第173条规定:“人民检察院审查案件,应当讯问犯罪嫌疑人,听取辩护人或者值班律师、被害人及其诉讼代理人的意见,并记录在案。辩护人或者值班律师、被害人及其诉讼代理人提出书面意见的,应当附卷。”据此,人民检察院在审查起诉过程中,“应当”讯问犯罪嫌疑人,也就是讯问犯罪嫌疑人是审查起诉的必经阶段。

在本案中,检察人员在对案件审查起诉过程中,认为根据公安机关提供的有关材料,已经达到案件事实清楚、证据确实充分的起诉标准,因此无须再对本案犯罪嫌疑人加以讯问,这一观点是错误的。此外,为节省办案时间,省略法律明确规定的审查环节,这也是明显违法的,应当高度重视加以杜绝。

【案例二】

[案情简介]

犯罪嫌疑人甲(男,34 岁),某市工人;犯罪嫌疑人乙(女,32 岁),某市工人。被害人林某(女,33 岁)。20221 年 6 月,甲与被害人林某结婚,婚后感情一直不好,经常为生活小事争吵、打架。2022 年 3 月,甲与乙勾搭成奸。甲与乙的奸情被林某发现之后,夫妻间关系更加恶化。甲提出与林某离婚,但林某不同意,为了达到与乙结婚的目的,甲意图杀害林某。于 2022 年 5 月 11 日,甲用预先准备好的匕首,将林某杀死,扔进河中。犯罪嫌疑人甲作案后,将自己杀害妻子林某的情况告诉了乙,并准备外逃,乙得知情况后,为了帮助甲逃跑,主动拿出 1 万元现金帮助甲潜逃。

案发后,公安机关经过侦查,掌握了确实、充分的证据,认定犯罪嫌疑人甲构成故意杀人罪、乙构成包庇罪,移送人民检察院审查起诉。人民检察院在审查起诉中,发现本案只逮捕了犯罪嫌疑人甲,对犯罪嫌疑人乙没有采取强制措施。根据乙的表现,人民检察院认为犯罪嫌疑人乙符合逮捕的条件,需要逮捕。于是,在审查起诉中做出逮捕决定,将犯罪嫌疑人乙逮捕归案。

[问题]

对于公安机关侦查的案件,人民检察院在审查起诉阶段能否直接作出逮捕决定?

[解析]

本案考查人民检察院审查公安机关侦查的案件不能直接决定逮捕。人民检察院在审查起诉阶段对漏捕的犯罪嫌疑人直接决定逮捕的做法,不符合法律的规定。根据我国《刑事诉讼法》第 90 条、第 165 条的规定,人民检察院有批准逮捕和决定逮捕的权力。“批准逮捕”的情形,适用于公安机关侦查的案件中需要逮捕的犯罪嫌疑人。“决定逮捕”主要适用于人民检察院自侦案件中需要逮捕的犯罪嫌疑人。本案中,犯罪嫌疑人乙所涉嫌的包庇罪,案件是由公安机关侦查终结的,不属于人民检察院自侦案件的范围。因此,人民检察院对犯罪嫌疑人乙直接决定逮捕的做法是没有法律依据的。人民检察院在审查起诉中,发现本案有应当逮捕的其他犯罪嫌疑人时,可以将案件作为事实不清或需要补充侦查的案件处理。

【案例三】

［案情简介］

犯罪嫌疑人甲某与被害人乙某是同一公司工人，两人关系紧张。2022 年 5 月 13 日上午，乙某在上班时无意中碰了甲某一下，双方发生争吵，以致相互扭打。经单位同事劝阻，双方停止了争斗。当天下午 6 时许，在下班路上甲某用木棍突然猛击乙某胸部，致乙某昏倒在地，路人立即将乙某送往医院。经医生检查，乙某肋骨被打成骨折，住院治疗 1 个月后出院，共花去医药费 3 万余元。

公安机关对此案侦查终结后，以故意伤害罪移送人民检察院审查起诉。人民检察院审查发现，被害人乙某没有提起附带民事诉讼，于是告知被害人乙某有提起附带民事诉讼的权利。乙某要求犯罪嫌疑人赔偿医药费 3 万元，误工费 300 元，护理费 300 元。人民检察院接到被害人乙某提出的赔偿要求后，考虑到当事人双方都是同公司工人，为了缓和两者紧张关系，决定对赔偿问题进行调解，通过说服教育，甲某同意赔偿乙某提出的全部物质损失 30600 元，双方达成调解协议。在提起公诉前，甲某按调解协议将 30600 元全部支付给了乙某。人民检察院仅对重伤行为向人民法院提起了公诉。

［问题］

1. 人民检察院发现被害人没有提起附带民事诉讼时应当如何处理？

2. 本案中人民检察院有权对被害人乙某提起的附带民事诉讼部分进行调解吗？

［解析］

本案考查审查起诉中的附带民事诉讼。附带民事诉讼，是刑事诉讼中的一个特殊问题。我国《刑事诉讼法》第 101 条规定：“被害人由于被告人的犯罪行为而遭受物质损失的，在刑事诉讼过程中，有权提起附带民事诉讼。被害人死亡或者丧失行为能力的，被害人的法定代理人、近亲属有权提起附带民事诉讼。如果是国家财产、集体财产遭受损失的，人民检察院在提起公诉的时候，可以提起附带民事诉讼。”由此可见，只要刑事诉讼立案了，司法人员应主动告知有关人员提起附带民事诉讼的权利，尽量使他们在一审判决之前提起附带民事诉讼，否则就会给审判工作带来许多困难。按照法律规定，如果被害人死亡，他的近亲属可以提起附带民事诉讼。人民检察院在审查案的时候，依照《刑事诉讼法》第 171 条第 4 项的规定，必须查明有无附带民事诉讼。

据此，本案中，人民检察院在审查起诉的过程中，要注意保护被害人提起附带民事诉讼的权利，没有提起的，应告知被害人有权提起。最高法《刑诉解释》第 185 条规定，“侦查、审查起诉期间，有权提起附带民事诉讼的人提出赔偿要求，经公安机关、人民检察院调解，当事人双方已经达成协议并全部履行，被害人或者其法定代理人、近亲属又提起附带民事诉讼的，人民法院不予受理，但有证据证明调解违反自愿、合法原则的除外。”由此可见，在审查起诉阶段，检察机关可以就当事人赔偿请求进行调解，而且这种调解能够产生法律效力。

第二节 提 起 公 诉

△ 知识背景

根据我国《刑事诉讼法》第176条的规定,提起公诉是人民检察院代表国家将犯罪嫌疑人提交人民法院,要求人民法院通过审判追究其刑事责任的一种诉讼活动。

人民检察院作出提起公诉的决定后,犯罪嫌疑人的诉讼地位转变为刑事被告人。提起公诉的条件有以下几个方面:

(1)犯罪嫌疑人的犯罪事实已经查清,证据确实、充分。犯罪事实是正确定罪量刑的基础,只有在犯罪事实清楚,并有确实、充分的证据证明的情况下才能依法决定提起公诉。根据有关规定,具有下列情形之一的,可以确认犯罪事实已经查清:第一,属于单一罪行的案件,查清的事实足以定罪量刑或者与定罪量刑有关的事实已经查清,不影响定罪量刑的事实无法查清的;第二,属于数个罪行的案件,部分罪行已经查清并符合起诉的条件,其他罪行无法查清的,应以已经查清的罪行起诉;第三,无法查清作案工具、赃物去向,但有其他证据足以对被告人定罪量刑的;第四,证人证言、犯罪嫌疑人供述和辩解、被害人陈述的内容中主要情节一致,只有个别情节不一致且不影响定罪的。在共同犯罪案件中,有的犯罪嫌疑人在逃,为及时惩罚已经归案并已查清犯罪事实的犯罪分子,应当对其先起诉和审判;在逃嫌疑犯归案并查清犯罪事实以后,再另案起诉。

(2)对犯罪嫌疑人应当依法追究刑事责任。对犯罪嫌疑人的行为具有我国《刑事诉讼法》第16条规定的六种情形之一的,不追究刑事责任,不能作出提起公诉的决定。

(3)人民检察院提起公诉应当符合审判管辖的规定。前述两个方面是提起公诉的实体性要求,这一方面则是对人民检察院提起公诉的程序性要求。也就是说,人民检察院作出起诉决定后,应当向有管辖权法院提起公诉。公诉必须符合级别管辖、专门管辖、地域管辖的规定,向没有管辖权的法院提起公诉将不被受理,不能启动审判程序。

对犯罪嫌疑人提起公诉,必须同时具备上述三个条件,缺少其中任何一个条件的提起公诉都是不符合法律规定的。另外,我国《刑事诉讼法》第176条对人民检察院决定提起公诉的案件在事实和证据上的要求是"人民检察院认为犯罪嫌疑人的犯罪事实已经查清,证据确实、充分"。这里,《刑事诉讼法》对事实和证据的要求前面加上了"人民检察院认为"这样带有主观色彩的限制词,区别于《刑事诉讼法》第200条关于对有罪判决的判决条件的规定:案件事实清楚,证据确实、充分。《刑事诉讼法》之所以这样规定是基于起诉阶段所获取的证据材料有可能少于人民法院判决时获得的证据材料,同时,也与贯彻《刑事诉讼法》第12条确立的"未经人民法院依法判决,对任何人都不得确定有罪”这一原则相适应。

人民检察院作出起诉决定后,应当制作起诉书。起诉书是人民检察院代表国家正式向人民法院提出追究被告人刑事责任的重要司法文书,它是人民检察院代表国家提起公诉的书面依据,是人民法院对被告人行使审判权的前提,同时是法庭调查和辩论的基础。因此,起诉书的制作是一项十分严肃细致的工作,必须严格按照案件事实和法律要求进行。起诉书的基本要求是:案件事实清楚,文字简练,表述准确、严谨,格式规范,引用法律全面、准确、恰当。具体而言,根据有关规定,起诉书的内容主要包括以下部分:首部、被告人的基本情况、案由和案件来源、案件事实、起诉的根据和理由、尾部、附项。

我国《刑事诉讼法》第214条规定:“基层人民法院管辖的案件,符合下列条件的,可以适用简易程序审判:(一)案件事实清楚、证据充分的;(二)被告人承认自己所犯罪行,对指控的犯罪事实没有异议的;(三)被告人对适用简易程序没有异议的。人民检察院在提起公诉的时候,可以建议人民法院适用简易程序。”即人民检察院对适用简易程序具有建议的权力,但是否适用简易程序由人民法院根据第214条的规定决定。

【案例】

[案情简介]

被告人甲某(男,24岁),工人;被害人乙某(女,23岁)。2022年7月3日,甲某与已婚女工乙某相识,乙某产生了婚外恋。不久,乙某又结交一男友李某,于是乙某与甲某疏远关系。因此,甲某对乙某记恨,以致产生杀害乙某的念头。2022年10月11日下午5时许,甲某携带匕首,乘乙某不备,用匕首猛刺乙某的胸部,当场将乙某刺死。此案经公安机关侦查终结后,依法移送人民检察院审查起诉。人民检察院的办案人员,认真审查了案卷材料,讯问了犯罪嫌疑人甲某,并认真核实了证据。经审查认为,此案事实清楚,证据确实、充分,甲某的行为已构成故意杀人罪。人民检察院作出了提起公诉的决定,并按照管辖规定,向人民法院提起公诉。人民法院经公开审理,以杀人罪判处甲某死刑,剥夺政治权利终身。

[问题]

1. 简述人民检察院提起公诉应当具备的条件。

2. 本案中人民检察院的做法是否合法?

[解析]

1. 本案考查提起公诉的条件。《刑事诉讼法》第176条规定:“人民检察院认为犯罪嫌疑人的犯罪事实已经查清,证据确实、充分,依法应当追究刑事责任的,应当作出起诉决定,按照审判管辖的规定,向人民法院提起公诉,并将案卷材料、证据移送人民法院。”该条规定了两方面的内容:(1)规定了人民检察院审查案件决定提起公诉的条件。根据《刑事诉讼法》第176条的规定,人民检察院审查案件决定提起公诉的条件有两个:一是犯罪嫌疑人的犯罪事实已经查清,证据确实、充分。人民检察院对移送起诉的案件,经审查认为,犯罪嫌疑人的犯罪事实、情节已经清楚,并有足够的可靠证据证明。二是应当依法追究刑事责任。即根据刑法及其他有关法律规定,对犯罪事实已经查清的犯罪嫌疑人,应当定罪并处以刑罚。人民检察院决定提起公诉的案件:必须同时具备上述两个条件。“犯罪事实已经查清”是指能够据以定罪量刑的主要犯罪事实已经查清,即查明的事实符合犯罪构成的要件,依照刑法或其他法律的有关规定,可以确定犯罪性质和处以刑罚。这里不要求对案件的每一个细节都查清楚。“证据确实、充分”是要求所获得的证据必须真实可靠,有证明力,并且证据之间可以相互印证。这里的“充分”并非单纯数量上的要求,实际是要求应当取得而且能够取得的证据均已获取,并且证据之间没有矛盾,能够证明犯罪事实。(2)人民检察院对事实已经查清的案件应当依照审判管辖的规定,向人民法院提起公诉。实践中,人民检察院审查案件的管辖一般是与人民法院的审判相对应的,因此,人民检察院决定起诉的案件,均向同级人民法院提起公诉。决定提起公诉的案件,应当制作起诉书。起诉书是人民检察院提起公诉的法律文书,也是人民法院对被告人进行审判的依据。如果提起附带民事诉讼,应写明附带民事诉讼事项。被害人提起附带民事诉讼的,可以在起诉书尾部附注。对共同犯罪的被告人,原则上应当同案一并提起公诉。对有特殊情况不能同案起诉的,应当在起诉书中说明或者注明处理情况。起诉书应当加盖人民检察院公章后,连同案卷材料、证据,一并送同级人民法院。

2. 本案中,经人民检察院审查后,认为案件事实清楚,证据确实、充分,应当追究甲某的刑事责任,人民检察院作出了提起公诉的决定,依法向人民法院提起公诉是符合刑诉法规定的。

第三节 不 起 诉

▲ 知识背景

一、不起诉的种类和适用条件

不起诉,是指人民检察院对公安机关侦查终结移送起诉的案件和自行侦查终结的案件进行审查后,认为犯罪嫌疑人的行为不符合起诉条件或者没有必要起诉的,依法作出不将犯罪嫌疑人提交人民法院进行审判、追究刑事责任的一种处理决定。不起诉是人民检察院对案件审查后依法作出的处理结果之一,其性质是人民检察院对其认定的不应追究、不需要追究或者无法追究刑事责任的犯罪嫌疑人所作的一种诉讼处分。它的法律效力在于不将案件交付人民法院审判,从而在审查起诉阶段终止刑事诉讼。对于犯罪嫌疑人而言,不起诉决定意味着其行为在法律上是无罪的。

我国 1979 年《刑事诉讼法》第 101 条规定,依照《刑法》规定不需要判处刑罚或者免除刑罚的,人民检察院可以免予起诉。由于免予起诉制度的实质是未经人民法院审判而由人民检察院对被告人进行实体定罪但又不予追诉的一种处分,其具有与人民法院的定罪免刑判决相同的法律效力,侵犯了法院定罪权,不符合现代法治原则。因此,我国1996年《刑事诉讼法》废除了该制度,不仅将原来适用于免予起诉的一些情形归入不起诉的范围内,扩大了不起诉的适用范围,同时在基本原则部分增加规定:"未经人民法院依法判决,对任何人都不得确定有罪。"我国2012年和2018年《刑事诉讼法》修改时对此保留不变。

不起诉的种类和适用条件。我国《刑事诉讼法》第177条第1款、第2款规定:"犯罪嫌疑人没有犯罪事实,或者有本法第十六条规定的情形之一的,人民检察院应当作出不起诉决定。对于犯罪情节轻微,依照刑法规定不需要判处刑罚或者免除刑罚的,人民检察院可以作出不起诉决定。"第175条第4款规定:"对于二次补充侦查的案件,人民检察院仍然认为证据不足,不符合起诉条件的,应当作出不起诉的决定。"根据上述法律规定,我国的不起诉决定可以分为以下几种:

1. 绝对不起诉或法定不起诉。根据《刑事诉讼法》第173条第1款的规定,凡是犯罪嫌疑人没有犯罪事实,或者属于《刑事诉讼法》第16条规定的情形之一的,人民检察院就应当作出不起诉的决定。在这种情况下,人民检察院没有自由裁量权,只能依法作出不起诉决定。根据《刑事诉讼法》第16条的规定,绝对不起诉适用于以下六种情形:(1)情节显著轻微、危害不大,不认为是犯罪的;(2)犯罪已过追诉时效期限的;(3)经特赦令免除刑罚的;(4)依照刑法告诉才处理的犯罪,没有告诉或者撤回告诉的;(5)犯罪嫌疑人、被告人死亡的;(6)其他法律规定免予追究刑事责任的。

2. 轻罪不起诉或酌定不起诉。《刑事诉讼法》第177条第2款规定:"对于犯罪情节轻微,依照刑法规定不需要判处刑罚或者免除刑罚的,人民检察院可以作出不起诉决定。"针对刑事诉讼法规定的情形,人民检察院可以斟酌具体案情和犯罪嫌疑人的悔罪表现来确定,或者提起公诉,追究犯罪嫌疑人的刑事责任,或者不提起公诉,终结诉讼。按此款被不起诉的人应被视为无罪。因此,轻罪不起诉是人民检察院行使起诉裁量权的表现,其条件有二:一是犯罪情节轻微;二是依照刑法规定不需要判处刑罚或者免除刑罚。这两个条件应当同时具备。犯罪嫌疑人的行为不构成犯罪以及虽构成犯罪但不应当追究其刑事责任的,都不能依此款规定作不起诉处理。

3. 证据不足不起诉或存疑不起诉。《刑事诉讼法》第175条第4款规定:"对于二次补充侦查的案件,人民检察院仍然认为证据不足,不符合起诉条件的,应当作出不起诉的决定。"根据上述规定,证据不足不起诉包含两个条件:一是在程序上,人民检察院在审查起诉中发现案件证据不足,不能径行作出不起诉的处理决定,而必须将案件退回补充侦查;二是在实体上,只有在人民检察院认为证据不足,未达到起诉的条件时,才能作出不起诉的处理决定。

根据最高检《刑诉规则》第368条的规定,具有下列情形之一,不能确定犯罪嫌疑人的行为构成犯罪和需要追究其刑事责任的,属于证据不足,不符合起诉条件:(1)据以定罪的证据存在疑问,无法查证属实的;(2)作为犯罪构成要件的事实缺乏必要的证据予以证明的;(3)据以定罪的证据之间、证据与案件事实之间的矛盾不能合理排除的;(4)根据证据得出的结论具有其他可能性,不能排除合理怀疑的;(5)根据证据认定案件事实不符合逻辑和经验法则,得出的结论明显不符合常理。人民检察院根据《刑事诉讼法》第 175 条第 4 款的规定决定不起诉的,在发现新的证据,符合起诉条件时,可以提起公诉。

二、不起诉的程序

(一)不起诉决定书的制作和送达

人民检察院作出不起诉决定后,应当制作不起诉决定书。不起诉决定书是人民检察院代表国家依法确认不追究犯罪嫌疑人刑事责任的决定性法律文书,具有终止刑事诉讼的法律效力。其主要内容包括:(1)被不起诉人的基本情况,包括姓名、性别、出生年月日、出生地和户籍地、民族、文化程度、职业、工作单位及职务、住址、身份证号码,是否受过刑事处分,采取强制措施的情况以及羁押处所等;如果是单位犯罪,应当写明犯罪单位的名称和组织机构代码、所在地址、联系方式,法定代表人和诉讼代表人的姓名、职务、联系方式;(2)案由和案件来源;(3)案件事实,包括否定或者指控被不起诉人构成犯罪的事实以及作为不起诉决定根据的事实;(4)不起诉的法律根据和理由,写明作出不起诉决定适用的法律条款;(5)查封、扣押、冻结的涉案款物的处理情况;(6)有关告知事项。

不起诉的决定由人民检察院公开宣布,公开宣布不起诉决定的活动应当载入笔录。不起诉决定书自公开宣布之日起生效。不起诉决定书应当送达被不起诉人和他所在单位,并告知被不起诉人如果对不起诉决定不服,可以向人民检察院申诉。

(二)对不起诉决定的申诉、复议和复核

关于不起诉决定的申诉、复议和复核,我国《刑事诉讼法》第 179 条至第 181 条作出了具体的规定。《刑事诉讼法》第 179 条规定,对于公安机关移送起诉的案件,人民检察院决定不起诉的,应当将不起诉决定书送达公安机关。公安机关认为不起诉的决定有错误的时候,可以要求复议。最高检《刑诉规则》第 379 条规定,公安机关认为不起诉决定有错误,要求复议的,人民检察院负责捕诉的部门应当另行指定检察人员进行审查,并在收到要求复议意见书后 30 日内作出复议决定,通知公安机关。如果人民检察院维持不起诉决定,公安机关仍然不服的,可以向上一级人民检察院提请复核。最高检《刑诉规则》第 380 条规定,上一级人民检察院收到公安机关对不起诉决定提请复核的意见书后,上一级人民检察院应当在收到提请复核意见书后的 30 日以内作出决定,制作复核决定书送交提请复核的公安机关和下级人民检察院。经复核改变下级人民检察院不起诉决定的,应当撤销或者变更下级人民检察院作出的不起诉决定,交由下级人民检察院执行。

最高检《刑诉规则》第 376 条至第 383 条规定，不起诉的决定，由人民检察院公开宣布，并将不起诉决定书送达被害人或者其近亲属及其诉讼代理人、被不起诉人及其辩护人以及被不起诉人的所在单位。送达时，应当告知被害人或者其近亲属及其诉讼代理人，如果对不起诉决定不服，可以自收到不起诉决定书后 7 日以内向上一级人民检察院申诉，也可以不经申诉，直接向人民法院起诉。被害人不服不起诉决定的，在收到不起诉决定书后 7 日以内申诉的，由作出不起诉决定的人民检察院的上一级人民检察院刑事申诉检察部门立案复查。被害人向作出不起诉决定的人民检察院提出申诉的，作出决定的人民检察院应当将申诉材料连同案卷一并报送上一级人民检察院。被害人不服不起诉决定，在收到不起诉决定书 7 日后提出申诉的，由作出不起诉决定的人民检察院刑事申诉检察部门审查后决定是否立案复查。刑事申诉检察部门复查后应当提出复查意见，报请检察长作出复查决定。复查决定书应当送达被害人、被不起诉人和作出不起诉决定的人民检察院。上级人民检察院经复查作出起诉决定的；应当撤销下级人民检察院的不起诉决定，交由下级人民检察院提起公诉，并将复查决定抄送移送审查起诉的公安机关。出庭支持公诉由公诉部门办理。

如果被害人直接向人民法院起诉的，最高检《刑诉规则》第 384 条规定，人民检察院收到人民法院受理被害人对被不起诉人起诉的通知后，人民检察院应当终止复查，将作出不起诉决定所依据的有关案件材料移送人民法院。根据最高检《刑诉规则》第 385 条、第 386 条的规定，被不起诉人对不起诉决定不服，在收到不起诉决定书后 7 日以内提出申诉的，应当由作出决定的人民检察院刑事申诉检察部门立案复查。被不起诉人在收到不起诉决定书 7 日后提出申诉的，由刑事申诉检察部门审查后决定是否立案复查。人民检察院刑事申诉检察部门复查后应当提出复查意见，认为应当维持不起诉决定的，报请检察长作出复查决定；认为应当变更不起诉决定的，报请检察长或者检察委员会决定；认为应当撤销不起诉决定提起公诉的，报请检察长或者检察委员会决定。复查决定书中应当写明复查认定的事实，说明作出决定的理由。复查决定书应当送达被不起诉人、被害人，撤销不起诉决定或者变更不起诉的事实或者法律根据的，应当同时将复查决定书抄送移送审查起诉的公安机关和本院有关部门。人民检察院作出撤销不起诉决定提起公诉的复查决定后，应当将案件交由公诉部门提起公诉。人民检察院复查不服不起诉决定的申诉，应当在立案 3 个月以内作出复查决定，案情复杂的，不得超过 6 个月。

【案例】

［案情简介］

关于甲、乙、丙、丁四人涉嫌多次结伙盗窃，公安机关侦查终结移送审查起诉后，甲突然死亡。检察院审查后发现，甲和乙共同盗窃 1 次，数额未达刑事立案标准；乙和丙共同盗窃 1 次，数额刚达刑事立案标准；甲、丙、丁三人共同盗窃 1 次，数额巨大，但经两次退回公安机关补充侦查后仍证据不足;乙对其参与的2起盗窃有自首情节。

[问题]

1. 本案中检察院对甲可作出哪种不起诉决定?

2. 本案中检察院对乙可以作出酌定不起诉决定吗?

3. 本案中检察院对丙、丁分别作出哪种不起诉决定?

[解析]

本案考查不起诉的情形。不起诉,是指人民检察院对公安机关侦查终结移送起诉的案件或者自行侦查终结的案件,经过审查后,认为不具备起诉条件或不适宜提起公诉,而作出的不将案件移送法院进行审判而终止诉讼的决定。根据《刑事诉讼法》的规定,不起诉分为法定不起诉、酌定不起诉、存疑不起诉和附条件不起诉四类。

《刑事诉讼法》第177条第1款规定:"犯罪嫌疑人没有犯罪事实,或者有本法第16条规定的情形之一的,人民检察院应当作出不起诉决定。"该条文是对法定不起诉的规定。根据《刑事诉讼法》第16条和第177条的规定,法定不起诉主要有以下七种情形:(1)犯罪嫌疑人没有犯罪事实;(2)犯罪嫌疑人实施的行为情节显著轻微,危害不大,不认为是犯罪的;(3)犯罪嫌疑人的犯罪已过追诉时效期限的;(4)犯罪嫌疑人的犯罪经特赦令免除刑罚的;(5)依照刑法告诉才处理的犯罪,没有告诉或者撤回告诉的;(6)犯罪嫌疑人、被告人死亡的;(7)其他法律规定免予刑事责任的。

《刑事诉讼法》第177条第2款规定:"对于犯罪情节轻微,依照刑法规定不需要判处刑罚或者免除刑罚的,人民检察院可以作出不起诉决定。"该条文是对酌定不起诉的规定。酌定不起诉需要具备两个条件:一是犯罪嫌疑人实施的行为触犯了刑律,符合犯罪构成的要件,已经构成犯罪。二是犯罪行为情节轻微,依照刑法规定不需要判处刑罚或者免除刑罚。

存疑不起诉,是指人民检察院对于经过补充侦查的案件,仍然认为证据不足,不符合起诉条件的,经检察委员会讨论决定,可以作出不起诉决定。《刑事诉讼法》第175条第4款规定:"对于二次补充侦查的案件,人民检察院仍然认为证据不足,不符合起诉条件的,应当作出不起诉的决定。"该条款即是关于存疑不起诉的规定。

1. 根据《刑事诉讼法》第16条和第177条规定:本案中,甲和乙共同盗窃,数额未达刑事立案标准,属于法定不起诉的第2种情形;后甲又死亡,属于法定不起诉的第6种情形。根据《刑事诉讼法》第175条第4款的规定:对于甲、丙、丁三人的共同盗窃行为,经两次退回公安机关补充侦查后仍证据不足,人民检察院应当作出存疑不起诉的决定。综上所述,本案中,对甲的两次盗窃行为的处理应作出法定不起诉决定。

2. 乙和丙共同盗窃,数额刚达刑事立案标准,已经构成犯罪,但犯罪情节轻微,人民检察院可以作出酌定不起诉的决定。《刑法》第67条规定:"对于自首的犯罪分子,可以从轻或者减轻处罚。其中,犯罪较轻的,可以免除处罚。"乙所实施的两次盗窃,一次数额未达到刑事立案标准,一次刚达到刑事立案标准,属于犯罪较轻的情况,并且乙对两次盗窃都有自首情节。据此,人民检察院对乙的两次盗窃行为应当作出法定不起诉的决定和可以作出酌定不起诉的决定。综上所述,本案中检察院对乙可以作出酌定不起诉决定。

3. 根据《刑事诉讼法》第177条第2款、第175条第4款规定,对丙的两次盗窃行为可以作出酌定不起诉的决定和应当作出证据不足不起诉的决定。所以,本案中检察院对丙可以作出酌定不起诉的决定和应当作出证据不足不起诉的决定。

另外,根据现行法的规定,本案中检察院对丁的盗窃行为应当作出证据不足不起诉的决定。

第四节　提起自诉

△ 知识背景

一、提起自诉的条件

自诉人提起自诉必须符合下列条件,否则将不被人民法院受理:(1)案件属于我国《刑事诉讼法》第210条确定的自诉案件范围。(2)案件属于受诉人民法院管辖。(3)自诉人享有自诉权,也就是说,自诉人主体资格合法。根据《刑事诉讼法》及有关司法解释的规定,自诉案件原则上由被害人提起,如果被害人死亡、丧失行为能力或者因受强制、威吓等原因无法告诉,或者是限制行为能力人以及由于年老、患病、盲、聋、哑等原因不能亲自告诉,由其法定代理人、近亲属代为告诉。当然,这种情况下,代为告诉人应当提供与被害人关系的证明和被害人不能亲自告诉的原因证明。(4)有明确的被告人、具体的诉讼请求和能证明被告人犯罪事实的证据。(5)对于公诉转自诉案件,还应当提交证明曾经提出控告的证据。

二、提起自诉的程序

自诉人应当向人民法院提交刑事自诉状;附带民事诉讼的,应当提交刑事附带民事诉状。自诉人书写自诉状有困难的,可以口头起诉,由人民法院工作人员制作告诉笔录,向自诉人宣读,自诉人认为没有错误后,应当签名或者盖章。自诉状或者告诉笔录应当包括以下内容:(1)自诉人、代为告诉人和被告人的姓名、性别、年龄、民族、籍贯、出生地、文化程度、职业、工作单位、住址、联系方式;(2)被告人犯罪行为的时间、地点、手段、情节和危害后果等;(3)具体的诉讼请求;(4)致送人民法院的名称及具状时间;(5)证人的姓名、联系方式及其他证据的名称、件数、来源等。

如果被告人是两人以上的,自诉人在告诉的时候需按被告人的人数提供自诉状副本。人民法院应当自收到自诉状或者口头告诉第二日起15日以内作出是否立案的决定,并书面通知自诉人或者代为告诉人。对于已经立案,经审查缺乏罪证的自诉案件,如果自诉人提不出补充证据,人民法院应当说服自诉人撤回起诉或者裁定驳回起诉;

自诉人经说服撤回起诉或者被驳回起诉后，又提出了的足以证明被告人有罪的证据，再次提起自诉的，人民法院应当受理。自诉人明知有其他共同侵害人，但只对部分侵害人提起自诉的，人民法院应当受理，并视为自诉人对其他侵害人放弃告诉权利。判决宣告后，自诉人又对其他共同侵害人就同一事实提起自诉的，人民法院不再受理。共同被害人中只有部分人告诉的，人民法院应当通知其他被害人参加诉讼。被通知人接到通知后表示不参加诉讼或者不出庭的，视为放弃告诉权利。第一审宣判后，被通知人就同一事实又提起自诉的，人民法院不予受理，但当事人另行提起民事诉讼的除外。人民法院受理自诉案件后，当事人因客观原因不能取得并提供有关证据而申请人民法院调取证据的，应当说明理由，并提供相关线索或者材料。人民法院认为必要的，应当及时调取。

【综合案例】

【综合案例一】

［案情简介］

犯罪嫌疑人黄某（男，25 岁），某市工人；犯罪嫌疑人商某（男，21 岁），某市工人。黄、商因偷摸行为曾被公安机关拘留，在审查期间，两人关押在一起，相互认识后，都表示出去后一起干大事。2022 年 3 月 11 日，黄、商二人合谋作案，黄、商二人带上作案工具，乘汽车准备作案。3 月 12 日凌晨 2 时许，二人潜入本市税务局局长家，打开保险柜，窃走人民币 25 万元，二人分赃后，企图逃跑。公安机关在侦查中，对于嫌疑人进入作案现场的方式一直存在疑点，有证据证明撬门锁进入现场的，也有证据证明是翻门窗进入现场的。据被告人交代情况来看，也不一致。从门窗情况检验，撬门扭锁的痕迹又不十分明显。但在主要犯罪事实上，二犯罪嫌疑人的供认是吻合的。

公安机关将案件移送人民检察院审查起诉。检察院在审查中认为，二犯罪嫌疑人进入现场的情况应该得到充分证明，不能留有疑点。于是，人民检察院决定将此案卷退回公安机关补充侦查，建议公安机关进行一次侦查实验，以确定二犯罪嫌疑人进入作案现场的方式。

［问题］

1. 简述补充侦查的形式。

2. 本案中人民检察院退回公安机关补充侦查的做法是否正确？

［思路］

1. 补充侦查，是指人民检察院对公安机关侦查终结移送起诉的案件，或者对监察机关移送及自行侦查终结的案件，在审查起诉中，发现有事实不清、证据不足或者遗漏了罪行或同案人，需要补充进行有关专门调查等工作的一项诉讼活动。补充侦查的目的在于查清有关事实和证据，以决定是否将犯罪嫌疑人交付人民法院审判。根据《刑事诉讼法》第175条第2款的规定，补充侦查有两种形式：一是由人民检察院退回公安机关进行。这种方式一般适用于主要犯罪事实不清，证据不足，或者遗漏了重要犯罪事实及应追究刑事责任的同案犯的案件。人民检察院对需要退回补充侦查的案件，应当制作退回补充侦查决定书，写明退查的理由和需要补充查明的具体事项及要求。二是由人民检察院自行侦查。这种方式一般适用于只有某些次要的犯罪事实、情节不清，证据不足，公安机关侦查活动中有违法情况，在认定事实和证据上与公安机关有重大分歧或者已经退查过但仍未查清的案件。自侦案件需要补充侦查的，人民检察院刑事检察部门应将案件退回本院侦查部门。根据《刑事诉讼法》第175条第3款的规定："对于补充侦查的案件，应当在一个月以内补充侦查完毕。补充侦查以二次为限。"此条规定是为了防止拖延结案时间，避免对犯罪嫌疑人超期羁押、久押不决的情况，有利于保护犯罪嫌疑人的合法权益，督促侦查机关的侦查工作。根据《刑事诉讼法》第170条第1款的规定："人民检察院对于监察机关移送起诉的案件，依照本法和监察法的有关规定进行审查。人民检察院经审查，认为需要补充核实的，应当退回监察机关补充调查，必要时可以自行补充侦查。"

2. 本案中，人民检察院将案件退回公安机关补充侦查的做法是正确的。在这种情况下，不宜由检察机关进行补充侦查。按照法律规定，进行侦查实验，只能由公安机关进行。人民检察院建议公安机关进行侦查实验是正确的。

【综合案例二】

［案情简介］

被告人吕某（男，43岁），某县农民；被害人田某（男，38岁），某市工商局副局长。2022年3月4日晚10时许，被告人吕某对被害人田某实施绑架，逼迫田某拿出20万元。案发后，公安机关侦查终结后，以吕某敲诈勒索罪将案件移送人民检察院，检察院对吕某敲诈勒索案件审查起诉后认为，作为此案关键证据的被害人口供是刑讯逼供所获，依法应予以排除。在排除该口供后，其他证据显然不足以支持起诉，因此人民检察院作出不起诉决定。

［问题］

1. 检察院的不起诉属于存疑不起诉吗？

2. 检察院未经退回补充侦查即作出不起诉决定是否违反《刑事诉讼法》的规定？

3. 检察院排除刑讯获得的口供是否体现了法律监督机关的属性？

4. 检察院不起诉后，又发现新的证据符合起诉条件时是否可以提起公诉？

［思路］

1. 本案考查存疑不起诉。存疑不起诉又称证据不足不起诉，其适用前提是案件经过补充侦查后仍然证据不足，不符合起诉的条件。根据最高检《刑诉规则》第368条的规定："具有下列情形之一，不能确定犯罪嫌疑人构成犯罪和需要追究刑事责任的，属于证据不足，不符合起诉条件：（一）犯罪构成要件事实缺乏必要的证据予以证明的；（二）据以定罪的证据存在疑问，无法查证属实的；（三）据以定罪的证据之间、证据与案件事实之间的矛盾不能合理排除的；（四）根据证据得出的结论具有其他可能性，不能排除合理怀疑的；（五）根据证据认定案件事实不符合逻辑和经验法则，得出的结论明显不符合常理的。”本案中排除非法口供后，其他证据显然不足以支持起诉，所以，本案中检察院的不起诉属于存疑不起诉。

2. 本案考查存疑不起诉决定前的补充侦查及其例外。一般情况下，人民检察院作出证据不足不起诉决定的前提是案件应当经过补充侦查，但最高检《刑诉规则》第 73 条规定，对于人民检察院经审查发现存在《刑事诉讼法》第 56 条规定的非法取证行为，依法对该证据予以排除后，其他证据不能证明犯罪嫌疑人实施犯罪的，应当决定不批准或决定逮捕，已经移送审查起诉的，可以将案件退回侦查机关补充侦查或者作出不起诉决定。此时，退回补充侦查与决定不起诉是并列选择的关系，而不仅仅是只能退回补充侦查。所以，检察院未经退回补充侦查即作出不起诉决定是符合《刑事诉讼法》的规定。

3. 本案考查检察院法律监督机关的属性。《刑事诉讼法》第 8 条规定：“人民检察院依法对刑事诉讼实行法律监督。”作为专门的诉讼监督机关，人民检察院对立案、侦查、审判和生效裁判的执行是否合法施行法律监督。敲诈勒索案件属于公安机关侦查的范围，本案中检察院排除刑讯获得的口供，即是对侦查活动合法性进行法律监督，体现了法律监督机关的属性。

4. 根据最高检《刑诉规则》第 369 条的规定：“人民检察院根据刑事诉讼法第一百七十五条第四款规定决定不起诉的，在发现新的证据，符合起诉条件时，可以提起公诉。”证据不足的不起诉，在发现新的证据，符合起诉条件时，可以再次提起公诉。

【综合案例三】

［案情简介］

张三（男，44 岁）经常打骂其妻刘二（女，41 岁）和女儿张四（女，22 岁），张三曾多次强奸其女儿张四，张四为此曾两次服毒药自杀，经抢救未死。刘二也因忍无可忍而服药自杀，经抢救未死。2022 年 2 月 25 日深夜，张三又欲强奸其女张四，母女防御之时，将其打死。此案经某县公安机关侦查终结后，以杀人罪移送某市人民检察院审查起诉。市人民检察院审查后认为，张三平时对其女儿和其妻打骂虐待，并强奸张四多次，是严重的犯罪行为。当张三正在实施强奸其女张四的犯罪行为时，母女防御之时，将其打死，母女此行为本是正当防卫，不负刑事责任。但是，她们不慎将张三打死，已超过必要防卫限度，属于防卫过当。本应该以杀人罪追究张四、刘二的刑事责任，但根据情节，市人民检察院决定对张四、刘二不起诉。她们接到不起诉决定书时，得知自己虽未被起诉，但仍然构成了杀人罪，心里不安。于是，母女二人接到不起诉决定书后第二天向市人民检察院提起申诉。检察院认为，母女打死张三的行为显然是防卫过当，没有判她们刑就够宽大的，不应该再提申诉了。于是，检察院把张四、刘二的申诉状搁置一旁，未予理睬。

［问题］

1. 本案中人民检察院作出的不起诉决定属于哪种情形？

2. 本案中检察院对张四、刘二申诉的处理是否正确？

［思路］

1. 本案中，人民检察院作出的不起诉决定属于酌定不起诉中的一种情形。酌定不起诉，是指人民检察院认为犯罪嫌疑人的犯罪情节轻微，依照刑法规定不需要判处刑罚或者免除刑罚的案件。按照《刑事诉讼法》的规定，这类酌定不起诉案件必须同时具备两个条件：一是犯罪嫌疑人的行为已构成犯罪，应当负刑事责任；二是犯罪行为情节轻微，依照《刑法》规定不需要判处刑罚或者免除刑罚。依照《刑法》和《刑事诉讼法》规定，以下几种情形可以适用这种不起诉：(1)犯罪嫌疑人在中华人民共和国领域外犯罪，依照我国刑法规定应当负刑事责任，但在外国已经受过刑事处罚的(《刑法》第10条)；(2)犯罪嫌疑人又聋又哑，或者是盲人犯罪的(《刑法》第19条)；(3)犯罪嫌疑人因防卫过当或紧急避险超过必要限度，并造成不应有危害而犯罪的(《刑法》第20条、第21条)；(4)为犯罪准备工具，制造条件的(《刑法》第22条)；(5)在犯罪过程中自动中止或自动有效地防止犯罪结果发生，没有造成损害的(《刑法》第24条)；(6)在共同犯罪中，起次要或辅助作用的(《刑法》第27条)；(7)被胁迫参加犯罪的(《刑法》第28条)；(8)犯罪嫌疑人自首或者有重大立功表现或者自首后又有重大立功表现的(《刑法》第67条、第68条)；(9)双方当事人达成和解协议的，符合法律规定不起诉条件的(《刑事诉讼法》第290条，最高检《刑诉规则》第502条)。

司法实践中，人民检察院在确认犯罪嫌疑人具有上述情形之一时，还必须在其犯罪情节轻微的前提下才可以作出不起诉决定。人民检察院要根据犯罪嫌疑人的年龄、犯罪动机和目的、手段、危害后果等情节以及一贯表现进行综合考虑，在确实认为作出不起诉的决定更为有利时，才可以作出不起诉决定。

2. 对于人民检察院依照上述法律规定作出的不起诉决定，被不起诉人如果不服，可以自收到决定书后7日以内向人民检察院申诉。人民检察院应当作出复查决定，通知被不起诉的人，同时抄送公安机关。被不起诉人在申诉期限内向人民检察院提出申诉的，由人民检察院的控告申诉部门受理，控告申诉部门复查后提出复查意见，认为应当维持不起诉决定的，报请检察长作出复查决定；认为应当撤销不起诉决定、提起公诉的，报请检察委员会作出复查决定。复查决定书应当送达被不起诉人，撤销不起诉决定的，应当同时抄送移送起诉的公安机关。人民检察院作出撤销不起诉决定、提起公诉的复查决定后，应当将案件交由刑事检察部门提起公诉。

本案中，检察院的工作人员把张四、刘二的申诉状搁置一旁的做法是不正确的，违反了《刑事诉讼法》的规定。人民检察院对不起诉人的申诉,必须受理,而对申诉置之不理,这将会剥夺被不起诉人的申诉权。因此,人民检察院在接到被不起诉人的申诉后,必须尽快作出复查决定,并将复查决定通知被不起诉人,同时抄送公安机关。

【综合案例四】

[案情简介]

2022 年 2 月 13 日,某县发生了一起盗窃案。被害人周某晚上下班回家后,发现房间被盗,立即报警。经核实,周某丢失现金、珠宝首饰、相机、手机合计价值人民币 22 万元。某县公安局经立案、侦查,认为本村民良某有重大作案嫌疑。侦查终结后,公安局于 2022 年 4 月 23 日将案件移送至县检察院审查起诉。县检察院接到公安局移送起诉的案件,对犯罪嫌疑人良某进行了讯问,认为证据不足,于 5 月 4 日退回公安局补充侦查。公安局于 6 月 7 日补充侦查完毕,再次移送起诉。县检察院经过审查,认为证据仍然不足以证明良某实施了盗窃行为,于 2022 年 7 月 12 日作出了证据不足不起诉的决定,公开宣布,并将不起诉决定送达公安局、犯罪嫌疑人良某、被害人周某。县公安局认为不起诉决定不当,仍继续羁押犯罪嫌疑人良某,并向上一级检察院即市人民检察院提请复议,市检察院维持了不起诉决定。周某对不起诉决定不服,向人民法院提起诉讼,该法院以未先行向检察机关申诉为由拒绝受理。

[问题]

本案中刑事诉讼程序有何不妥之处?

[思路]

本案中刑事诉讼程序不妥之处,主要表现在以下六个方面:(1)县检察院接到公安局移送起诉的案件,不应仅讯问犯罪嫌疑人。根据《刑事诉讼法》第 173 条规定:“人民检察院审查案件,应当讯问犯罪嫌疑人,听取辩护人或者值班律师、被害人及其诉讼代理人的意见,并记录在案。辩护人或者值班律师、被害人及其诉讼代理人提出书面意见的,应当附卷。”(2)县公安局自 5 月 4 日接到县检察院退回补充侦查的案件,至 6 月 7 日才补充侦查完毕,超过了法定期限。根据《刑事诉讼法》第 175 条第 3 款的相关规定,补充侦查期限是 1 个月。(3)县检察院自 2022 年 6 月 7 日接到公安局补充侦查完毕再次移送的案件,到 2022 年 7 月 12 日才作出不起诉决定,审查起诉超过法定期限。根据《刑事诉讼法》第 172 条第 1 款的规定:“人民检察院对于监察机关、公安机关移送起诉的案件,应当在一个月以内作出决定,重大、复杂的案件,可以延长十五日。”可见,审查起诉期限是 1 个月,重大、复杂的案件,可以延长 15 日。(4)县公安局认为不起诉决定不当,不应继续羁押犯罪嫌疑人。《刑事诉讼法》第 178 条规定:“不起诉的决定,应当公开宣布,并且将不起诉决定书送达被不起诉人和他的所在单位。如果被不起诉人在押,应当立即释放。”据此,检察院作出不起诉决定的,公安机关对在押的被不起诉人应当立即释放。(5)县公安局认为不起诉决定不当,不应向上级检察院提请复议。

《刑事诉讼法》第179条规定："对于公安机关移送起诉的案件，人民检察院决定不起诉的，应当将不起诉决定书送达公安机关。公安机关认为不起诉的决定有错误的时候，可以要求复议，如果意见不被接受，可以向上一级人民检察院提请复核。"据此，公安机关认为不起诉决定不当，可以要求作出决定的检察院复议，意见不被接受，可向上一级人民检察院提请复核。(6)某县人民法院不应以未先行向检察机关申诉为由拒绝受理被害人周某的起诉。被害人不服不起诉决定的，可以不经申诉，直接向法院起诉。《刑事诉讼法》第180条规定："对于有被害人的案件，决定不起诉的，人民检察院应当将不起诉决定书送达被害人。被害人如果不服，可以自收到决定书后七日以内向上一级人民检察院申诉，请求提起公诉。人民检察院应当将复查决定告知被害人。对人民检察院维持不起诉决定的，被害人可以向人民法院起诉。被害人也可以不经申诉，直接向人民法院起诉。人民法院受理案件后，人民检察院应当将有关案件材料移送人民法院。"

▲ 资料链接

1. 陈光中主编：《刑事诉讼法》（第7版），北京大学出版社2021年版。

2. 叶青主编：《案例刑事诉讼法学》，中国法制出版社2013年版。

3. 姚莉主编：《刑事诉讼法学》（第3版），中国法制出版社2023年版。

4. 樊崇义主编：《刑事诉讼法学》（第5版），法律出版社2020年版。

5.《刑事诉讼法学》编写组编：《刑事诉讼法学》（第3版），高等教育出版社2019年版。

6. 姚显森：《法官能动性研究》，法律出版社2015年版。

讨论思考

1. 提起公诉的条件是什么？
2. 不起诉的种类有哪些？
3. 自诉案件的范围有哪些？
4. 提起自诉的主体有哪几种？
5. 如何理解起诉方式和公诉原则的变化发展？
6. 如何制约检察机关的不起诉裁量权？

第十三章　第一审程序

◈ 本章提要

第一审程序是刑事案件审理的起始程序，也是人民法院审判刑事案件基本的、必经的程序，在刑事诉讼中占有重要的地位。第一审程序是指人民法院对案件依法进行初次审判时所适用的程序。第一审程序的任务，就是人民法院在公诉人、当事人及其他诉讼参与人的参加下，依照法定程序客观、全面地审查证据，查明案件事实，并根据法律的有关规定，就被告人是否有罪、所犯何罪、应否处以刑罚以及处以何种刑罚的问题作出判决，从而使犯罪分子受到公正的法律制裁，使无罪的人不受刑事追诉，并通过法庭审判活动，使到庭旁听的人以及其他公民受到法制教育。公诉案件的第一审程序包括对案件的审查、开庭前的准备和法庭审判等环节，其中法庭审判又可以分为开庭、法庭调查、法庭辩论、被告人最后陈述、评议和宣判五个阶段。自诉案件主要是直接侵害公民个人合法权益的轻微刑事案件，刑事诉讼法对自诉案件的审判程序作了一些特殊规定。简易程序是指基层人民法院审判某些简单轻微的刑事案件，依法所适用的较普通审判程序相对简化的一种审判程序。与普通程序相比，简易程序具有自己鲜明的特点。

◉ 法考重点

第一审程序法庭审判的阶段；第一审程序开庭审判的条件；简易程序的特点及适用范围；速裁程序的特点及适用范围；自诉案件的审理程序的特点；法庭调查；法庭辩论；被告人最后陈述；延期审理的情形；中止审理的情形；判决及其适用；裁定及其适用；判决与裁定的区别；自诉与公诉的区别。

第一节　公诉案件的第一审程序

△ 知识背景

公诉案件的第一审程序，是指人民法院对人民检察院提起公诉的案件进行第一次审判时所必须遵循的程序。其内容主要包括庭前审查、庭前准备、法庭审判、延期和中止审理、评议和宣判等诉讼环节。

一、对公诉案件的庭前审查

(一)审查的内容和方法

对公诉案件的审查是人民法院对人民检察院提起公诉的案件依法进行庭前审查,并决定是否开庭审判的一种诉讼活动。对公诉案件进行庭前审查的任务在于通过审查,解决案件是否符合开庭审判的条件,是否将被告人正式交付法庭审判。在本质上,这种审查应属于程序性的。

根据我国《刑事诉讼法》第 186 条及最高法《刑诉解释》第 218 条的规定,审查的主要内容包括以下几个方面:(1)是否属于本院管辖。(2)起诉书是否写明被告人的身份,是否受过或者正在接受刑事处罚、行政处罚、处分,被采取留置措施的情况,被采取强制措施的时间、种类、羁押地点,犯罪的时间、地点、手段、后果以及其他可能影响定罪量刑的情节。有多起犯罪事实的,是否在起诉书中将事实分别列明。(3)是否移送证明指控犯罪事实及影响量刑的证据材料,包括采取技术调查、侦查措施的法律文书和所收集的证据材料。(4)是否查封、扣押、冻结被告人的违法所得或者其他涉案财物,查封、扣押、冻结是否逾期;是否随案移送涉案财物、附涉案财物清单;是否列明涉案财物权属情况;是否就涉案财物处理提供相关证据材料。(5)是否列明被害人的姓名、住址、联系方式;是否附有证人、鉴定人名单;是否申请法庭通知证人、鉴定人、有专门知识的人出庭,并列明有关人员的姓名、性别、年龄、职业、住址、联系方式;是否附有需要保护的证人、鉴定人、被害人名单。(6)当事人已委托辩护人、诉讼代理人或者已接受法律援助的,是否列明辩护人、诉讼代理人的姓名、住址、联系方式。(7)是否提起附带民事诉讼;提起附带民事诉讼的,是否列明附带民事诉讼当事人的姓名、住址、联系方式等,是否附有相关证据材料。(8)监察调查、侦查、审查起诉程序的各种法律手续和诉讼文书是否齐全。(9)被告人认罪认罚的,是否提出量刑建议、移送认罪认罚具结书等材料。(10)有无《刑事诉讼法》第 16 条第 2 项至第 6 项规定的不追究刑事责任的情形。

人民法院在收到人民检察院的起诉书后,即应指定审判员对案件的上述内容进行审查。审查的方法应当以书面审查为主,即通过认真地审阅卷宗材料,判断是否具备开庭审判的程序性条件。由于《刑事诉讼法》规定的庭前审查的性质是以程序性审查为主,弱化实体性审查,因而人民法院在审查时不应提审被告人和询问证人、被害人和鉴定人,同时不能使用勘验、检查、扣押、鉴定、查询、冻结等方法调查核实证据。

(二)审查后的处理

根据最高法《刑诉解释》第 219 条的规定,人民法院对提起公诉的案件审查后,应当按照下列情形分别处理:(1)不属于本院管辖的,应当退回人民检察院。(2)属于《刑事诉讼法》第 16 条第 2 项至第 6 项规定情形的,应当退回人民检察院属于告诉才处理的案件,应当同时告知被害人有权提起自诉。(3)被告人不在案的,应当退回人民检察院;但是,对人民检察院按照缺席审判程序提起公诉的,应当依照本解释第二十四章的规定作出处理。(4)不符合前条第2项至第9项规定之一,需要补充材料的,应当通知人民检察院在3日以内补送。(5)依照《刑事诉讼法》第200条第3项规定宣告被告人无罪后,人民检察院根据新的事实、证据重新起诉的,应当依法受理。(6)依照本解释第296条规定裁定准许撤诉的案件,没有新的影响定罪量刑的事实、证据,重新起诉的,应当退回人民检察院。(7)被告人真实身份不明,但符合刑事诉讼法第160条第2款规定的,应当依法受理。对公诉案件是否受理,应当在7日以内审查完毕。

二、庭前准备阶段

人民法院决定对案件开庭审判后,为了保障法庭审判顺利有序地进行,根据我国《刑事诉讼法》第187条及最高法《刑诉解释》第221条的有关规定,在开庭审判前应当进行下列各项准备工作:(1)确定合议庭的组成人员或独任庭的审判员。人民法院适用普通程序审理的案件,由院长或者庭长指定审判长并确定合议庭组成人员;适用独任庭审理的案件,由庭长指定审判员一人独任审理。合议庭的组成人员或独任庭的审判员确定后,即应着手进行开庭审判前的准备工作,拟出法庭审理提纲,庭审提纲一般包括下列内容:合议庭成员在庭审中的分工;起诉书指控的犯罪事实的重点和认定案件性质的要点;讯问被告人时需了解的案情要点;出庭的证人、鉴定人、有专门知识的人、侦查人员的名单;控辩双方申请当庭出示的证据的目录;庭审中可能出现的问题及应对措施。(2)将人民检察院的起诉书副本至迟在开庭10日以前送达被告人及其辩护人。根据《刑事诉讼法》第35条的规定条件,犯罪嫌疑人、被告人因经济困难或者其他原因没有委托辩护人的,本人及其近亲属可以向法律援助机构提出申请。对符合法律援助条件的,法律援助机构应当指派律师为其提供辩护。犯罪嫌疑人、被告人是盲、聋、哑人,或者是尚未完全丧失辨认或者控制自己行为能力的精神病人,没有委托辩护人的,人民法院、人民检察院和公安机关应当通知法律援助机构指派律师为其提供辩护。犯罪嫌疑人、被告人可能被判处无期徒刑、死刑,没有委托辩护人的,人民法院、人民检察院和公安机关应当通知法律援助机构指派律师为其提供辩护。通知当事人、法定代理人、辩护人、诉讼代理人在开庭5日以前提供证人、鉴定人名单,以及拟当庭出示的证据;申请证人、鉴定人、有专门知识的人出庭的,应当列明有关人员的姓名、性别、年龄、职业、住址、联系方式。(3)将开庭的时间、地点在开庭3日以前通知人民检察院。《刑事诉讼法》第189条规定,人民法院审判公诉案件,人民检察院应当派员出席法庭支持公诉。因此,将开庭的时间、地点在开庭3日以前通知人民检察院,有利于公诉人做好出庭准备工作。(4)将传唤当事人和通知辩护人、诉讼代理人、证人、鉴定人和勘验、检查笔录制作人、翻译人员的传票和通知书,至迟在开庭3日以前送达。(5)公开审判的案件,在开庭3日以前先期公布案由、被告人姓名、开庭时间和地点。(6)审判人员可以召集公诉人、当事人和辩护人、诉讼代理人,对回避、出庭证人名单、非法证据排除等与审判相关的问题,了解情况,听取意见。根据最高法《刑诉解释》第226条、第228条的规定,案件具有下列情形之一的,审判人员可以召开庭前会议:第一,证据材料较多、案情重大复杂的;第二,控辩双方对事实、证据存在较大争议的;第三,社会影响重大的;第四,需要召开庭前会议的其他情形。召开庭前会议,根据案件情况,可以通知被告人参加。审判人员可以就下列问题向控辩双方了解情况,听取意见:第一,是否对案件管辖有异议;第二,是否申请有关人员回避;第三,是否申请不公开审理;第四,是否申请排除非法证据;第五,是否提供新的证据材料;第六,是否申请重新鉴定或者勘验;第七,是否申请收集、调取证明被告人无罪或者罪轻的证据材料;第八,是否申请证人、鉴定人、有专门知识的人、调查人员、侦查人员或者其他人员出庭,是否对出庭人员名单有异议;第九,是否对涉案财物的权属情况和人民检察院的处理建议有异议;第十,与审判相关的其他问题。对第一款规定中可能导致庭审中断的程序性事项,人民法院可以在庭前会议后依法作出处理,并在庭审中说明处理决定和理由。控辩双方没有新的理由,在庭审中再次提出有关申请或者异议的,法庭可以在说明庭前会议情况和处理决定理由后,依法予以驳回。

三、法庭审判阶段

法庭审判,是指人民法院的审判组织(合议庭或独任庭)通过开庭的方式,在公诉人、当事人和其他诉讼参与人的参加下,调查核实证据,查清案件事实,充分听取控辩双方对证据、案件事实和法律适用的意见,依法确定被告人的行为是否构成犯罪,应否受到刑事处罚以及给予何种处罚的诉讼活动。法庭审判程序大致可分为开庭、法庭调查、法庭辩论、被告人最后陈述、评议和宣判五个步骤。

(一)开庭

开庭是正式进行法庭审判前的准备阶段。依据我国《刑事诉讼法》第 190 条及最高法《刑诉解释》第 235 条至第 239 条的规定,开庭的具体程序和内容包括:(1)审判长宣布开庭,查明当事人是否到庭。在确认被告人到庭后,应当查明被告人的下列情况:姓名、出生年月日、民族、出生地、文化程度、职业、住址,或者单位的名称、住所地、诉讼代表人的姓名、职务;是否曾受到过法律处分及处分的种类、时间;是否被采取强制措施及强制措施的种类、时间;收到人民检察院起诉书副本的日期;附带民事诉讼的,附带民事诉讼被告人收到附带民事诉状的日期。(2)审判长宣布案件的来源,起诉的案由,附带民事诉讼原告人和被告人的姓名(名称)及是否公开审理。对于不公开审理的案件,应当当庭宣布不公开审理的理由。(3)审判长宣布合议庭组成人员、书记员、公诉人、辩护人、诉讼代理人、鉴定人和翻译人员的名单。(4)审判长应当告知当事人、法定代理人在法庭审理过程中依法享有下列诉讼权利:可以申请合议庭组成人员、书记员、公诉人、鉴定人和翻译人员回避;可以提出证据、申请通知新的证人到庭、调取新的证据、重新鉴定或者勘验、检查;被告人可以自行辩护;被告人可以在法庭辩论终结后作最后的陈述。(5)审判长分别询问当事人、法定代理人是否申请回避,申请何人回避和申请回避的理由。如果当事人、法定代理人申请回避的,法院应当根据《刑事诉讼法》和司法解释有关回避的规定加以处理。

（二）法庭调查

法庭调查是在审判人员主持下，在控、辩双方和其他诉讼参与人的参加下，当庭对案件事实和证据进行审查、核实的诉讼活动。其任务是查明案件事实、核实证据。由于刑事诉讼法规定，所有证据都必须在法庭上调查核实后才能作为定案根据，因此法庭调查是法庭审判的核心环节。法庭调查的成效，直接关系到案件处理的质量。法庭调查的范围是人民检察院起诉书所指控的被告人的犯罪事实和证明被告人有罪、无罪、罪重、罪轻的各种证据。

根据我国《刑事诉讼法》第191条至第198条及最高法《刑诉解释》第240条至第251条的相关规定，法庭调查的具体步骤和程序如下：(1)公诉人宣读起诉书；(2)被告人、被害人陈述；(3)讯问、询问被告人、被害人和附带民事诉讼原告人、被告人；(4)询问证人、鉴定人；(5)出示物证、宣读鉴定意见和有关笔录；(6)调取新的证据；(7)法庭调查核实证据。

（三）法庭辩论

我国《刑事诉讼法》第198条第1款、第2款规定："法庭审理过程中，对与定罪、量刑有关的事实、证据都应当进行调查、辩论。经审判长许可，公诉人、当事人和辩护人、诉讼代理人可以对证据和案件情况发表意见并且可以互相辩论。"法庭调查阶段的辩论是一种分散辩论，经审判长许可，控辩双方可随时根据案件具体情况进行。

法庭辩论在审判长主持下，按照下列顺序进行：(1)公诉人发言；(2)被害人及其诉讼代理人发言；(3)被告人自行辩护；(4)辩护人辩护；(5)控辩双方进行辩论。前四项活动称为第一回合，控辩双方进行辩论可进行多个回合，反复辩论，直至双方意见阐述完毕，不再发言。附带民事诉讼部分的辩论应当在刑事诉讼部分的辩论结束后进行，先由附带民事诉讼原告人及其诉讼代理人发言，然后由被告人及其诉讼代理人答辩，也可进行多项反复辩论。

在司法实践中，公诉人的第一次发言通常称为发表公诉词，辩护人的第一次发言称作发表辩护词。在法庭辩论中，控辩双方应当以事实为依据，以法律为准绳，围绕双方争论的焦点进行论证与反驳。被告人当庭拒绝辩护人辩护，要求另行委托辩护人或者指派律师的，合议庭应当准许。被告人拒绝辩护人辩护后，没有辩护人的，应当宣布休庭；仍有辩护人的，庭审可以继续进行。有多名被告人的案件，部分被告人拒绝辩护人辩护后，没有辩护人的，根据案件情况，可以对该被告人另案处理，对其他被告人的庭审继续进行。重新开庭后，被告人再次当庭拒绝辩护人辩护的，可以准许，但被告人不得再次另行委托辩护人或者要求另行指派律师，由其自行辩护。被告人属于应当提供法律援助的情形，重新开庭后再次当庭拒绝辩护人辩护的，不予准许。辩护人拒绝为被告人辩护的，应当准许；是否继续庭审，参照适用前述规定。合议庭认为经过反复辩论，案情已经查明、罪责已经分清或者控辩双方的意见已经充分发表，审判长应及时宣布辩论终结。从保障被告人权益出发，宣布辩论终结前，审判长应询问被告人和辩护人是否还有新的辩护意见。附带民事诉讼部分可以在法庭辩论结束后当庭调解。不能达成协议的,可以同刑事部分一并判决。

(四)被告人最后陈述

我国《刑事诉讼法》第198条第3款规定:"审判长在宣布辩论终结后,被告人有最后陈述的权利。"可见,被告人最后陈述不仅是法庭审判的一个独立阶段,而且是法律赋予被告人的一项重要诉讼权利。合议庭应当保障被告人充分行使最后陈述的权利。审判长宣布法庭辩论终结后应当告知被告人享有此项权利,让被告人陈述,被告人最后陈述只要不超出本案范围,一般不应限制其发言时间,或随意打断其发言,而应让被告人尽量把话讲完。但如果被告人在最后陈述中多次重复自己的意见,审判长可以制止;如果陈述内容是蔑视法庭、公诉人,损害他人及社会公共利益或者与本案无关的,应当制止;在公开审理的案件中,如果被告人最后陈述的内容涉及国家秘密或者个人隐私的,也应当制止。被告人在最后陈述中提出新的事实、证据,合议庭认为可能影响正确裁判的,应当恢复法庭调查;被告人提出新的辩解理由,合议庭认为可能影响正确裁判的,应当恢复法庭辩论。

(五)评议和宣判

被告人最后陈述完毕后,审判长应当宣布休庭,合议庭进行评议,法庭审判进入评议和宣判阶段。

1. 评议。评议是合议庭组成人员在已进行的法庭审理活动基础上,对案件事实、证据和法律适用进行讨论、分析、判断并依法对案件作出裁判的诉讼活动。合议庭评议由审判长主持,一律秘密进行。评议时,如果意见分歧,应当按多数人的意见作出决定,但是少数人的意见应当写入笔录,评议笔录由合议庭组成人员签名。一般情况下,合议庭经过开庭审理并且评议后,应当作出判决,但对于疑难、复杂、重大的案件,合议庭成员意见分歧较大,难以对案件作出决定的,由合议庭提请院长决定提交审判委员会讨论决定,审判委员会的决定,合议庭应当执行。根据我国《刑事诉讼法》第200条规定,一审人民法院应当根据已经查明的事实、证据和有关法律规定,分别作出以下裁判:(1)案件事实清楚,证据确实、充分,依据法律认定被告人有罪的,应当作出有罪判决;(2)依据法律认定被告人无罪的,应当作出无罪判决;(3)证据不足,不能认定被告人有罪的,应当作出证据不足、指控的犯罪不能成立的无罪判决。

2. 宣判。宣判是人民法院将判决书的内容向当事人和社会公开宣告,使当事人和广大群众知道人民法院对案件的处理决定。宣判分为当庭审判和定期宣判两种。当庭审判是在合议庭经过评议并作出决定后,立即复庭由审判长宣告判决结果。当庭宣告判决后,应当在5日内将判决书送达当事人、提起公诉的人民检察院、辩护人和诉讼代理人。当庭宣判符合刑事审判的集中审理原则,有利于发挥法庭审判的法制教育作用。案件不论是否公开审理,宣告判决一律公开进行。宣判时,法庭内全体人员应当起立。另外,宣判一般应当通知公诉人、辩护人、被害人、自诉人或者附带民事诉讼的原告人到庭,如果没有到庭,不影响宣判的进行。地方各级人民法院在宣告第一审判决时,审判长往往口头告知被告人享有上诉权,以及上诉期限和上诉法院。

四、与法庭审判有关的问题

(一)延期审理

延期审理是指在法庭审理过程中,由于遇到了影响审判继续进行的情况,法庭决定将案件的审理推迟,待影响审理进行的原因消失后,再继续开庭审理。根据我国《刑事诉讼法》第204条的规定,延期审理有以下三种情况:(1)需要通知新的证人到庭,调取新的物证,重新鉴定或者勘验的;(2)检察人员发现提起公诉的案件需要补充侦查,提出建议的;(3)由于申请回避而不能进行审判的。

另外,在审判实践中,遇有下列情形之一的,也可以延期审理:被告人因患病而神志不清或者体力不能承受审判的;人民检察院变更了起诉范围,指控被告人有新的罪行,被告人、辩护人为准备答辩,申请延期审理的;合议庭成员、书记员、公诉人、辩护人在审理过程中由于身体原因,审理无法继续进行的等。

人民检察院要求延期审理补充侦查的案件,应当在1个月以内补充侦查完毕。除了人民检察院补充侦查完毕的案件移送人民法院后需要重新计算审限外,延期审理的时间仍然计入审理期限。如果不能在审理期限内结案的,则应当按照相关规定的要求延长审限。延期审理的开庭日期和地点能当庭确定的,应当当庭通知公诉人、当事人和其他诉讼参与人;不能当庭确定的,应当在确定后另行通知。

(二)中止审理

中止审理是指因发生某种特定情况,影响案件正常审理,人民法院决定停止诉讼活动,待该项原因消失后再行恢复审理的制度。我国《刑事诉讼法》第206条规定:"在审判过程中,有下列情形之一,致使案件在较长时间内无法继续审理的,可以中止审理:(一)被告人患有严重疾病,无法出庭的;(二)被告人脱逃的;(三)自诉人患有严重疾病,无法出庭,未委托诉讼代理人出庭的;(四)由于不能抗拒的原因。中止审理的原因消失后,应当恢复审理。中止审理的期间不计入审理期限。"

(三)公诉案件第一审程序的期限

我国《刑事诉讼法》第208条规定:"人民法院审理公诉案件,应当在受理后二个月以内宣判,至迟不得超过三个月。对于可能判处死刑的案件或者附带民事诉讼的案件,以及有本法第一百五十八条规定情形之一的,经上一级人民法院批准,可以延长三个月;因特殊情况还需要延长的,报请最高人民法院批准。人民法院改变管辖的案件,从改变后的人民法院收到案件之日起计算审理期限。人民检察院补充侦查的案件,补充侦查完毕移送人民法院后,人民法院重新计算审理期限。"

【案例一】

［案情简介］

被告人甲（男，43岁），D市某公司经理，2022年创办了一个某钢材分公司，该分公司无资金、无场地、无货源，属于皮包公司性质。甲为某钢材分公司筹集资金，与E市某公司签订了价值42万元的钢材代购合同，由于某钢材分公司根本没有货源，未能按期履行合同而被罚款10万元。为偿还货款，甲又与C市某物资公司签订代购钢材合同，骗取预付款15万元。甲将其中10万元付给E市某公司。当C市某物资公司催货时，才发现上当受骗。

案发后，D市某区人民检察院受理此案后，经过审查，认为甲的行为已构成诈骗罪，应当追究刑事责任，向D市某区人民法院提起公诉。D市某区人民法院受理此案后，经审查认为，甲以某钢材分公司的名义与某物资公司签订的代购钢材合同未能履行一案，C市某区人民法院已作为民事案件审结，因此，对一个案件的实体问题不能得出两种法律结论。于是，D市其区法院裁定驳回起诉，将案件退回区人民检察院。

［问题］

1. 简述人民法院对公诉案件审查的内容。

2. 分析人民法院对公诉案件审查后的处理。

［解析］

1. 对公诉案件的审查，是指人民法院对人民检察院提起公诉的案件，进行庭前审查，决定是否开庭审判的活动。也就是说，人民法院对人民检察院提起公诉的案件，要经过初步审查，然后才能决定是否进行开庭审理。我国《刑事诉讼法》第186条规定："人民法院对提起公诉的案件进行审查后，对于起诉书中有明确的指控犯罪事实的，应当决定开庭审判。"

根据我国《刑事诉讼法》第186条及最高法《刑诉解释》第218条的规定，审查的主要内容包括以下几个方面：（1）是否属于可以适用缺席审判程序的案件范围。（2）是否属于本院管辖。（3）是否写明被告人的基本情况，包括明确的境外居住地、联系方式等。（4）是否写明被告人涉嫌有关犯罪的主要事实，并附证据材料。（5）是否写明被告人有无近亲属以及近亲属的姓名、身份、住址、联系方式等情况。（6）是否列明违法所得及其他涉案财产的种类、数量、价值、所在地等，并附证据材料。（7）是否附有查封、扣押、冻结违法所得及其他涉案财产的清单和相关法律手续。

2. 根据最高法《刑诉解释》第219条的规定，人民法院对提起公诉的案件审查后，应当按照下列情形分别处理：

（一）不属于本院管辖的，应当退回人民检察院；

（二）属于《刑事诉讼法》第16条第2项至第6项规定情形的，应当退回人民检察院；属于告诉才处理的案件，应当同时告知被害人有权提起自诉；

（三）被告人不在案的，应当退回人民检察院；但是，对人民检察院按照缺席审判程序提起公诉的，应当依照本解释第二十四章的规定作出处理；

（四）不符合前条第 2 项至第 9 项规定之一，需要补充材料的，应当通知人民检察院在 3 日以内补送；

（五）依照《刑事诉讼法》第 200 条第 3 项规定宣告被告人无罪后，人民检察院根据新的事实、证据重新起诉的，应当依法受理；

（六）依照本解释第 296 条规定裁定准许撤诉的案件，没有新的影响定罪量刑的事实、证据，重新起诉的，应当退回人民检察院；

（七）被告人真实身份不明，但符合刑事诉讼法第 160 条第 2 款规定的，应当依法受理。

对公诉案件进行庭前审查，主要是查明检察院提起公诉的案件是否具备开庭审理的条件，能否将被告人交付法庭审判的问题。本案中，法院以案件已作为民事案件审结，一个案件实体问题不能得出两种法律结论为由，驳回检察院的起诉，显然是不合法的。

【案例二】

［案情简介］

一公诉案件，黄某利用职务便利多次收受贿赂，且雇用凶手将举报他的下属李某打成重伤。关于本案召开了庭前会议。本案庭前会议的主要内容如下：(1)黄某可就案件管辖提出异议；(2)李某提起附带民事诉讼的，可调解；(3)黄某提出其口供系刑讯所得，法官可在审查讯问时同步录像的基础上决定是否排除口供；(4)庭前会议上出示过的证据，庭审时举证、质证可简化。

［问题］

本案庭前会议的以上内容是否正确？

［解析］

本题考查庭前会议。《刑诉解释》第 228 条规定，庭前会议，可以就下列事项向控辩双方了解情况，听取意见：（一）是否对案件管辖有异议；（二）是否申请有关人员回避；（三）是否申请不公开审理；（四）是否申请排除非法证据；（五）是否提供新的证据材料；（六）是否申请重新鉴定或者勘验；（七）是否申请收集、调取证明被告人无罪或者罪轻的证据材料；（八）是否申请证人、鉴定人、有专门知识的人、调查人员、侦查人员或者其他人员出庭，是否对出庭人员名单有异议；（九）是否对涉案财物的权属情况和人民检察院的处理建议有异议；（十）与审判相关的其他问题。根据该条的规定，黄某有权就案件管辖提出异议。所以，本案庭前会议的主要内容(1)正确。

根据《刑诉解释》第 228 条的规定，在庭前会议中，审判人员可以就排除非法证据的申请了解情况，听取意见，但并不能直接作出是否排除的决定，所以，本案庭前会议的主要内容(3)是错误的。

最高法《刑诉解释》第228条第2款规定:"庭前会议,人民法院可以开展附带民事调解。"所以,本案庭前会议的主要内容(2)正确。

最高法《刑诉解释》第229条规定:"庭前会议中,审判人员可以询问控辩双方对证据材料有无异议,对有异议的证据,应当在庭审时重点调查;无异议的,庭审时举证、质证可以简化。"由此,并非对于庭前会议上出示过的证据,庭审时都可以简化举证、质证,对于有异议的证据,庭审时应重点调查。所以,本案庭前会议的主要内容(4)错误。

【案例三】

[案情简介]

有一公诉案件,在一审法院审理的过程中,发生了以下几种情形:(1)由于申请回避而不能进行审判的;(2)需要重新鉴定的;(3)被告人患有严重疾病,长时间无法出庭的;(4)检察人员发现提起公诉的案件需要补充侦查,提出建议的。

[问题]

1.本案在审理中发生以上哪种情形是属于中止审理的情形?

2.本案在审理中发生以上哪种情形是属于延期审理的情形?

[解析]

1.本案考查中止审理、延期审理。中止审理,是指在审判过程中,因为出现某些诉讼外的、对推动诉讼发展无关的特殊情况,致使案件在较长时间内无法继续审理,人民法院暂停审判,待影响诉讼的情况消失之后,再恢复审理的诉讼活动。而且,因为中止审理的适用情形与推动诉讼进程无关,法庭恢复审理的期限一般不具有可预测性。根据《刑事诉讼法》第206条第1款规定:"在审判过程中,有下列情形之一,致使案件在较长时间内无法继续审理的,可以中止审理:(一)被告人患有严重疾病,无法出庭的;(二)被告人脱逃的;(三)自诉人患有严重疾病,无法出庭,未委托诉讼代理人出庭的;(四)由于不能抗拒的原因。"由上可知,在审理中发生情形(3)时属于中止审理的情形。

2.延期审理,是指在审判过程中,由于遇到了与诉讼发展有关的并且影响审判继续进行的情况,法庭决定推迟案件的审理,等到影响案件进行的原因消失以后,再继续开庭审理的制度。而且,因为延期审理的适用情形与诉讼发展相关,法律对延期审理的各适用情形的期间都作了明确规定,法庭恢复审理的时间具有可预测性。根据《刑事诉讼法》第204条规定:"在法庭审判过程中,遇有下列情形之一,影响审判进行的,可以延期审理:(一)需要通知新的证人到庭,调取新的物证,重新鉴定或者勘验的;(二)检察人员发现提起公诉的案件需要补充侦查,提出建议的;(三)由于申请回避而不能进行审判的。"综上可知,在审理中遇到情形(1)、(2)、(4)时,人民法院可以延期审理。

第二节 自诉案件的第一审程序

△ 知识背景

一、自诉的提起

1. 提起自诉的主体。自诉案件的实体原告或实体当事人之一是刑事被害人,但提起自诉的主体强调的是程序当事人,这就意味着提起自诉不仅仅限于刑事被害人。其他有权提起自诉者,是指被害人死亡或丧失行为能力时,被害人的法定代理人和近亲属有权向人民法院起诉。这里的"丧失行为能力"应当作无行为能力理解,包括因未成年而无行为能力和因精神障碍而丧失行为能力两种情况。此外,提起自诉的被害人不仅包括自然人,也包括单位。

2. 提起自诉的条件。提起自诉的条件主要有六个方面:(1)自诉必须由被害人及其法定代理人或近亲属提起;(2)自诉要有明确的被告人,自诉人必须向法院提供确定的被告人的姓名、性别、住址、工作单位等个人情况,便于法院通知被告人应诉;(3)案件属于人民法院直接受理的范围;(4)自诉必须在追诉时效期限内提出;(5)属于受诉人民法院管辖;(6)有具体的诉讼请求和能证明被告人犯罪事实的证据。

3. 提起自诉的程序。主要包括两个环节:一是起诉;二是受理。对于符合起诉条件的,人民法院应决定立案,并书面通知自诉人或代为告诉人。根据最高法《刑诉解释》第323条,自诉人明知有其他共同侵害人,但只对部分侵害人提出自诉的,人民法院应当受理,并告知其放弃告诉的法律后果;自诉人放弃告诉,判决宣告后,自诉人又对其他共同侵害人就同一事实提出自诉的,人民法院不再受理。共同被害人中只有部分人告诉的,人民法院应当通知其他被害人参加诉讼,并告知其不参加诉讼的法律后果。被通知人接到通知后表示不参加诉讼或者不出庭的,即视为放弃告诉权利。第一审宣判后,被通知人就同一事实又提起自诉的,人民法院不予受理,但当事人另行提起民事诉讼的,不受该限制。

二、自诉案件的受理

自诉人提起自诉后,案件要经过人民法院审查,符合条件的才能受理和进行审判。自诉案件的受理条件和提起自诉的条件相同,二者的区别在于,前者是从人民法院的角度予以界定,而后者是从自诉人的角度界定,此处不再赘述。

根据最高法《刑诉解释》第320条的规定,对自诉案件,人民法院应当在十五日以内审查完毕。经审查,符合受理条件的,应当决定立案,并书面通知自诉人或者代为告诉人。具有下列情形之一的,应当说服自诉人撤回起诉;自诉人不撤回起诉的,裁定不予受理:(1)不属于本解释第一条规定的案件的;(2)缺乏罪证的;(3)犯罪已过追诉时效期限的;(4)被告人死亡的;(5)被告人下落不明的;(6)除因证据不足而撤诉的以外，自诉人撤诉后就同一事实又告诉的；(7)经人民法院调解结案后，自诉人反悔，就同一事实再行告诉的；(8)属于本解释第1条第2项规定的案件，公安机关正在立案侦查或者人民检察院正在审查起诉的；(9)不服人民检察院对未成年犯罪嫌疑人作出的附条件不起诉决定或者附条件不起诉考验期满后作出的不起诉决定，向人民法院起诉的。

对自诉案件受理有以下几点应注意：(1)在我国，自诉案件的受理即自诉案件的立案，是由人民法院经过审查后依法作出的，审查的期限为人民法院收到自诉状或者口头告诉后15日以内。无论立案与否，人民法院都应当书面通知自诉人或者代为告诉人。(2)对于已经立案，经审查缺乏罪证的自诉案件，如果自诉人提不出补充证据，应当说服自诉人撤回起诉或者裁定驳回起诉；自诉人经说服撤回起诉或者被驳回起诉后，又提出了新的足以证明被告人有罪的证据，再次提起自诉的，人民法院应当受理。(3)自诉人明知有其他共同侵害人，但只对部分侵害人提起自诉的，人民法院应当受理，并告知其放弃告诉的法律后果；自诉人放弃告诉，判决宣告后又对其他共同侵害人就同一事实提起自诉的，人民法院不予受理。共同被害人中只有部分人告诉的，人民法院应当通知其他被害人参加诉讼。被通知人接到通知后表示不参加诉讼或者不出庭的，即视为放弃告诉权利。第一审宣判后，被通知人就同一事实提起自诉的，人民法院不予受理。但当事人另行提起民事诉讼的，不受此限制。(4)被告人实施的两个以上的犯罪行为，分别属于公诉案件和自诉案件的，人民法院可以在审理公诉案件时，对自诉案件一并审理。

三、自诉案件审理的特点

根据我国《刑事诉讼法》第211～213条的规定，自诉案件第一审程序的特点如下：

1. 对于告诉才处理，被害人有证据证明的轻微刑事案件，可以进行调解。

2. 自诉案件在审理过程中、宣告判决前，自诉人可以同被告人自行和解或撤回自诉。凡自诉人自愿撤回的自诉案件，除有正当理由外，自诉人不得就同一案件再行起诉。经两次合法传唤，自诉人无正当理由拒不到庭的，或者未经法庭许可中途退庭的，应当按撤诉处理。自诉人是两人以上的，其中部分人撤诉，不影响案件的继续审理。

3. 自诉案件的被告人在诉讼过程中可以对自诉人提起反诉。此种反诉指刑事反诉，即自诉案件的被告人作为被害人控告自诉人犯有与本案有牵连的犯罪行为并要求追究其刑事责任。根据最高法《刑诉解释》第334条的规定，反诉必须符合下列条件：(一)反诉的对象必须是本案自诉人；(二)反诉的内容必须是与本案有关的行为；(三)反诉的案件必须符合本解释第1条第1项、第2项的规定。

4. 人民法院审理自诉案件的期限，被告人被羁押的，适用《刑事诉讼法》第208条第1款、第2款的规定；未被羁押的，应当在受理后6个月以内宣判。

【案例一】

[案情简介]

甲涉嫌在公众场合侮辱杨某和汤某，杨某向法院提起自诉。法院受理此案后，法院对本案的审理：(1)法院通知汤某参加诉讼并告知其不参加的法律后果，汤某仍未到庭，视为放弃告诉，该案宣判后，汤某不得再行自诉；(2)甲的弟弟系该案关键目击证人，经法院通知其无正当理由不出庭作证的，法院可强制其到庭；(3)本案应当适用简易程序审理。

[问题]

法院对本案的以上审理是否正确？

[解析]

本案考查自诉案件的审理。法院对本案审理的(1)是考查自诉案件中部分被害人未提起自诉的情形的处理。根据《刑诉解释》第 323 条第 2 款的规定："共同被害人中只有部分人告诉的，人民法院应当通知其他被害人参加诉讼，并告知其不参加诉讼的法律后果。被通知人接到通知后表示不参加诉讼或者不出庭的，视为放弃告诉。第一审宣判后，被通知人就同一事实又提起自诉的，人民法院不予受理。但是，当事人另行提起民事诉讼的，不受本解释限制。"因此，法院对本案的以上审理(1)是正确的。

根据《刑事诉讼法》第 193 条第 1 款的规定："经人民法院通知，证人没有正当理由不出庭作证的，人民法院可以强制其到庭，但是被告人的配偶、父母、子女除外。"本案中关键目击证人是甲的弟弟，不属于例外情形，可以强制到庭。据此，法院对本案的以上审理(2)是正确的。本案的审理(2)是考查强制证人出庭的情形。

根据《刑事诉讼法》第 214 条的规定："基层人民法院管辖的案件，符合下列条件的，可以适用简易程序审判：(一)案件事实清楚、证据充分的；(二)被告人承认自己所犯罪行，对指控的犯罪事实没有异议的；(三)被告人对适用简易程序没有异议的。人民检察院在提起公诉的时候，可以建议人民法院适用简易程序。"符合上述三种情形的，"可以"适用简易程序，而非"应当"适用简易程序。简易程序的适用，必须经过被告人的同意，不存在某种必须适用简易程序审理的案件类型。因此，法院对本案的以上审理(3)错误。

【案例二】

[案情简介]

被告人张某(男，26 岁)，某出租汽车公司司机。自诉人甲某(男，38 岁)，某公司经理。2022 年 7 月 13 日 6 时许，自诉人甲某因公司急需一批货物而去某地提货，途中甲某自己驾驶的汽车突然发生了故障，甲某不得已只好临时雇用一辆出租车赶往提货地点。甲某急忙地去提货，等他办理了提货手续，准备交款时才发现自己随身携带的装有 3 万余元货款的手提包不见了。甲某这才想起自己下车时由于着急，将手包落在了出租车上。甲某急忙根据出租车发票上的号码,找到了张某所在的出租汽车公司,出租公司又找到了张某。问他有没有见到甲某的手提包,张某说没有见过。甲某则坚持自己乘车时就坐在司机旁边的座位上,司机不可能没看见。双方为此争执不休。2022 年 7 月 13 日 11 时许,甲某向人民法院起诉,要求张某返还他的手提包和其中的款项和其他物品共人民币 35000 元,并追究张某的刑事责任。人民法院接到甲某的起诉后,对甲某提交的自诉状和相关证据材料进行了审查。经审查认为甲某提供的证据不足,所以劝甲某撤回起诉,甲某不同意,人民法院即作出了驳回起诉的裁定。

［问题］

1. 人民法院受理自诉案件的范围?

2. 人民法院对自诉案件进行审查后应如何处理?

［解析］

1. 自诉人提起自诉的,人民法院受理前,同公诉案件一样,也要进行审查,并分别情形作出相应的处理决定。根据《刑事诉讼法》第 210 条的规定,自诉案件包括下列案件:(1)告诉才处理的案件;(2)被害人有证据证明的轻微刑事案件;(3)被害人有证据证明对被告人侵犯自己人身、财产权利的行为应当依法追究刑事责任,而公安机关或者人民检察院不予追究被告人刑事责任的案件。

2.《刑事诉讼法》第 211 条规定:“人民法院对于自诉案件进行审查后,按照下列情形分别处理:(一)犯罪事实清楚,有足够证据的案件,应当开庭审判;(二)缺乏罪证的自诉案件,如果自诉人提不出补充证据,应当说服自诉人撤回自诉,或者裁定驳回。自诉人经两次依法传唤,无正当理由拒不到庭的,或者未经法庭许可中途退庭的,按撤诉处理。法庭审理过程中,审判人员对证据有疑问,需要调查核实的,适用本法第一百九十六条的规定。”人民法院应根据上述条件,对自诉案件进行审查,并区分不同情况作出相应的处理。处理方法如下:

根据最高法《刑诉解释》第 320 条规定,具有下列情形之一的,应当说服自诉人撤回起诉;自诉人不撤回起诉的,裁定不予受理:(一)不属于本解释第 1 条规定的案件的;(二)缺乏罪证的;(三)犯罪已过追诉时效期限的;(四)被告人死亡的;(五)被告人下落不明的;(六)除因证据不足而撤诉的以外,自诉人撤诉后,就同一事实又告诉的;(七)经人民法院调解结案后,自诉人反悔,就同一事实再行告诉的;(八)属于本解释第 1 条第 2 项规定的案件,公安机关正在立案侦查或者人民检察院正在审查起诉的;(九)不服人民检察院对未成年犯罪嫌疑人作出的附条件不起诉决定或者附条件不起诉考验期满后作出的不起诉决定,向人民法院起诉的。

一是对于事实清楚,有足够证据的自诉案件,应当开庭审判。

二是必须由人民检察院提起公诉的案件,应当移送人民检察院;如果被告人实施了两个以上的犯罪行为,既有公诉案件,又有自诉案件的,人民法院在审理公诉案件时,可以对自诉案件一并审理。

三是对于已经立案,由于缺乏罪证自诉人撤回自诉或者被驳回起诉后,又提出了新的足以证明被告人有罪的证据,再次提起自诉的,人民法院应当受理。

四是自诉人明知有其他共同侵害人,但只对部分侵害人提起自诉的,人民法院应当受理,并告知其放弃告诉的法律后果;自诉人放弃告诉,判决宣告后自诉人又对其他共同侵害人就同一事实提起自诉的,人民法院不再受理。共同被害人中只有部分人告诉的,人民法院应当通知其他被害人参加诉讼,并告知其不参加诉讼的法律后果。被通知人接到通知后表示不参加诉讼或者不出庭的,即视为放弃告诉权利。第一审宣判后,被通知人就同一事实又提起自诉的,人民法院不予受理。

五是对于自诉人要求撤诉的,经审查后,认为自诉人系出于被强迫、威吓等原因提出撤诉,不是出于自愿的,人民法院应当不予准许;如果是确属自愿的,应当准许。

本案中,自诉人甲某未能提出足够证据证明被告人张某构成侵占罪,人民法院可以让甲某补充证据,如果甲某提不出补充证据,应当说服自诉人甲某撤回起诉或者裁定驳回起诉。

【案例三】

[案情简介]

自诉人(刑事反诉被告人)甲某(男,31岁),某工厂职工。被告人(刑事反诉自诉人)戊某(男,43岁),某公司经理。自诉人甲某因怀疑被告人戊某与自己的妻子有不正当关系,多次到被告人的单位当众辱骂被告人,破坏被告人的名誉。2022年4月5日,自诉人又一次到被告人的单位找被告人闹事,当众骂被告人为"流氓经理"等,被告人气愤之下将电话砸向自诉人甲某的头部,致使自诉人被砸伤住院。经法医鉴定为轻伤。自诉人向人民法院起诉,要求追究被告人戊某的刑事责任,并提起附带民事诉讼,要求被告人赔偿医疗费7000元。人民法院经审查受理了该案。

审理过程中,被告人戊某对自诉人以侮辱、诽谤罪提出反诉,要求追究自诉人的刑事责任。在审理期间,自诉人甲某认识到自己的行为属于犯罪,表示愿意改正。被告人戊某也答应赔偿自诉人医药费。人民法院得知情况后,立即着手进行调解,最后双方达成调解协议:自诉人甲某撤回自诉,被告人戊某撤回反诉,戊某向甲某赔偿医疗费人民币7000元。人民法院对这一调解协议进行了审查,认为符合法律规定,同意双方撤诉。

[问题]

1. 自诉案件中人民法院是否可以调解?
2. 简述提出反诉的条件。
3. 自诉案件中自诉人是否可以撤诉?
4. 本案被告人是否享有反诉权?

［解析］

1. 自诉案件与公诉案件相比，有一定的特殊性。因此，《刑事诉讼法》和《刑诉解释》除了要求人民法院参照公诉案件的第一审程序审理自诉案件外，还对自诉案件的审判程序作了一些特别规定。根据我国《刑事诉讼法》第 211 ~ 213 条的规定，自诉案件第一审程序的特点是：(1) 对于告诉才处理，被害人有证据证明的轻微刑事案件，可以进行调解；(2) 自诉案件在审理过程中、宣告判决前，自诉人可以同被告人自行和解或撤回自诉……需要特别注意的是，《刑事诉讼法》第 212 条第 1 款规定，公诉转自诉的案件不适用调解。

调解不是审判的必经程序。调解应当在自愿、合法、不损害国家、集体和其他公民利益的前提下进行。调解达成协议的，人民法院应当制作刑事自诉案件调解书，由审判人员和书记员署名，并加盖人民法院印章。调解书经双方当事人签收后即发生法律效力。调解没有达成协议或者调解书签收前当事人反悔的，人民法院应当进行判决。

2. 根据我国《刑事诉讼法》第 213 条的规定，"自诉案件的被告人在诉讼过程中，可以对自诉人提起反诉。反诉适用自诉的规定"。反诉即自诉案件的被告人作为被害人控告自诉人犯有与本案有牵连的犯罪行为并要求追究其刑事责任。根据最高法《刑诉解释》第 334 条的规定，反诉必须符合下列条件：(一) 反诉的对象必须是本案自诉人；(二) 反诉的内容必须是与本案有关的行为；(三) 反诉的案件必须符合本解释第 1 条第 1 项、第 2 项的规定。

3. 自诉人在判决宣告之前，可以撤回起诉。对于自诉人要求撤诉的，经人民法院审查认为确属自愿的，应当准许；经审查认为自诉人系被强迫、威吓等，不是出于自愿的，应当不予准许。自诉人经两次依法传唤，无正当理由拒不到庭的，或者未经法庭准许中途退庭的，人民法院应当决定按自诉人撤诉处理。自诉人是二人以上的，其中部分人撤诉的，不影响案件继续审理。另外，自诉人在判决宣告之前，可以同被告人自行和解。和解是自诉人同被告人自行协商，取得一致意见后，不再需要法院对双方的纠纷加以解决。双方达成和解协议后，自诉人可以向人民法院撤回起诉。对于已经审理的自诉案件，当事人自行和解的，应当记录在卷。

4. 自诉案件中的被告人或者他们的法定代理人在诉讼过程中，可以对自诉人提起反诉。反诉是指被告人作为被害人控告自诉人犯有与本案有关联的罪行，要求人民法院进行审判，追究自诉人刑事责任的诉讼活动。本案中，被告人对自诉人的侮辱、诽谤行为提出反诉，符合法律规定的条件，可以成立。人民法院针对案件情况，对案件进行了调解，双方达成调解协议后申请撤诉，是合法的。

第三节 简易程序

△ 知识背景

一、简易程序的适用范围

简易程序是与普通程序相比较而言的程序，是指基层人民法院在审理具备特定条件（事实清楚、证据充分，被告人认罪，同意适用）的案件时所采取的相对简单的程序。简易程序简化了庭审的相关程序和环节，而程序的简化常常伴随着人权保障水平的降低以及错案的风险，因此对适用简易程序的案件的范围必须严加限制。根据我国《刑事诉讼法》第214条的规定，符合下列条件的案件可以适用简易程序审判：(1)属于基层人民法院管辖的；(2)案件事实清楚、证据充分的；(3)被告人承认自己所犯罪行，对指控的犯罪事实没有异议的；(4)被告人对适用简易程序没有异议的。对于适用简易程序审理的案件，上述四项条件缺一不可，欠缺其中任何一个条件，案件都不能适用简易程序来审理。案件属于基层人民法院管辖，即被告人可能判处有期徒刑及以下刑罚，这是适用简易程序审理的案件类型条件，相对于中级人民法院管辖的刑事案件，案件性质相对较轻。案件事实清楚、证据充分是适用简易程序审理案件的事实基础。被告人认罪是适用简易程序审理案件的重要条件，要求被告人对适用简易程序没有异议是为了充分尊重被告人的程序选择权。适用简易程序的案件必须确实能够简化程序，提高诉讼效率，使案件得到及时、公正处理。

根据我国《刑事诉讼法》第215条及最高法《刑诉解释》第360条的规定，有下列情形之一的，不适用简易程序：(1)被告人是盲、聋、哑人；(2)被告人是尚未完全丧失辨认或者控制自己行为能力的精神病人；(3)案件有重大社会影响的；(4)共同犯罪案件中部分被告人不认罪或者对适用简易程序有异议的；(5)辩护人作无罪辩护的；(6)被告人认罪但经审查认为可能不构成犯罪的；(7)不宜适用简易程序审理的其他情形。

二、简易审判程序的特点

简易审判程序与普通程序相比具有以下特点：

(1)在适用程序上，简易程序设置在《刑事诉讼法》第一审程序中，因而简易程序只适用于第一审程序，对于第二审程序、死刑复核程序和审判监督程序均不适用。(2)在适用法院上，简易程序只适用于基层人民法院，中级以上人民法院虽有第一审案件，但不能适用简易程序。(3)在审判组织上，适用简易程序审理案件，对可能判处3年有期徒刑以下刑罚的，可以组成合议庭进行审判，也可以由审判员一人独任审判；对可能判处的有期徒刑超过3年的，应当组成合议庭进行审判。(4)在适用案件上，简易程序只适用那些案件事实清楚、证据充分、被告人认罪的刑事案件。对那些案情复杂、重大、难以定性的刑事案件则不宜适用简易程序。否则，就会影响到案件的处理质量，不能实现真正的诉讼效益。(5)在期间和送达方式上,适用简易程序审理的案件,送达起诉书至开庭审判的时间,不受《刑事诉讼法》第187条第1款规定的人民法院应当将人民检察院的起诉书副本至迟开庭10日以前送达被告人和辩护人的限制。在开庭审判前,人民法院在通知有关诉讼参与人开庭的时间、地点时,可以用简便方式进行,记录在卷即可。适用简易程序审理案件,人民法院应当在受理后20日以内审结;对可能判处的有期徒刑超过3年的,可以延长至1个半月。(6)在庭审程序上大为简化。简化庭审程序是简易程序的主要特征。《刑事诉讼法》第219条规定:"适用简易程序审理案件,不受本章第一节关于送达期限、讯问被告人、询问证人、鉴定人、出示证据、法庭辩论程序规定的限制。但在判决宣告前应当听取被告人的最后陈述意见。"总之,《刑事诉讼法》对于第一审普通程序的规定在简易程序中大部分可根据案件的具体情况从简、从略,通过诉讼环节的简化提高庭审效率,迅速结案。适用简易程序时,无论如何简化,被告人最后陈述这一庭审环节不能省略掉。(7)在宣判形式上,适用简易程序审理的案件原则上一般应当采用当庭宣判形式,不采用定期宣判形式。

适用简易程序审理案件,在审理过程中,发现不宜适用简易程序的应当按照第一审普通程序的规定重新审理。适用简易程序审理案件应当符合我国《刑事诉讼法》第214条规定的适用简易程序的条件,能够实现立法初衷,因而发现不宜适用简易程序的,就不应当继续用简易程序审理。我国《刑事诉讼法》第221条规定:"人民法院在审理过程中,发现不宜适用简易程序的,应当按照本章第一节或者第二节的规定重新审理。"即人民法院在适用简易程序审理案件的过程中,发现案件事实不清,证据不充分,被告人不认罪,或者被告人不同意适用简易程序审理案件时,应当按照公诉案件或者自诉案件的第一审普通程序重新审理。转为普通程序审理的案件,审理期限应当以决定转为普通程序之日起计算。

【案例一】

[案情简介]

被告人甲某(男,40岁),是某运输公司汽车驾驶员。2022年9月,A县至B县公路8公里处进行路面加宽施工,为了保证公路施工期间的行车安全,交通主管部门通告,决定在这一段实行机动车辆挂牌单面行驶,并派民工李某(男,37岁),执行临时交通执勤任务。被告人甲某因不服从交通指挥,致使被害人李某被车压伤头部,李某因伤势过重,抢救无效而死亡。被告人甲某,于2022年9月21日下午5时,到公安交警大队投案自首。人民检察院以被告人甲某犯有交通肇事罪向人民法院提起公诉,征求被害人意见并建议人民法院适用简易程序审理此案,人民法院指派审判员吴某一人独任审判此案,经适用简易程序审理之后,认定被告人犯有交通肇事罪,依法判处被告人甲某有期徒刑2年。

［问题］

1. 简述简易程序的特点。

2. 简述简易程序的适用范围。

［解析］

1. 简易程序是与普通程序相比较而言的程序，其是指基层人民法院在审理具备特定条件的事实清楚、证据充分，被告人认罪的案件时所采取的相对简单的程序，其是简化和省略普通程序的某些环节和步骤后形成的一种程序。简易程序作为对第一审普通程序的简化程序，与普通程序相比，具有以下特点：(1)在适用程序上，简易程序只适用于第一审程序。(2)在适用法院上，简易程序只适用于基层人民法院，中级以上人民法院虽有第一审案件，但不能适用简易程序。(3)在审判组织上，适用简易程序审理案件，对可能判处3年有期徒刑以下刑罚的，可以组成合议庭进行审判，也可以由审判员一人独任审判；对可能判处的有期徒刑超过3年的，应当组成合议庭进行审判。(4)在适用案件上，简易程序只适用那些案件事实清楚、证据充分、被告人认罪的刑事案件。对那些案情复杂、重大、难以定性的刑事案件则不宜适用简易程序。否则，就会影响到案件的处理质量，不能实现真正的诉讼效益。(5)在控诉职能上，适用简易程序审理公诉案件，人民检察院应当派员出席法庭。(6)在期间和送达方式上，适用简易程序审理的案件在开庭审判前，人民法院在通知有关诉讼参与人开庭的时间、地点时，可以用简便方式进行，记录在卷即可。适用简易程序审理案件，人民法院应当在受理后20日以内审结；对可能判处的有期徒刑超过3年的，可以延长至1个半月。这比公诉案件的第一审普通程序期限要短，符合诉讼效率的要求。(7)在庭审程序上大为简化。简化庭审程序是简易程序的主要特征。《刑事诉讼法》对于第一审普通程序的规定在简易程序中大部分可根据案件的具体情况从简、从略，通过诉讼环节的简化提高庭审效率，迅速结案。(8)在宣判形式上，适用简易程序审理的案件原则上一般应当采用当庭宣判形式，不采用定期宣判形式。

2. 根据我国《刑事诉讼法》第214条规定，符合下列条件的案件可以适用简易程序审判：(1)属于基层人民法院管辖的；(2)案件事实清楚、证据充分的；(3)被告人承认自己所犯罪行，对指控的犯罪事实没有异议的；(4)被告人对适用简易程序没有异议的。对于适用简易程序审理的案件，上述四项条件缺一不可，欠缺其中任何一个条件，案件都不能适用简易程序来审理。案件属于基层人民院管辖，即被告人可能判处有期徒刑及以下刑罚，这是适用简易程序审理的案件类型条件。相对于中级人民法院管辖的刑事案件，案件性质相对较轻。案件事实清楚、证据充分是适用简易程序审理案件的事实基础。被告人认罪是适用简易程序审理案件的重要条件，要求被告人对适用简易程序没有异议是为了充分尊重被告人的程序选择权。

根据我国《刑事诉讼法》第215条及最高法《刑诉解释》第360条的规定，有下列情形之一的，不适用简易程序：(1)被告人是盲、聋、哑人；(2)被告人是尚未完全丧失辨认或者控制自己行为能力的精神病人;(3)案件有重大社会影响的;(4)共同犯罪案件中部分被告人不认罪或者对适用简易程序有异议的;(5)辩护人作无罪辩护的;(6)被告人认罪但经审查认为可能不构成犯罪的;(7)不宜适用简易程序审理的其他情形。本案中,甲某交通肇事一案,属于依法可能判处3年以下有期徒刑的公诉案件,且事实清楚,证据确实、充分,人民检察院也提出了适用简易程序的建议,因此本案可适用简易程序审理。

【案例二】

[案情简介]

甲涉嫌盗窃,在移送审查起诉时认罪认罚,检察院建议判处有期徒刑4年,法院适用简易程序审理后,认为量刑建议适当,但发现遗漏了甲的其他盗窃犯罪事实,遂通知检察院,但检察院未作出书面答复。法院做出以下处理:(1)就新事实自行调查;(2)将简易程序转为普通程序;(3)判处甲有期徒刑4年。

[问题]

1. 法院能否就新事实自行调查?

2. 法院能否将简易程序转化为普通程序?

3. 法院能否判处甲有期徒刑4年?

[解析]

本案考查法院在审理时发现新的犯罪事实的处理。

1. 法院就新事实自行调查违背不告不理原则,所以本案法院不能就新事实自行调查。

2. 最高法《刑诉解释》第368条第1款规定:"适用简易程序审理案件,在法庭审理过程中,具有下列情形之一的,应当转为普通程序审理(一)被告人的行为可能不构成犯罪的;(二)被告人可能不负刑事责任的;(三)被告人当庭对起诉指控的犯罪事实予以否认的;(四)案件事实不清、证据不足的;(五)不应当或者不宜适用简易程序的其他情形。"本案中的情形不属于该条中的简易程序转为普通程序。所以本案法院不能将简易程序转化为普通程序。

3. 最高法《刑诉解释》第297条规定:"审判期间,人民法院发现新的事实,可能影响定罪量刑的,或者需要补查补证的,应当通知人民检察院,由其决定是否补充、变更、追加起诉或者补充侦查。人民检察院不同意或者在指定时间内未回复书面意见的,人民法院应当就起诉指控的事实,依照本解释第二百九十五条的规定作出判决、裁定。"本案中,在检察院未作出书面答复的情形下,法院依据指控的盗窃事实作出裁判,本案属于认罪认罚的案件,法院认为量刑建议适当,即采纳检察院的量刑建议有期徒刑4年,所以本案法院可以判处甲有期徒刑4年。

第四节 速裁程序

△ 知识背景

一、速裁程序概述

根据《刑事诉讼法》第220条的规定，速裁程序，是指基层人民法院审理可能判处3年有期徒刑以下刑罚，事实清楚，证据确实、充分，被告人认罪认罚且民事赔偿问题已经解决的案件，在被告人同意的前提下，所适用的比简易程序更为简化的审判程序。

根据《刑事诉讼法》第220条和第225条的规定，我国刑事诉讼中的速裁程序有以下特点：第一，只适用于第一审程序。与简易程序相同，速裁程序只适用于第一审程序，不适用于第二审程序、死刑复核程序和审判监督程序。第二，只适用于基层人民法院。速裁程序仅适用于判处3年有期徒刑以下刑罚的案件，这类案件皆由基层人民法院管辖。第三，速裁程序的具体内容是对第一审简易程序的进一步简化。比如实行独任审判，一般不进行法庭调查、法庭辩论。第四，审理期限短。适用速裁程序审理案件，人民法院应当在受理后10日以内审结；对可能判处的有期徒刑超过1年的，可以延长至15日。

二、速裁程序的适用条件

对于速裁程序适用的积极条件，可以从以下三个方面把握：（一）基层人民法院管辖的可能判处3年有期徒刑以下刑罚的案件。首先，管辖的法院限于基层人民法院。其次，可能判处的刑罚限于3年有期徒刑以下刑罚。这里的"可能判处"，是指根据被告人被指控犯罪的事实、性质、情节和危害程度，根据《刑法》有关规定的具体量刑幅度确定的刑罚。（二）案件事实清楚，证据确实、充分。人民法院在决定适用速裁程序前，应当对案件的证据进行实质审查，确认案件事实明确，证据确实、充分。（三）被告人认罪认罚并同意适用速裁程序。人民法院应当告知被告人认罪认罚的法律规定，审查认罪认罚的自愿性，确保被告人理解法律规定的含义，自愿适用速裁程序。

对于速裁程序适用的消极条件，主要有以下六种情形。根据《刑事诉讼法》第223条的规定，有下列情形之一的，不适用速裁程序：（1）被告人是盲、聋、哑人，或者是尚未完全丧失辨认或者控制自己行为能力的精神病人的；（2）被告人是未成年人的；（3）案件有重大社会影响的；（4）共同犯罪案件中部分被告人对指控的犯罪事实、罪名、量刑建议或者适用速裁程序有异议的；（5）被告人与被害人或者其法定代理人没有就附带民事诉讼赔偿等事项达成调解或者和解协议的；（6）其他不宜适用速裁程序审理的。

三、速裁程序的审理与转处

《刑事诉讼法》第224条和第225条规定了速裁程序的审理方式。适用速裁程序审理案件，由审判员一人独任审判。适用速裁程序审理案件，不受公诉案件一审程序关于送达期限规定的限制，一般不进行法庭调查、法庭辩论，但在判决宣告前应当听取辩护人的意见和被告人的最后陈述意见。适用速裁程序审理案件，应当当庭宣判。

《刑事诉讼法》第226条规定了不宜适用速裁程序审理的程序转换与处理方式。人民法院在审理过程中，发现有被告人的行为不构成犯罪或者不应当追究其刑事责任、被告人违背意愿认罪认罚、被告人否认指控的犯罪事实或者其他不宜适用速裁程序审理的情形的，应当按照公诉案件普通程序或者简易程序审理的规定重新审理。

【案例】

[案情简介]

被告人邱某某，男，无业，曾因盗窃被行政拘留7日。2022年10月5日18时许，邱某某到江苏省张家港市金港镇天台南路某店铺门口，趁无人之机，窃得施某某停放在路边的红色台铃牌电动车一辆。经鉴定，电动车价值人民币2400元。被害人施某某发现其电动车被窃后，向张家港市公安局报案。公安机关于次日立案侦查，锁定具有盗窃劣迹的邱某某后，在张家港市金港镇某网咖内将其抓获，赃物被追缴，并发还被害人。

邱某某因涉嫌盗窃罪，于2022年10月6日被张家港市公安局刑事拘留，于10月10日移送张家港市人民检察院审查起诉。检察机关受理后，认定被告人邱某某盗窃数额2400元，犯罪事实清楚，证据确实、充分，构成盗窃罪。检察官向邱某某告知诉讼权利并释明认罪认罚从宽制度相关规定后，邱某某表示自愿认罪认罚。检察官听取了被害人意见，被害人要求依法办理。在值班律师见证下，邱某某签署认罪认罚具结书，并同意适用速裁程序。2022年10月11日，张家港市人民检察院以邱某某涉嫌盗窃罪，向张家港市人民法院提起公诉。张家港市人民法院于10月12日适用速裁程序审理本案。

[问题]

本案法院适用速裁程序进行审理是否正确？

[解析]

本案考察速裁程序的适用条件。《刑事诉讼法》第220条的规定了速裁程序适用的积极条件，基层人民法院管辖的可能判处三年有期徒刑以下刑罚的案件，案件事实清楚，证据确实、充分，被告人认罪认罚并同意适用速裁程序的，可以适用速裁程序，由审判员一人独任审判《刑事诉讼法》第220条的规定了速裁程序适用的消极要件，有下列情形之一的，不适用速裁程序：(一)被告人是盲、聋、哑人，或者是尚未完全丧失辨认或者控制自己行为能力的精神病人的；(二)被告人是未成年人的；(三)案件有重大社会影响的；(四)共同犯罪案件中部分被告人对指控的犯罪事实、罪名、量刑建议或者适用速裁程序有异议的；(五)被告人与被害人或者其法定代理人没有就附带民事诉讼赔偿等事项达成调解或者和解协议的。

本案法院适用速裁程序进行审理正确。其一，根据《刑法》第 264 条的规定：盗窃公私财物，数额较大的，或者多次盗窃、入户盗窃、携带凶器盗窃、扒窃的，处三年以下有期徒刑、拘役或者管制，并处或者单处罚金。本案被告人邱某某盗窃数额 2400 元，2400 元的盗窃数额属于盗窃数额较大，犯罪嫌疑人会被人民法院判处三年以下有期徒刑、拘役或者管制，并处或者单处罚金，这属于基层人民法院管辖的可能判处三年有期徒刑以下刑罚的案件。其二，本案犯罪事实清楚，证据确实、充分，邱某某已经构成盗窃罪。其三，在值班律师见证下，邱某某已经签署认罪认罚具结书，属于自愿认罪认罚。其四，被告人邱某某自愿同意适用速裁程序。综上所述，本案法院适用速裁程序对被告人邱某某进行审理正确。

第五节　判决、裁定和决定

▲ 知识背景

一、判决

判决、裁定和决定是公安机关、人民检察院、人民法院在刑事诉讼过程中依据事实和法律对案件的实体问题和程序问题作出的三种对诉讼参与人以及其他机构和个人具有约束力的处理决定。判决是人民法院通过审理对案件的实体问题作出的处理决定。它是人民法院代表国家行使审判权，在个案适用法律上的具体体现。根据我国《刑事诉讼法》第 200 条的规定，人民法院所作的刑事判决分为有罪判决和无罪判决两种。

有罪判决是人民法院对案件事实清楚，证据确实充分，依据法律认定被告人有罪时作出的判决。进一步划分，有罪判决可分为定罪处刑判决和定罪免刑判决。定罪处刑判决是指人民法院作出的在认定被告人的行为构成犯罪的基础上，给予适当刑事处罚的判决；定罪免刑判决是人民法院作出的确认被告人的行为构成犯罪，同时又基于被告人具有法定免除处罚情节而宣布对被告人免除刑事处罚的判决。

无罪判决是人民法院作出的确认被告人的行为不构成犯罪或者因证据不足，不能认定被告人有罪的判决。无罪判决有两种：一种是案件事实清楚，证据确实、充分，依据法律认定被告人无罪的无罪判决；另一种是因证据不足，不能认定被告人有罪时作出的证据不足，指控的犯罪不能成立的无罪判决。后一种无罪判决是《刑事诉讼法》贯彻疑罪从无原则的具体体现。

根据有无附带民事诉讼，判决还可以分为刑事判决和刑事附带民事判决两种。

二、裁定

裁定是人民法院在案件审理过程中和判决执行过程中，对程序性问题和部分实体问题所作的决定。裁定与判决的法律性质和特点基本相同，但二者的区别具体表现在以下几方面:(1)适用对象上不同:判决只解决案件的实体性问题,而裁定除了解决部分实体性问题外,主要是解决程序性问题。(2)适用范围不同:裁定比判决的适用范围要广泛得多。判决只适用于审判程序终结时,包括第一审、第二审和审判监督程序,而裁定则适用于整个审判程序和执行程序。(3)适用的方式不同:判决必须采用书面形式,而裁定则可采用书面和口头两种形式。(4)上诉、抗诉的期限不同:不服判决的上诉、抗诉期限为10日,而不服裁定的上诉、抗诉期限为5日。

根据不同标准裁定可以分类:根据裁定解决的问题划分,裁定可分为程序性裁定和实体性裁定;根据诉讼阶段划分,可分为一审裁定、二审裁定、再审裁定和核准死刑裁定等;根据其适用方式划分,可分为口头裁定和书面裁定。

裁定适用于解决程序性问题,主要是指是否恢复诉讼期限、中止审理、维持原判、撤销原判并发回重审、建议撤回起诉或自诉、核准死刑等。裁定适用于解决某些实体性问题主要是指减刑、假释、撤销缓刑、减免罚金,以及对犯罪嫌疑人、被告人逃匿、死亡案件违法所得的没收等。

三、决定

决定是公安机关、人民检察院、人民法院在诉讼过程中,依法就案件的有关诉讼程序问题和某些实体问题所作的一种处理。决定和判决、裁定不同之处在于是否涉及上诉、抗诉问题。一般情况下,决定一经作出,立即发生效力,不能上诉或者抗诉。某些决定,如不起诉的决定、回避的决定,为保护当事人的合法权益,纠正可能出现的错误,法律允许当事人或有关机关申请复议、复核。但判决、裁定则是在法定期限内可以上诉、抗诉的。

决定主要适用于解决以下一些问题:是否回避的决定;立案或不立案的决定;采取各种强制措施或变更强制措施的决定;实施各种侦查行为的决定;撤销案件的决定;延长侦查中羁押犯罪嫌疑人的期限的决定;起诉或不起诉决定;开庭审判的决定;庭审中解决当事人和辩护人、诉讼代理人申请通知新的证人到庭、调取新的物证、申请重新鉴定或勘验的决定;延期审理的决定;抗诉的决定;提起审判监督程序的决定;未成年人附条件不起诉的决定以及对依法不负刑事责任的精神病人进行强制医疗的决定等。

决定以其表现形式不同可分为口头决定和书面决定。书面决定应制作决定书,写明处理结论及理由。口头决定应记入笔录,它与书面决定具有同等效力。

【案例一】

[案情简介]

甲某与乙某是夫妻关系,两人合作,先后给4名本地男青年介绍了4名某县农村女青年作配偶,从中获取介绍费共人民币10000元。某县检察院以甲某和乙某拐卖妇女罪向某县法院提起公诉。某县法院公开审理此案,被告人的辩护人汪某在法庭辩论时提出，甲某、乙某受人之托，从某县带4名女青年到当地与4名男青年结婚，并且婚前均征得了女青年的同意，没有侵犯妇女的人身权利和婚姻自主权，不构成拐卖妇女罪。合议庭审理后认为：辩护人的意见正确，予以采纳；同时认为被告人甲某、乙某在介绍婚姻过程中索取钱财是违法行为。最后，某县法院合议庭判决："甲某、乙某无罪；追回非法获利人民币10000元。"定期公开宣判后，判决书立即送达甲某、乙某及其辩护律师汪某和提起公诉的某县人民检察院。

［问题］

1. 简述判决的种类。

2. 本案在刑事诉讼程序上是否正确？

［解析］

1. 判决是人民法院通过审理案件的实体问题作出的处理决定。它是人民法院代表国家行使审判权的具体体现。根据《刑事诉讼法》第200条的规定，人民法院所作的刑事判决分为有罪判决和无罪判决两种。（1）有罪判决是人民法院对案件事实清楚，证据确实、充分，依据法律认定被告人有罪时作出的判决。进一步划分，有罪判决又可分为定罪处刑判决和定罪免刑判决。定罪处刑判决，是指人民法院作出的在认定被告人的行为构成犯罪的基础上，给予适当刑事处罚的判决。定罪免刑判决是人民法院作出的确认被告人的行为构成犯罪，同时又基于被告人具有法定免除处罚情节而宣布对被告人免除刑事处罚的判决。（2）无罪判决是人民法院作出的确认被告人的行为不构成犯罪或者因证据不足，不能认定被告人有罪的判决。无罪判决有两种：一种是案件事实清楚，证据确实、充分，依据法律认定被告人无罪的无罪判决；另一种是因证据不足，不能认定被告人有罪时作出的证据不足，指控的犯罪不能成立的无罪判决。后一种无罪判决是刑事诉讼法贯彻疑罪从无原则的具体体现。

2. 本案中，人民法院对甲某、乙某所作的判决为无罪判决，根据法庭调查的事实和《刑法》第240条的有关规定，据此，本案中县人民法院的判决是正确的。

本案在审判程序上是正确的，主要表现在：（1）公开审判方式正确。因为，上述案件不属于《刑事诉讼法》第188条规定的不公开审理的案件，因此，对此案公开审判合法。（2）合议庭对辩护人的意见予以采纳正确。这体现了审理人员既听取控诉意见，又听取辩护意见，依据事实和法律居中裁判原则，对案件作出了公正判决。（3）公开宣判合法。这符合《刑事诉讼法》第202条第1款规定，"宣告判决，一律公开进行"。（4）判决书的送达正确。这符合《刑事诉讼法》第107条规定，"送达传票、通知书和其他诉讼文件应当交给收件人本人；如果本人不在，可以交给他的成年家属或者所在单位的负责人员代收"。同时符合《刑事诉讼法》第202条规定，"……定期宣告判决的，应当在宣告后立即将判决书送达当事人和提起公诉的人民检察院。判决书应当同时送达辩护人、诉讼代理人。"

【案例二】

［案情简介］

被告人张三（男，27 岁），某县农民。检察院以张三犯抢夺罪向法院提起公诉，法院经审理后认为被告人张三构成抢劫罪。人民法院为此作出以下处理：（1）应当建议检察院改变起诉罪名，不能直接以抢劫罪定罪；（2）可以直接以抢劫罪定罪，不必建议检察院改变起诉罪名；（3）只能判决无罪，检察院应以抢劫罪另行起诉；（4）应当驳回起诉，检察院应以抢劫罪另行起诉。

［问题］

本案中法院作出的以上处理是否正确？

［解析］

本案考查审理后的裁判。根据《刑诉解释》第 297 条的规定："审判期间，人民法院发现新的事实，可能影响定罪量刑的，或者需要补查补证的，应当通知人民检察院，由其决定是否补充、变更、追加起诉或者补充侦查。人民检察不同意或者在指定时间内未回复书面意见的，人民法院应当就起诉指控的事实，依照本解释第二百九十五条的规定作出判决、裁定。"以及《刑诉解释》第 295 条的规定："对第一审公诉案件，人民法院审理后，应当按照下列情形分别作出判决、裁定：……（二）起诉指控的事实清楚，证据确实、充分，指控的罪名不当的，应当依据法律和审理认定的事实作出有罪判决……具有第一款第二项规定情形的，人民法院应当在判决前听取控辩双方的意见，保障被告人、辩护人充分行使辩护权。必要时，可以再次开庭，组织控辩双方围绕被告人的行为构成何罪及如何量刑进行辩论。"据此可知：（1）如果是审判期间人民法院发现新的事实，可能影响定罪的，可以建议人民检察院补充或者变更起诉；（2）如果人民法院并没有发现新事实，起诉指控的事实清楚，证据确实、充分的，只是指控的罪名与审理认定的罪名不一致，法院应当按照审理认定的罪名作出有罪判决，不需要建议人民检察院补充或变更起诉。本案符合第二种情形。所以本案中法院的处理（2）是正确的，处理（1）是错误的。

综上所述，县检察院对于被告人起诉所指控的事实清楚，证据确实、充分，只是指控的罪名与审理认定的罪不一致，法院应当按照审理认定的罪名作出有罪判决，而不应判决无罪或驳回起诉。因此，本案中法院的处理（3）和（4）都是错误的。

【综合案例】

【综合案例一】

［案情简介］

被告人戊某（男，48 岁），某县农民；被害人乙某（男，7 岁）。2022 年 5 月戊某与甲某结婚。甲某系再婚，其前夫去世后遗留一个 7 岁儿子乙某。婚后，戊某经常对乙某进行虐待，常常让孩子挨饿、暴打孩子，致乙某多处软组织损伤，严重损害孩子健康。无奈，甲某作为乙某的法定代理人向人民法院提起自诉，县人民法院受理此案。县人民法院经审查后认为，本案事实清楚，证据确实、充分，可以适用简易程序审理，于是指派审判员汤某独任审理该案。审判开始，审判员汤某告知被告人戊某对于审判员、书记员有申请回避的权利，有为自己辩护的权利和审理结束后有最后陈述的权利。被告人戊某及其委托的辩护人马律师同自诉人及其诉讼代理人进行了辩论。辩论结束，被告人作了最后陈述。人民法院当庭口头宣判。该案从受理到判决只经过20天。

［问题］

1. 简述适用简易程序审理自诉案件的特点。

2. 本案在诉讼程序上是否合法？

［思路］

1. 根据《刑事诉讼法》的相关规定，适用简易程序审理自诉案件，具有下列特点：（1）可以由审判员一人独任审判；（2）只适用于基层人民法院的第一审案件；（3）适用事实清楚，证据确实充分；（4）审判程序较普通程序简化。宣读起诉书后，经审判人员许可，被告人及其辩护人可以同自诉人及其诉讼代理人互相辩论，不受普通程序中有关讯问被告人、询问证人、鉴定人、出示证据、法庭辩论程序规定的限制。需要注意的是，有些程序不能简化，如在判决宣告前应当听取被告人的最后陈述意见；在开庭时，审判员应告知被告人享有对审判员、书记员、公诉人、鉴定人和翻译人员申请回避的权利和辩护的权利；有自行辩护和委托他人进行辩护的权利等。

2. 本案中审判程序完全合法，充分保障了被告人申请回避权、自行辩护和委托辩护权、最后陈述权；保障了被害人、自诉人及其委托的诉讼代理人参加法庭调查、法庭辩论等项权利；同时该法院不仅当庭作了口头宣判，而且也符合关于简易程序审判期限的规定，即从受理到判决经过了20天的时间。

【综合案例二】

［案情简介］

被告人张三（男，17岁）；被害人李四（女，18岁）。2022年7月9日张三与李四相识，很快两者建立恋爱关系，此后不到2个月，两人开始同居，两人常因琐事争吵不休。2022年9月27日晚，李与张又发生争吵，张打伤了李。李去医院诊断为轻伤。李为治疗花费了3000元医药费。李因感到与张不能再继续维持同居关系，于2022年10月11日向县法院提起民事诉讼。所提诉讼请求共两项，即要求张三赔偿全部医药费3000元，解除与张的同居关系。所提请求的主要理由：一是张三系致伤责任人，医药费理应由其承担；二是两人经常争吵，两人同居无法维持。

县法院受理后经审查认为，被告人张三打伤李四，已构成犯罪，因此决定将本案转刑庭处理。刑庭认为，本案系自诉案件，故在决定采用独任审判后，由审判员通知李四作为刑事诉讼自诉人，并将其民事诉状作为刑事自诉书。司时告知张有权聘请辩护律师，但张表示不请律师。法院决定于2023年7月20日公开审理本案。开庭前一天，李四告知法院，她不愿控告张犯罪，仍只想通过法院解除与张的同居关系并让张赔偿医药费。因开庭日期已定，县法院刑庭决定如期开庭。开庭审理时，只有张三一人到庭。法庭审理时，只对张进行了讯问。讯问后，由于事实清楚，张三也全部承认，故未让张三作最后陈述，随即当庭作出判决，对张以伤害罪判处有期徒刑1年零3个月，并告知张三有上诉权及上诉期限，但对附带民事诉讼部分未作出处理。

［问题］

1. 本案能否公开审理？

2. 张三表示不请律师时，法院应如何处理？

3. 李四不出庭时，法院仍开庭审理是否正确？

4. 本案中法院在审理过程中有无违反《刑事诉讼法》的做法？

［思路］

1. 我国采取公诉与自诉并存，以公诉为主，自诉为辅的犯罪追诉机制。自诉案件无告诉即不审判，即不告不理。本案是故意伤害罪，被害人有证据证明的轻微刑事案件，属自诉案件，可以由被害人告诉法院才受理。《刑事诉讼法》第188条规定：人民法院审判第一审案件应当公开进行。但是有关国家秘密或者个人隐私的案件，不公开审理。第285条规定，审判时被告人不满18周岁的案件，不公开审理。本案属于不满18周岁未成年人的案件，本案被告人张三17岁，因而不能公开审理。

2.《刑事诉讼法》第35条规定，被告人是盲、聋、哑或者未成年人而没有委托辩护人的，人民法院应当指定承担法律援助义务的律师为其提供辩护。“公诉人出庭公诉的案件，被告人因经济困难或者其他原因没有委托辩护人的，人民法院可以指定承担法律援助义务的律师为其提供辩护。”本案属于强制指定辩护的情形，法院应当为被告人指定辩护人。张三表示不请律师时，法院应指定有法律援助义务的律师为其辩护人，因为被告人张三未满18周岁。

3.《刑事诉讼法》第211条第2款规定：“自诉人经两次依法传唤，无正当理由拒不到庭的，或者未经法庭许可中途退庭的，按撤诉处理。”这是自诉案件在审理上的特点之一。本案中，李四不出庭并经两次依法传唤，无正当理由拒不到庭，应按撤诉处理，法院仍开庭审理是错误的。

4.《刑事诉讼法》第198条第3款规定：“审判长在宣布辩论终结后，被告人有最后陈述的权利。”这是被告人的一项重要诉讼权利。在合议庭评议与判决之前，给被告人以最后陈述的权利，使其还有一次为自己充分辩解的机会，把自己要讲的话讲完，可以使合议庭进一步听取被告人的意见，有利于作出正确的判决，防止错判。本案在审理过程中，法院只讯问了被告人，并剥夺了被告人的最后陈述权，对此法院的做法是违法的。

法院对本案附带民事诉讼部分不作处理是不正确的。因为《刑事诉讼法》规定附带民事诉讼应当同刑事案件一并审判，只有为了防止刑事案件审判的过分迟延，才可以在刑事案件审判后，由同一审判组织继续审理附带民事诉讼。

【综合案例三】

［案情简介］

人民法院审理被告人甲某涉嫌滥用职权犯罪案件，在宣告判决前，检察院发现甲某和张某接受丙某巨款，涉嫌贿赂犯罪。对于新发现犯罪嫌疑人和遗漏罪行的，本案中人民检察院作出以下处理：(1)检察院可以补充起诉甲某、张某和丙某的贿赂犯罪；(2)检察院可以将张某、丙某追加为被告人，要求法院一并审理；(3)检察院应当撤回起诉，将三名犯罪嫌疑人以两个罪名重新起诉。

［问题］

本案中检察院对于新发现犯罪嫌疑人和遗漏罪行的所作出的以上处理是否正确？

［思路］

本案考查检察院变更起诉。最高检《刑诉规则》第423条规定：人民法院宣告判决前，人民检察院发现被告人的真实身份或者犯罪事实与起诉书中叙述的身份或者指控犯罪事实不符的，或者事实、证据没有变化，但罪名、适用法律与起诉书不一致的，可以变更起诉。发现遗漏同案犯罪嫌疑人或者罪行的，应当要求公安机关补充移送起诉或者补充侦查，对于犯罪事实清楚、证据确实充分的，可以直接追加补充起诉。本案中，在宣告判决前，检察院发现甲某和张某接受丙某巨款，甲某和张某涉嫌受贿罪，丙某涉嫌行贿罪，属于可以与甲某涉嫌滥用职权罪一并起诉和审理的罪行，检察院可以补充起诉甲某、张某和丙某的贿赂犯罪，将张某、丙某追加为被告人，要求法院一并审理。据此，本案中检察院对于新发现犯罪嫌疑人和遗漏罪行的所作出的(1)、(2)处理是正确的。

最高检《刑诉规则》第424条第1款规定："人民法院宣告判决前，人民检察院发现具有下列情形之一的，经检察长批准，可以撤回起诉：(一)不存在犯罪事实的；(二)犯罪事实并非被告人所为的；(三)情节显著轻微、危害不大，不认为是犯罪的；(四)证据不足或证据发生变化，不符合起诉条件的；(五)被告人因未达到刑事责任年龄，不负刑事责任的；(六)法律、司法解释发生变化导致不应当追究被告人刑事责任的；(七)其他不应当追究被告人刑事责任的。"本案不符合撤回起诉的情形，所以不应该撤回起诉。又根据最高检《刑诉规则》第424条第3款的规定："对于撤回起诉的案件，没有新的事实或者新的证据，人民检察院不得再行起诉。"本案中，对于甲某涉嫌滥用职权犯罪案件，如果撤回起诉，在没有新的事实或新的证据的情况下则不得再行起诉。另外，甲某、张某和丙某涉嫌的是三个罪名，即滥用职权罪、受贿罪和行贿罪，而非两个罪名，因此，本案中检察院对于新发现犯罪嫌疑人和遗漏罪行所作出的(3)处理是错误的。

资料链接

1. 陈光中主编:《刑事诉讼法》(第7版),北京大学出版社2021年版。

2. 陈卫东主编:《刑事诉讼法学研究》,中国人民大学出版社2015年版。

3. 叶青主编:《案例刑事诉讼法学》,中国法制出版社2013年版。

4. 陈卫东主编:《刑事诉讼法》,中国人民大学出版社2015年版。

5.《刑事诉讼法学》编写组编:《刑事诉讼法学》(第3版),高等教育出版社2019年版。

6. 陈瑞华:《刑事审判原理论》,法律出版社2020年版。

7. 姚昱森:《疑罪从无原则及其实施机制研究》,法律出版社2018年版。

讨论思考

1. 如何理解第一审程序的含义和意义?

2. 第一审程序在刑事审判程序中的地位如何?

3. 我国刑事第一审程序开庭前对公诉的审查是何种性质的审查?

4. 我国刑事第一审程序开庭审判的条件是什么?

5. 简述第一审程序法庭审判的阶段。

6. 自诉案件的审理程序有何特点?

7. 为什么说自诉与公诉并无本质区别?

8. 如何理解简易程序的适用范围及特点?

9. 简述判决、裁定和决定的区别。

10. 我国刑事诉讼中的裁定适用于哪些情形?

11. 我国刑事第一审程序中合议庭评议后应分别作出哪些判决?

12. 我国刑事第一审程序在哪些方面吸收了当事人主义审判方式的合理因素?

13. 如何理解刑事审判原则?

14. 我国刑事第一审程序中,如果诉讼参与人或者旁听人员违反法庭秩序,合议庭如何处理?

15. 我国刑事第一审程序中,如果人民检察院认为人民法院有违反法律规定的诉讼程序的情况,应如何处理?

第十四章　第二审程序

◈ 本章提要

第二审程序，是第二审人民法院根据上诉或抗诉，就第一审人民法院尚未生效的裁判所认定的事实和适用的法律进行审理时所适用的程序。提起第二审程序的主体包括：自诉人及其法定代理人、被告人及其法定代理人、经被告人同意的辩护人和近亲属、附带民事诉讼的当事人及其法定代理人、与原审人民法院相对应的同级人民检察院。上诉人和抗诉机关不服判决的上诉和抗诉期限为10日，不服裁定的上诉和抗诉期限为5日。上诉既可以书面提起，也可以口头提起。我国刑事诉讼法对上诉理由没作任何限制规定，并且规定上诉人可以通过原审人民法院提出，也可以直接向第二审人民法院提出。人民检察院提起抗诉应具有一定的理由，必须制作抗诉书，抗诉书应通过原审人民法院提交。第二审人民法院审判上诉、抗诉案件可以采用开庭审理和调查讯问两种审理方式，经审理后应根据案件的不同情况分别作出不同处理。第二审人民法院审判上诉案件时，应遵守上诉不加刑原则，即仅有被告人一方提出上诉的案件，第二审人民法院不得以任何理由加重被告人的刑罚。公安司法机关对于扣押、冻结的犯罪嫌疑人、被告人的财物及其孳息，应当妥善保管，以供核查，任何单位和个人不得挪用或者自行处理。

◉ 法考重点

第二审程序的特点；上诉、抗诉的方式及程序；对上诉、抗诉案件的审查；全面审查原则；二审人民法院审判上诉、抗诉案件的方式及程序；人民法院对第二审案件的处理；上诉不加刑原则及其适用。

第一节　第二审程序的提起

△ 知识背景

一、第二审程序的概念与特征

第二审程序是相对于第一审程序而言的，又称上诉审程序。第二审程序，是指第一审人民法院的上一级人民法院根据上诉人的上诉或人民检察院的抗诉，依法对第一审人民法院的判决或裁定尚未发生法律效力的案件进行重新审判的程序。第二审程序以第一审程序为基础,又是独立的审判程序,其任务是审查并纠正第一审程序中的实体错误或程序错误。

第二审程序的特征:(1)第二审程序只能由不服第一审法院裁判的当事人或公诉机关提起,其他任何机关或个人都不能发动第二审程序。(2)第二审程序的审判法院只能是作出第一审裁判的法院的上一级法院。(3)第二审程序的审判对象是已经过第一审程序裁判,但裁判尚未发生法律效力的案件,未经第一审程序裁判或一审裁判已经生效的案件不能成为第二审程序的审判对象。(4)第二审程序是终审程序,所作出的裁判是终审的裁判,裁判一经作出,立即发生法律效力。

二、第二审程序的提起主体

(一)提起上诉的主体

我国《刑事诉讼法》第 227 条规定:“被告人、自诉人和他们的法定代理人,不服地方各级人民法院第一审的判决、裁定,有权用书状或者口头向上一级人民法院上诉。被告人的辩护人和近亲属,经被告人同意,可以提出上诉。附带民事诉讼的当事人和他们的法定代理人,可以对地方各级人民法院第一审的判决、裁定中的附带民事诉讼部分,提出上诉。对被告人的上诉权,不得以任何借口加以剥夺。”根据这一规定,我国的上诉主体分为两类:(1)独立上诉主体。独立上诉主体,指有权独立提出上诉的主体,包括被告人、自诉人、附带民事诉讼的当事人以及他们的法定代理人。(2)非独立上诉主体。非独立上诉主体,指附条件才能行使上诉权的主体,包括辩护人和近亲属。附条件是指要经过被告人的同意。

我国《刑事诉讼法》没有规定公诉案件被害人享有独立的上诉权。《刑事诉讼法》第 229 条规定:“被害人及其法定代理人不服地方各级人民法院第一审的判决的,自收到判决书后五日以内,有权请求人民检察院提出抗诉。人民检察院自收到被害人及其法定代理人的请求后五日以内,应当作出是否抗诉的决定并且答复请求人。”由此可见,立法中,我国对被害人申请抗诉时,只要提不出充足的理由,人民检察院一般就不会提起抗诉。

(二)提起抗诉的主体

世界上多数国家规定检察机关可以对原审法院的裁判基于一定的理由提出上诉。但检察机关作为上诉主体不是绝对的,往往受一定限制。英美法系国家基于“一事不再理”的原则,对起诉方的上诉限制很严。例如,大陆法系国家的刑事诉讼一般允许起诉方提出上诉,对之限制较少。在我国,检察机关作为抗诉的主体,可以通过抗诉启动第二审程序,但这一抗诉主体具有不完全独立性。我国《刑事诉讼法》第 228 条规定:“地方各级人民检察院认为本级人民法院第一审判决、裁定确有错误的时候,应当向上一级人民法院提出抗诉。”同时《刑事诉讼法》第 232 条又规定,对一审裁判提出抗诉的人民检察院,应当将抗诉书抄送上一级人民检察院;上一级人民检察院如果认为抗诉不当,可以向同级人民法院撤回抗诉,并且通知下级人民检察院;上级人民检察院如果认为抗诉有理,则予以支持。抗诉主体的这一特性,是由我国检察机关实行上下级的领导体制所决定的,在客观上,对抗诉的准确性具有保障作用。

三、第二审程序的提起理由

1. 上诉理由,是指当事人提出上诉的事实根据和法律依据。为了切实保障当事人的上诉权,世界各国对上诉理由并无十分严格的限制。我国第二审程序的启动,并不要求上诉必须有上诉理由,法律也没有规定上诉的法定理由。只要当事人不服一审裁判的,如果符合上诉的其他法定条件的,人民法院不得以无上诉理由而拒绝受理上诉。

2. 抗诉理由,是指人民检察院提起抗诉的根据。抗诉是国家检察机关代表国家提出的,应当具有一定的合理性,不能带有随意性,以体现国家检察机关执法的严肃性。所以,我国《刑事诉讼法》第228条规定,人民检察院只有在有充分的根据认定原判决、裁定"确有错误"时,才能提出抗诉。

3. 作为上诉或抗诉的理由,归纳起来包括:(1)判决、裁定在认定事实上有错误,或者缺乏确实、充分的证据;(2)判决、裁定在适用法律、定罪量刑上有错误;(3)违反诉讼程序,使当事人依法享有的诉讼权利受到侵犯,可能影响判决、裁定的正确性。上述三项理由的具体情况很多。上诉人或人民检察院不仅可以在上诉状或抗诉书中提出上诉、抗诉的根据和理由,而且在提出上诉状或抗诉后,甚至在二审法院审理过程中,仍可作补充阐述或提出新的根据和理由,第二审法院不应加以限制。

四、上诉、抗诉的方式和程序

上诉一般应用书状提出,上诉人书写上诉状确有困难的可以口头提出上诉,第一审人民法院应当根据其所陈述的理由和请求制作笔录,由上诉人阅读或者向他宣读后,上诉人应当签名或者盖章。用上诉状提出上诉的,一般应当有上诉状正本及副本。上诉状内容应当包括:第一审判决书、裁定书的文号和上诉人收到的时间;第一审法院的名称;上诉的请求和理由;提出上诉的时间;上诉人签名或者盖章。如果是被告人的辩护人、近亲属经被告人同意提出上诉的,还应当写明提出上诉的人与被告人的关系,并应当以被告人作为上诉人。

根据我国《刑事诉讼法》第231条及最高法《刑诉解释》第378条的规定,上诉人上诉可以通过原审人民法院提出,也可以直接向第二审人民法院提出。通过原审人民法院提出上诉的,第一审人民法院应当审查上诉是否符合法律规定。符合法律规定的,应当在上诉期满后3日以内将上诉状连同案卷、证据移送上一级人民法院,同时将上诉状副本送交同级人民检察院和对方当事人。上诉人直接向第二审人民法院提出上诉的,第二审人民法院应当在收到上诉状后3日以内将上诉状交第一审人民法院。第一审人民法院应当审查上诉是否符合法律规定。符合法律规定的,应当在接到上诉状后3日以内将上诉状连同案卷、证据移送上一级人民法院,同时将上诉状副本送交同级人民检察院和对方当事人。

提出抗诉的方式,我国《刑事诉讼法》第232条作了规定,即地方各级人民检察院认为同级人民法院第一审判决、裁定确有错误而决定抗诉时,必须制作抗诉书。抗诉书应通过原审人民法院提交,同时还应抄送上一级人民检察院。原审人民法院接到抗诉书后,应将抗诉书连同案卷、证据移送上一级人民法院,并将抗诉书副本送交当事人。上级人民检察院接到下级人民检察院抄送的抗诉书后,应就抗诉的理由和根据进行认真审核。如果认为抗诉不当,可以直接向同级人民法院撤回下级人民检察院这一抗诉,并且将撤回抗诉的情况通知下级人民检察院。对于人民检察院在抗诉期限内撤回抗诉的,第一审人民法院不再移送案件;如果是在抗诉期满后第二审人民法院宣告裁判前撤回抗诉的,第二审人民法院可以裁定准许,并通知第一审人民法院和当事人。

【案例一】

[案情简介]

2022年5月11日,被告人甲某(男,17岁)在打架斗殴过程中,用匕首将被害人吴某(男,16岁)扎致重伤。案发后,一审人民法院以故意伤害罪判处甲某有期徒刑8年。被告人及其父母亲表示服判,但被告人的舅妈冀某认为一审认定的事实有误,量刑过重,决定上诉。被害人吴某的父亲吴二认为一审判决量刑过轻,也要上诉。

[问题]

1. 简述刑事诉讼中有权提出上诉的主体。

2. 本案中的冀某和吴二能否提出上诉?

[解析]

1. 本案考查提起上诉的主体。我国《刑事诉讼法》第227条规定:"被告人、自诉人和他们的法定代理人,不服地方各级人民法院第一审的判决、裁定,有权用书状或者口头向上一级人民法院上诉。被告人的辩护人和近亲属,经被告人同意,可以提出上诉。"我国《刑事诉讼法》第228条规定:"地方各级人民检察院认为本级人民法院第一审的判决、裁定确有错误的时候,应当向上一级人民法院提出抗诉。"据以上规定可知,我国的上诉主体分为两类:(1)独立上诉主体。独立上诉主体,指有权独立提出上诉的主体,包括被告人、自诉人、附带民事诉讼的当事人以及他们的法定代理人。(2)非独立上诉主体。非独立上诉主体,指附条件才能行使上诉权的主体,包括辩护人和近亲属。附条件是指要经过被告人的同意。

2. 在本案中,关于冀某和吴二能否提出上诉问题,答案是否定的。因为,虽然被告人甲某是未成年人,依照法律规定,其法定代理人有独立上诉权或者其近亲属在征得其同意后也有上诉权,但是,冀某既不是其法定代理人也不是其近亲属。我国《刑事诉讼法》第108条第3项规定:"法定代理人是指被代理人的父母、养父母、监护人和负有保护责任的机关、团体的代表";该条第6项又规定:"近亲属是指夫、妻、父、母、子、女、同胞兄弟姊妹。"根据上述规定,作为被告人的舅妈,冀某当然没有上诉权。

本案中,被害人吴某的父亲吴二没有上诉权。因为,被害人吴某(16 岁)虽是未成年人,在自诉案件中他本人及其法定代理人吴二都具有完全的诉权,即起诉权、上诉权等。但是本案是公诉案件,已有公诉机关代为提起诉讼,如果认为一审判决确有错误,检察院会提出抗诉,这就取代了被害人及其法定代理人的上诉权。我国《刑事诉讼法》第 229 条规定:"被害人及其法定代理人不服地方各级人民法院第一审的判决的,自收到判决书后五日以内,有权请求人民检察院提出抗诉。人民检察院自收到被害人及其法定代理人的请求后五日以内,应当作出是否抗诉的决定并且答复请求人。"因此,被害人吴某的法定代理人吴二无独立的上诉权,有权请求人民检察院提出抗诉。人民检察院自收到被害人及其法定代理人的请求后 5 日以内,应当作出是否抗诉的决定并且答复请求人。

【案例二】

[案情简介]

被告人甲某(男,33 岁);被告人乙某(男,27 岁),他们都是某市人。于 2019 年至 2022 年,被告人甲某、乙某先后 4 次在 A 省某县与 B 省某县以帮助别人找工作为名,将被害人丙某、丁某、戊某、刘某 4 名妇女拐卖到 C 省的某县、某市等地,每名妇女以 5000 元至 10000 元不等价格卖与当地男人为妻,获赃款共计人民币 3.6 万元。后被抓获归案。

某市中级人民法院于 2022 年 7 月 5 日公开审理此案,认定被告人甲某犯拐卖妇女罪,判处其有期徒刑 12 年,没收财产 2 万元;认定被告人乙某犯拐卖妇女罪,判处其有期徒刑 10 年,没收财产 2 万元。中级人民法院宣判后,被告人甲某、乙某都服判不上诉。某市检察院不服,以被告人甲某拐卖妇女的人数多,情节严重,应判处甲某死刑为由,提出抗诉。省高级人民法院依法开庭审理了该案,经审理认为,原判决认定事实没有错误,但量刑不当,依法改判被告人甲某死刑,缓期二年执行,没收全部财产,并核准被告人甲某死刑,缓期二年执行。

[问题]

1. 阐述提起抗诉的程序。

2. 本案的诉讼程序是否正确?

[解析]

1.《刑事诉讼法》第 232 条规定:"地方各级人民检察院对同级人民法院第一审判决、裁定的抗诉,应当通过原审人民法院提出抗诉书,并且将抗诉书抄送上一级人民检察院。原审人民法院应当将抗诉书连同案卷、证据移送上一级人民法院,并且将抗诉书副本送交当事人。上级人民检察院如果认为抗诉不当,可以向同级人民法院撤回抗诉,并且通知下级人民检察院。"但是,最高人民法院是国家的最高审判机关,其一审判决、裁定是终审的判决和裁定,既不得上诉也不得抗诉。鉴于此,人民检察院二审抗诉的程序，应当是通过原审人民法院提出抗诉，而不能直接向上级人民法院提出抗诉书，并且上级人民检察院认为抗诉不当，有权向其同级人民法院撤回抗诉，下级人民检察院应当执行。

2. 本案中，某市中级人民法院和某省高级人民法院的审判程序的正确之处表现在：(1)公开审理此案正确。该案不属于不公开审理的案件范围，根据《刑事诉讼法》第188条的规定，所以公开审理合法。(2)某省高级人民法院开庭审理了该案正确。根据《刑事诉讼法》第234条第1款第3项规定，对人民检察院抗诉的案件，第二审人民法院应当开庭审理。(3)第二审人民法院对案件审理作出的处理正确。根据《刑事诉讼法》第236条第1款第2项规定："……(二)原判决认定事实没有错误，但适用法律有错误，或者量刑不当的，应当改判。"本案中省高级人民法院对案件作了改判。(4)省高级人民法院依据其职权对判处死刑，缓期二年执行案件的核准正确。

本案中，某市检察院的抗诉程序正确，符合《刑事诉讼法》第232条的规定。《刑事诉讼法》第232条规定："地方各级人民检察院对同级人民法院第一审判决、裁定的抗诉，应当通过原审人民法院提出抗诉书，并且将抗诉书抄送上一级人民检察院。原审人民法院应当将抗诉书连同案卷、证据移送上一级人民法院，并且将抗诉书副本送交当事人。上级人民检察院如果认为抗诉不当，可以向同级人民法院撤回抗诉，并且通知下级人民检察院。"本案某市检察院认为本级人民法院的判决确有错误，即量刑畸轻，通过原审人民法向上一级人民法院提出抗诉，是正确的。

【案例三】

［案情简介］

被告人柳某(男，23岁)，某市B区工人；范某(男，21岁)，某市B区工人。2021年柳某的钱包丢失，里面有2000余元，柳某怀疑是范某所偷。在柳某的询问下，范某承认并交出所偷钱款2000元。于是，柳某没有报案。2022年4月13日，范某又一次行窃时被公安机关查获归案。B区检察院除对范某以盗窃罪提起公诉外，还对柳某以包庇罪向某市B区人民法院提起公诉。该法院审理认为，柳某明知他人盗窃2000余元的犯罪事实，而不报案，已构成包庇罪，判处柳某拘役6个月。

上诉期内，柳某的父亲在征得其同意后，向某市中级人民法院提出口头上诉，但中级人民法院告诉柳某的父亲应当通过原审人民法院提出上诉。柳父又向B区一审法院提出口头上诉，但一审法院告诉柳某的父亲应当提交上诉状，否则不予受理。柳父请人写了上诉状交到法院时，一审法院又以上诉期满为由不予受理。

［问题］

1. 简述上诉人提出上诉的方式和程序。

2. 本案中人民法院的做法是否正确？

[解析]

1. 本案考查上诉的方式和程序。上诉的方式是指有上诉权的人员提出上诉的形式,即是以口头还是书状的形式提出上诉。根据《刑事诉讼法》第227条的规定:"被告人、自诉人和他们的法定代理人,不服地方各级人民法院第一审的判决、裁定,有权用书状或口头向上一级人民法院上诉。"由此可见,上诉的方式有两种:书面上诉和口头上诉。最高法《刑诉解释》第651条规定:向人民法院提出自诉、上诉、申诉、申请等的,应当以书面形式提出。书写有困难的,除另有规定的以外,可以口头提出,由人民法院工作人员制作笔录或者记录在案,并向口述人宣读或者交其阅读。所以,上诉人无论采用哪一种方式上诉,人民法院都应当受理。

上诉的程序,根据《刑事诉讼法》第231条的规定,上诉人可以通过原审人民法院提出上诉,也可以直接向第二审人民法院提出上诉。通过原审人民法院上诉的,原审人民法院应当首先审查提起上诉的人是否有权提出上诉,对于被告人的辩护人、近亲属提出上诉的,应审查其提起上诉是否经过被告人的同意。还要审查上诉是否逾期。无论是向原审法院提出上诉,还是直接向第二审人民法院提出上诉,只要符合法定期限,人民法院都应当受理,并在法定期限内依法移送有关案卷材料,以便启动第二审程序。

2. 本案中,某市人民法院对案件处理存在的错误主要表现在:(1)某市中级人民法院对于被告人柳某的父亲直接上诉的案件不予受理,告诉柳父此案应到原审法院提出上诉,这显然不符合《刑事诉讼法》第231条的规定。柳父有权直接向某市中级人民法院提出上诉,该中级人民法院的行为侵犯了上诉人的上诉权。(2)某市B区人民法院对柳父的口头上诉不予接受,要求其一定要提交上诉状也是不对的,违反了《刑事诉讼法》第227条的规定。(3)B区法院以上诉期满为由不予受理此案是错误的。因为,致使柳父提交上诉状的时间超出上诉期限是该法院的违法行为导致的,即使上诉期限已满,该法院也应当予以接受,并纠正其错误行为。

【案例四】

[案情简介]

被告人凡某(男,38岁)。2022年10月7日,凡某从某县离家出走,因家务琐事恼怒总是按捺不住想杀人泄愤,于是买了把水果刀作案。2022年10月13日下午,凡某看见公路旁有几名女孩子,就冲上去,拿出水果刀朝被害人周某的胸部扎。周某被扎倒在地,凡某仍感到怒气未消,又向其头部连踢几脚,此后凡某依然怒气冲天,又拿着水果刀追杀过路人,还捡起石头砸路边的汽车。案发后,公安机关接到报案迅速赶到现场,并当场抓获凡某。周某经抢救无效死亡。

经侦查鉴定,凡某在案发时精神病发作,属于限制刑事责任能力人。一审法院依法判决凡某有期徒刑13年。一审判决后,被告人凡某不服,并以作案手段极其残酷、量刑太轻为由，提出上诉，要求二审法院枪决自己。

［问题］

本案中凡某的上诉是否有效？

［解析］

本案考查上诉的效力。上诉权是法律赋予被告人的一项司法救济权利，被告人是否行使完全由被告人自行决定，一旦上诉即具有法律效力，任何人不得干涉，且不得以任何理由予以剥夺，除非其自行放弃。我国对被告人的上诉理由并没有明确规定，只要被告人对一审判决不服，即可提出上诉，而对被告人以什么理由提出上诉，则未作限定。并且上诉理由作为被告人提起上诉的内容，只是被告人表达自己上诉愿望的方式的问题，其并不影响上诉的效力。在案件还未进入二审程序之时，如果我们擅作主张以被告人的上诉理由不能成立，甚至认为即使上诉有效，也因为依据上诉不加刑原则不会加重其刑罚只能维持原判，这将使得上诉没有任何实际意义，不仅找不到相应的法律依据，而且还有剥夺当事人诉权之嫌。

本案中，被告人以一审判处量刑太轻，要求二审法院枪决自己，的确有些不合常理。这需要二审法院对一审法院的判决中关于被告人属于“限制刑事责任能力”的认定是否正确作出判决，并对上诉人作出合法、公正的判决。

第二节　第二审程序的审判

△ 知识背景

一、第二审程序的特有原则

刑事第二审程序除了要遵守刑事诉讼的基本原则，还要遵守刑事二审程序的特有原则，根据刑事诉讼法的有关规定，刑事第二审程序的特有原则主要是：保障上诉权原则、全面审查原则、上诉不加刑原则。

1. 保障上诉权原则

保障上诉权原则，是指参加刑事诉讼的司法机关和司法人员有责任和义务为当事人和其他有关诉讼参与人依法自主地行使上诉权提供保障。保障上诉权，还要求国家司法机关和司法人员应依法制止侵犯上诉权的行为，排除障碍。

《刑事诉讼法》第 14 条第 1 款规定：“人民法院、人民检察院和公安机关应当保障犯罪嫌疑人、被告人和其他诉讼参与人依法享有的辩护权和其他诉讼权利。”这是保障上诉权原则在《刑事诉讼法》中的体现。上诉权是一项重要的诉讼权利，是我国多年努力推行程序正义与实体正义并重的成果。

2. 全面审查原则

在世界范围内各国的上诉审程序，其特征主要表现在上诉审的范围是否受上诉请求的限制方面。通常有两种模式,即全面审理模式与部分审理模式。全面审理一般不受上诉范围的限制,二审对上诉案件进行全面审查,德国就是采用这种模式。部分审理仅限于对当事人在上诉状或复审申请书中所声明不服的部分进行审理,而非全面审查,日本采用这种模式。在部分审理中还有法律审与事实审的区别。我国《刑事诉讼法》第 233 条规定:“第二审人民法院应当就第一审判决认定的事实和适用法律进行全面审查,不受上诉或者抗诉范围的限制。共同犯罪的案件只有部分被告人上诉的,应当对全案进行审查,一并处理。”由此可知,我国刑事第二审程序实行的是全面审查原则。其基本内容包括:(1)第二审程序的审理范围不受上诉、抗诉内容的限制,第二审人民法院不仅要对上诉、抗诉部分进行审查,对未上诉、抗诉部分也要进行审查。(2)第二审程序既是事实审,又是法律审,既要审查一审认定的事实是否清楚,也要审查一审认定的证据是否确实、充分,还要审查第一审裁判对实体法和程序法的适用是否正确。(3)在共同犯罪案件中,只有部分被告人提起上诉,或者人民检察院只就一审中的部分被告人的判决提出抗诉的,第二审人民法院应当对全案进行审查,一并进行处理。(4)对于附带民事诉讼的上诉案件,应当对全案进行审查,即不仅审查附带民事诉讼部分,还应审查刑事诉讼部分,正确界定相关的民事责任。

3. 上诉不加刑原则

我国《刑事诉讼法》第 237 条规定:“第二审人民法院审理被告人或者他的法定代理人、辩护人、近亲属上诉的案件,不得加重被告人的刑罚。第二审人民法院发回原审人民法院重新审判的案件,除有新的犯罪事实,人民检察院补充起诉的以外,原审人民法院也不得加重被告人的刑罚。人民检察院提出抗诉或者自诉人提出上诉的,不受前款规定的限制。”这是上诉不加刑原则在我国《刑事诉讼法》上的原则性规定。

根据我国《刑事诉讼法》第 237 条的规定,并结合最高法《刑诉解释》第 401 条的规定,在运用上诉不加刑原则时应注意以下几方面的问题:(1)人民检察院提出抗诉的或者自诉人提出上诉的案件不适用上诉不加刑原则。(2)共同犯罪案件,只有部分被告人上诉的,对原审的其他被告人都不得加重刑罚;若检察机关只对部分被告人提出抗诉的,对未被提起抗诉的被告人不得加重刑罚。(3)对被告人实行数罪并罚的,既不得加重决定执行的刑罚,也不能在维持原判决决定执行的刑罚不变的情况下,加重数罪中的某一罪或者几个罪的刑罚。(4)对被告人判处拘役或者有期徒刑宣告缓刑的,不得撤销原判决原告的缓刑或者延长缓刑考验期。(5)对事实清楚、证据充分,但判决的刑罚畸轻的案件,不得以事实不清或者证据不足发回原审人民法院重新审理。必须依法改判的,应依照审判监督程序重新审理。

二、第二审案件的审判方式和程序

我国《刑事诉讼法》第 234 条规定:“第二审人民法院对于下列案件,应当组成合议庭,开庭审理:(一)被告人、自诉人及其法定代理人对第一审判决认定的事实、证据提出异议,可能影响定罪量刑的上诉案件;(二)被告人被判处死刑的上诉案件;(三)人民检察院抗诉的案件;(四)其他应当开庭审理的案件。第二审人民法院决定不开庭审理的,应当讯问被告人,听取其他当事人、辩护人、诉讼代理人的意见。”该条表明,我国第二审案件的审判方式有开庭审理与不开庭审理两种,即对于部分上诉案件、全部抗诉案件及其他应当开庭的案件应当以开庭审理的方式进行,其他案件可以不开庭审理,但须遵循法定的程序。

(一)开庭审理的方式

开庭审理,是指第二审人民法院在合议庭的主持下,由检察人员和诉讼参与人参加,通过法庭调查和辩论、评议、宣判的方式审理案件。适用开庭审理的案件主要有三类:一是需要开庭审理的上诉案件;二是人民检察院依法提起抗诉的案件;三是其他应当开庭审理的案件。第二审人民法院在开庭审理上诉或者抗诉案件时,除参照第一审程序的规定外,还应当依照下列程序进行:(1)开庭前的准备,开庭时宣布合议庭组成,告知当事人诉讼权利等。(2)人民检察院提出抗诉的案件或者第二审人民法院开庭审理的公诉案件,应当在决定开庭审理后及时通知人民检察院查阅案卷。(3)在第二审程序中,被告人除自行辩护外,还可以委托辩护人辩护。(4)在法庭调查阶段,审判长或者审判员宣读第一审判决书、裁定书后,上诉案件由上诉人或者辩护人先宣读上诉状或者陈述上诉理由,抗诉案件由检察员先宣读抗诉书;如果是既有上诉又有抗诉的案件,先由检察员宣读抗诉书,再由上诉人或者辩护人宣读上诉状或者陈述上诉理由;法庭调查的重点要针对上诉或者抗诉的理由,全面查清事实、核实证据。(5)在法庭辩论阶段,对上诉案件,应当先由上诉人、辩护人发言,再由检察员及对方当事人发言;对抗诉案件,应当先由检察员发言,再由被告人、辩护人发言;对于既有上诉又有抗诉的案件,应先由检察员发言,再由上诉人和他的辩护人发言,然后依次进行辩论。(6)辩论终结后,被告人有权进行最后陈述,然后由合议庭评议,作出裁判。

(二)不开庭审理的方式

不开庭审理的方式,就是指第二审人民法院的合议庭依照法律规定决定不开庭审理,经过阅卷,讯问被告人,听取其他当事人、辩护人、诉讼代理人的意见后,作出判决或裁定的审理方式。采用此种方式,有利于提高二审法院的办案效率、节省司法资源。采用不开庭审理的案件,应当遵循下列程序:(1)根据《刑事诉讼法》第 183 条第 4 款的规定,由审判员 3 人至 5 人组成合议庭。(2)合议庭成员共同阅卷,并制作阅卷笔录,必要时应当提交书面阅卷意见。阅卷的目的是全面了解案件事实、情节和相关证据,以便查明案件事实是否清楚,证据是否确实、充分,一审适用法律是否正确,定罪量刑是否适当,诉讼程序是否合法。(3)讯问被告人。合议庭通过直接讯问和听取被告人对一审判决或裁定的意见,以及对案件事实的供述和辩解,注意分析被告人前后供述、辩解中的矛盾点和疑点,运用事实和证据核查被告人的口供。(4)听取诉讼参与人的意见。合议庭要认真听取案中其他当事人、辩护人、诉讼代理人的意见,还要听取检察人员的意见;既包括案件事实和证据方面的意见,也包括一审法院对被告人定罪量刑方面的意见。(5)经合议庭评议,依照法律规定决定不开庭审理,可根据案件事实作出相应的处理决定。

【案例一】

[案情简介]

被告人甲某、乙某、丙某,A市B区。于2022年5月14日下午,三人身带3支自制火药枪开车外出。途经某市某区时三人到超市抢劫,某市公安局巡警杨某等人见状上前制止,甲某、乙某、丙某三人拿着火药枪对着巡警,趁机潜逃。

某市某区人民法院经公开审理后判决如下:(1)被告人甲某犯抢劫罪,判处有期徒刑7年;犯私藏枪支罪,判处有期徒刑2年,决定执行有期徒刑9年。(2)被告人乙某犯抢劫罪,判处有期徒刑7年;犯私藏枪支罪,判处有期徒刑1年,决定执行有期徒刑9年。(3)被告人丙某犯抢劫罪,判处有期徒刑6年;犯私藏枪支罪,判处有期徒刑1年,决定执行有期徒刑7年。(4)查获并没收作案工具3支自制火药枪。

一审判决后,甲某以"火药枪不属于刑法所指的枪支范围"为理由,提出上诉。某市中级人民法院经二审审理认为,原审判决认定的事实清楚,审判程序合法,对三被告人的行为定抢劫罪、私藏枪支罪适用法律正确,处刑适当,程序合法。并据此驳回上诉,维持原判。

[问题]

1. 二审法院对上诉案件的审查是否受上诉范围的限制?

2. 共同犯罪中部分被告人上诉的,二审法院是否应当对全案进行审查?

[解析]

1. 本案考查上诉审查范围。全面审查原则是刑事诉讼中第二审人民法院审查和审理案件的法定原则。我国《刑事诉讼法》第233条规定:"第二审人民法院应当就第一审判决认定的事实和适用法律进行全面审查,不受上诉或者抗诉范围的限制。共同犯罪的案件只有部分被告人上诉的,应当对全案进行审查,一并处理。"通过二审的全面审查,使得上诉状、抗诉书已指出和未指出的错误裁判、涉及已上诉、未上诉的被告人的错误裁判都得到及时、有效的纠正,反映了我国刑事诉讼过程中始终贯彻以事实为根据、以法律为准绳的指导思想。

刑事诉讼二审全面审查原则包括:(1)既要进行形式上的审查,又要进行内容上的审查。既要审查第一审人民法院移送上诉、抗诉的案件的案卷材料是否齐备和符合规定,又要审查一审判决认定的事实是否清楚,证据是否充分,适用法律是否正确,量刑是否适当。(2)既要进行程序上的审查,又要实体上审查。既要进行事实上的审查,又要进行法律上的审查;既要审查刑事部分,又要审查附带民事部分。既要审查一审法院的审理有无违反法定诉讼程序的情形;同时应当审查犯罪事实是否清楚,证据是否确实、充分,适用法律和定罪量刑是否正确、适当,附带民事部分判决、裁定是否适当。

(3)共同犯罪案件,只有部分被告人提出上诉的或者人民检察院只就第一审人民法院对部分被告人的判决提出抗诉的,第二审人民法院应当对全案进行审查,一并处理。如果提出上诉的被告人死亡,其他被告人没有提出上诉的,二审人民法院仍应当对全案进行审查。死亡的被告人不构成犯罪的,应当宣告无罪;审查后认为构成犯罪的,应当宣布终止审理。对其他同案被告人仍应当作出判决或裁定。(4)审理附带民事诉讼的上诉、抗诉案件,应当对全案进行审查。如果第一审判决的刑事部分并无不当,第二审人民法院只需就附带民事部分作出处理。如果第一审判决附带民事部分事实清楚,适用法律正确的,应当以刑事附带民事裁定维持原判,驳回上诉、抗诉。

2. 根据《刑事诉讼法》第233条的规定,本案中,尽管只有一名被告人甲某上诉,但是依据法律,二审法院仍应当对全案进行审查,即对同案其他被告人的判决也应当同时进行审查;二审法院的审查不应受上诉人上诉范围的限制,应当对一审判决认定的案件事实、证据,适用法律,量刑轻重,以及一些程序性问题进行全面审查,一并作出处理。本案二审法院在对案件进行全面审查的基础上,认定三被告人的行为构成抢劫罪和私藏枪支罪,一审法院适用法律正确,处刑适当,程序合法。二审法院并据此驳回上诉,维持原判,是符合法律规定的。

【案例二】

[案情简介]

被告人甲、乙、丙三人共同实施故意杀人,一审法院判处甲死刑立即执行、乙无期徒刑、丙有期徒刑11年。丙以量刑过重为由上诉,甲和乙未上诉,检察院未抗诉。关于本案,二审法院作出以下审理:(1)本案可以不开庭审理;(2)认为没有必要的,被告人甲可不再到庭;(3)由于乙没有上诉,其不得另行委托辩护人为其辩护;(4)审理后认为原判事实不清且对丙的量刑过轻,发回一审法院重审,一审法院重审后可以加重丙的刑罚。

[问题]

本案中二审法院作出的以上审理是否正确?

[解析]

本案考查二审案件的审理。根据《刑诉解释》第393条第2款的规定:"被判处死刑的被告人没有上诉,同案的其他被告人上诉的案件,第二审人民法院应当开庭审理。"本案中甲被判处死刑立即执行,甲虽然没有上诉,但是同案被告人丙提出上诉,符合《刑诉解释》第393条第2款规定的情形,二审人民法院应当开庭审理,据此,本案中二审法院作出的审理(1)是错误的。

根据《刑诉解释》第399条第1款的规定:"开庭审理上诉、抗诉案件,可以重点围绕对第一审判决、裁定有争议的问题或者有疑问的部分进行。根据案件情况,可以按照下列方式审理:……(三)对同案审理案件中未上诉的被告人,未被申请出庭或者人民法院认为没有必要到庭的,可以不再传唤到庭……”据此,本案中二审法院作出的审理(2)是正确的。

根据《刑诉解释》第 392 条第 2 款的规定:“共同犯罪案件,只有部分被告人提出上诉,或者自诉人只对部分被告人的判决提出上诉,或者人民检察院只对部分被告人的判决提出抗诉的,其他同案被告人也可以委托辩护人辩护。”虽然乙没有提出上诉,但同案被告人丙提出了上诉,乙有权委托辩护人为其辩护。据此,本案中二审法院作出的审理(3)是错误的。

《刑事诉讼法》第 237 条规定:“第二审人民法院审理被告人或者他的法定代理人、辩护人、近亲属上诉的案件,不得加重被告人的刑罚。第二审人民法院发回原审人民法院重新审判的案件,除有新的犯罪事实,人民检察院补充起诉的以外,原审人民法院也不得加重被告人的刑罚。”本案属于二审发回原审法院重新审判的案件,除非有新的事实,检察院补充起诉,一审法院不得加重被告人丙的刑罚。据此,本案中二审法院作出的审理(4)是错误的。

【案例三】

[案情简介]

自诉人甲(女,28 岁),被告人乙(女,29 岁),同一单位工人。2022 年甲看病时碰巧遇见来医院做检查的乙。甲害怕自己患传染病的消息扩散出去对自己不好,于是恳求乙为其保守秘密,乙答应了甲的要求。后来,甲与乙在工作中发生矛盾,乙便在同事面前把甲患病的个人隐私说出去,甲、乙争吵中,乙当众撕掉甲的裙子,当众辱骂甲,给甲造成极大的精神伤害。

甲向某区人民法院提起刑事诉讼附带民事诉讼,某区人民法院经过调查取证,认定乙犯侮辱罪,判处其拘役 4 个月,缓刑 1 年;并赔偿甲精神损失费 5000 元。一审宣判后,甲认为一审法院量刑过轻,向某市中级人民法院提起上诉。二审法院在审理此案中,对原告、被告双方进行了调解,但未达成协议;二审审理中,甲在附带民事部分增加诉讼请求,要求乙赔偿其医药费 2000 元。某市中级人民法院经开庭审理后作出判决:原审法院对该案的刑事部分的判决事实清楚,证据确实、充分,适用法律正确,量刑适当,判决维持原判;附带民事部分,法院判决被上诉人乙赔偿被害人甲精神损失费 5000 元,医药费 1000 元。

[问题]

1. 二审法院审理刑事自诉案件时能否进行调解或和解?

2. 二审法院审理刑事自诉案件时遇到当事人提出反诉或增加独立的诉讼请求的,二审法院应如何处理?

[解析]

1. 本案考查自诉案件的上诉审。自诉案件一般而言社会危害性较小,因此刑事诉讼法对其规定了与公诉案件不同的诉讼程序和诉讼规则,包括可以调解、双方当事人可以和解、被告人可以提出反诉等。同样地,对当事人不服一审法院判决提出上诉的刑事自诉案件,第二审人民法院也可以在二审程序中对诉讼双方进行调解,调解达成协议的,二审法院应当制作调解书,当调解书生效时原判决、裁定视为自动撤销;二审审理过程中当事人也可以自行和解,达成和解协议的,由二审人民法院裁定准许撤回自诉,并撤销原判决或者裁定;二审人民法院以调解方式或者当事人自行和解方式结案的案件,如果被告人已被采取强制措施的,应当立即解除。

2. 第二审人民法院在审理自诉案件过程中,对于原审被告人就案件的刑事部分提出反诉的,应当告知原审被告人另行起诉;对于原审被告人就附带民事部分提出反诉的,二审人民法院可以在双方当事人自愿的原则下进行调解,调解不成的,告知其另行起诉。原审附带民事诉讼原告人增加独立诉讼请求的,二审人民法院可以在双方当事人自愿的原则下进行调解,调解不成的,告知原审附带民事诉讼原告人另行起诉。这主要是因为除死刑判决外,二审判决都是立即生效的判决,如果二审对当事人提出的反诉和增加的独立的诉讼请求直接作出判决,就剥夺了当事人对这一部分判决的上诉权,不利于保护当事人的诉讼权利。

综上所述,本案中,第二审人民法院对上诉的刑事自诉案件在双方当事人自愿的基础上进行调解,是符合法律规定的做法,是正确的。但是,二审法院对原审附带民事诉讼原告人增加的独立诉讼请求即请求原审被告赔偿医药费,作出直接判决是不符合法律规定,是错误的。对原审附带民事诉讼原告人增加的独立诉讼请求,二审法院应当在双方当事人自愿基础上进行调解,调解不成的,告知原审附带民事诉讼原告人另行起诉,而不应当直接作出判决。

第三节 第二审案件的处理

△ 知识背景

一、对上诉、抗诉案件的处理

根据我国《刑事诉讼法》第236条至第238条的规定,第二审法院对不服第一审判决的上诉、抗诉案件进行审理后,应按下列情形分别作出处理:(1)原判决认定事实正确,证据确实、充分,适用法律正确,量刑适当的,应当裁定驳回上诉或抗诉,维持原判。(2)原判决认定事实没有错误,但适用法律有错误或者量刑不当的,如混淆罪与非罪的界限,认定犯罪性质不准、罪名不当,量刑畸轻、畸重,或者重罪轻判,或者轻罪重判等,第二审法院应当撤销原判,重新判决,并在判决中阐明改判的根据和理由。(3)原判决事实不清楚或者证据不足的,可由二审法院查清事实后改判,也可以裁定撤销原判,发回原审人民法院重新审判。但是,原审人民法院对于此种情况发回重新审判的案件作出判决后，被告人提出上诉或者人民检察院提出抗诉，第二审人民法院应当依法作出判决或者裁定，不得再发回原审人民法院重新审判。此种情况下的发回重审仅以一次为限。(4)发现一审法院有下列违反法律规定的诉讼程序的情形之一的，应当裁定撤销原判，发回原审人民法院重新审判：一是违反法律有关公开审判的规定的；二是违反回避制度的；三是剥夺或者限制当事人的法定诉讼权利，可能影响公正审判的；四是审判组织的组成不合法的；五是其他违反法律规定的诉讼程序，可能影响公正审判的。发回原审人民法院重新审判的案件，应当另行组成合议庭，按第一审程序进行审理，对其判决、裁定仍可上诉或抗诉。第二审人民法院作出的判决或者裁定，除死刑案件外，均是终审的判决和裁定，一经宣告即发生法律效力，上诉权人及其法定代理人等不得再行上诉，人民检察院也不得再按二审程序提起抗诉。第二审人民法院可以自行宣告裁判，也可以委托原审人民法院代为宣告。

二、对自诉案件的处理

对一审法院判决后当事人不服提出上诉的刑事自诉案件，第二审人民法院也可以在二审程序中对诉讼的双方进行调解，当事人也可以自行和解。调解结案的，二审法院应当制作调解书，原判决、裁定视为自动撤销；当事人自行和解的，由二审人民法院裁定准许撤回自诉，并撤销原判决或者裁定。第二审人民法院对于调解结案或者当事人自行和解的案件，如果被告人已被采取强制措施的，应当立即予以解除。在第二审程序中，当事人提出反诉的，第二审人民法院应当告知其另行起诉。在第二审附带民事部分审理中，原审民事原告人增加独立的诉讼请求或者原审民事被告人提出反诉的，第二审人民法院可以根据自愿、合法的原则就新增加的诉讼请求或者反诉进行调解，调解不成的，告知当事人另行起诉。

三、对附带民事诉讼案件的处理

关于第二审人民法院对刑事附带民事案件的处理，应当根据上诉、抗诉的具体情况进行区分：(1)第二审人民法院审理附带民事上诉案件，如果发现刑事和附带民事部分均有错误需依法改判的，应当一并审理，一并改判。(2)第二审人民法院审理的刑事上诉、抗诉案件，附带民事诉讼部分已经发生法律效力的，如果发现第一审判决或者裁定中的民事部分确有错误，应对民事部分按照审判监督程序予以纠正。(3)第二审人民法院审理附带民事上诉案件，刑事部分已经发生法律效力的，如果发现第一审判决或者裁定中的刑事部分确有错误，应当对刑事部分按审判监督程序指令再审，并将附带民事诉讼部分发回与刑事部分一并审理。

【案例一】

[案情简介]

被告人甲某(男，23岁)，工人；被告人乙某(男，21岁)，无业。2022年4月16日晚，甲某约乙某出去玩至深夜回家，甲、乙二人在回家路上，路过一服装店，二人瞬间起了盗窃之心。甲、乙二人盗窃服装得逞后逃窜。案发后,公安机关侦查中在现场提取到了指纹痕迹,经鉴定是甲某和乙某的指纹。被告人甲某、乙某在证据面前供认不讳。

案件起诉到某县人民法院,一审认定被告人甲某、乙某犯盗窃罪,分别判处甲某有期徒刑3年和乙某有期徒刑2年。一审判决后,被告人甲某以原判量刑过重为由提出上诉,被告人乙某服判决,没有上诉。第二审人民法院经审理认为,原判决认定事实及适用法律没有错误,但量刑不当,依法改判被告人甲某有期徒刑1年,乙某有期徒刑1年。

[问题]

本案的第二审程序是否合法?

[解析]

本案考查二审法院对一审判决量刑不当的,应当依法改判。该案的第二审程序是合法的。因被告人上诉而引起的二审案件,第二审人民法院经过全面审查。根据《刑事诉讼法》第236条第2项的规定:第二审人民法院对不服第一审判决的上诉、抗诉案件,经过审理后,原判决认定事实没有错误,但适用法律有错误,或者量刑不当的,应当改判。在审判实践中,这种改判有两种情况:(1)因被告人上诉而引起二审程序的案件,如果经二审法院审查认为,原判只是量刑不当,需要改判,应当依照上诉不加刑原则,作出比原判刑罚较轻的判决,对于同案中没有上诉的被告人,也不能加重其刑罚,但可以减轻其刑罚。(2)因自诉人上诉或者同级人民检察院抗诉的案件,第二审人民法院认为量刑不当需要改判的,既可以作出较原判刑罚为轻的判决,也可以作出较原判刑罚为重的判决,即不受上诉不加刑原则的限制,这同样适用于共同犯罪中所有提出上诉或未提出上诉的被告人。

对于因被告人上诉而引起第二审程序的案件,如果经查明确属量刑过轻,第二审人民法院既不能直接加重刑罚,也不能发回原审人民法院改判较原判刑罚为重的刑罚,只能作出维持原判的终审裁定。对其中非改判不可的案件,由本院院长提交审判委员会讨论决定后,通过审判监督程序对案件重新审判。对于未提出上诉的原审被告人,也应当适用这一诉讼程序。再审中,对案件进行重新审判时,则不再适用上诉不加刑原则,即可依据事实和法律,对案件作出正确的裁判。

根据上述规定可知,本案中,二审法院在审理上诉案件时,被告人甲某以原判量刑过重提出上诉,第二审人民法院查明原判只是量刑不当,并无认定事实和适用法律上的错误,应当直接改判。因此,不仅对上诉人甲某的刑罚做了改判,而且对未上诉的原审被告人乙某的刑罚也作出相应改判,这些做法是符合法律规定的,是正确的。

【案例二】

[案情简介]

被告人甲某(男,25岁),A市人。2022年2月25日某区人民检察院以强奸罪对被告人甲某提起公诉。该区人民法院于2022年3月4日进行审判,以强奸罪判处被告人甲某有期徒刑8年。被告人甲某不服,以未实施奸淫行为为由提出上诉。A市中级人民法院审理认为,原判事实不清,证据不足,立即撤销原判,发回一审人民法院重新审判。原审法院接到案卷后,另行组成合议庭对案件进行重新审判。经过深入调查取证,查明被告人甲某于2022年2月7日晚上8时许,将邻家6岁幼女樊某抱起猥亵和奸淫。证人是甲某的邻居叶某(女,10岁),经向叶某询问,叶某说:"我看见甲某脱下裤子抱起樊某猥亵和奸淫"。被害人樊某说:"甲某把我的裙子脱下,他也脱下裤子,他把我抱得紧紧地,他弄得我大腿上湿了一片,我用裙子擦干净跑回家了。"经过对该裙子提取并进行化验,鉴定结论为A型血,与被告人甲某的血型相同。

原审法院经过开庭审理认为,被告人甲某已构成强奸罪,情节严重,又拒不认罪,依法判处其有期徒刑15年,同时告知:本判决为第一审判决,如不服本判决,可在收到判决书第2日起10日以内向A市中级人民法院上诉。

[问题]

本案第二审和第一审人民法院的诉讼程序是否正确?

[解析]

本案考查二审法院对一审判决证据不足的案件可以发回原审法院重新审判,第二审人民法院和第一审人民法院的诉讼程序是正确的。其理由如下:(1)第二审人民法院依法对案件撤销原判发回原审人民法院重新审判是正确的。《刑事诉讼法》第236条第1款第3项规定:"原判决事实不清楚或者证据不足的,可以在查清事实后改判;也可以裁定撤销原判,发回原审人民法院重新审判。"该案属于重要证据不足,第二审人民法院查清事实确有困难,因为本案当事人和有关证人均在原一审人民法院所在地,由原审法院审理和调查更为方便,所以依法裁定撤销原判,发回原审人民法院重新审判更为适宜。(2)原审人民法院根据案情和法定程序,对案件作了必要调查和改判也是正确的。我国《刑事诉讼法》第239条规定:"原审人民法院对于发回重新审判的案件,应当另行组成合议庭,依照第一审程序进行审判。"该法第196条第2款规定:"人民法院调查核实证据,可以进行勘验、检查、查封、扣押、鉴定和查询、冻结。"

根据以上规定,本案中,原审人民法院对发回重新审判的案件,依法另行组成合议庭,对案件进行调查,询问被害人和有关证人,并对与案件有关的专门性问题进行了鉴定,然后,依照第一审程序进行审判。经过开庭审理,使案件事实清楚,证据确实、充分,依据《刑法》第236条规定,奸淫不满14周岁幼女的,以强奸罪从重判处被告人甲某有期徒刑15年,并告知被告人甲某,本判决为一审判决,自接到判决书第2日起10日以内,被告人可以上诉,人民检察院可以抗诉。

【案例三】

[案情简介]

被告人甲某(男,40岁),某市某国有公司经理。2021年4月,有群众举报甲某及其子女高消费吃穿享乐,明显超过其收入水平。某区人民检察院决定立案侦查。在搜查甲某住宅时,查获80万余元存款及30余万元的首饰和财物,甲某不能说明其来源。检察机关于2022年5月以巨额财产来源不明罪向该区法院提起公诉。某区人民法院受案后,依法组成合议庭,由该法院审判员汤某担任审判长,由人民陪审员丙某和丁某担任合议庭成员,公开审理此案,依据《刑法》规定,以巨额财产来源不明罪,判处甲某有期徒刑8年。宣判后,甲某不服,以未实施犯罪行为为由提出上诉。

二审人民法院经过审理认为,一审法院违反了《刑事诉讼法》第184条的规定,合议庭评议只有审判长的意见和签名,两位陪审员未参加评议及签名。根据《刑事诉讼法》第238条的规定,应当裁定撤销某区人民法院一审判决,发回重审。原审人民法院接到裁定后,由汤某、丙某、丁某三人重新审理此案,审理后经合议,仍以巨额财产来源不明罪判处被告人甲某有期徒刑7年。宣判后,甲某不服判决,又提出上诉。

[问题]

1. 什么情形下二审法院可以或应当把案件发回重审?

2. 二审法院发回重审的案件,原一审法院在重审中应当注意哪些问题?

[解析]

1. 本案考查二审法院发回重审的案件。

二审法院将上诉、抗诉案件应当发回原审人民法院重新审理的情形主要是:《刑事诉讼法》第238条规定:"第二审人民法院发现第一审人民法院的审理有下列违反法律规定的诉讼程序的情形之一的,应当裁定撤销原判,发回原审人民法院重新审判:(一)违反本法有关公开审判的规定的;(二)违反回避制度的;(三)剥夺或者限制了当事人的法定诉讼权利,可能影响公正审判的;(四)审判组织的组成不合法的;(五)其他违反法律规定的诉讼程序,可能影响公正审判的。"其中的违反公开审判原则,违反回避制度,违反审判组织的组成制度,由于所违反制度或原则具有基础性、重要性,必须发回重审,以保证案件审理的公正性。针对上述第3项和第5项的情形,则应当具体情况具体分析,对于违反法定程序可能影响到公正审判的,应当发回重审;经审查发现违反诉讼程序并未导致审判不公正的结果的,可以视情况决定是否发回重审,并可以向一审法院发出审判监督予以指正。

2. 二审法院发回重审的案件,原一审法院在重审中应当注意以下几个方面:(1)原审人民法院应当按照一审程序进行审理;(2)发回重审的案件,原审人民法院应当另行组成合议庭进行审理;(3)重审后作出的判决、裁定仍可上诉或抗诉。

本案中,一审法院在重审案件过程中,违反了审判合议制规则这一法定诉讼程序,可能影响到案件的公正审判,因此,二审法院将案件发回重审是符合法律规定的。但发回重审后,一审法院仍由原来的合议庭重新审理该案,这违反了《刑事诉讼法》第239条规定的重新审判规定,因此违反法定诉讼程序,是错误的。本案一审法院应当另行组成合议庭审理,经重审后作出的判决是一审判决,被告人甲某可以提起上诉。

第四节 上诉不加刑原则

△ 知识背景

一、上诉不加刑原则的含义

我国的上诉不加刑原则,是指第二审人民法院审判被告人一方上诉的案件,不得以任何理由加重被告人刑罚的一项审判原则。我国《刑事诉讼法》第 237 条第 1 款规定:“第二审人民法院审判被告人或者他的法定代理人、辩护人、近亲属上诉的案件,不得加重被告人的刑罚。第二审人民法院发回原审人民法院重新审判的案件,除有新的犯罪事实,人民检察院补充起诉的以外,原审人民法院也不得加重被告人的刑罚。”这是我国关于上诉不加刑原则在法律上的具体体现。法律规定的这一上诉不加刑原则的具体含义是:(1)上诉是被告人的合法权利,无论上诉理由是否得当,都不能以被告人不服判决或态度不好而在二审判决中加重原判刑罚。(2)仅有被告人一方上诉的案件,二审法院审理后确认应按《刑事诉讼法》第 236 条第 1 款第 2 项进行改判时,即使原判量刑畸轻,也不得加重被告人的刑罚。同时,二审法院也不能借口事实不清、证据不足而将仅仅是量刑过轻的案件发回重审,指令一审法院加重被告人的刑罚。(3)仅有被告人一方上诉的案件,二审法院审理后,确需按《刑事诉讼法》第 236 条第 1 款第 3 项规定直接改判或发回原审法院重审的,改判不得加重被告人的刑罚,发回重审后,除非有新的犯罪事实,人民检察院补充起诉的以外,原审人民法院也不得加重被告人的刑罚。

《刑事诉讼法》第 237 条第 2 款规定:“人民检察院提出抗诉或者自诉人提出上诉的,不受前款规定的限制。”也就是说,人民检察院提出抗诉的案件或自诉人提出上诉的案件,如果第一审判决确实过轻,第二审人民法院可以改判加重被告人刑罚。

二、上诉不加刑原则的适用

最高法《刑诉解释》第 401 条至第 405 条在《刑事诉讼法》的基础之上,对上诉不加刑的适用问题作出了更为明确的规定。

1. 审理被告人或者其法定代理人、辩护人、近亲属提出上诉的案件,不得对被告人的刑罚作出实质不利的改判,并应当执行下列规定:(1)同案审理的案件,只有部分被告人上诉的,既不得加重上诉人的刑罚,也不得加重其他同案被告人的刑罚。(2)原判认定的罪名不当的,可以改变罪名,但不得加重刑罚或者对刑罚执行产生不利影响。(3)原判认定的罪数不当的,可以改变罪数,并调整刑罚,但不得加重决定执行的刑罚或者对刑罚执行产生不利影响。(4)原判对被告人宣告缓刑的,不得撤销缓刑或者延长缓刑考验期。(5)原判没有宣告职业禁止、禁止令的,不得增加宣告。宣告职业禁止、禁止令的,不得增加内容、延长期限。(6)原判对被告人判处死刑缓期执行没有限制减刑、决定终身监禁的,不得限制减刑、决定终身监禁。(7)原判判处的刑罚不当、应当适用附加刑而没有适用的,不得直接加重刑罚、适用附加刑。原判判处的刑罚畸轻,必须依法改判的,应当在第二审判决、裁定生效后依照审判监督程序重新审判。

2. 人民检察院只对部分被告人的判决提出抗诉,或者自诉人只对部分被告人的判决提出上诉的,第二审人民法院不得对其他同案被告人加重刑罚。

3. 被告人或者其法定代理人、辩护人、近亲属提出上诉的案件,第二审人民法院发回重新审判后,除有新的犯罪事实,且人民检察院补充起诉的以外,原审人民法院不得加重被告人的刑罚。

4. 原判事实不清、证据不足,第二审人民法院发回重新审判的案件,原审人民法院重新作出判决后,被告人上诉或者人民检察院抗诉的,第二审人民法院应当依法作出判决、裁定,不得再发回重新审判。

【案例一】

[案情简介]

根据有关立法及司法解释的规定,对被判处死刑缓期执行的被告人可以同时决定对其限制减刑,因而涉及相关诉讼程序方面的问题。高级人民法院审理判处死刑缓期执行没有限制减刑的上诉案件,认为原判事实清楚、证据充分,但确有必要限制减刑的,作出以下处理程序:(1)高级人民法院直接改判;(2)发回原一审法院重新审判;(3)高级人民法院维持原判不再纠正;(4)二审判决、裁定生效后,按照审判监督程序重新审判。

[问题]

本案中高级人民法院的以上处理程序是否正确?

[解析]

本案考查上诉不加刑原则在死刑缓期执行限制减刑案件中的体现。《最高人民法院关于死刑缓期执行限制减刑案件审理程序若干问题的规定》第4条规定:"高级人民法院审理判处死刑缓期执行没有限制减刑的上诉案件,认为原判事实清楚、证据充分,但应当限制减刑的,不得直接改判,也不得发回重新审判。确有必要限制减刑的,应当在第二审判决、裁定生效后,按照审判监督程序重新审判。高级人民法院复核判处死刑缓期执行没有限制减刑的案件,认为应当限制减刑的,不得以提高审级等方式对被告人限制减刑。"因此,本案中高级人民法院的处理程序(4)是正确的,符合法律规定;处理程序(1)、(2)、(3)皆不符合法律规定。

【案例二】

[案情简介]

被告人刘二(男,27岁),农民。2020年6月至2022年4月,被告人刘二单独或与他人结伙盗窃。第一审人民法院认定刘二共盗窃23起,所盗财物折合人民币35000元,属于数额巨大,依照《刑法》规定,判处被告人刘二有期徒刑6年。刘二不服,以原判对赃物确定的价格过高、量刑偏重为由,提出上诉。

第二审法院受理案件后,对刘二盗窃的赃物认真审核认为,原审认定的盗窃价值不是偏高而是偏低,实际价值应当是人民币36000元,即原审对赃物价值少认定了1000元,又认为,第一审人民法院认定的赃物价值虽然偏低,但是尚不影响对被告人所适用的量刑。最后认为,原审法院的定罪、量刑是正确的,依照上诉不加刑原则,只在裁定书上更正价值数额后,驳回上诉,维持原判。

[问题]

1. 如何理解上诉不加刑原则?

2. 本案中第二审人民法院对案件的处理是否正确?

[解析]

1. 上诉不加刑原则,是指第二审人民法院审判只有被告人一方上诉的案件,不得以任何理由加重被告人刑罚的一项审判原则。我国《刑事诉讼法》第237条规定:"第二审人民法院审判被告人或者他的法定代理人、辩护人、近亲属上诉的案件,不得加重被告人的刑罚。第二审人民法院发回原审人民法院重新审判的案件,除有新的犯罪事实,人民检察院补充起诉的以外,原审人民法院也不得加重被告人的刑罚。人民检察院提出抗诉或者自诉人提出上诉的,不受前款规定的限制。"

2. 本案中,第二审人民法院对案件的处理是正确的。其理由:(1)根据审理核实原审认定的价值数额,认为原判有误并进行了更正,是正确的。(2)第二审人民法院虽然更正了盗窃价值数额,但是二者差距只差1000元。根据《刑法》和最高人民法院、最高人民检察院2013年4月联合发布实施的《关于办理盗窃刑事案件适用法律若干问题的解释》的规定,对原认定数额基础上增加认定1000元仍在"数额巨大"标准(个人盗窃公私财物价值人民币3000元至10万元)之内,可不以"事实不清楚或者证据不足"发回原审人民法院重新审判。因此,第二审人民法院直接作了终审裁定是正确的。(3)第二审人民法院对案件作了驳回上诉,维持原判的裁定正确。因为该裁定依据上诉不加刑原则,虽然认定数额有变化,但是既未直接加刑,也未变相加刑(发回重审),所以是正确的。在审判实践中,第二审人民法院改判案件,一般都坚持下列原则:(1)原判认定的部分事实与实际情况不符的案件,如果不影响定罪量刑,可以不改判;(2)对原判量刑偏轻的案件,只要在法定刑幅度之内,尚未达到明显量刑不当的,一般都维持原判,若属于原判偏重的,可以直接改判减轻刑罚;(3)第二审人民法院发现原审违反法定程序或者事实不清楚、证据不足的案件,一般都发回原审人民法院重新审判。

【综合案例】

【综合案例一】

[案情简介]

自诉人甲某(女,27岁),农民。被告人乙某(女,29岁),农民;丙某(女,26岁)。2021年以来,被告人乙某与丈夫感情恶化,怀疑是甲某插足所致。2022年8月17日乙某约被告人丙某,对被害人甲某侮辱。被告人乙某、丙某对甲某拳打脚踢,打甲某头部和面部,并强行致使甲某当众身体裸露。甲某被辱打后,向县人民法院提起诉讼,控告乙某、丙某犯侮辱罪,要求追究她们的刑事责任,并提起附带民事诉讼,要求赔偿其经济损失6000元。县人民法院受理后,经审理,以侮辱罪判处被告人乙某有期徒刑1年,赔偿经济损失4000元;以侮辱罪判处被告人丙某有期徒刑7个月,赔偿经济损失2000元。宣判后,被告人乙某、丙某不服,均以不构成犯罪为由提出上诉。

第二审人民法院经审理认为,原判正确。在宣告裁定前,二审法院说服上诉人乙、丙二人向被害人甲某赔礼道歉,请甲某谅解。最后,乙、丙与甲某达成和解,甲某向中级人民法院递交了撤诉状。该中级人民法院接到撤诉状后,经合议庭讨论同意后,作出准予撤诉裁定。

[问题]

1. 第二审人民法院是否准许原审自诉人撤诉?

2. 本案中第二审人民法院的做法是否正确?

[思路]

1. 本案考查被告人上诉期间自诉人要求撤诉。第二审人民法院应当准许原审自诉人撤诉,其理论依据是:一是它符合自诉案件的诉权归属原则,既然自诉人有起诉权,那么在一审程序中就有撤诉权,表明法律将这部分案件的诉与不诉的权利赋予了自诉人。据此,二审法院也应当准许其撤诉。二是从有利于社会稳定来看,也应当准许自诉人撤诉。所以二审法院应当准许原审自诉人撤诉。

2. 本案中,第二审人民法院准许甲某撤回自诉是正确的,合法的。《刑事诉讼法》第212条规定:“人民法院对自诉案件,可以进行调解;自诉人在宣告判决前,可以同被告人和解或者撤回自诉。”《刑事诉讼法》第242条规定:“第二审人民法院审判上诉或者抗诉案件的程序,除本章已有规定的以外,参照第一审程序的规定进行。”这些规定均是原审自诉人在二审判决宣告前提出撤诉时应当准许的法律依据。本案甲某的撤诉与被告人乙、丙的上诉,在实体意义上并无矛盾,即利益趋向一致,都是不让被告人受到刑罚。综上所述,作为第二审人民法院,无论从法律上,还是从社会稳定上,准许原审自诉人撤回自诉以终止诉讼都是正确的。

【综合案例二】

［案情简介］

被告人甲某(男,33岁),农民;被害人戊某(男,6岁)。2022年8月12日下午,被告人甲某驾驶三轮车从县城返回家,行驶路上,不小心将正在路旁玩耍的男孩戊某撞倒。在路边看见此事的见证人的劝说下,甲某很不情愿地将戊某抱上车并表示送戊某到医院治疗。当被告人甲某行驶到偏僻庄稼地边时,他停车将还在呼吸但处于昏迷状态的戊某扔到庄稼地里,然后驾车绕道回家。于2022年8月13日7时许,一牧羊人发现了戊某,但戊某已死亡。牧羊人立即报案,被告人甲某很快被查获归案。

第一审人民法院经审理,认定被告人甲某犯交通肇事罪,情节特别恶劣,判处其有期徒刑7年。宣判后,被告人甲某以量刑过重为由提出上诉,同级人民检察院以原判决定性不准,应当判为故意杀人罪,量刑畸轻为由提出抗诉。第二审人民法院审理认为,原审被告人甲某交通肇事后,将被害人丢弃,造成被害人死亡,其行为已构成故意杀人罪,人民检察院的抗诉有理。第二审人民法院撤销原判,以故意杀人罪判处甲某有期徒刑15年。

［问题］

1. 第二审人民法院在什么情况下不受上诉不加刑原则的限制?

2. 本案在诉讼程序上是否正确?

［思路］

1. 本案考查上诉不加刑的例外。根据《刑事诉讼法》第237条规定:"第二审人民法院审理被告人或者他的法定代理人、辩护人、近亲属上诉的案件,不得加重被告人的刑罚。人民检察院提出抗诉或者自诉人提出上诉的,不受前款规定的限制。"这一规定表明,只有被告人一方上诉的案件,第二审人民法院应适用上诉不加刑原则;但是如果同时或单独有控方(即公诉机关或者自诉人)提出抗诉、上诉的,第二审人民法院对一审被告人量刑时,既可以加刑,也可以减刑,还可以维持原判,不受上诉不加刑原则的限制。

2. 本案在诉讼程序上均正确,主要表现在:(1)被告人甲某提出上诉的行为,是有法律依据的。《刑事诉讼法》第227条规定:"被告人、自诉人和他们的法定代理人,不服地方各级人民法院第一审的判决、裁定,有权用书状或者口头向上一级人民法院上诉。被告人的辩护人和近亲属,经被告人同意,可以提出上诉。"所以本案被告人甲某的上诉合法。(2)同级人民检察院的抗诉也是正确的。《刑事诉讼法》第232条规定:地方各级人民检察院对同级人民法院第一审判决、裁定的抗诉,应当通过原审人民法院提出抗诉书,并且将抗诉书抄送上一级人民检察院。原审人民法院应当将抗诉书连同案卷、证据移送上一级人民法院,并且将抗诉书副本送交当事人。据此规定,该案人民检察院的抗诉也是合法的。(3)第二审人民法院对案件审理后直接改判也是正确的。《刑事诉讼法》第236条第1款第2项规定:第二审人民法院对不服第一审判决的上诉、抗诉案件，经过审理后，原判决认定事实没有错误，但适用法律有错误，或者量刑不当的，应当改判。因此，本案中，二审法院审理认为，原判认定事实没有错误，但在案件的定性即罪名的认定和量刑上不当，所以撤销原判，以故意杀人罪直接改判是正确的。(4)第二审人民法院以重罪名和重刑罚改判也是正确的。《刑事诉讼法》第237条第2款规定，第二审人民法院审判人民检察院提出抗诉或者自诉人提出上诉的案件，不受上诉不加刑的限制。本案虽然被告人提起上诉，但是并非只有其一方提出上诉，同时检察院也提出了抗诉，所以第二审人民法院判处较原判为重的罪名和加重了被告人的刑罚是符合法律规定的，是合法正确的。

【综合案例三】

[案情简介]

被告人王某(男，20岁)，某市某县村民；被害人刘某(男，31岁)。2022年7月21日，被害人刘某家的芋头被偷，刘某便怀疑是邻居王某所为。王某的父亲很生气，与刘某发生争吵。刘某生气之下将王某的父亲推倒地上，王某见状，顺手拾起一块砖头猛砸刘某的后脑部，刘某昏倒在地。刘某在被送往医院途中死亡。案发后，被害人刘某的妻子把被告人王某起诉到某市中级人民法院，人民法院经审理后认为被告人并无杀人故意，故以故意伤害(致死)罪判处王某无期徒刑，剥夺政治权利终身。被告人王某不服，提起上诉。在二审期间，被害人刘某之妻提起附带民事诉讼，要求法院判处被告人王某赔偿丧葬费等损失合计人民币1万元。

[问题]

二审法院如何处理被害人及其法定代理人、近亲属在二审期间提出的附带民事诉讼？

[思路]

本案考查二审中提出的附带民事诉讼的审理。附带民事诉讼与刑事诉讼有密切的联系，根据《刑事诉讼法》第104条的规定："附带民事诉讼应当同刑事案件一并审判，只有为了防止刑事案件审判的过分迟延，才可以在刑事案件审判后，由同一审判组织继续审理附带民事诉讼。"对被害人及其法定代理人、近亲属提起附带民事诉讼的期限，《刑诉解释》第184条规定：附带民事诉讼应当在刑事案件立案后及时提起。《刑诉解释》第198条规定：第一审期间未提起附带民事诉讼，在第二审期间提起的，第二审人民法院可以依法进行调解；调解不成的，告知当事人可以在刑事判决、裁定生效后另行提起民事诉讼。据上可知，附带民事诉讼应当在刑事案件立案以后第一审判决宣告以前提起。有权提起附带民事诉讼的人在第一审判决宣告以前没有提起的，不得再提起附带民事诉讼。但可以在刑事判决生效后另行提起民事诉讼。这一规定，一方面是为了避免刑事诉讼的过分拖延，提高刑事案件审判的效率；另一方面是为了保障刑事案件当事人对附带民事部分一审判决的上诉权。

本案中，被害人刘某之妻在二审过程中提出附带民事诉讼，可以依法进行调解；调解不成的，告知当事人可在刑事判决生效后作为民事案件另行起诉。

资料链接

1. 陈光中主编：《刑事诉讼法》（第7版），北京大学出版社2021年版。
2. 陈卫东主编：《刑事诉讼法学研究》，中国人民大学出版社2015年版。
3. 宋英辉：《刑事诉讼法学》（第6版），中国人民大学出版社2019年版。
4. 陈卫东主编：《刑事诉讼法》，中国人民大学出版社2015年版。
5. 陈瑞华：《程序性制裁理论》（第3版），中国法制出版社2017年版。
6.《刑事诉讼法学》编写组编：《刑事诉讼法学》（第3版），高等教育出版社2019年版。

讨论思考

1. 如何理解第二审程序？
2. 有权提出上诉、抗诉的人员和机关有哪些？
3. 如何理解全面审查原则？
4. 如何理解和适用上诉不加刑原则？
5. 阐述第二审人民法院审判上诉、抗诉案件的方式及程序。
6. 人民法院对第二审案件如何处理？
7. 分析第二审程序与第一审程序的主要区别。

第十五章　死刑复核程序

◈ 本章提要

死刑复核程序，是指对判处死刑的判决和裁定进行审查核准的一种特殊程序。刑事诉讼法规定对死刑案件必须经过死刑复核程序，这充分体现了我国对适用死刑所一贯坚持的少杀与慎杀的方针政策，对于正确适用死刑，保证死刑案件的质量，提供了必不可少的诉讼程序保障。中华人民共和国成立以来，死刑核准权经历了一个复杂的变化过程，并在第一部《刑事诉讼法》颁布不久后长期处于不完整的状态。死刑复核程序是从作出死刑判决、裁定的人民法院主动报请复核开始的。应该坚持一案一报的原则，严格依法进行复核，确保死刑复核案件的质量。

◉ 法考重点

死刑复核程序的含义；死刑案件的核准权；判处死刑立即执行案件的复核程序；判处死刑缓期二年执行案件的复核程序。

第一节　死刑核准的权限

△ 知识背景

一、死刑复核程序的概念和意义

死刑复核程序，是指人民法院对判处死刑（含死缓）的案件进行复审核准所进行的特别审判程序。死刑复核程序是我国《刑事诉讼法》规定的一项特殊审判程序，具有很多特点，主要表现在：(1)适用对象具有单一性，即该程序只适用于判处死刑的案件，包括判处死刑立即执行和判处死刑缓期二年执行的案件，而不适用于其他案件。(2)对于死刑案件的不可缺失性，即必须经过核准程序。(3)诉讼程序具有特定性，它是死刑案件的终结程序。死刑案件除了经过一审程序、二审程序之外，还必须经过死刑复核程序（最高人民法院判决的除外），经核准后死刑判决才能生效交付执行。(4)程序启动具有主动性。与其他审判程序必须遵循不告不理原则不同，死刑复核程序无须经告诉而自动启动。(5)死刑核准权具有专属性，即最高人民法院对死刑案件、高级人民法院对死缓案件有核准权，而不是所有的人民法院均有核准权。死刑复核程序具有诸多特殊性，但这并不意味着对死刑案件实行三审终审制，而是两审终审制的例外程序，即是一种对死刑案件的特别审核监督程序。

死刑复核程序的意义具体表现在：(1)死刑复核程序可以保证正确适用死刑，发挥其在维护社会秩序中的积极作用。死刑复核程序是唯一使死刑判决发生法律效力的程序，又是必经程序。(2)死刑复核程序既是正确贯彻宽严相济政策、防止死刑滥用的可靠保证，又是以人为本、保障人权的重要措施。严肃谨慎、少杀慎杀是我们党和国家的一贯方针，以人为本、保障人权是我们的立法、司法宗旨。(3)死刑复核程序是统一死刑规格、统一执法尺度的关键程序。因此，我国法律对死刑判决的核准权限作了特别严格的规定，即死刑核准权由最高人民法院和高级人民法院行使。

二、死刑核准权

死刑核准权是指对死刑(含死缓)判决、裁定由哪一审判机关进行复核与批准的权限。死刑核准权是死刑复核程序中最核心的权力，关系到设立这一程序的根本目的能否得以实现。我国法律对死刑判决的核准权限作了特别严格的规定——由最高人民法院和高级人民法院行使。死刑立即执行案件的核准权由最高人民法院统一行使；死刑缓期2年执行案件的核准权由高级人民法院统一行使。

最高人民法院统一行使死刑案件核准权，有利于统一死刑适用的标准和严格控制死刑适用。既是社会主义法治的文明体现，也是落实依法治国基本方略、尊重和保障人权、构建和谐社会的重要保障。

【案例一】

[案情简介]

被告人甲某和乙某共同实施拐卖妇女、儿童罪，均被判处死刑立即执行。最高人民法院复核后认为全案判决认定事实正确，甲某是主犯应当判处死刑立即执行，但对乙某可不立即执行。最高人民法院对此案核准后作出如下处理：(1)将乙某改判为死缓，并裁定核准甲某死刑；(2)对乙某作出改判，并判决核准甲某死刑；(3)对全案裁定不予核准，撤销原判，发回重审；(4)裁定核准甲某死刑，撤销对乙某的判决，发回重审。

[问题]

最高人民法院对此案核准后作出的以上处理是否正确？

[解析]

本案考查死刑立即执行的核准。根据《刑诉解释》第429条的规定："最高人民法院复核死刑案件，应当按照下列情形分别处理：(一)原判认定事实和适用法律正确、量刑适当、诉讼程序合法的，应当裁定核准；(二)原判认定的某一具体事实或者引用的法律条款等存在瑕疵，但判处被告人死刑并无不当的，可以在纠正后作出核准的判决、裁定；(三)原判事实不清、证据不足的，应当裁定不予核准，并撤销原判，发回重新审判；(四)复核期间出现新的影响定罪量刑的事实、证据的，应当裁定不予核准，并撤销原判，发回重新审判；（五）原判认定事实正确、证据充分，但依法不应当判处死刑的，应当裁定不予核准，并撤销原判，发回重新审判；根据案件情况，必要时，也可以依法改判；（六）原审违反法定诉讼程序，可能影响公正审判的，应当裁定不予核准，并撤销原判，发回重新审判。”需要注意的是，最高人民法院在复核死刑案件中一般作出核准的裁定或不核准的裁定。

本案中，甲、乙二人均被判处死刑立即执行，最高人民法院核准时认为乙某的判决事实认定正确但依法不应当判处死刑，正确的处理方式是可以改判；而甲某系主犯，且事实认定正确，应当核准死刑立即执行的判决。根据上述可知，最高人民法院对此案核准后作出的以上处理（1）、（3）、（4）不正确，处理（2）是正确的。

【案例二】

［案情简介］

被告人甲某（男，58岁），某省工商局局长。甲某在2018年至2022年任工商局局长期间，贪污公款合计人民币9800万元。案发后，某省人民检察院以甲某犯贪污罪起诉到某省人民法院。一审期间，被告人甲某积极交代所犯罪行，并退还赃款1100万余元。某省高级人民法院根据该省人民检察院的起诉，依法判处被告人甲某死刑，缓期2年执行。一审判决宣告后，被告人甲某不上诉，该省人民检察院也没有抗诉。

［问题］

高级人民法院一审判处死缓的案件是否还应按照死刑复核程序复核？

［解析］

本案考查死刑缓期执行案件的核准权。我国《刑事诉讼法》第248条规定：“中级人民法院判处死刑缓期二年执行的案件，由高级人民法院核准。”根据《刑事诉讼法》第248条及最高法《刑诉解释》第424条和第428条的规定，判处死刑缓期二年执行案件的核准权在高级人民法院，对于这类案件应当报请高级人民法院复核、核准，并应当按照下列情形分别办理：（1）中级人民法院判处死刑缓期二年执行的案件，被告人不上诉，人民检察院不抗诉的，应当报请高级人民法院核准。高级人民法院同意判处死刑缓期二年执行的，应当裁定予以核准；如果认为事实不清、证据不足的，应当裁定发回原审法院重新审判，重新审判所作的判决、裁定，被告人可以提出上诉，人民检察院可以提出抗诉；如果认为原判量刑过重的，高级人民法院应当依法改判。（2）中级人民法院判处死刑缓期二年执行的案件，被告人提出上诉或者人民检察院提出抗诉的，高级人民法院经过第二审程序，同意判处死刑缓期二年执行的，作出维持原判并核准死刑缓期二年执行的裁定；如果认为原判量刑过重，应当依法改判；如果认为事实不清、证据不足的，应当裁定发回重新审判。（3）高级人民法院核准死刑缓期二年执行的案件，不得加重被告人的刑罚，也不得以提高审级等方式加重被告人的刑罚。（4）高级人民法院判处死刑缓期二年执行的一审案件，被告人不上诉、人民检察院不抗诉的，即作出核准死刑缓期二年执行的裁定。

综上所述,高级人民法院判处死刑缓期二年执行的一审案件,被告人不上诉、人民检察院不抗诉的,即作出核准死刑缓期二年执行的裁定。因此,本案中,高级人民法院一审判处死缓的案件不必按死刑复核程序复核了。

第二节 死刑案件的复核程序

知识背景

一、判处死刑立即执行案件的报请复核

根据我国《刑事诉讼法》第 247 条和最高法《刑诉解释》第 383 条的规定,对判处死刑立即执行的案件,应当依照以下情形报请:(1)中级人民法院判处死刑的第一审案件,被告人不上诉、人民检察院不抗诉的,在上诉、抗诉期满后 10 日内报请高级人民法院复核。高级人民法院经复核同意判处死刑的,应当依法作出裁定后 10 日内报请最高人民法院核准;高级人民法院不同意判处死刑的,应当依照第二审程序提审或者发回重新审判。(2)中级人民法院判处死刑的第一审案件,被告人提出上诉或者人民检察院提出抗诉,高级人民法院裁定维持的,应当在作出裁定后 10 日内报请最高人民法院核准。高级人民法院经第二审程序不同意判处死刑而改判为死缓的,即为终审程序,不再报请最高人民法院复核。(3)高级人民法院判处死刑的第一审案件,被告人不上诉、人民检察院不抗诉的,应当在上诉、抗诉期满后 10 日内报请最高人民法院核准。(4)依法判处死刑缓期二年执行的罪犯,在死刑缓期执行期间,如果故意犯罪,查证属实,应当执行死刑的,由高级人民法院报请最高人民法院核准。

二、判处死刑立即执行案件的复核程序

最高人民法院与高级人民法院复核死刑案件,应当由审判员 3 人组成合议庭进行。根据我国《刑事诉讼法》和最高人民法院的相关解释,中级人民法院、高级人民法院和最高人民法院在对死刑案件的报请复核、复核内容和对案件复核后的处理上,应当依照下列程序进行:

1. 报请复核

中级人民法院或高级人民法院报请复核死刑(死缓)案件,根据最高法《刑诉解释》第 425 条和第 426 条的规定,应当一案一报。报送的材料应当包括报请复核报告,第一审、二审裁判文书,死刑(死缓)案件综合报告各五份,以及全部诉讼案卷和证据。案件综合报告,第一审、二审裁判文书和审理报告应附送电子文本。同案审理的案件应当报送全案案卷、证据。曾经发回重审的案件,原第一审、二审的案卷应当一并报送。

2. 复核的内容和方式

最高人民法院和高级人民法院复核或者核准死刑(死缓)案件,应当对案卷进行全面审查、讯问被告人、听取辩护律师的意见、制作复核审理报告等环节。

3.复核后的处理

《刑事诉讼法》第250条规定:“最高人民法院复核死刑案件,应当作出核准或者不核准死刑的裁定。对于不核准死刑的,最高人民法院可以发回重新审判或者予以改判。”根据这一规定,最高法《刑诉解释》第429条至第433条作了具体解释,最高人民法院复核死刑案件,应当按照下列情形分别处理:(1)原判认定事实和适用法律正确、量刑适当、诉讼程序合法的,应当裁定核准。(2)原判认定的某一具体事实或者引用的法律条款等存在瑕疵,但判处被告人死刑并无不当的,可以在纠正后作出核准的判决、裁定。(3)原判事实不清、证据不足的,应当裁定不予核准,并撤销原判,发回重新审判。(4)复核期间出现新的影响定罪量刑的事实、证据的,应当裁定不予核准,并撤销原判,发回重新审判。(5)原判认定事实正确、证据充分,但依法不应当判处死刑的,应当裁定不予核准,并撤销原判,发回重新审判;根据案件情况,必要时,也可以依法改判。(6)原审违反法定诉讼程序,可能影响公正审判的,应当裁定不予核准,并撤销原判,发回重新审判。

对一人有两罪以上被判处死刑的数罪并罚案件,最高人民法院复核后,认为其中部分犯罪的死刑判决、裁定事实不清、证据不足的,应当对全案裁定不予核准,并撤销原判,发回重新审判;认为其中部分犯罪的死刑判决、裁定认定事实正确,但依法不应当判处死刑的,可以改判,并对其他应当判处死刑的犯罪作出核准死刑的判决。对有两名以上被告人被判处死刑的案件,最高人民法院复核后,认为其中部分被告人的死刑判决、裁定事实不清、证据不足的,应当对全案裁定不予核准,并撤销原判,发回重新审判;认为其中部分被告人的死刑判决、裁定认定事实正确,但依法不应当判处死刑的,可以改判,并对其他应当判处死刑的被告人作出核准死刑的判决。最高人民法院裁定不予核准死刑的,根据案件情况,可以发回第二审人民法院或者第一审人民法院重新审判。第一审人民法院重新审判的,应当开庭审理。第二审人民法院重新审判的,可以直接改判;必须通过开庭查清事实、核实证据或者纠正原审程序违法的,应当开庭审理。高级人民法院对最高人民法院裁定不予核准,发回重新审判的,可以依照第二审程序提审或者发回重新审判。对于最高人民法院裁定不予核准死刑,发回重新审判的案件,原审人民法院应当另行组成合议庭审理,但是具有上述第(4)种、第(5)种情形的案件除外。

三、死刑缓期二年执行案件的报请核准

死刑缓期二年执行不是一个独立的刑种,而是死刑的一种特殊执行方法,即对于应当判处死刑而又不是必须立即执行的罪犯,采取“判处死刑同时宣告缓期二年执行”的处理方法。我国《刑事诉讼法》第248条规定:“中级人民法院判处死刑缓期二年执行的案件,由高级人民法院核准。”据此及最高法《刑诉解释》第424条和第428条的规定,判处死刑缓期二年执行案件的核准权在高级人民法院,对于这类案件应当报请高级人民法院复核、核准,并应当按照下列情形分别办理:(1)中级人民法院判处死刑缓期二年执行的第一审案件,被告人不上诉,人民检察院不抗诉的,应当报请高级人民法院核准。高级人民法院同意判处死刑缓期二年执行的,应当裁定予以核准;如果认为事实不清、证据不足的,应当裁定发回原审法院重新审判,重新审判所作的判决、裁定,被告人可以提出上诉,人民检察院可以提出抗诉;如果认为原判量刑过重的,高级人民法院应当依法改判。(2)中级人民法院判处死刑缓期二年执行的案件,被告人提出上诉或者人民检察院提出抗诉的,高级人民法院经过第二审程序,同意判处死刑缓期二年执行的,作出维持原判并核准死刑缓期二年执行的裁定;如果认为原判量刑过重,应当依法改判;如果认为事实不清、证据不足的,应当裁定发回重新审判。(3)高级人民法院核准死刑缓期二年执行的案件,不得加重被告人的刑罚,也不得以提高审级等方式加重被告人的刑罚。(4)高级人民法院判处死刑缓期二年执行的一审案件,被告人不上诉、人民检察院不抗诉的,即作出核准死刑缓期二年执行的裁定。无论是中级人民法院经报请并已核准或是高级人民法院判决并核准的死刑缓期二年执行的案件,还是高级人民法院直接改判的案件,均是发生法律效力的案件,这些裁判一经宣告,立即交付执行。

四、死缓案件复核后的处理

高级人民法院复核死刑缓期执行案件,根据最高法《刑诉解释》第428条的规定,应当按照下列情形分别处理:(1)原判认定事实和适用法律正确、量刑适当、诉讼程序合法的,应当裁定核准;(2)原判认定的某一具体事实或者引用的法律条款等存在瑕疵,但判处被告人死刑缓期执行并无不当的,可以在纠正后作出核准的判决、裁定;(3)原判认定事实正确,但适用法律有错误,或者量刑过重的,应当改判;(4)原判事实不清、证据不足的,可以裁定不予核准,并撤销原判,发回重新审判,或者依法改判;(5)复核期间出现新的影响定罪量刑的事实、证据的,可以裁定不予核准,并撤销原判,发回重新审判,或者依照法定程序审理后依法改判;(6)原审违反法定诉讼程序,可能影响公正审判的,应当裁定不予核准,并撤销原判,发回重新审判。高级人民法院复核死刑缓期执行案件,不得加重被告人的刑罚。

【案例一】

[案情简介]

2020年以来,戊某四处流窜,疯狂作案,涉嫌犯杀人罪、强奸罪、抢劫罪。2022年7月2日,某省高级人民法院以抢劫罪、杀人罪、强奸罪,对戊某数罪并罚,决定执行死刑立即执行,剥夺政治权利终身,并处没收个人全部财产。一审判决后被告人戊某没有上诉,某省高级人民法院依法将案件报送最高人民法院复核。

[问题]

1. 阐述最高人民法院核准的死刑立即执行案件的复核程序。

2. 最高人民法院对死刑立即执行案件复核后应如何处理？

［解析］

1. 本案考查死刑立即执行案件的复核程序及处理。我国《刑事诉讼法》第247条规定："中级人民法院判处死刑的第一审案件，被告人不上诉的，应当由高级人民法院复核后，报请最高人民法院核准。高级人民法院不同意判处死刑的，可以提审或者发回重新审判。高级人民法院判处死刑的第一审案件被告人不上诉的，和判处死刑的第二审案件，都应当报请最高人民法院核准。"根据《刑事诉讼法》第247条和最高法《刑诉解释》第423条的规定，对判处死刑立即执行的案件，应当依照下列情形报请：(1)中级人民法院判处死刑的第一审案件，被告人不上诉、人民检察院不抗诉的，在上诉、抗诉期满后10日内报请高级人民法院复核。高级人民法院经复核同意判处死刑的，应当依法作出裁定后10日内报请最高人民法院核准；高级人民法院不同意判处死刑的，应当依照第二审程序提审或者发回重新审判。(2)中级人民法院判处死刑的第一审案件，被告人提出上诉或者人民检察院提出抗诉，高级人民法院裁定维持的，应当在作出裁定后10日内报请最高人民法院核准。(3)高级人民法院判处死刑的第一审案件，被告人不上诉、人民检察院不抗诉的，应当在上诉、抗诉期满后10日内报请最高人民法院核准。

2.《刑事诉讼法》第250条规定："最高人民法院复核死刑案件，应当作出核准或者不核准死刑的裁定。对于不核准死刑的，最高人民法院可以发回重新审判或者予以改判。"根据这一规定，最高法《刑诉解释》第429条至第433条作了具体解释，最高人民法院复核死刑案件，应当按照下列情形分别处理：(1)原判认定事实和适用法律正确、量刑适当、诉讼程序合法的，应当裁定核准；(2)原判认定的某一具体事实或者引用的法律条款等存在瑕疵，但判处被告人死刑并无不当的，可以在纠正后作出核准的判决、裁定；(3)原判事实不清、证据不足的，应当裁定不予核准，并撤销原判，发回重新审判；(4)复核期间出现新的影响定罪量刑的事实、证据的，应当裁定不予核准，并撤销原判，发回重新审判；(5)原判认定事实正确、证据充分，但依法不应当判处死刑的，应当裁定不予核准，并撤销原判，发回重新审判；根据案件情况，必要时，也可以依法改判；(6)原审违反法定诉讼程序，可能影响公正审判的，应当裁定不予核准，并撤销原判，发回重新审判。

对一人有两罪以上被判处死刑的数罪并罚案件，最高人民法院复核后，认为其中部分犯罪的死刑判决、裁定事实不清、证据不足的，应当对全案裁定不予核准，并撤销原判，发回重新审判；认为其中部分犯罪的死刑判决、裁定认定事实正确，但依法不应当判处死刑的，可以改判，并对其他应当判处死刑的犯罪作出核准死刑的判决。对有两名以上被告人被判处死刑的案件，最高人民法院复核后，认为其中部分被告人的死刑判决、裁定事实不清、证据不足的，应当对全案裁定不予核准，并撤销原判，发回重新审判；认为其中部分被告人的死刑判决、裁定认定事实正确，但依法不应当判处死刑的,可以改判,并对其他应当判处死刑的被告人作出核准死刑的判决。最高人民法院裁定不予核准死刑的,根据案件情况,可以发回第二审人民法院或者第一审人民法院重新审判。第一审人民法院重新审判的,应当开庭审理。第二审人民法院重新审判的,可以直接改判;必须通过开庭查清事实、核实证据或者纠正原审程序违法的,应当开庭审理。对于最高人民法院裁定不予核准死刑,发回重新审判的案件,原审人民法院应当另行组成合议庭审理,但是具有上述第(4)种、第(5)种情形的案件除外。

【案例二】

[案情简介]

被告人黄某(男,41 岁),某市教育局职员,因强奸妇女而被公安机关立案侦查,同时又查出黄某受贿罪行。某市中级人民法院第一审以受贿罪判处被告人黄某死刑缓期 2 年执行,以强奸罪判处黄某死刑缓期 2 年执行,数罪并罚决定执行死刑缓期 2 年执行。第一审宣判后,被告人黄某没有上诉,人民检察院也没有提起抗诉。一审人民法院将该案报省高级人民法院核准,省高级人民法院在审查复核后认为原判决事实清楚,证据确实、充分,但是量刑过轻,遂直接改判,判处被告人黄某死刑立即执行。

[问题]

1. 阐述高级人民法院核准的死刑缓期执行案件的复核程序。

2. 高级人民法院对死刑缓期执行案件核准后应当如何处理?

[解析]

1. 本案考查死刑缓期执行案件的复核程序及处理。我国《刑事诉讼法》第 248 条规定:"中级人民法院判处死刑缓期二年执行的案件,由高级人民法院核准。"据此及最高法《刑诉解释》第 424 条和第 428 条的规定,判处死刑缓期二年执行案件的核准权在高级人民法院,对于这类案件应当报请高级人民法院复核、核准,并应当按照下列情形分别办理。

一是被告人不上诉、人民检察院不抗诉的,应当报请高级人民法院核准。高级人民法院对于报请核准的死刑缓期 2 年执行的案件,应当按照下列情形分别处理:(1)同意判处死刑缓期 2 年执行的,应当裁定予以核准;(2)认为原判决事实不清、证据不足的,应裁定发回中级人民法院重新审判,重新审判后作出的判决,可以上诉或抗诉;(3)认为原判决认定事实清楚,证据确实、充分,但适用法律有错误,或量刑过重的应当直接改判;(4)认为必须判处死刑立即执行的,一般应当用裁定撤销原判,发回原审人民法院按一审程序重新审理,或者由高级人民法院通过改变案件的管辖,按一审程序审理,判决结果允许上诉或抗诉。

二是被告人提出上诉或者人民检察院提出抗诉的,高级人民法院应当按照第二审程序予以处理:(1)认为一审人民法院的判决事实清楚,证据充分,适用法律正确,量刑适当的,裁定维持原判,并另行作出裁定核准该死缓判决;(2)认为一审事实不清,证据不足，或适用法律错误，量刑畸轻畸重的，可以直接改判或者发回重审。

三是对于高级人民法院自己审结的第一审死缓案件，被告人没有上诉，人民检察院没有抗诉的，是否要进行一次独立的死刑复核程序，实践中人们的认识不一致。为了保证死缓判决的正确性，高级人民法院应当在上诉、抗诉期满后，另行组成合议庭对案件进行复核。

本案中，中级人民法院一审判处被告人死缓后，被告人没有上诉，人民检察院没有抗诉，一审法院将案件报送高级人民法院复核，是符合法律规定的。但是，高级人民法院直接将死缓改判为死刑立即执行，是违反法律规定的。高级人民法院认为必须判处被告人死刑立即执行的，应当裁定撤销原判，发回原审法院重新审判或者由高级人民法院改变管辖，作为第一审进行审理，审理后的判决允许上诉、抗诉。

2. 高级人民法院复核死刑缓期执行案件，根据最高法《刑诉解释》第 428 条的规定，应当按照下列情形分别处理：(1)原判认定事实和适用法律正确、量刑适当、诉讼程序合法的，应当裁定核准；(2)原判认定的某一具体事实或者引用的法律条款等存在瑕疵，但判处被告人死刑缓期执行并无不当的，可以在纠正后作出核准的判决、裁定；(3)原判认定事实正确，但适用法律有错误，或者量刑过重的，应当改判；(4)原判事实不清、证据不足的，可以裁定不予核准，并撤销原判，发回重新审判，或者依法改判；(5)复核期间出现新的影响定罪量刑的事实、证据的，可以裁定不予核准，并撤销原判，发回重新审判，或者依照法定程序审理后依法改判；(6)原审违反法定诉讼程序，可能影响公正审判的，应当裁定不予核准，并撤销原判，发回重新审判。应当注意，高级人民法院复核死刑缓期执行案件，不得加重被告人的刑罚。

【综合案例】

【综合案例一】

[案情简介]

被告人甲某(男，42 岁)，A 市教体局副局长；被告人朱某(男，36 岁)，A 市人。二人从 2021 年 10 月开始合伙走私国家文物，至案发时，共走私文物价值计人民币 5 万元。在侦查过程中，又查出甲某曾犯有贪污国家财产的犯罪事实。某市中级人民法院经开庭审理，以走私文物罪判处被告人甲某死刑，缓期 2 年执行，以贪污罪判处甲某死刑，数罪并罚决定执行死刑，剥夺政治权利终身；以走私文物罪判处被告人朱某死刑，剥夺政治权利终身。

某市中级人民法院第一审判决后，二被告人都没有上诉，中级人民法院将案件报送省高级人民法院核准。高级人民法院认为自己只有权核准二被告人共同走私文物罪部分的死刑判决，对于甲某犯贪污罪部分的死刑判决只有复核权，没有核准权。

［问题］

1. 被告人所犯数罪的死刑判决中有一罪应当由最高人民法院核准，应当如何处理？

2. 共同犯罪案中对被告人的死刑核准，一部分应当由高级人民法院核准，另一部分应当由最高人民法院核准，该案如何处理？

［思路］

1. 本案考查数罪或公共犯罪的死刑复核。最高法《刑诉解释》规定，被告人被判处死刑的数罪中，如果有应当由最高人民法院核准的，或者共同犯罪案件部分被告人被判处死刑的罪中有应当由最高人民法院核准的，必须将全案报请最高人民法院核准。因此，对同一案件中的数罪中有一罪或共同犯罪中部分被告人的死刑应当由最高人民法院核准的，应当将全案报请最高人民法院核准。这主要是为了使最高人民法院在审核案件的过程中，能够全面地把握案情，并使案件的处理保持一致。同时这也是人民法院复核死刑案件应当坚持全面审查原则的具体体现。

2. 本案中，高级人民法院的做法是违反法律规定的。被告人甲某所犯数罪中，贪污罪的死刑复核应当由最高人民法院核准。根据法律规定，应将全案报请最高人民法院核准，而不应当将一个案件分成两部分，分别由高级人民法院和最高人民法院核准。

【综合案例二】

［案情简介］

关于死刑缓期执行限制减刑案件的审理程序，核准法院复核后作出以下处理：(1)高级人民法院认为原判对被告人判处死刑缓期执行适当但限制减刑不当的，应当改判，撤销限制减刑；(2)最高人民法院复核死刑案件，认为可以判处死刑缓期执行并限制减刑的，可以裁定不予核准，发回重新审判；(3)最高人民法院复核死刑案件，认为对部分被告人应当适用死刑缓期执行的，如符合《刑法》限制减刑规定，应当裁定不予核准，发回重新审判。

［问题］

死刑缓期执行核准法院作出的以上处理是否正确？

［思路］

本案考查死刑缓期执行限制减刑案件的审理程序。《最高人民法院关于死刑缓期执行限制减刑案件审理程序若干问题的规定》第 3 条规定："高级人民法院审理或者复核判处死刑缓期执行并限制减刑的案件，认为原判对被告人判处死刑缓期执行适当，但判决限制减刑不当的，应当改判，撤销限制减刑。"因此，死刑缓期执行核准法院复核后作出的以上处理(1)正确。

《最高人民法院关于死刑缓期执行限制减刑案件审理程序若干问题的规定》第 6 条第 1 款规定："最高人民法院复核死刑案件，认为对被告人可以判处死刑缓期执行并限制减刑的，应当裁定不予核准，并撤销原判，发回重新审判。”据此，本案中最高人民法院的正确处理方式是“应当”而非“可以”裁定不予核准，发回重新审判。所以，死刑缓期执行核准法院复核后作出的以上处理(2)错误。

《最高人民法院关于死刑缓期执行限制减刑案件审理程序若干问题的规定》第6条第2款规定：“一案中两名以上被告人被判处死刑，最高人民法院复核后，对其中部分被告人改判死刑缓期执行的，如果符合刑法第五十条第二款的规定，可以同时决定对其限制减刑。”据此，本案中最高人民法院的正确处理方式应当是“决定对被告人限制减刑”而非“裁定不予核准，发回重新审判”，所以，死刑缓期执行核准法院复核后作出的以上处理(3)错误。

资料链接

1. 陈光中主编：《刑事诉讼法》(第7版)，北京大学出版社2021年版。
2. 陈卫东主编：《刑事诉讼法学研究》，中国人民大学出版社2015年版。
3. 宋英辉：《刑事诉讼法学》(第6版)，中国人民大学出版社2019年版。
4. 陈卫东主编：《刑事诉讼法》，中国人民大学出版社2015年版。
5. 陈光中、徐静村主编：《刑事诉讼法学》，中国政法大学出版社2015年版。
6. 任志中：《死刑适用问题研究》，知识产权出版社2012年版。
7. 《刑事诉讼法学》编写组编：《刑事诉讼法学》(第3版)，高等教育出版社2019年版。

讨论思考

1. 简述死刑复核程序的意义。
2. 对判处死刑立即执行的案件应当如何复核？
3. 对判处死刑缓期二年执行的案件应当如何复核？
4. 如何完善我国的死刑复核程序？
5. 被告人所犯数罪的死刑判决中有一罪应当由最高人民法院核准，案件应当如何处理？
6. 共同犯罪案中对被告人的死刑核准，一部分应当由高级人民法院核准，另一部分应当由最高人民法院核准，那么该案应如何处理？

第十六章　审判监督程序

◈ 本章提要

审判监督程序是刑事审判程序的重要组成部分，但并非每一起刑事案件都必须经过该程序，审判监督程序属于普通审级之外的非常救济程序。申诉是提起审判监督程序的重要材料来源之一，它是指有申诉权的人对人民法院的生效判决或者裁定不服，向人民法院或者人民检察院提出对该案件重新进行审查处理的一种诉讼请求。申诉虽然不能直接引起审判监督程序的启动，却是司法机关发现生效裁判确有错误的重要途径。为保障当事人申诉权的有效行使和明确，司法机关处理申诉的审查标准，法律专门规定了申诉的理由，对于符合申诉理由的，司法机关应当提起再审。由于审判监督程序是对生效裁判的重新审判程序，为了维护生效裁判的稳定性和严肃性，法律对审判监督程序的提起主体和提起理由作出了严格限制。在我国，审判监督程序没有特定的审理法院和特定的审理程序。根据案件的具体情况，四级法院都能成为重新审判的法院，审判程序则适用原来的审级，即适用第一审程序或第二审程序。

◉ 法考重点

提起审判监督程序的条件及方式；提起审判监督程序的理由；提起审判监督程序的主体；申诉的提起及其处理；提审；指令再审；重新审判的程序；审判监督程序的审理程序。

第一节　审判监督程序的提起

△ 知识背景

一、审判监督程序的特征

审判监督程序，又称再审程序，是指人民法院、人民检察院对确有错误的已发生法律效力的判决、裁定，依法对该案进行重新审判的程序。审判监督程序不是每一个案件必经的程序，只有判决和裁定已经发生法律效力又确有错误的案件，才能适用这一程序。从性质上说，审判监督程序是一种补救程序。它是对已经生效的错误裁判的一种补救措施。已经发生效力的裁判具有普遍的约束力，一旦确立，便不得擅自更改。

事实上，由于多种因素的影响，有时已经生效的裁判可能是错误的。裁判的既判力和现实变化性之间的矛盾，是刑事诉讼法所面临的一个两难选择。我国《刑事诉讼法》的审判监督程序就是为了解决这两者之间的矛盾而设立的。

审判监督程序是刑事诉讼中的一种特殊程序，审判监督程序的特征如下：(1)主体的特定性。根据《刑事诉讼法》的规定，有权提起审判监督程序的主体是最高人民法院、上级人民法院、最高人民检察院、上级人民检察院，以及各级人民法院院长及其审判委员会。当事人及其法定代理人、近亲属不能成为审判监督程序的提起主体。(2)法院的广泛性。根据《刑事诉讼法》的规定，有权按照审判监督程序审理案件的法院，可以是最高人民法院、上级人民法院以及原审人民法院，可以不受原审级的限制。(3)程序的重复性。按照审判监督程序重新审判的案件，如果原来是第一审案件，应当依照第一审程序进行审判。如果原来是第二审案件，或者是上级人民法院提审的案件，应当依照第二审程序进行。(4)时效的两重性。人民法院依照审判监督程序审理后所作的裁判，受时效的两重性的限制。如果是改判无罪为有罪和加刑，而犯罪已过追诉时效期限的，则受追诉时效的限制，不再追究其刑事责任。如果是为被告人平反宣告无罪的，则又不受追诉时效的限制。

二、审判监督程序与审判中其他监督程序的区别

在刑事诉讼中，审判监督程序与第二审程序、死刑复核程序的目的和任务都是维持正确的裁判，纠正错误的裁判，保证国家审判权正确行使，实现司法公正。但审判监督程序与第二审程序、死刑复核程序存在差异。

1. 审判监督程序与第二审程序的主要区别有：(1)审理的对象不同。审判监督程序的审理对象是判决、裁定已经发生法律效力，包括正在执行和已经执行完毕的案件；第二审程序的审理对象是第一审判决、裁定尚未发生效力的案件。(2)提起的主体不同。有权提起审判监督程序的主体，包括最高人民法院、上级人民法院、本院的院长和审判委员会以及最高人民检察院、上级人民检察院；而有权提起第二审程序的主体，则是依法享有上诉权的当事人及其法定代理人，经被告人同意的辩护人和近亲属，以及依法享有抗诉权的检察机关。(3)提起的理由不同。提起审判监督程序的理由，须认为生效裁判在认定事实、适用法律上有错误；而第二审程序对上诉理由未作任何限制，只要上诉人不服第一审裁判而依法提起上诉，上一级人民法院就须按第二审程序进行审理，检察机关按照第二审程序提出抗诉则须具备原裁判确有错误的理由。(4)提起的期限不同。法律对提起审判监督程序的期限没有限制，只是在发现漏罪或改判为有罪时，应在刑法规定的追诉时效内提起；而第二审程序的上诉、抗诉，则须在法定期限内提起，否则上诉、抗诉无效。(5)审理案件的法院不同。按照审判监督程序审理案件的法院，既可以是原审人民法院，也可以是任何上级人民法院；但依第二审程序审理案件的法院，则只能是第一审人法院的上一级人民法院。

2. 审判监督程序与死刑复核程序的主要区别在于：(1)适用的案件范围不同。死刑复核程序只适用于判决、裁定尚未生效的死刑案件;审判监督程序适用于判决、裁定已经生效且认为确有错误的案件,其中包括已生效死刑裁判在内的一切刑事案件。(2)提起的主体和理由不同。死刑复核程序由判处死刑的第一审或第二审人民法院主动将案件报请最高人民法院(死缓案件报请高级人民法院)而引起,无论被告人是否提出请求,死刑裁判必须经过复核程序后才发生法律效力;审判监督程序则只能是由有权提起的机关提起,且认为生效裁判确有错误为前提。(3)有权审理的法院不同。有权依照死刑复核程序对案件进行核准的只能是最高人民法院(高级人民法院核准死刑缓期二年执行的案件);而各级人民法院都有权对下级和本级作出的生效错误裁判依照审判监督程序重新审判。

三、提起审判监督程序的理由

我国《刑事诉讼法》第254条对提起审判监督程序的理由作了原则性的规定,即以“对本院已经发生法律效力的判决和裁定,如果发现在认定事实上或者在适用法律上确有错误”为理由,从诉讼理论、原则分析,结合司法实践的实际,“确有错误”主要表现在以下几方面:

(一)认定事实确有错误

认定事实上确有错误主要是指原判决裁定认定的主要事实或重大情节不清楚或者失实。(1)原判决裁定认定的主要事实有明显错误,与实际情况不符。(2)原判决裁定认定的主要事实或重大情节不清,案件证据不确实、不充分,主要证据之间存在矛盾,不足以证明主要犯罪事实或重大情节。(3)在证据不确定不充分的情况下,据以认定的事实明显错误。(4)发现了足以证明原判决裁定认定的事实错误的新证据、新事实,如发现的判决裁定依据的证据是伪造的,发现了被告人还有新的犯罪事实等。

(二)适用法律错误

原判决裁定适用法律确有错误,主要表现为适用法律不当,定性错误和量刑畸轻畸重。适用法律不当是指错用了法律、法律条款或司法解释,或者定罪量刑违反了刑事政策。定性定罪错误是指混淆了罪与非罪、此罪与彼罪以及一罪与数罪的界限。量刑畸轻畸重是指原判决刑罚超出了法定的量刑幅度。理解量刑畸轻畸重要注意以下三个方面:(1)量刑畸轻畸重不是一般的量刑失当。(2)量刑畸轻畸重不能单独作为提起审判监督程序的理由。正确适用法律包括正确选择法律条款和量刑。适用法律错误,对案件来说,量刑肯定错误;量刑错误也说明没有准确适用法律,量刑是适用法律的一个方面。(3)一审法院量刑过轻,二审法院鉴于只有被告人上诉,依据上诉不加刑原则作出维持一审判决的裁定,对此不能通过提起审判监督程序加重对被告人的刑罚。因为,审判监督程序的对象应当是确有错误的已经发生法律效力的判决裁定。二审人民法院根据上诉不加刑原则所作的维持原判决的裁定,在法律上应该认为是正确的。

(三)严重违反法律规定的刑事诉讼程序,影响判决裁定的正确性

适用法律错误,不仅指适用实体法上的错误,也包括适用程序法上的错误。然而

关于严重违反刑事诉讼程序即《刑事诉讼法》第238条规定的情形，法律没有明确规定当事人可据此申请再审或司法机关提起再审；根据《刑事诉讼法》第238条规定的违反法律规定的诉讼程序之一的"应当撤销原判，发回原审人民法院重新审判"的精神，二审发现严重违反刑事诉讼程序时，应发回原审人民法院重新审判。那么，在裁判生效后发现违反法定程序的情况，应按照审判监督程序重新审判。如没有依法组成合议庭或合议庭成员不符合法定条件；非法剥夺了被告人的辩护权；依法应当回避的审判人员参加了审判；申诉人有证据证明审判人员在审理该案件的时候，有贪污受贿、徇私舞弊、枉法裁判行为等。原审严重违反诉讼程序也可作为提起审判监督程序的理由，不仅是为了纠正错误的判决裁定，同时也是严肃执法加强法治的需要。

四、提起审判监督程序的方式

依照《刑事诉讼法》第254条的规定，提起审判监督程序的方式是再审、提审或抗诉。再审，包括决定再审和指令再审，是指原审人民法院根据本院审委会作出的对原审判决、裁定提起审判监督程序的决定，或上级人民法院要求本院对案件进行再审指令，另行组成合议庭，对案件进行重新审理。提审是指原审人民法院的上级人民法院经过审查发现原审人民法院已经发生法律效力的判决裁定确有错误，需要提起审判监督程序的，直接组成合议庭，调取原审案卷和材料，对案件进行审理。提审和再审都是人民法院对判决已生效的案件进行重新审理的活动。但二者之间有区别，提审是由原审人民法院的上级人民法院进行的，再审是由原审人民法院进行的。抗诉是指最高人民检察院对各级人民法院、上级人民检察院对下级人民法院的已生效的判决裁定，发现确有错误，提请同级人民法院重新审理予以纠正的一种审判监督行为。对于人民检察院抗诉的案件，接受抗诉的人民法院应当组成合议庭重新审理，对于原判决事实不清或证据不足的，亦可以指令下级人民法院再审。

上级人民法院对需要提起审判监督程序的案件，在决定是由本院提审还是指令原审法院再审时，应考虑以下几个方面的因素：(1)再审案件一般以原审法院重新审理为宜。原属第一审人民法院审结的案件由第一审法院重新审理；原属第二审人民法院审结的案件由第二审法院审理。(2)重大、疑难、复杂案件可由上级人民法院提审。重大、疑难、复杂案件，有的案情复杂、涉及面广，原审法院重审难以解决问题；有的影响重大，影响范围大大超过原审法院管辖，上级人民法院提审较为适宜。(3)适用法律错误或严重违反诉讼程序的案件以上级法院提审为宜。原审裁判在适用法律上确有错误，往往是由于对法律的错误理解或原审法官之间的认识不统一造成的。相对而言，上级人民法院的业务水平高一些，由上级人民法院提审案件，有利于纠正错案。至于原审严重违反诉讼程序，导致判决裁定错误的，由上级人民法院提审可以防止走过场的现象发生，有利于对案件进行切实全面审查。特别是原审审判人员有贪污受贿、徇私舞弊、枉法裁判行为的，更应以提审为宜。

【案例一】

［案情简介］

被告人甲某（男，18 岁），某县农民；被告人乙某（男，18 岁），某县工人。2021 年 7 月 11 日，甲、乙二人同谋拦路抢劫，劫得赃款人民币 1200 元。2021 年 12 月 14 日，甲、乙二人同谋抢劫，劫得现金 600 元、手表 1 块，贵重物品，赃款额合计人民币 2200 元。案发后，被公安机关查获，并移送起诉。

2016 年 1 月 17 日，县人民法院开庭审理此案，以抢劫罪判处甲某有期徒刑 18 年，判处乙某有期徒刑 13 年。一审判决后，甲、乙二被告均提出上诉。二审法院对此案审理即将结束时，原一审法院提出：本法院院长对此案提起审判监督程序，并经审判委员会研究决定改判。二审法院接到此报告后，停止了审判，将案卷退回原审法院。2016 年 3 月 24 日原审法院宣布改判甲某有期徒刑 14 年，改判乙某有期徒刑 10 年。

［问题］

1. 审判监督程序有哪些特点？

2. 提起审判监督程序的条件是什么？

3. 本案在诉讼程序上有无错误？

［解析］

1. 审判监督程序，是指人民法院、人民检察院对已经发生法律效力的判决和裁定，发现在认定事实或适用法律上确有错误，依法提起并对案件进行重新审判的程序。审判监督程序具有以下特点：（1）审判监督程序的主体。审判监督程序应当由最高人民法院、上级人民法院及各级人民法院院长提交审判委员会讨论决定提起，或者由最高人民检察院、上级人民检察院通过抗诉提起。（2）审判监督程序的对象。按照审判监督程序审理的是已经发生法律效力的判决、裁定，包括正在执行和已经执行完毕的判决和裁定。（3）审判监督程序的提起条件。审判监督程序的提起具有严格的法定条件，必须是经过法定主体认真审查，有充分的根据和理由认为原生效裁判确有错误的才能依法提起审判监督程序。（4）审判监督程序的提起期限。提起审判监督程序法律没有明确规定期限，只在发现新罪或者需要将无罪改为有罪时，才受追诉时效期限的限制，对有罪改为无罪的，法律未规定任何期限限制。（5）审判监督程序的审理法院广泛。按照审判监督程序审判案件的法院，既可以是原来的一审法院或二审法院，也可以是提审的任何上级人民法院，还可以是由上级人民法院依法指令与原审同级的任何法院。（6）从诉讼实质来讲，审判监督程序是一种补救性程序，或称救济程序。（7）从诉讼进程来讲，审判监督程序不是刑事诉讼的必经程序。

2. 根据法律的规定，提起刑事审判监督程序应具备的条件：（1）被提起拟再审的案件，必须是已经作出发生法律效力裁判的案件，如果案件尚未被作出裁判或所作裁判尚不发生法律效力，则无论主体如何，均不能提起审判监督程序。（2）发生法律效力的裁判必须在认定事实或者适用法律上确有错误。这里的“确有错误”不是最终的结论，最终的结论只能是在调查审理之后。(3)由特定的主体提起审判监督程序。审判监督程序应当由最高人民法院、上级人民法院及各级人民法院院长提交审判委员会讨论决定提起,或者由最高人民检察院、上级人民检察院通过抗诉提起。

就本案而言,一审法院提起审判监督程序,具备以上三条件。

3.本案件的再审程序存在以下错误:一是一审判决在未生效之前,一审法院无权提起审判监督程序。甲某、乙某对一审判决已提起上诉,一审判决尚未生效,原一审法院按审判监督程序改变原判决是不对的。就本案而言,随着被告人的上诉,一审法院已丧失了提起审判监督程序的权力。如果二审法院作出的裁判仍有错误,那么,提起审判监督程序的权力也只能是二审法院或其上级人民法院、上级人民检察院,而不能是原一审法院。二是二审法院停止二审程序,将案卷退回原一审法院也是不对的。《刑事诉讼法》第236条第1款第3项规定:“原判决事实不清或者证据不足的,可以在查清事实后改判;也可以裁定撤销原判,发回原审人民法院重新审判。”该案二审法院没有审完,没有任何结果,就以原审法院的再审理由而停止二审,将案件退回原一审法院处理是错误的。三是本案中,一审法院如果发现量刑偏重,应当向二审法院反映,而不应自己再审改判。二审法院对该案已经进行审理,应当继续进行,并作出判决,不应受一审法院报告的影响,更不应因此而停止二审,将案卷退回原一审法院。

【案例二】

［案情简介］

被告人甲某(男,24岁),无业;乙某(男,23岁),临时工;丙某(男,23岁)。被告人甲某、乙某和丙某在一家饭馆吃饭。甲某在丙某上厕所的时间内,将临桌一客户蒋某的钱包偷过来交于乙某。乙某又将钱包放到丙某所坐的凳子上的衣服底下。丙某不知情,继续吃饭。当失主蒋某发现钱包丢失后,即进行寻找,当翻丙某的衣服时,丙某不让翻,发生争吵,在争执时,凳子推翻了,钱包露了出来。一审法院以盗窃罪分别判处甲某、乙某、丙某有期徒刑4年、3年、1年。判决作出后,三被告均未上诉,检察机关也没抗诉;上诉抗诉期满后被交付执行。

丙某在服刑期间提出申诉,办案人员也认为丙某的申诉有理,即报告院长。院长也认为丙某不构成犯罪,便命令刑庭按照审判监督程序再审。另行组成合议庭审理后,对丙某宣告无罪,但认为原判决对甲某、乙某量刑畸轻,改判甲某、乙某有期徒刑5年、4年。二被告不服,提出上诉,但被驳回,理由是依照审判监督程序审理后,其判决为生效判决,不服可以申诉。

［问题］

1.阐述提起审判监督程序的主体及方式。

2.原审法院按审判监督程序审理后所作的裁判能否上诉?法院能否直接驳回上诉?

［解析］

1. 本案考查提起审判监督程序的主体及方式。依照审判监督程序重新审理的是已生效甚至已执行的判决、裁定，必须特别慎重。根据我国《刑事诉讼法》、最高法《刑诉解释》和最高检《刑诉规则》的规定，有权提起审判监督程序的主体是：(1)各级人民法院院长和审判委员会。《刑事诉讼法》第254条第1款规定："各级人民法院院长对本院已经发生法律效力的判决和裁定，如果发现在认定事实上或者在适用法律上确有错误，必须提交审判委员会处理。"(2)最高人民法院和上级人民法院。《刑事诉讼法》第254条第2款规定："最高人民法院对各级人民法院已经发生法律效力的判决和裁定，上级人民法院对下级人民法院已经发生法律效力的判决和裁定，如果发现确有错误，有权提审或者指令下级人民法院再审。"(3)最高人民检察院和上级人民检察院。《刑事诉讼法》第254条第3款规定："最高人民检察院对各级人民法院已经发生法律效力的判决和裁定，上级人民检察院对下级人民法院已经发生法律效力的判决和裁定，如果发现确有错误，有权按照审判监督程序向同级人民法院提出抗诉。"

2. 法院以本案属于以审判监督程序再审的案件，是发生法律效力的案件为由，不允许被告人上诉是错误的。我国《刑事诉讼法》第256条第1款规定："人民法院按照审判监督程序重新审判的案件，由原审人民法院审理的，应当另行组成合议庭进行。如果原来是第一审案件，应当依照第一审程序进行审判，所作的判决、裁定，可以上诉、抗诉；如果原来是第二审案件，或者是上级人民法院提审的案件，应当依照第二审程序进行审判，所作的判决、裁定，是终审的判决、裁定。"

本案中，对甲、乙、丙三被告只进行了第一审判决就发生了法律效力，所以，按审判监督程序再审后，其审判程序仍然是一审程序，判决也属一审判决，当然，有上诉权的人可以上诉，检察机关也可按二审进行抗诉。本案中，法院以按审判监督程序审理的案件所作裁判是发生法律效力的裁判为由，不允许二被告上诉的做法是违背上述法律规定的。另外，该法院也无权驳回二被告的上诉。本案只有在二审法院审理后，认为再审所作裁判事实清楚，证据确实充分，适用法律正确的情况下，才可以作出驳回上诉，维持原判的决定。

第二节 按照审判监督程序对案件进行重新审判

◬ 知识背景

一、重新审判案件的程序

重新审判的程序主要包含三方面内容：一是应当按照一审程序还是按照二审程序进行；二是检察人员应否出席法庭；三是对被判刑人需要采取强制措施的，由哪一机关决定。我国《刑事诉讼法》第256条第1款规定："人民法院按照审判监督程序重新审判的案件，由原审人民法院审理的，应当另行组成合议庭进行。如果原来是第一审案件，应当依照第一审程序进行审判，所作的判决、裁定，可以上诉、抗诉；如果原来是第二审案件，或者是上级人民法院提审的案件，应当依照第二审程序进行审判，所作的判决、裁定，是终审的判决、裁定。”该规定表明，重新审判案件的程序，应当按照第一审还是第二审程序进行，由于再审案件有其特殊的提起主体、诉讼文书、诉讼期限及原审被告人的不同处境等情况，所以对其重新审理的具体程序也不相同，但是，基本上是按原审的程序进行。

人民检察院应当派员出席法庭。我国《刑事诉讼法》第256条第2款规定：“人民法院开庭审理的再审案件，同级人民检察院应当派员出席法庭。”这既符合控、辩、审诉讼构造，便于法官兼听则明，居中作出正确裁判，也是人民检察院法律监督职责的要求，更是为保障被判刑人的辩解、辩护和对证据质证、辩论等诉讼权利的实现。

人民法院开庭审理再审案件，除依照上述规定外，还应根据最高法《刑诉解释》第468条至第471条的规定进行：(1)再审决定书或者抗诉书只针对部分原审被告人，其他同案原审被告人不出庭不影响再审的，可以不出庭参加诉讼。(2)审理人民检察院抗诉的再审案件，人民检察院在开庭审理前撤回抗诉的，应当裁定准许；人民检察院接到出庭通知后不派员出庭，且未说明原因的，可以裁定按撤回抗诉处理，并通知诉讼参与人。对于在送达抗诉书后被提出抗诉的原审被告人未到案的，人民法院应当裁定中止审理，原审被告人到案后，恢复审理。(3)审理申诉人申诉的再审案件，申诉人在再审期间撤回申诉的，应当裁定准许；申诉人经依法通知无正当理由拒不到庭，或者未经法庭许可中途退庭的，应当裁定按撤回申诉处理，但申诉人不是原审当事人的除外。(4)开庭审理的再审案件，是人民法院决定再审的，由合议庭组成人员宣读再审决定书；系人民检察院抗诉的，由检察人员宣读抗诉书；是申诉人申诉的，由申诉人或者其辩护人、诉讼代理人陈述申诉理由。

对被判刑人需要采取强制措施的，我国《刑事诉讼法》第257条第1款规定：“人民法院决定再审的案件，需要对被告人采取强制措施的，由人民法院依法决定；人民检察院提出抗诉的再审案件，需要对被告人采取强制措施的，由人民检察院依法决定。”此规定表明，由哪一机关启动的再审程序并需要对被告人采取强制措施的，即由哪一机关决定。“需要对被告人采取强制措施的”应当包括强制措施的适用和变更。强制措施的适用是对于刑罚已经执行完毕或者原判无罪释放的人；变更是对正在服刑可能改判为无罪的人，将羁押变更为取保候审等强制措施。

二、重新审判案件的审理期限

我国《刑事诉讼法》第258条第1款规定：“人民法院按照审判监督程序重新审判的案件，应当在作出提审、再审决定之日起三个月以内审结，需要延长期限的，不得超过六个月。”立法作出最长不得超过6个月的限制性规定，以防止久拖不决的现象发生。为了更好地使抗诉案件的接受与审理方式相衔接，《刑事诉讼法》第258条第2款规定:“接受抗诉的人民法院按照审判监督程序审判抗诉的案件,审理期限适用前款规定;对需要指令下级人民法院再审的,应当自接受抗诉之日起一个月以内作出决定,下级人民法院审理案件的期限适用前款规定。”

三、重新审判后的处理

人民法院按照审判监督程序重新审判案件,经过审理以后,根据案件的不同情况和最高法《刑诉解释》的规定,应当分别作出如下处理:(1)原判决、裁定认定事实和适用法律正确、量刑适当的,应当裁定驳回申诉或者抗诉,维持原判决、裁定;(2)原判决、裁定定罪准确、量刑适当,但在认定事实、适用法律等方面有瑕疵的,应当裁定纠正并维持原判决、裁定;(3)原判决、裁定认定事实没有错误,但适用法律错误,或者量刑不当的,应当撤销原判决、裁定,依法改判;(4)依照第二审程序审理的案件,原判决、裁定事实不清或者证据不足的,可以在查清事实后改判,也可以裁定撤销原判,发回原审人民法院重新审判。

另外,原判决、裁定事实不清或者证据不足,经审理事实已经查清的,应当根据查清的事实依法裁判;事实仍无法查清,证据不足,不能认定被告人有罪的,应当撤销原判决、裁定,判决宣告被告人无罪。对于被提出抗诉的原审被告人已经死亡或者在审理过程中死亡的,人民法院应当裁定终止审理,但对能够查清事实,确认原审被告人无罪的,应当予以改判。对再审改判宣告无罪并依法享有申请国家赔偿权利的当事人,人民法院宣判时,应当告知其在判决发生法律效力后可以依法申请国家赔偿。需要特别指出的是,除人民检察院抗诉的以外,再审一般不得加重原审被告人的刑罚。再审决定书或者抗诉书只针对部分原审被告人的,不得加重其他同案原审被告人的刑罚。

【案例一】

[案情简介]

被告人司某(男,33岁),某市国家工作人员。从2019年司某任职以来,利用职权受贿,受贿金额达人民币10万元。案发后,某区检察院以司某犯受贿罪向区人民法院提起公诉。某区人民法院于2022年11月24日开庭审理并作出判决,判处司某犯受贿罪,有期徒刑5年。一审判决后,司某未提起上诉,上诉期满后将司某送监狱服刑。

自2022年12月起,司某多次以没有利用职务之便,未构成犯罪为由,向原判法院提起申诉,某区法院院长提交审判委员会讨论后,决定对此案再审。但在是否开庭审理的问题上,审判委员会存在不同意见,一部分认为,此案事实清楚,证据确实、充分,只是适用法律上有错误,无须开庭;另一部分认为,按照有关司法解释,此案属于开庭审理的范畴,应开庭审理。

[问题]

阐述再审案件审理的方式及程序。

［解析］

本案考查再审案件的审理方式和程序。审判方式，是指人民法院审理案件的方法和形式。根据法律规定，审理方式不外有两种：开庭审理和不开庭审理。不开庭审理在学理上分为：调查讯问式和书面审理。调查讯问式审理，一般指对事实清楚的，经过阅卷、讯问被告人、听取其他当事人、辩护人、诉讼代理人的意见后，不开庭审理；书面审理，指人民法院采用调阅案卷，书面审查核实各种证据和适用法律等情形后作出裁判。

按照审判监督程序重新审判案件，其审理方式应当以开庭审理即直接审理为主，以不开庭审理为辅。根据2001年12月26日《最高人民法院关于刑事再审案件开庭审理程序的具体规定》，对下列案件应当开庭审理：(1)依照第一审程序审理的；(2)依照第二审程序需要对事实或证据进行审理的；(3)人民检察院按照审判监督程序提出抗诉的；(4)可能对原审被告人(原审上诉人)加重刑罚的；(5)有其他应当开庭审理情形的。

对于下列案件可以不开庭审理：(1)原判决、裁定事实清楚，证据确实、充分，但适用法律错误，量刑畸重的；(2)1979年《刑事诉讼法》实施以前裁判的；(3)原审被告人(原审上诉人)、原审自诉人已经死亡或者丧失行为能力的；(4)原审被告人(原审上诉人)在交通十分不便的边远地区监狱服刑，提押到庭确有困难的，但人民检察院提出抗诉的，人民法院征得人民检察院同意的；(5)人民法院按照审判监督程序决定再审，经两次通知，人民检察院不派员出庭的。

对于需开庭审理的案件，再审的法院在开庭审理前，应当做到：(1)确定合议庭的组成人员；(2)将再审决定书，申诉书副本至迟在开庭30日前，重大、疑难案件至迟在开庭60日前送达同级人民检察院，并通知其查阅案卷和准备出庭；(3)将再审决定书或抗诉书副本至迟在开庭30日以前送达原审被告人(原审上诉人)，告知其可以委托辩护人，或者依法为其指定承担法律援助义务的律师担任辩护人；(4)至迟在开庭15日前，重大、疑难案件至迟在开庭60日前，通知辩护人查阅案卷和准备出庭；(5)将开庭的时间、地点在开庭7日以前通知人民检察院；(6)传唤当事人，通知辩护人、诉讼代理人、证人、鉴定人和翻译人员，传票和通知书至迟在开庭7日以前送达；(7)公开审判的案件，在开庭7日以前先期公布案由、原审被告人(原审上诉人)姓名、开庭时间和地点。

此外，无论按照以上哪种方式审理的再审案件，在审理的期限上，必须严格执行法律的规定，应当在做出提审、再审决定之日起3个月以内审结，需要延长期限的，不得超过6个月。而且，对需要指令下级人民法院再审的，也应自接受抗诉之日起1个月内做出决定。明确再审期限，有利于防止再审的拖延和案件的积压，及时审结各类案件，保护公民的合法权益和提高诉讼效率。

依照上述最高人民法院关于刑事再审案件开庭审理程序的规定，本案属于依照第一审程序审理的案件,属于依法应当开庭审理的再审案件。

【案例二】

[案情简介]

2022 年 6 月 11 日,被告人李某(女,36 岁),某县人,以拐卖儿童罪,被某县人民法院判处有期徒刑 7 年。一审判决后,李某不服,提起上诉。某市中级人民法院经过二审认为原判量刑太轻,但鉴于上诉不加刑原则,于是维持原判,驳回上诉。李某在监狱服刑时,该二审法院又提起审判监督程序,指令原一审法院再审。依据审判监督程序一审法院对该案进行了重审,改判李某有期徒刑 12 年。被告人李某不服,又向中级人民法院提起了上诉。

[问题]

两审终审的案件,当二审法院发现自己所作的终审裁判有错误时,能否指令其下级的原一审法院再审?

[解析]

本案考查指令再审。对于二审终审的案件,二审法院发现错误时,是不能指令原一审法院或行政区内的其他下级法院再审的。因为原一审法院所作裁判是在经二审法院审理之后才生效的。《刑事诉讼法》第 256 条规定:“人民法院按照审判监督程序重新审判的案件,由原审人民法院审理的,应当另行组成合议庭进行。如果原来是第一审案件,应当依照第一审程序进行审判,所作的判决、裁定,可以上诉、抗诉;如果原来是第二审案件,或者是上级人民法院提审的案件,应当依照第二审程序进行审判,所作的判决、裁定,是终审的判决、裁定。”据此可知,法院按照审判监督程序重新审判的案件,原来是第二审的案件,再审时仍应按第二审程序进行审理。法律把指令再审的条件限定在上级人民法院发现下级人民法院的生效裁判确有错误的范围内,那就是说,上级人民法院对本院终审但确有错误的案件,不能指令下级人民法院再审。如果将这类案件指令原一审法院再审,不仅是将二审法院错误裁判的责任转嫁由原一审法院承担,同时,将原二审终审的案件指令一审法院再审,程序上讲就只能按第一审程序进行审理,显然违背了《刑事诉讼法》第 256 条的规定。再则,由一审法院来纠正二审法院裁判的错误,是没法律根据的,也必然会颠倒上下级人民法院的监督指导关系。

因此,上级人民法院指令下级人民法院再审的案件,属于原一审案件是由下级人民法院审理并裁判生效的案件。对二审法院发现本院确有错误裁判的案件,应由二审法院自行再审,而不应指令其下级人民法院再审。

【案例三】

[案情简介]

甲某因涉嫌强奸罪一审被判处有期徒刑 7 年。刑罚执行期间,甲某父母找到证人杨某,证明案发时甲某正与杨某在外开会,甲某父母提出申诉,法院对该案启动再审。关于再审案件再审期间原判决的执行,再审法院作出以下处理:(1)继续执行原判决;(2)由再审法院裁定中止执行原判决;(3)由再审法院决定中止执行原判决;(4)报省级法院决定中止原判决。

[问题]

再审法院对再审期间原判决执行的以上处理是否正确?

[解析]

本案考查再审对原判决的处理。关于刑事案件再审期间对原判决执行的处理,《最高人民法院关于刑事再审案件开庭审理程序的具体规定》第11条规定:“人民法院决定再审或者受理抗诉书后……原审被告人(原审上诉人)在押,再审可能改判无罪的,人民法院裁定中止执行原判决后,可以取保候审……”《刑事诉讼法》第257条第2款规定:“人民法院按照审判监督程序审判的案件,可以决定中止原判决、裁定的执行。”根据以上两项法条的规定以及新法优于旧法的原则,刑事再审程序启动后,若被关押的原审被告人(原审上诉人)可能被改判无罪,则人民法院应当“决定”而非“裁定”中止原判决、裁定的执行。本案中,原审被告人甲某被判处有期徒刑且处于服刑期间,证人杨某能够证明案发时甲某在外开会,无作案可能,再审甲某可能被改判无罪。因此,再审法院应当决定中止原判决的执行。因此,本案中再审法院对再审期间原判决执行的以上处理(3)正确;而处理(1)、(2)、(4)不正确。

【综合案例】

【综合案例一】

[案情简介]

被告人柳某(男,34岁),河北省某市税务局工作人员。2022年4月16日,某区人民检察院以被告人柳某犯抢劫罪向本区法院提起公诉。某区人民法院经审查认为,被告人虽有作案动机,但没有犯罪故意,也没有实施具体的犯罪行为,因此被告人的行为不构成抢劫罪。该区法院依法判决被告人柳某无罪。

一审宣判后,被告人柳某服判。某区人民检察院以遗漏犯罪为理由,向某市中级人民法院提出抗诉。中级人民法院认为,被告人柳某主观上有抢劫的故意,客观上实施了跟踪行为。市中级人民法院经过二审审理后裁定:驳回抗诉,维持原判。

二审裁定发生法律效力后,河北省人民检察院认为裁定确有错误,以被告人柳某的行为已构成抢劫(未遂)罪为理由,按照审判监督程序向河北省高级人民法院提起抗诉。河北省高级人民法院依照审判监督程序对本案进行提审后认为,被告人柳某的行为已构成抢劫(未遂)罪,但情节轻微,社会危害性较小,可免予刑事处分。河北省高级人民法院判决柳某犯抢劫(未遂)罪,免予刑事处分。

[问题]

阐述第二审程序的抗诉与审判监督程序的抗诉的区别。

[思路]

本案考查不同诉讼程序的抗诉是不同的。检察院之所以对本案两次抗诉,原因在于对于被告的行为是否构成抢劫罪,如果构成抢劫罪,属于何种犯罪形态和法院存在分歧。我们认为将被告的行为定为抢劫(未遂)罪是恰当的。本案河北省高级人民法院提审判决根据柳某上述行为的性质和情节,按抢劫定罪免刑,也是正确的。本案中,检察院的两次抗诉的区别如下:

(1)抗诉的对象不同。抗诉的对象不同,引发的法律后果也不同。检察院的第二审程序的抗诉是对尚未发生法律效力的一审判决的抗诉,直接引起了二审程序。审判监督程序的抗诉是对已经生效的裁判的抗诉,启动了审判监督程序。

(2)抗诉的期限不同。二审程序的抗诉,必须在法定期限内提出。根据《刑事诉讼法》的规定,第二审程序中的抗诉期限为判决 10 日、裁定 5 日,超过这一期限,则一审判决、裁定即发生法律效力,不能引起二审程序。审判监督程序中的抗诉除了对人民法院将有罪判为无罪或者量刑过轻的案件要受诉讼时效的限制外,审判监督程序的抗诉则没有时间的限制,在任何时候发现原审判决、裁定有误,均可提出抗诉。

(3)抗诉的权限不同。二审程序的抗诉仅限于地方各级人民检察院,最高人民检察院不能按此程序向人民法院提出抗诉。审判监督程序的抗诉权只能由最高人民检察院和上级人民检察院行使,地方各级人民检察院对本级法院生效的裁判,即使认为确有错误,也无权按审判监督程序提出抗诉。

(4)接受抗诉的审判机关不同。二审程序中的抗诉,是由一审法院的上一级人民法院审理,也就是说,接受二审程序抗诉的法院是提出抗诉的检察院的上一级人民法院。接受审判监督程序抗诉的机关是提出抗诉的检察院的同级人民法院。接受抗诉的人民法院应当另组合议庭重新审理。

(5)被告人的死亡对抗诉的影响不同。如果被告人死亡,则不发生提起二审程序抗诉的问题,即使已经提起抗诉,除根据已有的证据材料能够确认被告人无罪、应宣告无罪外,均应终止案件的审理。这是因为,二审程序所要解决的是被告人应否承担刑事责任的问题,被告人死亡,犯罪主体消灭,刑事责任的承担者不复存在,所以不能再追究其刑事责任。审判监督程序的抗诉所要解决的是原审被告人已经承担或没有承担的刑事责任是否正确的问题。因此,被告人是否死亡不影响检察院对生效裁判的抗诉。

(6)抗诉的作用和后果不同。二审程序的抗诉,主要是为了阻止第一审法院的判决生效,避免将人民检察院认为有错误的判决交付执行,审判的结果可能改判,也可能发回原审法院重审,还可能维持原判。审判监督程序的抗诉,主要是为了实事求是,有错必纠,将已经交付执行的错误裁判纠正过来,一般来说,将导致案件重新处理。

本案中，对二审抗诉案的审理是由一审法院的上一级人民法院——某市中级人民法院进行的，而对审判监督程序的抗诉的审理是由提出抗诉的河北省人民检察院的同级法院河北省高级人民法院进行审理。

【综合案例二】

[案情简介]

被告人魏某(男,30 岁),某市公务员。2019 年 5 月 17 日晚 7 时,被告人魏某在快餐店吃饭,在吃饭过程中因饮酒过量,与同桌的冀某发生争执,并抽枪威胁冀某,不慎走火将冀某打死。案发后,某市中级人民法院依法对其公开审判,魏某犯杀人罪判处无期徒刑。第一审判决后,魏某不服向省高级人民法院提起上诉,省高级人民法院经过二审认为原判决正确,且驳回上诉。魏某服刑期间,他曾多次以原判认定事实有误,量刑过重为由向省高级人民法院提出申诉,并要求司法机关停止对原裁判的执行。高级人民法院经对原判进行审查,认为原判认定的部分事实情节有误,经院长提交审判委员会讨论决定再审,并于 2022 年 11 月 27 日裁定中止原裁判执行。

[问题]

提出申诉或决定再审后是否停止原生效裁判的执行?

[思路]

关于提出再审申请或决定再审以后是否停止原判决、裁定的执行,各国刑事诉讼法有不同的规定。我国《刑事诉讼法》第 252 条规定:“当事人及其法定代理人、近亲属,对已经发生法律效力的判决、裁定,可以向人民法院或者人民检察院提出申诉,但是不能停止判决、裁定的执行。”

提出再审申请或决定再审以后是否停止原判决、裁定的执行?一般认为,不停止原判决执行的做法较为合理。(1)再审案件本身具有复杂性。如对于正在执行的原判,如果从保护被告人合法权益的角度出发,对认为确有错误需要再审的,应该先撤销原判,停止执行,释放被告人。但再审前认为有错并不能保证经过再审程序审理后一定会改判无罪或短于已执行的刑期,如果维持了原判或加重了刑罚,需要收监被告人,就会面临放了又收的难题。(2)根据刑事诉讼的一般原理,生效的判决和裁定具有严肃性和稳定性,不能任意撤销,必须经过严格的法定程序和重新审判后才能改变。这是再审程序存在的根据,也是刑事诉讼的基本要求。(3)再审程序开始前,不先行撤销原判,也能使合议庭不带偏见和顾虑,客观公正地对案件进行审查,否则,审判人员会认为原判已被撤销,必然有错,难免会影响其对案件的重新审理。因此,再审裁判前一般不应撤销原判。最高人民法院有关司法解释规定,人民法院按照审判监督程序开始审理的刑事再审案件,除人民检察院提起抗诉的以外,应制作决定再审决定书。人民法院决定再审的决定,一般不撤销原判,并且再审期间不停止原判决、裁定的执行。

本案经审查,仅发现是部分事实情节有误,不可能对被告人改判无罪,因此,高级人民法院不应裁定中止原裁判执行。

资料链接

1. 陈光中主编:《刑事诉讼法》(第7版),北京大学出版社2021年版。
2. 叶青主编:《案例刑事诉讼法学》,中国法制出版社2013年版。
3. 陈卫东主编:《刑事诉讼法》(第4版),中国人民大学出版社2015年版。
4. 姚莉主编:《刑事诉讼法学》(第3版),中国法制出版社2023年版。
5.《刑事诉讼法学》编写组编:《刑事诉讼法学》(第3版),高等教育出版社2019年版。
6. 中国法制出版社编:《中华人民共和国刑事诉讼法注解与配套》,中国法制出版社2021年版。

讨论思考

1. 如何理解申诉与再审的关系?
2. 哪些人员和机关能够提起审判监督程序?
3. 审判监督程序与第二审程序有何异同?
4. 提起审判监督程序的条件是什么?
5. 审判监督程序抗诉与第二审程序抗诉的区别是什么?
6. 审判监督程序与审判中其他监督程序的区别是什么?
7. 再审中有哪些不得加重刑罚的情形?
8. 试述审判监督程序的审理程序。
9. 如何改革我国的审判监督程序?

第十七章 执　　行

◈ 本章提要

执行是刑事诉讼中的一个独立阶段，也是刑事诉讼的最后阶段。刑事诉讼中的执行，是指法定的执行机关将已经发生法律效力的判决、裁定所确定的刑罚等内容付诸实施，以及为解决实施过程中出现的特定问题而进行的活动。执行是落实生效裁判实体内容的诉讼活动，但并非对判决、裁判执行的整个过程和全部活动都属于刑事诉讼活动的范围，属于刑事诉讼活动范围的，仅指人民法院的交付执行、监狱及其他执行机关对刑罚的执行和刑罚变更等活动。裁判的种类不同，执行的内容与程序也就不同。变更执行程序，是指法定的执行机关在对生效裁判交付执行或执行的过程中，由于出现法定情形，需要变更原裁判所确定的执行内容或执行方法而应遵循的程序。变更执行主要包括死刑执行的变更、监外执行、减刑、假释等。人民检察院对执行刑罚的合法性实行监督，如果发现执行机关执行刑罚的活动有违法情况的，有权通知有关机关予以纠正。

◉ 法考重点

执行的依据；执行主体；各种判决、裁定的执行程序；执行变更；暂予监外执行的条件；减刑的条件及程序；假释的条件及程序；人民检察院对执行的监督。

第一节　各种判决、裁定的执行

△ 知识背景

按照各种刑罚的不同特点和各执行主体的不同职能，可以把执行的机关分为三种不同的类别，即交付执行机关、执行机关和执行的监督机关。交付执行机关是指将生效裁判及罪犯依照法定程序交给有关机关执行刑罚的机关。《宪法》、《刑事诉讼法》和《人民法院组织法》规定，人民法院是国家审判机关，亦是将生效裁判交付执行的机关。人民法院根据已生效裁判所确定的内容及其刑罚执行方式不同，交由不同的执行机关执行。根据我国《刑事诉讼法》和最高法《刑诉解释》的有关规定，发生法律效力的判决和裁定一般由原第一审人民法院交付执行。执行机关，是指将生效裁判所确定的刑罚付诸实施的机关。法律规定,执行机关除包括人民法院、监狱、未成年犯管教所、看守所等以外,还包括公安机关社区矫正机构、罪犯所在单位及其居住地的基层组织等。根据生效裁判的不同执行方式和执行机关的不同职权,这些执行机关所执行的刑罚种类分别是:(1)人民法院负责对无罪、免予刑事处罚、罚金、没收财产和附带民事裁判以及死刑立即执行判决的执行。(2)监狱和未成年犯管教所负责对无期徒刑、有期徒刑和死缓判决的执行。(3)公安机关的看守所虽然不是刑罚执行机关,但是对于被判处有期徒刑余刑在3个月以下的罪犯可由其代为执行;对被判处剥夺政治权利、拘役等罪犯的执行。(4)社区矫正机构执行。我国《刑事诉讼法》第269条规定:"对被判处管制、宣告缓刑、假释或者暂予监外执行的罪犯,依法实行社区矫正,由社区矫正机构负责执行。"该规定表明,社区矫正机构负责的对象是被判处管制、宣告缓刑、裁定假释和决定或批准暂予监外执行的罪犯,对他们的监督、管理和教育矫正,依照2020年7月最高人民法院、最高人民检察院、公安部、司法部《社区矫正实施办法》执行。人民检察院是执行的监督机关。

一、死刑立即执行判决的执行

刑事诉讼中的执行,是指人民法院、人民检察院、公安机关及其他刑罚执行机关将已经发生法律效力的判决、裁定所确定的内容依法付诸实施及解决实施中出现的变更执行等问题而进行的诉讼活动。执行程序具有合法性、及时性、强制性、执行主体的广泛性的特点。执行是刑事诉讼的最后一个程序,也是使刑罚权得以实现的关键程序。死刑是剥夺罪犯生命的刑罚,无论是作出判决或者执行死刑,都应当十分慎重。为了从诉讼程序上确保死刑的正确适用,防止错杀,我国《刑事诉讼法》和最高法《刑诉解释》及有关规定内容主要包括:(1)执行死刑命令的签发。根据《刑事诉讼法》第261条的规定,最高人民法院判处和核准的死刑立即执行的判决,应当由最高人民法院院长签发执行死刑的命令。执行死刑命令应按照统一格式填写,然后由院长签名,并加盖人民法院印章。(2)执行死刑的机关及期限。最高人民法院的执行死刑命令,应当由高级人民法院交付第一审人民法院执行。第一审人民法院接到执行死刑命令后,应当在7日以内执行。被判处死缓的罪犯,在死刑缓期执行期间故意犯罪,最高人民法院核准执行死刑的,由罪犯服刑地的中级人民法院执行。(3)死刑执行的监督。人民检察院收到同级人民法院执行死刑临场监督通知后,应当立即派员并做好监督工作。(4)执行死刑由人民法院的审判人员负责指挥。(5)死刑罪犯同近亲属会见。根据最高法《刑诉解释》第505条的规定:"……应当告知罪犯有权会见其近亲属。罪犯申请会见并提供具体联系方式的,人民法院应当通知其近亲属。罪犯近亲属申请会见的,人民法院应当准许并及时安排。"(6)执行死刑的方法和场所。根据《刑事诉讼法》第263条和最高法《刑诉解释》规定,死刑采用枪决或者注射等方法执行。采用枪决、注射以外的其他方法执行死刑的,应当事先层报最高人民法院批准。死刑可以在刑场或者指定的羁押场所内执行。采用枪决方法执行死刑,人民法院有条件执行的,交由司法警察执行；没有条件执行的，交由武装警察执行。采用注射方法执行死刑的，由法医进行。(7)执行死刑应当公布。(8)执行死刑后的处理。执行死刑完毕，由法医验明罪犯确实死亡后，在场书记员制作笔录。负责执行的人民法院应当将执行死刑情况（包括执行死刑前后照片）在15日内逐级上报最高人民法院。执行死刑后，通知罪犯家属，对罪犯遗物、遗款等应当查点清楚，列出清单，交其家属领取，并将收条交付执行的人民法院附卷。

二、死缓、无期徒刑、有期徒刑和拘役判决的执行

《刑事诉讼法》第264条第1款规定，罪犯被交付执行刑罚的时候，应当由交付执行的人民法院在判决生效后十日以内将有关的法律文书送达公安机关、监狱或者其他执行机关。《监狱法》第16条规定，罪犯被交付执行刑罚时，交付执行的人民法院应当将人民检察院的起诉书副本，人民法院的判决书、执行通知书、结案登记表同时送达监狱。监狱没有收到上述文件的，不得收监；上述文件不齐全或者记载有误的，作出生效判决的人民法院应当及时补充齐全或者作出更正；对其中可能导致错误收监的，不予收监。上述这四种法律文书对于刑罚执行机关对罪犯正确执行刑罚，对罪犯进行教育改造，具有重要意义。有利于刑罚执行机关更全面地了解、揭露、证实犯罪，追诉罪犯的司法活动的全过程，明确检察机关的起诉意见，准确把握罪犯实施犯罪活动的发展过程及其真实的思想脉络。

死刑缓期2年执行、无期徒刑、有期徒刑、拘役虽然都属于剥夺人身自由的刑罚，但由于犯罪性质不同、刑种不同、刑期不同、犯罪人是否成年不同，以上刑罚在执行方式、执行场所等方面都有所不同，《刑事诉讼法》第264条第2款、第3款分别规定，对判处死刑缓期二年执行、无期徒刑、有期徒刑的罪犯，由公安机关依法将罪犯送交监狱执行刑罚。对判处有期徒刑的罪犯，在被交付执行前，剩余刑期在3个月以下的，由看守所代为执行。对于被判处拘役的罪犯，由公安机关执行；对未成年犯应当在未成年犯管教所执行刑罚。法律规定交付执行前余刑在3个月以下的有期徒刑罪犯由看守所代为执行，有利于罪犯服刑改造。对于在看守所执行刑罚的罪犯，应当同未决的犯罪嫌疑人分管分押。

三、管制、宣告缓刑、假释、暂予监外执行的执行

《刑事诉讼法》第269条规定，对被判处管制、宣告缓刑、假释或者暂予监外执行的罪犯，依法实行社区矫正，由矫正机构负责执行。社区矫正是与监禁矫正相对的行刑方式，是指将符合社区矫正条件的罪犯置于社区内，由专门的国家机关在相关社会团体和民间组织以及社会志愿者的协助下，在判决、裁定或决定确定的期限内，矫正其犯罪心理和行为恶习，并促进其顺利回归社会的非监禁刑执行活动。社区矫正工作是积极利用各种社会资源、整合社会各方面力量，对罪行较轻、主观恶性较小、社会危害性不大的罪犯或者经过监管改造、确有悔改表现、不致再危害社会的罪犯在社区中进行有针对性管理、教育和改造的工作。在社区矫正对象的确定上，严格依法办事。目前社区矫正的五种对象,都是现行法律规定的对象,而不是新确定的犯罪分子。对这五种对象实行社区矫正,要严格依照现有的法定程序办理。例如,对犯罪分子判处缓刑,要按照刑法和刑事诉讼法的规定进行;对服刑罪犯实行假释,也要根据现行法律的规定进行。社区矫正工作的主要程序,都是现行法律规定的程序。社区矫正工作的执行,是依照现行法律进行的。虽然监督、考察和帮教社区矫正对象的大量日常工作,是由司法行政部门承担的,但是,监督考察的法律程序仍然要由公安机关依照现行法律履行。在社区矫正工作中,人民法院、人民检察院、司法行政机关和公安机关根据现行法律的规定,履行各自的职能,既分工负责,又相互配合、相互支持,从而保证社区矫正工作的依法顺利进行。

四、剥夺政治权利判决的执行

我国《刑事诉讼法》第 270 条规定,对被判处剥夺政治权利的罪犯,由公安机关执行。执行期满,应当由执行机关书面通知本人及其所在单位、居住地基层组织。公安机关执行时应宣布剥夺政治权利的期限和内容,并组织罪犯所在单位或居住地群众对其实行监督。在执行剥夺政治权利的刑罚时,要注意政治权利的范围,不能把不属于政治权利的其他权利也作为政治权利一起剥夺。

五、罚金、没收财产判决的执行

我国《刑事诉讼法》第 271 条规定,罚金判决由人民法院负责执行。被判处罚金的罪犯或者犯罪单位,应按照判决确定的数额在判决规定的期限内一次或分期缴纳。期满无故不缴纳的,人民法院应当强制缴纳。对于被判处罚金的自然人,期满无故不缴纳的,人民法院可以通知其所在单位扣发工资或采取查封、变卖罪犯个人财产等方式执行;对被判处罚金的罪犯单位,人民法院可以通知银行从其账户上直接划款。

被判处罚金的罪犯,因遭遇不能抗拒的灾祸缴纳罚金确实有困难,被执行人向法院申请减少或者免除的,执行法院经审查认定符合法定减免条件的,如果由于遭遇不能抗拒的灾祸缴纳确实有困难的,可以裁定减少或者免除。对于期满不缴纳罚金的罪犯,无论理由正当与否,都不能不经法定程序用其他刑罚代替罚金。罪犯缴纳的罚金,应按规定及时上缴国库,任何机关、单位和个人都不得挪作他用或者私分。

没收财产的判决,无论附加适用或者独立适用,都由人民法院执行;在必要的时候可以会同公安机关执行。为防止执行前财产转移、损坏以及影响判决执行的情况发生,人民法院可以先采取查封、扣押、冻结被告人财产的措施。没收财产的范围,只限于犯罪分子本人所有的部分财产或全部财产,不得没收属于罪犯家属所有或应有的财产。对查封前犯罪分子所负正当债务,如果需要用没收的财产偿还的,经债权人请求,由人民法院裁定在没收的财产中酌情偿还。如果在没收的财产中,罪犯利用犯罪手段获得的他人财产,经原主申请,并经人民法院查证属实后,应将原物退还原主。对于没收的财产,应按有关规定及时上缴国库或财政部门,任何机关、个人都不得私自挪用、调换、压价私分或变相私分。

【案例一】

[案情简介]

被告人甲某(男,38岁),某县机关领导。2022年8月19日,某县人民检察院以甲某在职期间向他人受贿500万元构成受贿罪为由,逮捕甲某。2022年10月17日,县人民检察院以甲某犯受贿罪向人民法院起诉。2022年11月14日,县人民法院开庭审理,甲某被依法判处有期徒刑10年。判决宣告后,被告人不服,提出上诉。县人民法院在没有接到二审判决的情况下,就将被告人甲某送去服刑。市中级人民法院认为一审判决依据的证据不足,事实不清,裁定将此案发回重审。县人民法院派人从服刑地将甲某带回。经重新审理,人民法院认定被告人未构成受贿罪,宣告无罪,立即释放。但被告人已"服刑"半年了。

[问题]

1. 简述刑事诉讼中的执行特点。

2. 阐述判决和裁定在发生法律效力后的执行条件。

[解析]

1. 本案考查判决和裁定的执行特点。刑事诉讼中的执行,是指人民法院、人民检察院、公安机关及其他刑罚执行机关将已经发生法律效力的判决、裁定所确定的内容依法付诸实施及解决实施中出现的变更执行等问题而进行的诉讼活动。执行程序的特点:(1)合法性。执行的合法性是指刑罚执行机关所执行的对象必须是已经发生法律效力的判决和裁定,但是,宣告被告人无罪、免除刑事处罚时立即释放在押被告人的除外;执行活动必须依照法律规定的诉讼程序进行。(2)及时性。执行的及时性是指人民法院的判决和裁定一经发生法律效力,就应当迅速执行,任何机关、团体和个人都无权阻止和拖延。(3)强制性。执行的强制性是指已经发生法律效力的判决和裁定,具有普遍的约束力,任何机关、团体和个人都应当执行。(4)执行主体的广泛性。执行主体的广泛性是指有权力和义务执行生效裁判的机关、单位和机构在范围上的广泛性和层次上的多样化。

2. 本案考查判决和裁定的执行条件。执行的条件是指执行的依据。刑事执行的条件是发生法律效力的判决和裁定。根据我国《刑事诉讼法》第259条和《刑法》的相关规定,发生法律效力的判决和裁定包括以下几种:(1)已过法定期限没有上诉、抗诉的判决和裁定;(2)终审的判决和裁定;(3)高级人民法院核准的死刑缓期二年执行的判决;(4)最高人民法院核准的死刑判决。

本案中,县人民法院在做出一审判决之后,被告人甲某提出上诉。一审判决没有发生法律效力,不应执行。但是,县人民法院在二审判决裁定未做出之前便对甲某执行,这种做法违反了《刑事诉讼法》第259条的规定,是错误的。未生效的判决之所以不能交付执行是因为一审判决后,被告人上诉或者检察院抗诉,二审法院有可能改判,也有可能对被告人宣告无罪,如果在二审判决、裁定做出之前就将被告人交付执行,将会造成被告人实际执行的刑期超过被宣告的刑期的情况，甚至会出现被告人无罪而服刑的情况。如本案被告人无罪，但是服刑6个月了，这不但侵犯了被告人的合法权益，而且损害了司法的权威性，也会造成对诉讼资源不必要的浪费。

【案例二】

［案情简介］

被告人甲某（男，27岁），某市人，某公司工会职员。被害人乙某（男，26岁），无业。2022年5月19日晚8时许，甲某所在公司的工会正举办元旦晚会，在演出过程中，突然遭遇无业游民混入演出场，大声喧哗、无理取闹，甲某见状上前制止。乙某等人将甲某围住，对其拳打脚踢。其他工人也上前劝阻，乙某抽出随身携带的匕首，甲某伸手去抢乙某的匕首，乙某抓住匕首向甲某刺去，甲某抓住乙某胳膊不放，两人在争斗过程中，甲某不小心将匕首刺中了乙某的胸部，乙某动脉刺破流血不止，医治无效死亡。案发后，经某市人民检察院批准，甲某被公安机关逮捕。某市人民法院经过审理，认为甲某的行为属于正当防卫，因此宣告甲某无罪，并将甲某当庭释放。

［问题］

分析宣告无罪或免除刑罚判决的执行时间。

［解析］

本案考查宣告无罪或免除刑罚的判决应立即执行。我国《刑事诉讼法》第260条规定："第一审人民法院判决被告人无罪、免除刑事处罚的，如果被告人在押，在宣判后应当立即释放。"因此，对于无罪或者免除刑罚的判决，应在宣判后立即执行，即如果被告人被逮捕的，应立即释放被告人。法律之所以如此规定，其目的在于及时恢复被宣告无罪和免除刑事处罚人的人身自由，保护其合法权益。这类案件虽然释放了被告人，但不影响上诉和抗诉程序的进行。如果自诉人或者人民检察院提出上诉或者抗诉，由二审法院对案件审理后，予以改判的，应当再执行终审判决。如果二审法院改判被告人有罪并处以拘役、有期徒刑或者无期徒刑的，则应再将被告人收押以执行判决。

据上可知，如果一审判决宣告被告人无罪或免除刑罚的，应当释放被告人，而不能因为二审有可能改判而继续羁押被告人。本案中，被告人甲某一审被宣告无罪，人民法院将其立即释放，这符合法律的规定。

【案例三】

［案情简介］

被告人甲某（男，32岁），某市工人；被告人乙某（男，37岁），某市工人。2021年9月27日晚9时许，甲某、乙某二人预谋到某市银行抢劫，二人见银行内顾客少，便持枪抢劫。抢劫得手后，二人逃窜。于2021年10月17日下午5时许，在某市被捕获。某市人民法院依法组成合议庭，对该案进行公开审理，认为甲、乙二人持枪抢劫银行，犯罪事实清楚，证据确凿，情节特别严重，依法判处二被告死刑，立即执行。一审判决后，二被告不服，提出上诉。省高级人民法院二审审理后，维持一审法院判决，并在作出裁定后10日内报请最高人民法院核准。最高人民法院核准复核后，裁定核准省高级人民法院对甲、乙的判决。

省高级人民法院接到最高人民法院核准死刑的裁定及院长签发的执行死刑的命令后，交付第一审市人民法院在法定时间内执行。某市法院向甲、乙送达核准死刑的裁定；通知同级人民检察院派员临场监督，某市检察院指派检察员李某执行刑场监督；指挥执行死刑的是本案审判长朱某，执行死刑前对二犯验明正身，讯问有无遗言、信札。甲、乙表示：要求执行时两人一起执行、一起埋掉，并给各人家里写了信。2021年12月3日下午2时，执行人员将甲、乙押赴刑场，分别由执行员周某使用枪决，发射两发子弹，将二犯当场毙命。执行后，由市检察院检察员验明二犯确已死亡。张贴执行死刑布告，执行死刑后，市法院通知罪犯家属，同时向核准死刑的最高人民法院作出书面报告。

［问题］

结合本案阐述死刑的执行程序是什么。

［解析］

本案考查死刑的执行程序。根据我国《刑事诉讼法》有关规定，我国死刑执行程序包括：(1)执行死刑命令的签发。《刑事诉讼法》第261条第1款规定："最高人民法院判处和核准的死刑立即执行的判决，应当由最高人民法院院长签发执行死刑的命令。"(2)执行死刑的机关及期限。最高人民法院的执行死刑命令，应当由高级人民法院交付第一审人民法院执行。第一审人民法院接到执行死刑命令后，应当在7日以内执行。(3)死刑执行的监督。人民检察院收到同级人民法院执行死刑临场监督通知后，应当立即派员并做好监督。(4)执行死刑的指挥人员及其工作。根据《刑事诉讼法》第263条第4款的规定"指挥执行的审判人员，对罪犯应当验明正身，讯问有无遗言、信札，然后交付执行人员执行死刑。在执行前，如果发现可能有错误，应当暂停执行，报请最高人民法院裁定。"可见，执行死刑由人民法院的审判人员负责指挥。(5)死刑罪犯同近亲属会见。据最高法《刑诉解释》第505条规定："……应当告知罪犯有权会见其近亲属。罪犯申请会见并提供具体联系方式的，人民法院应当通知其近亲属……罪犯近亲属申请会见的，人民法院应当准许并及时。"(6)执行死刑的方法和场所。《刑事诉讼法》第263条第2款规定："死刑采用枪决或者注射等方法执行。"《刑事诉讼法》第263条第3款规定："死刑可以在刑场或者指定的羁押场所内执行。"(7)执行死刑应当公布，不应示众。(8)执行死刑后的处理。《刑事诉讼法》第263条第6款、第7款规定：执行死刑后，在场书记员应当写成笔录。交付执行的人民法院应当将执行死刑情况报告最高人民法院。执行死刑后，交付执行的人民法院应当通知罪犯家属。

本案的执行程序如下：(1)本案中，甲、乙二人的死刑判决由最高人民法院核准，最高人民法院院长签发死刑执行命令。(2)省高级人民法院在接到执行死刑命令后,交付一审法院在法定时间内执行。(3)一审法院在执行死刑前,通知了同级人民检察院派员临场监督,市检察院指派了检察员李某执行刑场监督。(4)指挥执行死刑的是本案审判长朱某,执行死刑前对二犯验明正身,讯问有无遗言、信札。(5)对二犯采用了枪决的方法执行死刑。(6)执行死刑后,市检察院检察员验明二犯确已死亡。(7)对甲、乙二犯执行死刑后,一审某市法院张贴了执行死刑的布告,通知罪犯家属。(8)执行死刑的一审法院对二犯执行死刑的情况向核准死刑的最高人民法院作出书面报告。据上所述,本案中执行死刑的程序符合法律的规定,是正确的。

【案例四】

[案情简介]

被告人张某(男,27岁),某市人。2022年8月11日,张某因故意杀人罪被某市中级人民法院一审判处死刑缓期2年执行,剥夺政治权利终身。一审判决后,经省高级人民法院核准,张某押赴省监狱服刑。在张某被判处死刑缓期2年执行期满的第2天,省高级人民法院依照《刑事诉讼法》的规定,组成合议庭,对罪犯张某在死缓执行期间的表现进行审查。合议庭经审查查明:张某在死刑缓期执行期间,表现还行,没有再犯新罪。合议庭依法裁定:对原判处死刑缓期2年执行的张某减刑为无期徒刑,仍剥夺政治权利终身。

[问题]

阐述死缓的执行及死缓期满后的减刑条件。

[解析]

本案考查死缓期满后的减刑条件。我国《刑事诉讼法》第261条第2款规定:"被判处死刑缓期二年执行的罪犯,在死刑缓期执行期间,如果没有故意犯罪,死刑缓期执行期满,应当予以减刑的,由执行机关提出书面意见,报请高级人民法院裁定。"《刑事诉讼法》第264条第2款规定:"对被判处死刑缓期二年执行、无期徒刑、有期徒刑的罪犯,由公安机关依法将该罪犯送交监狱执行刑罚。"根据上述规定,在我国,被判处死刑缓期2年执行的罪犯应在监狱中执行其刑罚。在死刑缓期执行期间,如果罪犯没有实施故意犯罪,死缓执行期满应当予以减刑,由执行机关提出书面意见,报请高级人民法院裁定。

本案被执行人张某被判处死刑缓期执行后,在监狱服刑期间,没有故意犯罪,符合《刑事诉讼法》第261条第2款规定的减刑条件,同时应按照《刑事诉讼法》第264条第2款规定,应由公安机关依法将该罪犯送交监狱执行刑罚。在其缓刑执行期满,应由其所在监狱提出书面意见,由省高级人民法院裁定。省高级人民法院组成合议庭对张某执行死缓期间的表现进行了考察,认为其没有实施故意犯罪,应予以减刑,考虑到其改造情节一般,裁定减为无期徒刑。本案的处理无论从实体上,还是从程序上都符合法律的规定。

【案例五】

[案情简介]

被告人甲某(男,23岁),某市工人;被告人乙某(男,26岁),无业。2022年6月14日,甲某与乙某在饭馆与一伙流氓斗殴,在斗殴中,甲某捅死一人。案发后,甲某到公安机关投案自首。此案经市中级人民法院公开审理认为,甲某结伙斗殴,后果严重,鉴于甲某能投案自首,交代了全部犯罪事实,有悔罪表现,因此依法判处甲某无期徒刑。甲某在接到判决后没有提出上诉。判决生效后,某市中级人民法院将有关的法律文书送交监狱执行刑罚。执行机关将执行的场所通知了罪犯家属。

[问题]

结合本案阐述无期徒刑交付执行的程序。

[解析]

本案考查无期徒刑的执行。根据我国《刑事诉讼法》第264条第1款和《监狱法》及最高法《刑诉解释》的有关规定:罪犯被交付执行刑罚的时候,应当由交付执行的人民法院在判决生效后10日以内将有关的法律文书送达公安机关、监狱或者其他执行机关。对于一案有几名罪犯的,交付执行的人民法院应当按照他们的人数送达法律文书。对于被判处无期徒刑的罪犯,由公安机关依法将该罪犯送交监狱执行刑罚。执行机关应当将罪犯及时收押,并且通知罪犯家属。

根据这些规定,无期徒刑的执行程序如下:(1)将被判处无期徒刑的罪犯交付执行时,应由交付执行的人民法院将有关的法律文书送达监狱或者其他执行机关。“有关法律文书”是指执行通知书、判决书等。“人民法院将有关的法律文书送达监狱”指人民法院应依照《监狱法》的有关规定,将执行通知书送达羁押该罪犯的公安机关,通过羁押罪犯的公安机关将法律文书送达监狱等执行机关。(2)由公安机关将被判处无期徒刑的犯罪分子送交监狱执行刑罚。(3)执行机关对公安机关送交的罪犯应当及时收押,收押之后,执行机关应将执行刑罚的场所及时通知罪犯家属。根据《监狱法》的规定,通知应在收监的5日内发出。

根据上述规定,本案中,某市中级人民法院在对甲某的判决生效之后,应将判决书、交付执行通知书等法律文书送达羁押甲某的公安机关,通过该公安机关将法律文书送达监狱。甲某也应由公安机关送交监狱执行,监狱在收押甲某5日内,应将甲某执行刑罚的场所通知其家属。本案对无期徒刑的交付执行从总体上来说是正确的。

【案例六】

[案情简介]

被告人甲某(男,28岁),某公司工人。2021年3月至9月,甲某先后4次盗窃某工地钢管,价值人民币7000元。案发后,某区人民法院经审理认为:被告人甲某盗窃数额较大,已构成盗窃罪。但鉴于被告人认罪态度较好,主动将全部赃物退回。根据《刑法》有关规定,判处被告人甲某管制2年。甲某服从判决,不上诉。判决生效后交公安派出所,对甲某依法实行社区矫正。公安派出所与其原单位保卫部门联系,成立了群众监督改造小组,并向该小组的群众宣布法院的判决,讲明被告人应遵守的规定和监督小组的责任,将甲某置于该监督小组之下进行改造。

[问题]

管制的执行方法是什么?

[解析]

本案考查管制的执行方法。管制是对罪犯不予关押,但限制其一定人身自由的一种刑罚,是我国刑罚主刑的一种。根据我国《刑事诉讼法》第269条规定:"对被判处管制、宣告缓刑、假释或者暂予监外执行的罪犯,依法实行社区矫正,由社区矫正机构负责执行。"社区矫正的具体做法是:公安机关可以把罪犯交给罪犯居住地的公安派出所或罪犯原单位的保卫组织,依靠治安保卫委员会具体执行,应成立3~5人的群众监督改造小组,在治安保卫委员会的领导下,负责监督其遵守管制规定。交付执行时,执行机关依照法院的判决,向罪犯所在单位或居住地的有关人民群众宣布其犯罪事实、管制期限。管制期限从判决生效之日起计算,判刑前羁押的,羁押1日折抵刑期2日。对于被管制的罪犯,应当进行认罪伏法教育,并且定期组织监督改造小组进行评议。根据罪犯在管制期间的表现作出不同的处理,或提请减刑,或移送人民检察院处理漏罪与新罪。罪犯在劳动中应当同工同酬。管制执行期满,执行机关应立即向本人和有关群众宣布解除管制,并发给本人解除管制通知书,附加剥夺政治权利的,还应当同时宣布恢复政治权利。

本案中,被判刑人甲某被判处管制之后,公安派出所与其原单位保卫部门联系,成立了群众监督改造小组,并向该小组的群众宣布了法院的判决,讲明了被告人应遵守的规定和监督小组的责任,将甲某置于该监督小组之下进行改造。这种对管制的执行符合法律的规定,是正确的。应当注意的是,被判刑人甲某的管制期满时,公安机关应立即宣布解除管制,并发给甲某解除管制通知书。

【案例七】

[案情简介]

被告人甲某(男,31岁),某区人;乙某(男,23岁),某区人。于2022年8月11日,甲某和乙某相约到超市购物。在超市里,甲某趁机窃取张三的钱包,被失主张三发现,张三立即抓住甲某要钱包,甲某否认他偷了钱包,并同张三争辩起来。在场群众指认甲某偷了张三的钱包。甲某狠狠地把张三打倒在地后,甲、乙二人趁机逃跑。乙某在逃跑的过程中把钱包交还给甲某。案发后,某区人民法院以被告人乙某事先与被告人甲某没有通谋,而明知钱包是偷来的却为其窝藏,已构成窝赃罪,但情节轻微,依照《刑法》的有关规定,判处乙某拘役6个月;被告人甲某另行定罪处罚。判决宣告后,乙某没有提出上诉。

上诉期满后某区人民法院将执行通知书、判决书、罪犯结案登记表一并送达羁押罪犯乙某的看守所,由公安机关派人将乙某押往附近的监狱执行,并由监狱通知乙某的家属。乙某被拘役6个月后,被释放并由监狱发给了释放证。

[问题]

结合本案阐述拘役的执行方法。

[解析]

本案考查拘役的执行方法。根据我国《刑事诉讼法》第264条第1款和《监狱法》及最高法《刑诉解释》的有关规定:罪犯被交付执行刑罚的时候,应当由第一审人民法院在判决生效后10日以内将有关的法律文书送达公安机关、监狱或者其他执行机关。对于一案有几名罪犯的,交付执行的人民法院应当按照他们的人数送达法律文书。对于被判处拘役的罪犯,由公安机关执行。没有拘役所的地方,可放在就近的监狱或其他执行场所执行。对放在监狱等执行场所拘役的罪犯,都要组织他们参加生产劳动,并从劳动中酌情发给报酬。对于拘役执行期满的罪犯,应由执行机关发给释放证明。

本案被执行人乙某被判处拘役,依法应由公安机关执行,鉴于当地没有拘役场所,人民法院将罪犯通过看守所、公安机关交付监狱执行,并在执行期满后发给释放证明,是符合法律规定的,是正确的。

【案例八】

[案情简介]

甲某、乙某,涉嫌贩卖毒品罪被检察机关起诉至某市中级人民法院。甲某、乙某被判处刑罚的同时附加判处罚金。关于对甲某、乙某判处罚金的执行,人民法院作出以下处理:(1)甲某、乙某在判决确定期限内未足额缴纳的,法院应当在期满后强制缴纳;(2)甲某、乙某未全部缴纳罚金的,在其后发现有可供执行财产,法院可以追缴;(3)甲某、乙某在判处罚金之前所负正当债务应偿还的,经债权人提出请求,先行予以偿还;(4)法院发现甲某、乙某有可供执行的财产需要查封、扣押、冻结的,可以采取查封、扣押、冻结措施。

[问题]

本案中关于对甲某、乙某判处罚金的执行,人民法院作出的以上处理是否正确?

[解析]

本案考查罚金的执行。根据最高法《刑诉解释》第523条第1款规定:"罚金在判决规定的期限内一次或者分期缴纳。期满无故不缴纳或者未足额缴纳的,人民法院应当强制缴纳。经强制缴纳仍不能全部缴纳的,在任何时候,包括主刑执行完毕后,发现被执行人有可供执行的财产的，应当追缴。”据此，关于对甲某、乙某判处罚金的执行，人民法院作出的处理(1)中“法院应当在期满后强制缴纳”的做法正确。显然，人民法院作出的处理(2)中“法院可以追缴”的表述是不正确的。

《刑诉解释》第527条规定：“被判处财产刑，同时又承担附带民事赔偿责任的被执行人，应当先履行民事赔偿责任。”据此，关于对甲某、乙某判处罚金的执行，人民法院作出的处理(3)是正确的。

根据《刑诉解释》第523条的规定，关于对甲某、乙某判处罚金的执行，人民法院作出的以上处理(4)中“可以采取查封、扣押、冻结措施”的表述是错误的。

第二节　执行的变更与其他处理

▲ 知识背景

执行的变更，是指人民法院、监狱及其他执行机关对生效裁判在交付执行或执行过程中出现需要改变刑罚种类或执行方法的法定情形后，依照法定程序予以改变的活动。执行的变更，是根据罪犯在服刑中出现了新的法定情形所进行的减刑、假释、暂予监外执行等，与原判是否正确无关；而依照审判监督程序对案件进行改判的前提，是原裁判确有错误，所以，不得将刑事执行的变更与审判监督程序对案件的改判相混淆。

一、死刑执行的变更

《刑事诉讼法》第262条和第263条在执行死刑的程序中规定了停止执行死刑和暂停执行死刑两种变更执行的情况。这些规定体现了我国在适用死刑上的慎重态度。其目的，一是防止错杀，二是更好地体现我国一贯的“可杀可不杀的不杀”的刑事政策。

根据《刑事诉讼法》第262条第1款的规定，下级人民法院接到最高人民法院执行死刑的命令后，应当在7日以内交付执行。但是发现有下列情形之一的，应当停止执行，并且立即报告最高人民法院，由最高人民法作出裁定：(1)在执行前发现判决可能有错误的；(2)在执行前罪犯揭发重大犯罪事实或者有其他重大立功表现，可能需要改判的；(3)罪犯正在怀孕。《刑事诉讼法》第262条第2款又规定，前款第一项、第二项停止执行的原因消失后，必须报请最高人民法院再签发执行死刑的命令才能执行；由于前款第三项原因停止执行的，应当报请最高人民法院依法改判。

在停止执行死刑或者暂停执行死刑的决定做出后，执行死刑的人民法院应当立即报告核准死刑的人民法院，由核准死刑的人民法院院长签发停止执行死刑的命令，并指令原审人民法院或指定的人民法院查实有关情况后上报。经审查核实，如果认为原判是正确的，必须报请原核准死刑的人民法院院长再签发执行死刑的命令，才能执行死刑。如果认为原判决确有错误，或者罪犯检举、揭发重大犯罪事实或者有其他重大立功表现，依法可以减轻处罚的，应当报请核准死刑的人民法院，依照审判监督程序裁定撤销原判决，将案件发回第一审人民法院再审，或者由第二审人民法院重审，或者由核准死刑的人民法院提审，依法改判。如果查实罪犯确系正在怀孕的妇女，应当报请核准死刑的人民法院，依照审判监督程序裁定撤销核准死刑的裁定和原判决，发回原审人民法院再审，依法改判死刑之外的其他刑罚。

二、死缓执行的变更

对于判处死刑缓期两年执行的罪犯，人民法院应当将执行通知书等有关的法律文书交付监狱等执行机关执行。对于被判处死刑缓期两年执行的罪犯，在两年考验期内或者期满后，可能由于其故意犯罪而被核准执行；也可能由于其没有故意犯罪，而被减轻刑罚。无论哪一种结果出现，都直接涉及执行中的刑罚变更问题。死刑缓期两年执行的变更程序是一个特殊的程序，其减刑从原则上来讲不属于减刑的程序；核准死刑，也非一般的核准死刑程序。因此，无论从哪一方面的变更来讲，它都是一个特殊的程序。

1. 死缓执行变更的条件。《刑事诉讼法》第 261 条第 2 款规定，被判处死刑缓期二年执行的罪犯，在死刑缓期执行期间，如果没有故意犯罪，死刑缓期执行期满，应当予以减刑的，由执行机关提出书面意见，报请高级人民法院裁定；如果故意犯罪，情节恶劣查证属实，应当执行死刑的，由高级人民法院报请最高人民法院核准。这一规定明确将罪犯是否在考验期内故意犯罪作为死刑缓期两年执行变更的唯一条件。

2. 死缓执行变更的程序。对被判处死刑缓期两年执行的罪犯在考验期内任何时候，如果故意犯罪，查证属实，应当执行死刑的，无须两年期满，应当由罪犯服刑监狱提出执行死刑的书面意见，报经主管的司法行政机关同意以后，由高级人民法院报请最高人民法院核准，并由最高人民法院院长签发执行死刑的命令，交由执行机关所在地的中级人民法院，按照执行死刑的程序执行。对于死刑缓期两年执行的罪犯在考验期内没有故意犯罪的，所在地执行单位应提出变更执行刑罚的意见及其理由，并报经当地的司法行政机关审批。司法行政机关对刑罚执行机关提出的变更刑罚的意见经审核同意的，应当再报请当地高级人民法院决定。

三、暂予监外执行

暂予监外执行是指对被判处有期徒刑、拘役以及无期徒刑的女性罪犯因具备或出现某种法定特殊情形不宜在监内执行的，暂时将其放在监外交由社区矫正机构执行的一种变通方法。

1. 暂予监外执行的适用对象。根据我国《刑事诉讼法》第 265 条和“两院三部委”《暂予监外执行规定》第 5 条的规定，对被判处有期徒刑、拘役或者已经减为有期徒刑的罪犯，以及对被判处无期徒刑的部分女犯，具备法定情形之一的，可以暂予监外执行。

2. 暂予监外执行的适用条件。根据《刑事诉讼法》第 265 条和“两院三部委”《暂予监外执行规定》第 5 条至第 9 条的规定，对上述属于法定对象的罪犯，适用暂予监外执行的条件是:(1)患有严重疾病需要保外就医的。它是指罪犯患有属于“两院三部委”《暂予监外执行规定》所附《保外就医严重疾病范围》的严重疾病,不宜在监狱或其他执行机关监内执行的。(2)怀孕或者正在哺乳自己婴儿的妇女。哺乳婴儿一般自分娩之日起,到婴儿一周岁以前。只要该罪犯不致危害社会,原则上都可以对其决定暂予监外执行。对于被判处无期徒刑的罪犯如果是怀孕或者正在哺乳自己婴儿的妇女,也可以暂予监外执行,以体现法律对胎儿、婴儿的保护。(3)生活不能自理,适用暂予监外执行不致危害社会的。它是指罪犯由于老、弱、病、残等原因需要他人照顾才能生活的。对这些罪犯决定暂予监外执行,体现了人道主义精神,既有利于罪犯矫正,也不致给执行机关带来麻烦。只要具备以上三种情形之一的,对罪犯就可以决定暂予监外执行。对在监狱、看守所服刑的罪犯需要暂予监外执行的,由该机关组织对其进行病情诊断、妊娠检查、生活自理的鉴别,其具体程序依照“两院三部委”《暂予监外执行规定》第8条、第9条的规定执行。

3. 决定或批准暂予监外执行的机关。我国《刑事诉讼法》第265条第5款规定:“在交付执行前,暂予监外执行由交付执行的人民法院决定;在交付执行后,暂予监外执行由监狱或者看守所提出书面意见,报省级以上监狱管理机关或者设区的市一级以上公安机关批准。”但是,对于职务犯罪罪犯适用暂予监外执行,还应当依照有关规定逐案报请备案审查。

4. 暂予监外执行的程序。根据“两院三部委”《暂予监外执行规定》的有关规定,在交付执行前“被告人可能被判处徒刑而符合暂予监外执行条件的,被告人及其辩护人有权提起暂予监外执行的申请,看守所可以将有关情况通报人民法院。人民法院应当进行审查,并在交付执行前作出是否暂予监外执行的决定”。决定对罪犯暂予监外执行的,由人民法院制作暂予监外执行决定书,载明罪犯基本情况、判决确定的罪名和所判刑罚、决定暂予监外执行的原因、依据等,送达看守所或者执行取保候审、监视居住的公安机关和罪犯居住地的社区矫正机构,并抄送同级人民检察院;对于罪犯在服刑过程中发现需要暂予监外执行的,执行机关应当提出书面意见,报省、自治区、直辖市的监狱管理机关或者设区的市一级以上公安机关批准。批准后,由执行机关派员持相关文书与社区矫正机构办理交接手续,并通报人民检察院。在看守所、拘役所服刑的罪犯,出现暂予监外执行情形的,依上述规定办理。社区矫正机构收到暂予监外执行的罪犯后,应当立即掌握他们的身体状况以及疾病治疗等情况,并及时向相关单位反馈。人民检察院认为对罪犯暂予监外执行不当的,应当自接到通知之日起1个月内经检察长批准,向决定或者批准暂予监外执行的机关提出书面纠正意见。该机关接到人民检察院书面意见后,应当立即对决定进行重新核查。对于暂予监外执行罪犯的监督管理、教育帮助和届满解除以及罪犯死亡等,具体程序应依照《社区矫正实施办法》的相关规定执行。对暂予监外执行罪犯的收监处理,根据《刑事诉讼法》第268条的规定,最高法《刑诉解释》第516条作了具体解释:(1)不符合暂予监外执行条件的;

(2)未经批准离开所居住的市、县,经警告拒不改正,或者拒不报告行踪,脱离监管的;(3)因违反监督管理规定受到治安管理处罚,仍不改正的;(4)受到执行机关两次警告,仍不改正的;(5)保外就医期间不按规定提交病情复查情况,经警告拒不改正的;(6)暂予监外执行的情形消失后,刑期未满的;(7)保证人丧失保证条件或者因不履行义务被取消保证人资格,不能在规定期限内提出新的保证人的;(8)违反法律、行政法规和监督管理规定,情节严重的其他情形。对于人民法院决定暂予监外执行的罪犯应当收监的,由人民法院作出决定,收监执行决定书一经作出,立即生效,并将决定书及有关的法律文书送达公安机关、监狱及罪犯居住地的司法行政机关,同时抄送人民检察院。对于不符合暂予监外执行条件的罪犯通过贿赂等非法手段被暂予监外执行的,在监外执行的期间不计入执行刑期。罪犯在监外执行期间脱逃的,脱逃的期间不计入执行刑期。

四、减刑和假释

减刑和假释是我国刑罚执行中的重要制度,体现了我国惩办与宽大相结合、惩罚与教育相结合的刑事政策。正确地适用减刑和假释,对于鼓励犯罪分子加速改造,实现刑事诉讼的任务,都具有重要意义。根据《刑法》第 78 条第 1 款的规定,被判处管制、拘役、有期徒刑、无期徒刑的犯罪分子,在执行期间,认真遵守监规,接受教育改造,确有悔改表现的,或者有立功表现的,可以减刑;有重大立功表现的,应当减刑。《刑事诉讼法》第 273 条第 2 款规定:"被判处管制、拘役、有期徒刑或者无期徒刑的罪犯,在执行期间确有悔改或者立功表现,应当依法予以减刑、假释的时候,由执行机关提出意见书,报请人民法院审核裁定,并将建议书副本抄送人民检察院。人民检察院可以向人民法院提出书面意见。"这一规定明确了减刑、假释的程序。

(一)减刑

减刑,是指被判处管制、拘役、有期徒刑或者无期徒刑的罪犯在执行期间认真遵守监规,接受教育改造,确有悔改或立功表现的,可以依法减轻其刑罚的一种制度。减刑既可以减少原判刑期,也可以将原判较重的刑种改为较轻的刑种。但是,减刑以后实际执行的刑期,判处管制、拘役及有期徒刑的,不得少于原判刑期的 1/2;判处无期徒刑的,不能少于 13 年。无期徒刑减为有期徒刑后的刑期,从裁定减刑之日起计算,已执行的刑期,不计入减刑后的刑期之内,而其他刑罚的刑期,原判刑期已执行部分,则应计入减刑后的刑期。死缓减为无期徒刑或有期徒刑,也是一种广义上的减刑,但是,它是一种特殊形式的减刑,与其他刑罚的减刑,在适用对象、减刑条件及适用时间的限制等方面均有不同。

1. 减刑的条件。减刑的条件有二,即罪犯在服刑期间有悔改表现或者立功表现,只要具备其中之一的,即具备了减刑条件。"确有悔改表现"是指同时具备以下四个方面情形:认罪悔罪;认真遵守法律法规及监规,接受教育改造;积极参加思想、文化、职业技术教育;积极参加劳动,努力完成劳动任务。罪犯积极执行财产刑和履行附带民事赔偿义务的，可视为有认罪悔罪表现，在减刑、假释时可以从宽掌握。但是，对确有履行能力而不履行的，在减刑时从严掌握。

具有下列情形之一的，应当认定为有“立功表现”：(1)阻止他人实施犯罪活动的；(2)检举、揭发监狱内外犯罪活动，或者提供重要的破案线索，经查证属实的；(3)协助司法机关抓捕其他犯罪嫌疑人(包括同案犯)的；(4)在生产、科研中进行技术革新，成绩突出的；(5)在抢险救灾或者排除重大事故中表现突出的；(6)对国家和社会有其他贡献的，以及罪犯被评为省级劳改积极分子的等。

具有下列情形之一的，应当认定为有“重大立功表现”：(1)阻止他人实施重大犯罪活动的；(2)检举监狱内外重大犯罪活动，经查证属实的；(3)协助司法机关抓捕其他重大犯罪嫌疑人(包括同案犯)的；(4)有发明创造或者重大技术革新的；(5)在日常生产、生活中舍己救人的；(6)在抗御自然灾害或者排除重大事故中，有特别突出表现的；(7)对国家和社会有其他重大贡献的。

2. 减刑案件的管辖。针对原判刑罚的不同，确定不同的提出减刑建议及对案件进行审核的机关，减刑案件的管辖是：(1)对被判处死刑缓期执行、无期徒刑罪犯的减刑，由监狱或未成年犯管教所提出书面意见，经省、自治区、直辖市司法厅(局)监狱管理部门审核同意后，报当地高级人民法院审核裁定；(2)对原判为有期徒刑和被减为有期徒刑的罪犯的减刑，由监狱或未成年犯管教所提出书面意见，报请当地中级人民法院审核裁定；(3)对原判1年以下有期徒刑且余刑在3个月以下交付看守所代为执行罪犯的减刑，由看守所提出书面意见，经公安机关审核同意后，报请中级人民法院审核裁定；(4)对原判拘役、管制罪犯的减刑，分别由拘役所和执行监督的派出所提出书面意见，经公安机关或司法行政机关审查同意后，报请当地中级人民法院进行裁定；(5)对原判宣告缓刑罪犯的减刑，由社区矫正机构会同协助考察的单位或组织认为确有立功表现需要在减轻刑罚基础上，相应缩短缓刑考验期的，提出意见，报请当地中级人民法院审核裁定。

(二)假释

假释，是指对被判处有期和无期徒刑的罪犯在执行一定刑罚以后，确有悔改表现且不致再危害社会的，将其附条件地予以提前释放的制度。

1. 假释的对象。根据我国《刑法》第81条的规定，假释的对象只能是被判处有期徒刑和无期徒刑的罪犯，不包括被判处拘役的罪犯。因为拘役的期限较短，不需要适用假释。但是，对累犯以及因故意杀人、强奸、抢劫、绑架、放火、爆炸、投放危险物质或者有组织的暴力性犯罪被判处10年以上有期徒刑、无期徒刑的犯罪分子，不得假释。因为这些案件犯罪性质严重，其人身危险性大，放在社会上不易防止其再危害社会，所以对他们不能假释。

2. 假释的条件。根据我国《刑法》第81条的规定，假释的条件是：(1)执行期限的要求：被判处有期徒刑的罪犯，应当执行原判刑期1/2以上，被判处无期徒刑的罪犯应当已执行13年以上。对于具有“特殊情况”的案件，经最高人民法院核准，可以不受上述执行刑期的限制。(2)“特殊情况”是指与国家、社会利益有重要关系的情况。(3)判断“没有再犯罪的危险”，除符合《刑法》第81条规定的情形外，还应根据犯罪的具体情节、原判刑罚情况，在刑罚执行中的一贯表现，罪犯的年龄、身体状况、性格特征，假释后生活来源以及监管条件等因素综合考虑。

【案例一】

[案情简介]

被告人甲某(男，31岁)涉嫌纵火罪被提起公诉，在法庭审理过程中被诊断患严重疾病，法院判处其有期徒刑9年，同时决定予以监外执行。本案关于对被告人甲某监外执行的处理：(1)决定甲某监外执行时应当将暂予监外执行决定抄送检察院；(2)甲某监外执行期间，应当对其实行社区矫正；(3)如果甲某拒不报告行踪、脱离监管，应当予以收监；(4)如法院作出收监决定，甲某不服，可向上一级人民法院申请复议。

[问题]

1. 本案关于对甲某监外执行的以上处理是否正确？

2. 阐述监外执行的法定条件。

[解析]

1. 本案考查暂予监外执行。《刑事诉讼法》第267条规定：“决定或者批准暂予监外执行的机关应当将暂予监外执行决定抄送人民检察院，人民检察院认为暂予监外执行不当的，应当自接到通知之日起一个月以内将书面意见送交决定或者批准暂予监外执行的机关，决定或者批准暂予监外执行的机关接到人民检察院的书面意见后，应当立即对该决定进行重新核查。”据此可知，暂予监外执行的决定应当抄送检察院，因此，关于对被告人甲某监外执行的处理(1)正确。

《刑事诉讼法》第269条规定：“对被判处管制、宣告缓刑、假释或者暂予监外执行的罪犯，依法实行社区矫正，由社区矫正机构负责执行。”《社区矫正法》第2条规定：“对被判处管制、宣告缓刑、假释和暂予监外执行的罪犯，依法实行社区矫正。”由此可知，监外执行期间应当进行社区矫正，所以关于对被告人甲某监外执行的处理(2)正确。

《刑诉解释》第516条规定：“人民法院收到社区矫正机构的收监执行建议书后，经审查，确认暂予监外执行的罪犯具体下列情形之一的，应当作出收监执行的决定：(一)不符合暂予监外执行条件的；(二)未经批准离开所居住的市、县，经警告拒不改正，或者拒不报告行踪，脱离监管的；(三)因违反监督管理规定受到治安管理处罚，仍不改正的；(四)受到执行机关两次警告，仍不改正的；(五)保外就医期间不按规定提交病情复查情况，经警告拒不改正的；(六)暂予监外执行的情形消失后，刑期未满的；(七)保证人丧失保证条件或者因不履行义务被取消保证人资格，不能在规定期限内提出新的保证人的;(八)违反法律,行政法规和监督管理规定,情节严重的其他情形。”据此,甲某拒不报告行踪、脱离监管属于上述第2项的情形,应当予以收监。据此关于对被告人甲某监外执行的处理(3)正确。

决定是公安机关、人民检察院、人民法院在诉讼过程中,依法就有关诉讼程序问题所作的一种处理。决定与判决、裁定的不同即在于决定一经作出,即发生法律效力,不可上诉或抗诉,为了保护当事人的合法权益,纠正可能出现的错误,法律允许有关机关或当事人对有限的几种决定形式申请复议或复核,如不起诉的决定、回避的决定等。然而,对于本案中所提到的收监决定,无论《刑事诉讼法》及其司法解释或者《监狱法》等法律法规都未规定被监外执行人对收监决定不服的可以申请复议,因此“甲某向上一级法院申请复议”的说法于法无据,所以关于对被告人甲某监外执行的处理(4)错误。

2. 根据我国《刑事诉讼法》第265条的规定,监外执行的法定条件是:(1)有严重疾病需要保外就医的。它是指罪犯病危或者患有恶性传染病、不治之症等,不宜在监狱或其他执行机关的医院治疗而由罪犯提出保证人担保其在监外执行兼治病期间不违反有关规定的制度。(2)怀孕或者正在哺乳自己婴儿的妇女。哺乳婴儿一般自分娩之日起,到婴儿一周岁以前。只要该罪犯不致危害社会,原则上都可以对其决定暂予监外执行。(3)生活不能自理,适用暂予监外执行不致危害社会的。它是指罪犯由于老、弱、病、残等原因需要他人照顾才能生活的。只要具备以上三种情形之一的,对罪犯就可以决定暂予监外执行。但是必须明确:一是对于适用保外就医可能有社会危险性的罪犯,或者自伤自残的罪犯,不得保外就医;二是对于不符合保外就医条件不予保外就医的罪犯,也会得到执行机关医院的治疗,对于疑难或复杂病症,医院还可以聘请专家会诊积极治疗;三是对起居不便的罪犯,给予生活上的照顾。

【案例二】

[案情简介]

2021年7月13日,甲某(男,32岁)因犯盗窃罪被县人民法院判处有期徒刑,判决生效后,人民法院将甲某交付县监狱执行刑罚。在服刑期间,甲某遵守纪律,对所犯罪行确有悔改表现,积极劳动。另外,甲某在服刑期间还检举一个盗窃国家财产的犯罪团伙,经查证属实。鉴于甲某的上述表现,县监狱向市中级人民法院提出了减刑的建议书,经人民法院审核,甲某在服刑期间确有悔改表现和立功表现,裁定对甲某减刑2年。

[问题]

阐述减刑的条件和程序。

[解析]

本案考查减刑的条件及程序。减刑,是指被判处管制、拘役、有期徒刑或者无期徒刑的罪犯在执行期间认真遵守监规，接受教育改造，确有悔改或立功表现的，可以依法减轻其刑罚的一种制度。减刑既可以减少原判刑期，也可以将原判较重的刑种改为较轻的刑种。我国《刑事诉讼法》第273条第2款规定："被判处管制、拘役、有期徒刑或者无期徒刑的罪犯，在执行期间确有悔改或者立功表现，应当依法予以减刑、假释的时候，由执行机关提出建议书，报请人民法院审核裁定，并将建议书副本抄送人民检验察院。人民检察院可以向人民法院提出书面意见。"减刑的条件有两个，即罪犯在服刑期间有悔改表现或者立功表现，只要具备其中之一的，即具备了减刑条件。"确有悔改表现"是指同时具备以下四个方面情形：认罪悔罪；认真遵守法律法规及监规，接受教育改造；积极参加思想、文化、职业技术教育；积极参加劳动，努力完成劳动任务。罪犯积极执行财产刑和履行附带民事赔偿义务的，可视为有认罪悔罪表现，在减刑、假释时可以从宽掌握。但是，对确有履行能力而不履行的，在减刑时从严掌握。

具有下列情形之一的，应当认定为有"立功表现"：(1)阻止他人实施犯罪动的；(2)检举、揭发监狱内外犯罪活动，或者提供重要的破案线索，经查证属实的；(3)协助司法机关抓捕其他犯罪嫌疑人(包括同案犯)的；(4)在生产、科研中进行技术革新，成绩突出的；(5)在抢险救灾或者排除重大事故中表现突出的；(6)对国家和社会有其他贡献的，以及罪犯被评为省级劳改积极分子的等。

具有下列情形之一的，应当认定为有"重大立功表现"：(1)阻止他人实施重大犯罪活动的；(2)检举监狱内外重大犯罪活动，经查证属实的；(3)协助司法机关抓捕其他重大犯罪嫌疑人(包括同案犯)的；(4)有发明创造或者重大技术革新的；(5)在日常生产、生活中舍己救人的；(6)在抗御自然灾害或者排除重大事故中，有特别突出表现的；(7)对国家和社会有其他重大贡献的。

【案例三】

[案情简介]

被告人黄某(男，29岁)，于2022年4月因犯贪污罪被A市中级人民法院依法判处无期徒刑。判决生效后，黄某被交A市第二监狱服刑。服刑期间，黄某认罪，遵守纪律，积极改造，在监狱中认真学习。在监狱中有立功表现，表现突出。监狱鉴于黄某的悔改立功表现，向省司法厅提出假释建议，省司法厅审查同意对黄某适用假释，并提请省高级人民法院依法裁定。省高级人民法院经审查，认为黄某符合假释条件，裁定准予假释。

[问题]

阐述假释的适用条件及程序。

[解析]

本案考查假释的适用条件及程序。根据我国《刑法》第81条的规定，假释的适用条件是：(1)执行期限的要求：被判处有期徒刑的罪犯，应当执行原判刑期1/2以上，被判处无期徒刑的罪犯应当已执行13年以上。对于具有“特殊情况”的案件，经最高人民法院核准，可以不受上述执行刑期的限制。(2)“特殊情况”是指与国家、社会利益有重要关系的情况。(3)判断“没有再犯罪的危险”，除符合《刑法》第81条规定的情形外，还应根据犯罪的具体情节、原判刑罚情况，在刑罚执行中的一贯表现，罪犯的年龄、身体状况、性格特征，假释后生活来源以及监管条件等因素综合考虑。

假释的适用程序。根据最高法《刑诉解释》第538条的规定，审理减刑、假释案件，应当组成合议庭，可以采用书面审理的方式，但下列案件应当开庭审理：(1)因罪犯有重大立功表现提请减刑的；(2)提请减刑的起始时间、间隔时间或者减刑幅度不符合一般规定的；(3)公示期间收到投诉意见的；(4)人民检察院有异议的；(5)被提请减刑、假释罪犯系职务犯罪罪犯，组织(领导、参加、包庇、纵容)黑社会性质组织犯罪罪犯，破坏金融管理秩序和金融诈骗犯罪罪犯的；(6)社会影响重大或社会关注度高的；(7)人民法院认为其他应当开庭审理的。人民法院作出减刑、假释裁定后，应当在7日内送达提请减刑、假释的执行机关、同级人民检察院以及罪犯本人。人民检察院认为减刑、假释裁定不当，在法定期限内提出书面纠正意见的，人民法院应当在收到意见后另行组成合议庭审理，并在1个月内作出裁定。减刑、假释裁定作出前，执行机关书面提请撤回减刑、假释建议的，是否准许，由人民法院决定。人民法院发现本院已经生效的减刑、假释裁定确有错误的，应当另行组成合议庭审理；发现下级人民法院已经生效的减刑、假释裁定确有错误的，可以指令下级人民法院另行组成合议庭审理。

适用特殊情况假释案件的特别处理程序。根据我国《刑法》第81条的规定，报请最高人民法院核准因罪犯具有“特殊情况”不受执行刑期限制可以假释的案件，最高法《刑诉解释》第420条在诉讼程序上规定了下列内容：一是根据不同情形分别处理：(1)中级人民法院依法作出假释裁定后，应当报请高级人民法院复核，高级人民法院同意的，应当书面报请最高人民法院核准；不同意的，应当裁定撤销中级人民法院的假释裁定。(2)高级人民法院依法作出假释裁定的，应当报请最高人民法院核准。二是报请复核或核准的假释案件，应当报送报请核准的报告、罪犯具有特殊情况的报告、假释裁定书各5份，以及全部案卷。三是该案经最高人民法院核准的，应当作出核准裁定书，不予核准的，应当作出不核准裁定书，并撤销原裁定。

【案例四】

［案情简介］

2022年5月19日，被告人樊某(男，24岁)因犯抢劫罪、盗窃罪被区人民法院判处有期徒刑11年。服刑期间，公安机关发现樊某曾犯强奸罪被遗漏了。经执行机关报请司法行政机关审核后，移送人民检察院处理。市人民检察院对罪犯樊某所隐瞒的罪行查证核实，认为应当追究刑事责任，并依照审判监督程序向高级法院提起抗诉。高级人民法院依法撤销区人民法院的判决，指令市中级法院再审。市中级人民法院经审理查明:2015 年 7 月 11 日,被告人樊某曾持刀抢劫,抢劫财物合计人民币 3600 元;被告人樊某还行凶拒捕,用刀划伤民警甲某的手部;2015 年 9 月 17 日,被告人樊某在本市行窃,窃得现金 2 万余元;2015 年 11 月 23 日,被告人樊某伙同王某、李某轮奸女青年吴某。市中级人民法院认定:被告人樊某犯有抢劫罪、强奸罪和盗窃罪,情节非常恶劣,罪行严重,依法从重判处被告人樊某死刑,剥夺政治权利终身。

[问题]

结合本案阐述对罪犯漏罪的处理程序。

[解析]

本案考查漏罪的处理。漏罪,是指罪犯在服刑过程中发现其在判决宣告以前实施的尚未被判决的罪行。《刑事诉讼法》第 273 条规定:罪犯在服刑期间发现了判决的时候所没有发现的罪行,由执行机关移送人民检察院处理。其具体程序应当是:由执行机关将案件移送人民检察院处理,人民检察院如果认为有确凿的证据证明该犯罪行为是服刑罪犯所为,依法应当追究刑事责任,由人民检察院向执行机关所在地有管辖权的人民法院对此漏罪提出公诉,由人民法院依法定罪量刑,并将此罪所判刑罚与前罪所判刑罚依照刑法的规定进行并罚,以决定被告人实际执行的刑罚。如果被告人不服一审判决,有权提出上诉。

本案中,罪犯樊某在执行刑罚的过程中,被司法机关发现其在判决前所实施的犯罪行为,刑罚执行机关将此案移送人民检察院处理,这一程序是符合《刑事诉讼法》第 273 条规定的。但是,司法机关对案件的处理却存在不合理之处。人民检察院本应对漏罪向有管辖权的人民法院提起公诉,由人民法院对此漏罪进行审理,作出相应判决后,再依照《刑法》的规定决定实际执行的刑罚。但本案检察机关却向高级人民法院提出抗诉,高级人民法院撤销原审判决,将案件发回重审,即适用了审判监督程序。这是不正确的。因为漏罪的情形不符合提起审判监督程序的条件,原审判决在认定事实、适用法律上并无错误,如果撤销该判决则没有法律依据。本案正确的做法应当是:人民检察院就樊某所犯的强奸罪向市中级人民法院提起公诉,人民法院如经审理认为樊某的行为构成强奸罪,情节恶劣,应依法判处死刑,则将樊某以前因抢劫罪、盗窃罪被判的 10 年有期徒刑与死刑并罚,决定对樊某判处死刑。对此死刑判决应经过法定的上诉或抗诉程序、死刑复核程序,最终由有死刑核准权的人民法院决定是否执行死刑。

第三节 人民检察院对执行的监督

△ 知识背景

一、对执行死刑的监督

根据我国《刑事诉讼法》第 263 条第 1 款和最高法《刑诉解释》、最高检《刑诉规则》

的规定,人民法院在交付执行死刑3日以前,应当通知同级人民检察院派员临场监督。检察人员执行临场监督的主要内容包括:查明同级人民法院是否收到最高人民法院核准死刑的裁定,或者作出的死刑裁判和有无执行死刑命令;有无《刑事诉讼法》第262条和第263条及最高法《刑诉解释》、最高检《刑诉规则》关于“停止执行”和“暂停执行”的情形发生及应当采取的相应措施;执行死刑的指挥人员、执行人员及其执行死刑的场所、方法和程序是否合法;执行死刑的刑场秩序,有无足以造成他人伤亡的情况;执行死刑活动中有无侵犯被执行死刑罪犯的人身权、财产权、或者其近亲属、继承人合法权利等情形。经检察监督,只要发现以上情形之一者,应当及时提出纠正意见。临场监督的检察人员根据需要,可以进行拍照、录像;执行死刑后应当检查罪犯是否确已死亡,并制作笔录入卷归档。对判处死缓、无期徒刑、有期徒刑、管制、拘役及宣告缓刑裁判的执行,依照最高检《刑诉规则》第625条至第628条的规定执行。

二、对暂予监外执行的监督

我国《刑事诉讼法》第266条规定:“监狱、看守所提出暂予监外执行的书面意见的,应当将书面意见的副本抄送人民检察院。人民检察院可以向决定或者批准机关提出书面意见。”第267条规定:“决定或者批准暂予监外执行的机关应当将暂予监外执行决定抄送人民检察院。人民检察院认为暂予监外执行不当的,应当自接到通知之日起一个月以内将书面意见送交决定或者批准暂予监外执行的机关,决定或者批准暂予监外执行的机关接到人民检察院的书面意见后,应当立即对该决定进行重新核查。”人民检察院经审查认为暂予监外执行不当的,应当自接到通知之日起1个月内报请检察长批准后将书面意见送交决定或者批准暂予监外执行的机关,该机关接到人民检察院的书面意见后,应当立即对原决定进行重新核实,并将核查结果报请人民检察院。

三、对减刑,假释的监督

我国《刑事诉讼法》第274条规定:“人民检察院认为人民法院减刑、假释的裁定不当,应当在收到裁定书副本后二十日以内,向人民法院提出书面纠正意见。人民法院应当在收到纠正意见后一个月以内重新组成合议庭进行审理,作出最终裁定。”这一规定表明:(1)人民检察院对人民法院作出的减刑、假释决定实行监督,检察该裁定是否正确,罪犯有无减刑、假释的法定条件,以及有无确实证据予以证明等;(2)人民检察院对减刑、假释实行监督的期限是,自收到减刑、假释裁定书副本以后的20日以内,不得拖延,否则,不具有法律效力;(3)人民法院应当认真接受人民检察院的监督,在收到纠正意见书后的1个月内对案件进行重新审理。为使错误裁定得到纠正,审理时依法另行组成合议庭,作出终审裁定。裁定一经宣告,立即生效,交付有关机关执行。对此,最高检《刑诉规则》从第629条至第641条和《人民检察院办理减刑、假释案件规定》(自2014年8月27日起施行)对人民法院开庭审理减、假案件派员出席法庭,审查裁定书的内容及其处理程序等的监督均作了具体规定。

四、对执行刑罚活动的监督

根据我国《刑事诉讼法》第276条、最高检《刑诉规则》、《人民检察院办理减刑、假释案件规定》以及《最高人民检察院关于职务犯罪减刑、假释、暂予监外执行备案审查的规定》的规定等，人民检察院对执行刑罚的监督，主要内容包括：(1)对交付执行的裁判进行监督。审查这些判决和裁定是否已经发生法律效力，即是一审生效的判决还是二审终审的判决或裁定，还是核准的裁定；对于一审宣告被告人无罪或者免除刑罚的判决，虽然尚未生效，但是，对在押的被告人是否已经释放等也要进行审查。(2)对执行机关的收押、执行和监督考察等实行监督。检查监狱对罪犯是否依照法定条件和手续收押，对于不予收监的，是否有书面说明；监狱、未成年犯管教所、拘役所、社区矫正机构等对罪犯执行刑罚、监督管理是否合法；对交付执行的死缓罪犯是否按时提出减刑意见；对刑满罪犯是否及时释放；对服刑确有悔改及立功表现的罪犯是否及时提出减刑、假释建议；执行机关对拘役、剥夺政治权利、缓刑、监外执行等罪犯的监督考察是否合法、负责；人民法院对罚金、没收财产等刑罚的执行是否合法，罚没的财产是否依法处理。特别是在执行刑罚中是否确实保障了罪犯的合法权益，实行以改造教育为主，惩罚为辅的原则等，所有这些均是法律监督的重要内容。

【案例】

[案情简介]

罪犯张三(男，27岁)，2022年7月23日，因犯抢劫罪、盗窃罪被某县人民法院判处有期徒刑7年。张三母亲为了达到张三保外就医的目的，托人疏通关系认识了监狱监管人员甲某。张三母亲送给甲某人民币6000元。2022年11月8日，甲某让其在县医院工作的妻子，伪造1份诊断证明，由甲某报公安局局长批准，将张三保外就医监外执行。后来，经群众检举，市人民检察院和公安局多次催促将张三收监劳改，甲某拒不执行。此案经人民检察院立案侦查终结后，向人民法院提起公诉。人民法院经审理认为，甲某身为监管人员，接受罪犯家属贿赂，徇私舞弊，将不符合保外就医条件的张三予以监外执行，情节严重，构成犯罪，依法判处甲某有期徒刑2年，缓刑3年。对罪犯张三立即收监服刑。

[问题]

结合本案阐述人民检察院对执行活动的监督范围和监督方式。

[解析]

本案考查人民检察院对执行活动的监督范围和监督方式。人民检察院是国家的法律监督机关，有权对各种判决的执行情况进行监督。其目的在于确保刑事执行活动正确合法，维护罪犯的合法权益，维护法律的公正性和严肃性。

人民检察院对执行活动的监督范围包括：一是对各种判决裁定、执行的监督。根据判决内容的不同，监督的内容也有所不同。二是对刑罚执行变更的法律监督。主要包括变更是否有法律依据，变更所依据的事实是否真实，变更程序是否合法等。三是对执行机关执行刑罚的监督。根据《刑事诉讼法》第276条和最高检《刑诉规则》的规定等，对执行机关执行刑罚监督的主要内容包括：(1)对交付执行的裁判进行监督。审查这些判决和裁定是否已经发生法律效力，即是一审生效的判决还是二审终审的判决或裁定，还是核准的裁定；对于一审宣告被告人无罪或者免除刑罚的判决，虽然尚未生效，但是，对在押的被告人是否已经释放等。(2)对执行机关的收押、执行和监督考察等实行监督。检查监狱对罪犯是否依照法定条件和手续收押，对于不予收监的，是否有书面说明；监狱、未成年犯管教所、拘役所、社区矫正机构等对罪犯执行刑罚、监督管理是否合法；对交付执行的死缓罪犯是否按时提出减刑意见；对刑满罪犯是否及时释放；对服刑确有悔改及立功表现的罪犯是否及时提出减刑、假释建议；执行机关对拘役、剥夺政治权利、缓刑、监外执行等罪犯的监督考察是否合法、负责；人民法院对罚金、没收财产等刑罚的执行是否合法，罚没的财产是否依法处理。特别是在执行刑罚中是否确实保障了罪犯的合法权益，实行以改造教育为主，惩罚为辅的原则等，所有这些均是法律监督的重要内容。

据上述可知，本案关于张三的保外就医有两点违法：(1)该犯系抢劫犯，属于严重破坏社会秩序的犯罪分子，具有社会危险性，根据《刑事诉讼法》有关规定，属于不得保外就医的情形。(2)接受贿赂，徇私舞弊，帮助罪犯伪造证明。本案中，人民检察院发现张三的保外就医违法后，依法纠正非法保外就医，将罪犯重新收监执行，并追究甲某的刑事责任，符合法律规定，因此，人民检察院对执行刑罚的监督是正确的。

人民检察院对执行活动实行监督的方式，通常是通过定期或不定期的检察活动，单独进行和与人民法院联合进行相结合。其方法主要有：听取执行机关的执行情况汇报；调阅典型档案或材料；召开座谈会、调查会；个别谈话及讯问罪犯；视察警戒；检查生产、生活条件等。通过这些方式方法发现问题，及时解决和纠正。

【综合案例】

【综合案例一】

［案情简介］

2022年7月8日，某市中级人民法院经过开庭审理，认定甲某、乙某二人轮奸了同村女青年戊某，判处甲某、乙某死刑。判决下达后，被告人甲、乙二人以自己没有犯罪等理由提起上诉。省高级人民法院经过二审审理，认为甲某等人犯强奸罪的犯罪事实清楚，证据确实充分，裁定维持了一审判决。10月11日，省高级人民法院核准了甲某、乙某二人的死刑判决，法院院长签发了执行死刑的命令。市中级人民法院接到省高级人民法院核准死刑的裁定和执行死刑的命令后，通知了同级人民检察院派员临场监督执行死刑。11月7日，市中级人民法院对甲某、乙某执行死刑。在执行前，审判员梁某依法讯问二人有无遗言，甲某写下遗书："这个案件我是冤枉的。"遗书还将自己案发当天的所作所为详细记载。乙某也不断的说自己是冤枉的，自己认罪的口供是在公安机关刑讯的情况下所说的。审判员梁某见到这种情形，再看曰某遗书中对自己在案发当天的行为叙述的合情合理，认为此案有疑点，甲某、乙某有可能确实被冤枉了。于是向本院院长汇报了这一情况。院长听了梁某的汇报，也认为判决可能有错误，于是决定停止执行死刑，并且立即上报省高级人民法院。省高级人民法院重新审核了案件，认为甲某、乙某犯强奸罪证据不足，于是裁定撤销原一审、二审判决，将案件发回市中级人民法院重审。中级人民法院另组合议庭对此案进行了重新审理，认为被告人甲某、乙某二人犯强奸罪证据不足，于是判决宣告甲、乙二被告人无罪，立即释放。

［问题］

阐述停止执行的条件及程序。

［思路］

本案考查停止执行死刑的条件及程序。为了防止错杀，我国《刑事诉讼法》第262条、第263条对已经发生法律效力的死刑判决、裁定在执行程序中规定了“停止执行”和“暂停执行”的内容，即停止执行的条件。(1)对于“停止执行”，我国《刑事诉讼法》第262条第1款规定：“下级人民法院接到最高人民法院执行死刑的命令后，应当在七日以内交付执行。但是发现有下列情形之一的，应当停止执行，并且立即报告最高人民法院，由最高人民法院作出裁定：(一)在执行前发现判决可能有错误的；(二)在执行前罪犯揭发重大犯罪事实或者有其他重大立功表现，可能需要改判的；(三)罪犯正在怀孕。”(2)对于“暂停执行”，我国《刑事诉讼法》第263条第4款规定：“指挥执行的审判人员，对罪犯应当验明正身，讯问有无遗言、信札，然后交付执行人员执行死刑。在执行前，如果发现可能有错误，应当暂停执行，报请最高人民法院裁定。”

“停止执行”和“暂停执行”，都是附条件的停止执行。对于“暂停执行”，法律只作了原则规定，即“可能有错误”。根据《刑诉解释》第500条第1款对此作了具体规定：“……(一)罪犯可能有其他犯罪的；(二)共同犯罪的其他犯罪嫌疑人到案，可能影响罪犯量刑的；(三)共同犯罪的其他罪犯被暂停或者停止执行死刑，可能影响罪犯量刑的；(四)罪犯揭发重大犯罪事实或者有其他重大立功表现，可能需要改判的；(五)罪犯怀孕的；(六)判决、裁定可能有影响定罪量刑的其他错误的。”此外，根据《刑法》规定，还应当包括发现罪犯属于犯罪时未满18周岁或者审判时已满75周岁(特别残忍手段致人死亡的除外)的人。

根据最高人民法院的相关规定，停止执行的程序是：(1)下级人民法院在接到最高人民法院执行死刑命令后，发现该案具有“可能有错误”的法定情形的，应当暂停执行死刑，并立即将请求停止执行死刑的报告及相关材料层报最高人民法院审批。如果是最高人民法院在执行死刑命令签发后、执行前，发现有上述情形的，应当立即裁定下级人民法院停止执行死刑，并将有关材料移交下级人民法院。(2)下级人民法院接到最高人民法院裁定停止执行死刑后，应当立即会同有关部门调查核实停止执行死刑的事由，并及时将调查结果和意见层报最高人民法院审核。(3)最高人民法院经审查，认为不影响罪犯定罪量刑的，应当裁定下级人民法院继续执行死刑；认为可能影响定罪量刑的，应当裁定下级人民法院停止执行死刑。(4)最高人民法院对于依法已停止执行死刑的案件，应当依照下列情形分别作出处理：第一，确认罪犯正在怀孕或属犯罪时未满18周岁的及审判时已满75周岁(特别残忍手段致人死亡的除外)的，应当依法改判；第二，确认罪犯有其他犯罪，依法应当追诉的，应当裁定不予核准死刑，撤销原判，发回重新审判；第三，确认原判决、裁定有错误或者罪犯有重大立功表现，需要改判的，应当裁定不予核准死刑，撤销原判，发回重新审判；第四，确认原判决、裁定没有错误，罪犯没有重大立功表现，或者重大立功表现不影响原判决、裁定执行的，应当裁定继续执行死刑，并由院长重新签发执行死刑的命令。

【综合案例二】

[案情简介]

关于减刑、假释案件审理程序，执行法院根据下列情形分别作出如下处理：(1)甲因抢劫罪和绑架罪被法院决定执行有期徒刑20年，对甲的减刑，应由其服刑地高级人民法院作出裁定；(2)乙因检举他人重大犯罪活动被报请减刑的法院应通知乙参加减刑庭审；(3)丙因受贿罪被判处有期徒刑5年，对丙的假释，可书面审理，但必须提讯丙；(4)丁因强奸罪被判处无期徒刑，对丁的减刑，可聘请律师到庭发表意见。

[问题]

本案中关于减刑、假释的审理程序是否正确？

[思路]

本案考查减刑、假释案件的审理程序。《最高人民法院关于减刑、假释案件审理程序的规定》(以下简称《减刑、假释案件规定》)第1条规定："对减刑、假释案件，应当按照下列情形分别处理：……(三)对被判处有期徒刑和被减为有期徒刑的罪犯的减刑、假释，由罪犯服刑地的中级人民法院在收到执行机关提出的减刑、假释建议书后一个月内作出裁定，案情复杂或者情况特殊的，可以延长一个月……"由此可见，被判处有期徒刑20年的甲，其减刑案件应由服刑地中级人民法院作出裁定，而非高级人民法院。因此，本案中关于减刑、假释的审理程序(1)错误。

我国《刑法》第78条规定："……有下列重大立功表现之一的，应当减刑：(一)阻止他人重大犯罪活动的；(二)检举监狱内外重大犯罪活动，经查证属实的……"因此，乙检举他人重大犯罪活动属于重大立功表现。《减刑、假释案件规定》第6条规定："人民法院审理减刑、假释案件，可以采取开庭审理或者书面审理的方式。但下列减刑、假释案件，应当开庭审理：(一)因罪犯有重大立功表现报请减刑的……(五)被报请减刑、假释罪犯系职务犯罪罪犯，组织(领导、参加、包庇、纵容)黑社会性质组织犯罪罪犯，破坏金融管理秩序和金融诈骗犯罪罪犯及其他在社会上有重大影响或社会关注度高的……"据此，乙减刑案件属于应当开庭审理的案件范围。《减刑、假释案件规定》第7

条规定："人民法院开庭审理减刑、假释案件，应当通知人民检察院、执行机关及被报请减刑、假释罪犯参加庭审。人民法院根据需要，可以通知证明罪犯确有悔改表现或者立功、重大立功表现的证人，公示期间提出不同意见的人，以及鉴定人、翻译人员等其他人员参加庭审。"据此，本案中关于减刑、假释的审理程序（2）是正确的。

本案中，丙所犯受贿案，属于"职务犯罪罪犯"，根据《减刑、假释案件规定》第6条第5项的规定，其假释案件属于应当开庭审理的案件。根据上述第7条的规定，应当通知丙参加庭审，而非提讯丙。因此，本案中关于减刑、假释的审理程序（3）错误。

《减刑、假释案件规定》第7条规定了开庭审理减刑、假释案件的参与人员，减刑、假释案件庭审中的参与人员包括审判人员、检察人员、执行机关代表、被减刑或假释罪犯、证人、异议人以及鉴定人和翻译人员，并不包括被报请减刑、假释罪犯的律师；因此对丁的减刑，其律师并无到庭发表意见的权利，据此，本案中关于减刑、假释的审理程序（4）是错误的。

【综合案例三】

［案情简介］

章某因绑架罪被河南省A市中级人民法院判处死刑缓期2年执行，后交付河南省B市监狱执行。死刑缓期执行期间，章某脱逃至安徽省C市实施抢劫被抓获，C市中级人民法院一审以抢劫罪判处章某无期徒刑。章某不服判决，向安徽省高级人民法院上诉。安徽省高级人民法院二审维持一审判决。此案最终经最高人民法院核准死刑立即执行。关于执行章某死刑的法院存在不同意见：（1）A市中级人民法院；（2）B市中级人民法院；（3）C市中级人民法院；（4）安徽省高级人民法院。

［问题］

本案中应当由哪个人民法院执行章某死刑？

［思路］

本案考查死刑的执行。《刑事诉讼法》第21条规定："中级人民法院管辖下列第一审刑事案件：（一）危害国家安全、恐怖活动案件；（二）可能判处无期徒刑、死刑的案件。"《刑诉解释》第13条第3款规定："罪犯在脱逃期间又犯罪的，由服刑地的人民法院管辖。但是，在犯罪地抓获罪犯并发现其在脱逃期间犯罪的，由犯罪地的人民法院管辖。"结合本案"死刑缓期执行期间，章某逃至安徽省C市实施抢劫被抓获"，可知，章某涉嫌的抢劫罪可能被判处无期应由中级人民法院管辖，章某是在脱逃期间犯罪在犯罪地被抓获，所以，章某在死缓期间所犯新罪应由C市中级法院管辖。

章某在死缓执行期间故意犯罪后，如何与前罪的死缓合并执行死刑？根据《刑诉解释》第497条的规定：被判处死刑缓期执行的罪犯，在死刑缓期执行期间故意犯罪的，应当由罪犯服刑地的中级人民法院依法审判，所作的判决可以上诉、抗诉。认定构成故意犯罪的判决、裁定发生法律效力后，应当层报最高人民法院核准执行死刑。由该条第2款的规定可知，对前罪撤销死缓，立即执行死刑，必须是在后罪的"判决、裁定发生法律效力后"，所以，本案中，章某在死缓服刑期间又故意犯罪，C市中级人民法院对章某的故意犯罪作出判决，章某不服判决，向安徽省高级人民法院上诉，安徽省高级人民法院二审维持一审判决。因此，章某所犯后罪的判决生效，根据法律规定，层报最高人民法院核准执行死刑。

《刑诉解释》第499条第2款规定："在死刑缓期执行期间故意犯罪，最高人民法院核准执行死刑的，由罪犯服刑地的中级人民法院执行。"可知，章某死缓期间又故意犯罪，最高法院核准执行死刑，应由章某服刑地的B市中级人民法院负责章某死刑的执行。综上所述，本案中应当由B市中级人民法院执行章某死刑，具有法律根据，是正确的。

【综合案例四】

［案情简介］

甲某因抢劫罪被某市中级人民法院判处死刑缓期2年执行。省高级人民法院核准后，甲某被公安机关送交监狱执行。在服刑期间，甲某充当狱霸常殴打其他犯人，甲某死刑缓刑2年期满后，监狱将甲某在两年内的表现向省高级人民法院作了书面报告。省高级人民法院组成合议庭就甲某的减刑问题进行评议，既没有做出减刑的裁定，也没有做出核准死刑的裁定。甲某于是对监管人员怀恨在心。有一天，甲某在劳动时，趁监狱监管人员周某不备，用劳动工具猛砸周某头部，将周某打晕，造成周某重伤。基于上述情况，省高级人民法院以甲某又犯新罪为由核准对甲某执行死刑。

［问题］

罪犯在死刑缓期执行期间又犯新罪的应如何执行？

［思路］

本案考查死缓期间又犯新罪的执行。我国《刑事诉讼法》第261条第2款规定："被判处死刑缓期二年执行的罪犯，在死刑缓期执行期间，如果没有故意犯罪，死刑缓期执行期满，应当予以减刑，由执行机关提出书面意见，报请高级人民法院裁定；如果故意犯罪，情节恶劣，查证属实，应当执行死刑的，由高级人民法院报请最高人民法院核准；对于故意犯罪未执行死刑的，死刑缓期执行的期间重新计算，并报最高人民法院备案。"根据这一规定，对于被判处死刑缓期执行的罪犯，在其缓刑考验期满后，根据甲某在服刑期间的表现，应及时作出是否执行死刑的裁定。如果没有故意犯罪，应当作出减刑的裁定，如果再犯新罪，情节恶劣，查证属实的，应当核准执行死刑，不存在任何其他处理方法。"缓刑考验期间"是指从人民法院确定判决之日起开始计算死缓执行期限，只要已满2年，就应认定死缓期限已满。如果罪犯在此期间没有故意犯罪则应当依法予以减刑。本案中，应当将"缓刑考验期间犯罪"与"在人民法院作出减刑裁定前犯罪"区别开，缓刑考验的期间应从判决作出之日起算，至届满2年为止，而不应以人民法院是否对被判处死刑缓期执行的罪犯作出裁定减刑的日期来确定其死缓的期限已满。

本案中,被执行人甲某在死缓考验期内虽然表现恶劣,但始终没有实施故意犯罪,在2年考验期满后,本该应及时对甲某依法减刑,但省高级人民法院迟迟不作减刑裁定,这是不符合法律规定的。甲某故意伤害指导员周某的犯罪行为发生在其考验期满后的时间,不属于"在缓刑考验期间故意犯罪",所以省高级人民法院不应直接核准甲某死刑(虽然其有死刑核准权)。正确的做法应当是:应先对甲某依法予以减刑,然后对其所犯新罪进行起诉和审判,如果新罪应当判处死刑的,数罪并罚,才能执行死刑,如果新罪不够判处死刑的,就不应执行死刑,而应依照刑法的有关规定,把减刑后没有执行的刑罚和新罪判处的刑罚进行并罚,来决定应执行的刑罚。

△ 资料链接

1. 陈光中主编:《刑事诉讼法》(第7版),北京大学出版社2021年版。

2. 叶青主编:《案例刑事诉讼法学》,中国法制出版社2013年版。

3. 王爱立主编:《中华人民共和国刑事诉讼法释义》,法律出版社2018年版。

4. 姚莉主编:《刑事诉讼法学》(第3版),中国法制出版社2023年版。

5. 段启俊、曹利民:《论死缓制度的立法完善》,载《法学杂志》2009年第12期。

6. 田宏杰、许成磊:《我国死刑缓期执行制度评析》,载《西南政法大学学报》2000年第4期。

7. 蒋昊:《试述假释执行中存在的问题及完善》,载《法制与经济》2010年第12期。

8. 尚爱国:《暂予监外执行若干争议问题研究》,载《人民检察》2008年第7期。

9. 孙文波:《财产刑执行的基本原则》,载《人民司法》2006年第6期。

10. 樊长春:《我国死刑执行程序的若干问题反思》,载《法学杂志》2008年第6期。

11. 刘吉山:《刑罚变更执行监督存在的问题及解决对策》,载《当代法学》2011年第5期。

12. 竹怀军:《死缓执行变更中若干疑难问题研究》,载《韶关学院学报》2005年第1期。

13. 孙健:《死缓执行变更问题研究》,载《重庆大学学报》2002年第4期。

14. 高贵君、马岩、方文军:《〈关于死刑缓期执行限制减刑案件审理程序若干问题的规定〉的理解与适用》,载《人民司法》2011年第11期。

15. 方文军:《死刑缓期执行限制减刑制度的司法适用》,载《法律适用》2011年第8期。

16. 尚爱国:《暂予监外执行若干争议问题研究》,载《人民检察》2008年第7期。

17. 郑华:《暂予监外执行监督的若干问题》,载《检察实践》2003年第2期。

18. 杨文艳、桂忠孝、崔杰:《罪犯监外执行工作的实践与思考》,载《犯罪研究》2002

年第 5 期。

讨论思考

1. 简述死刑立即执行判决的执行程序。
2. 阐述“死缓”、有期徒刑、拘役判决的执行程序。
3. 简述人民检察院对执行的监督方式和内容。
4. 简述监外执行的条件。
5. 如何理解执行程序的性质与意义?
6. 分析停止执行死刑与暂停执行死刑的区别。
7. 人民法院对哪些刑事判决或裁定享有执行权?
8. 阐述减刑、假释的适用条件和程序。

第十八章　特别程序

◈ 本章提要

我国刑事诉讼特别程序主要包括未成年人刑事案件诉讼程序，当事人和解的公诉案件诉讼程序，依法不负刑事责任的精神病人的强制医疗程序，犯罪嫌疑人、被告人逃匿、死亡案件违法所得的没收程序。

在我国，未成年人刑事案件是指被告人被指控实施犯罪时已满14周岁不满16周岁犯故意杀人、故意伤害致人重伤或者死亡、强奸、抢劫、贩卖毒品、放火、爆炸、投放危险物质罪的、已满12周岁不满14周岁的，犯故意杀人、故意伤害罪致人死亡或者以特别残忍手段致人重伤造成严重残疾情节恶劣，经最高人民检察院核准追诉的、不满18周岁的案件。未成年人刑事案件诉讼程序，是指专门适用于未成年人刑事案件的侦查、审查起诉、审判、执行等程序的一种特别刑事诉讼程序。办理未成年人刑事案件的诉讼程序应同成年人的有所区别，这是由未成年人心理和生理特点决定的，刑事诉讼各个阶段均应当贯彻教育、感化、挽救的工作方针，法律及相关司法解释不仅赋予未成年犯罪嫌疑人、被告人更多的诉讼权利，而且还有更多保证权利落实的具体措施。公诉案件和解程序在提升被害人主体地位的同时，允许犯罪嫌疑人、被告人真诚悔罪，通过向被害人赔偿损失、赔礼道歉等方式获得被害人的谅解，从而达到双方当事人之间和解，既弥补了被害人在物质、精神方面的损失，也最大限度地化解了纠纷，修复了被损害的社会关系。当然，应当严格遵循法定的条件和程序。精神障碍者及其强制医疗所引发的社会问题，既关系到社会的安全、秩序与稳定，又关乎公民的自由与权利，实践中已经发展成影响深远、波及范围广泛的一项社会问题而广受社会关注。依法不负刑事责任精神病人强制医疗程序的构建直接回应了社会上对精神病人的无序监管。强制医疗作为一种社会防卫措施，其本质是对公民自由权的限制与剥夺，其价值目标是安全与自由并重、防卫社会与精神病人回归社会并重。犯罪嫌疑人、被告人逃匿、死亡案件违法所得的没收程序，是指当某些案件中犯罪嫌疑人、被告人逃匿或者死亡时，追缴其违法所得及其他涉案财产所特有的方式、方法和步骤，既有助于打击犯罪，又有助于对国家利益、被害人利益的保护。

◉ 法考重点

刑事诉讼特别程序的含义；未成年人刑事案件诉讼程序的特点；未成年人刑事案

件诉讼程序应遵循的原则；公诉案件和解的含义；公诉案件和解与自诉案件和解的区别；当事人和解的公诉案件诉讼程序的适用条件及适用范围；依法不负刑事责任的精神病人的强制医疗程序的特点；依法不负刑事责任的精神病人强制医疗的适用条件及适用程序；依法不负刑事责任的精神病人强制医疗的法律救济；涉外刑事诉讼程序的特点；涉外刑事诉讼的特殊原则。

第一节　未成年人刑事案件诉讼程序

▲ 知识背景

一、未成年人刑事案件诉讼程序的特有原则

（一）“教育为主，惩罚为辅”原则

“教育为主，惩罚为辅”原则，是处理未成年人刑事案件的主导思想，未成年人刑事案件的其他诉讼原则基本上都围绕此原则展开。这一原则要求，在未成年人刑事诉讼的各个阶段，公安、司法机关都必须坚持“教育为主，惩罚为辅”原则，对未成年人不失时机地进行教育、挽救；公安、司法工作人员应当照顾未成年人的身心特点，尊重其人格尊严，保障其合法权益。教育他们认清自己所犯的错误和罪行及其严重性、危害性，唤醒他们的悔罪意识和忏悔心理，教育他们认罪服法，接受改造，重新做人。

（二）分案处理原则

分案处理原则是进行未成年人刑事诉讼所必须遵循的又一重要原则。分案处理，即在处理未成年人刑事案件时，应当在时间上和地点上都与成年人刑事案件分开进行。《刑事诉讼法》第280条第2款规定，对被拘留、逮捕和执行刑罚的未成年人与成年人应当分别关押、分别管理、分别教育。公安部《刑诉规定》第317条规定，对被羁押的未成年人应当与成年人分别关押、分别管理、分别教育，并根据其生理和心理特点在生活和学习方面给予照顾。最高检《刑诉规则》第459条规定，人民检察院审查未成年人与成年人共同犯罪案件，一般应当将未成年人与成年人分案起诉。分案处理的原因在于未成年人各方面都不成熟，如果与成年人共同关押、审理、服刑，可能不仅使未成年人得不到正确的教育和挽救，还可能使其受到成年人的不良影响，不利于未成年人的改造。另外，未成年人与成年人关押在一起，还可能使他们受到成年人的伤害，不利于保护未成年人的安全。

（三）不公开审理原则

《刑事诉讼法》第285条规定：“审判的时候被告人不满十八周岁的案件，不公开审理。但是，经未成年被告人及其法定代理人同意，未成年被告人所在学校和未成年人保护组织可以派代表到场。”《未成年人保护法》和《预防未成年人犯罪法》也规定，对未成年人犯罪案件，新闻报道、影视节目、公开出版物不得披露该未成年人的姓名、住

所、照片，以及可能推断出该未成年人的资料。未成年人案件不公开审理，有利于保护未成年被告人的名誉、自尊心和人格尊严，防止公开诉讼给他们造成的不必要的心灵创伤和过大的精神压力，有助于他们接受教育和挽救，重新做人。

（四）及时原则

及时原则是指在诉讼进行的每个阶段，公安、司法机关及其工作人员都应当及时对案件作出处理，不拖拉，不延误。诉讼及时本来是任何诉讼都应当遵循的原则，但鉴于未成年人刑事案件的特殊性，强调未成年人诉讼程序的及时性显得尤为必要。诉讼及时原则要求刑事诉讼的进行不能过快或太慢：诉讼进行得过快，控辩双方就难以充分地收集材料和证据，难以充分地提出主张和举证，案件事实的查明和法律的正确适用就会受到影响；诉讼进行得太慢，容易造成诉讼延误，不仅可能造成证据灭失、毁损等，更可能使当事人的权利受到损害，同时也会造成司法资源的浪费。而且，未成年人犯罪案件大部分属于初犯、偶犯或者冲动型犯罪，未成年人生理、心理上都还不成熟，诉讼时间过长，特别是羁押时间过长将会给其未来带来长期的影响，因此，对于未成年人刑事案件更应当及时进行。

（五）和缓原则

和缓原则要求对未成年人犯罪的案件，一定要注意结合未成年犯罪嫌疑人、被告人的身心特点，尽量不采用激烈、严厉的诉讼方式。例如，尽量不用或者少用强制措施，在传唤、讯问以及审判的时候，应当尽可能通知其法定代理人到场；必要的时候，可以邀请其老师参加等。在讯问时，应注意以教育式、启发式进行耐心细致的开导，语气尽量温和。在审判时，应当采用少年法庭的形式，注意给法庭创设温情、和缓的气氛。在实践中，有些地方法院采用“圆桌法庭”的形式审理未成年人刑事案件，收到了较好的效果。

二、未成年人刑事案件诉讼程序的特点

（一）必须查明犯罪嫌疑人、被告人的准确出生日期

对于未成年人刑事案件，无论是立案阶段还是侦查、审查起诉及审判阶段，都必须重点查明犯罪嫌疑人、被告人确切的出生时间，因为年龄因素很可能决定着是否应当追究刑事责任。例如，最高检《刑诉规则》第464条明确规定，审查逮捕未成年犯罪嫌疑人，应当重点查清其是否满14、16、18周岁。最高院《关于办理少年刑事案件的若干规定（试行）》第28条规定，法庭调查时，审判人员应当核实未成年被告人在实施被指控的行为时的年龄。根据《关于审理未成年人刑事案件具体应用法律若干问题的解释》第4条的规定，对于没有充分证据证明被告人实施被指控的犯罪时已经达到法定刑事责任年龄且确实无法查明的，应当推定其没有达到相应法定刑事责任年龄；相关证据足以证明被告人实施被指控的犯罪时已经达到法定刑事责任年龄，但是无法准确查明被告人具体出生日期的，应当认定其达到相应法定刑事责任年龄。

（二）由专门机构或专职人员承办

《刑事诉讼法》第277条第2款规定，人民法院、人民检察院和公安机关办理未成

年人刑事案件,应当保障未成年人行使其诉讼权利,保障未成年人得到法律帮助,并由熟悉未成年人身心特点的审判人员、检察人员、侦查人员承办。《未成年人保护法》规定,公安机关、人民检察院、人民法院办理未成年人犯罪案件,应当照顾未成年人身心发展特点,尊重他们的人格尊严,保障他们的合法权益,并根据需要设立专门机构或者指定专人办理。《预防未成年人犯罪法》规定,人民法院审判未成年人犯罪的刑事案件,应当由熟悉未成年人身心特点的审判员或者审判员和人民陪审员依法组成少年法庭进行。有关的司法解释和部门文件对此也有明确规定。

（三）未成年犯罪嫌疑人、被告人享有特别的诉讼权利

《刑事诉讼法》第277条第2款规定,人民法院、人民检察院和公安机关办理未成年人刑事案件,应当保障未成年人行使其诉讼权利,保障未成年人得到法律帮助。第278条规定,未成年犯罪嫌疑人、被告人没有委托辩护人的,人民法院、人民检察院、公安机关应当通知法律援助机构指派律师为其提供辩护。我国《刑事诉讼法》第281条规定:对于未成年人刑事案件,在讯问和审判的时候,应当通知未成年犯罪嫌疑人、被告人的法定代理人到场。无法通知、法定代理人不能到场或者法定代理人是共犯的,也可以通知未成年犯罪嫌疑人、被告人的其他成年亲属,所在学校、单位、居住地基层组织或者未成年人保护组织的代表到场,并将有关情况记录在案。到场的法定代理人可以代为行使未成年犯罪嫌疑人、被告人的诉讼权利。审判未成年人刑事案件,未成年被告人最后陈述后,其法定代理人可以进行补充陈述。最高检《人民检察院办理未成年人刑事案件的规定(2013年修订)》考虑到对未成年人应当尊重其隐私和个人意愿,于第17条第5款规定,未成年犯罪嫌疑人明确拒绝法定代理人以外的合适成年人到场,人民检察院可以准许,但应当另行通知其他合适成年人到场。

《刑事诉讼法》第278条明确规定,为没有委托辩护人的未成年犯罪嫌疑人、被告人提供法律援助,如果未成年犯罪嫌疑人、被告人没有委托辩护人的,人民法院、人民检察院、公安机关应当通知法律援助机构指派律师为其提供辩护。对于审判的时候不满18周岁的案件不公开审理,但按照刑事诉讼法的规定,如果经未成年被告人及其法定代理人同意,未成年被告人所在学校和未成年人保护组织可以派代表到场。

（四）严格限制强制措施的适用

在刑事诉讼中,对未成年犯罪嫌疑人应当慎重适用强制措施,尽量不用或少用;对于可捕可不捕的,一般不要逮捕。《刑事诉讼法》第280条规定:对于未成年犯罪嫌疑人、被告人,当严格限制适用逮捕措施。人民检察院审查批准逮捕和人民法院决定逮捕,应当讯问未成年犯罪嫌疑人、被告人,听取辩护律师的意见。对被拘留、逮捕和执行刑罚的未成年人与成年人应当分别关押、分别管理、分别教育。公安部《公安机关办理未成年人违法犯罪案件的规定》第15条指出,办理未成年人违法犯罪案件,应当严格限制和尽量减少使用强制措施。公安部《刑诉规定》第327条规定:对未成年犯罪嫌疑人应当严格限制和尽量减少使用逮捕措施。未成年犯罪嫌疑人被拘留、逮捕后服从

管理、依法变更强制措施不致发生社会危险性，能够保证诉讼正常进行的，公安机关应当依法及时变更强制措施；人民检察院批准逮捕的案件，公安机关应当将变更强制措施情况及时通知人民检察院。最高检《刑诉规则》第 462 条规定，人民检察院办理未成年犯罪嫌疑人审查逮捕案件，应当根据未成年犯罪嫌疑人涉嫌犯罪的性质、情节、主观恶性、有无监护与社会帮教条件认罪认罚等情况，综合衡量其社会危险性，严格限制适用逮捕措施。最高检《刑诉规则》第 463 条则规定：对于罪行较轻、具备有效监护条件或者社会帮教措施、没有社会危险性或者社会危险性较小的未成年犯罪嫌疑人，应当不批准逮捕；对于罪行比较严重，但主观恶性不大，有悔罪表现，具备有效监护条件或者社会帮教措施，具有下列情形之一，不逮捕不致妨害诉讼正常进行的未成年犯罪嫌疑人，可以不批准逮捕：(1)初次犯罪、过失犯罪的；(2)犯罪预备、中止、未遂的；(3)防卫过当、避险过当的；(4)有自首或者立功表现的；(5)犯罪后认罪认罚，或者积极退赃，尽力减少和赔偿损失，被害人谅解的；(6)不属于共同犯罪的主犯或者集团犯罪中的首要分子的；(7)属于已满 14 周岁、不满 16 周岁的未成年人或者系在校学生的；(8)其他可以不批准逮捕的情形。

（五）实行区别对待的起诉政策以及附条件不起诉制度

为贯彻宽严相济、区别对待未成年犯罪的刑事政策，最高检《人民检察院办理未成年人刑事案件的规定》第 26 条规定，对于犯罪情节轻微，具有下列情形之一，依照刑法规定不需要判处刑罚或者免除刑罚的未成年犯罪嫌疑人，一般应当依法作出不起诉决定：(1)被胁迫参与犯罪的；(2)犯罪预备、中止、未遂的；(3)在共同犯罪中起次要或者辅助作用的；(4)系又聋又哑的人或者盲人的；(5)因防卫过当或者紧急避险过当构成犯罪的；(6)有自首或者立功表现的；(7)其他依照刑法规定不需要判处刑罚或者免除刑罚的情形。这一规定细化了法律的相关规定，有利于及时、妥善处理未成年人案件，最大限度地教育、挽救未成年犯罪嫌疑人。

2012 年《刑事诉讼法》还确立了附条件不起诉制度，2018 年《刑事诉讼法》保留了该制度。

1. 适用范围及异议的处理。《刑事诉讼法》第 282 条规定：对未成年人涉嫌《刑法》分则第四章、第五章、第六章规定的犯罪，可能判处 1 年有期徒刑以下刑罚，符合起诉条件，但有悔罪表现的，人民检察院可以作出附条件不起诉的决定。人民检察院在作出附条件不起诉的决定以前，应听取公安机关、被害人的意见。对附条件不起诉的决定，公安机关要求复议、提请复核或者被害人申诉的，适用本法第 179 条、第 180 条的规定。未成年犯罪嫌疑人及其法定代理人对人民检察院决定附条件不起诉有异议的，人民检察院应当作出起诉决定。

2. 考验期及应当遵守的规定。《刑事诉讼法》第 283 条规定：在附条件不起诉的考验期内，由人民检察院对被附条件不起诉的未成年犯罪嫌疑人进行监督考察。未成年犯罪嫌疑人的监护人，应当对未成年犯罪嫌疑人加强管教，配合人民检察院做好监督考察工作。附条件不起诉的考验期为6个月以上、1年以下,从人民检察院作出附条件不起诉的决定之日起计算。被附条件不起诉的未成年犯罪嫌疑人,应当遵守下列规定:(1)遵守法律法规,服从监督;(2)按照考察机关的规定报告自己的活动情况;(3)离开所居住的市、县或者迁居,应当报经考察机关批准;(4)按照考察机关的要求接受矫治和教育。

3. 附条件不起诉的处理。《刑事诉讼法》第284条规定:被附条件不起诉的未成年犯罪嫌疑人,在考验期内发现有下列情形之一的,人民检察院应当撤销附条件不起诉的决定,提起公诉:(1)实施新的犯罪或者发现决定附条件不起诉以前还有其他罪需要追诉的;(2)违反治安管理规定或者考察机关有关附条件不起诉的监督管理规定,情节严重的。被附条件不起诉的未成年犯罪嫌疑人,在考验期内没有上述情形,考验期满的,人民检察院应当作出不起诉的决定。此外,最高检《人民检察院办理未成年人刑事案件的规定》第34条明确规定,人民检察院作出附条件不起诉决定后,对在押未成年犯罪嫌疑人应当作出释放或者变更强制措施的决定。

(六)在减刑、假释的掌握标准上比照成年罪犯适度放宽

最高人民法院《关于审理未成年人刑事案件具体应用法律若干问题的解释》第18条规定:对未成年罪犯的减刑、假释,在掌握标准上可以比照成年罪犯依法适度放宽。未成年罪犯能认罪服法,遵守监规,积极参加学习、劳动的,即可视为"确有悔改表现"予以减刑,其减刑的幅度可以适当放宽,间隔的时间可以相应缩短。符合《刑法》第81条第1款规定的,可以假释。未成年罪犯在服刑期间已经成年的,对其减刑、假释可以适用上述规定。

(七)实行犯罪记录封存制度

2012年《刑事诉讼法》修订,规定了犯罪记录封存制度。《刑事诉讼法》第286条规定:犯罪的时候不满18周岁,被判处5年有期徒刑以下刑罚的,应当对相关犯罪记录予以封存。犯罪记录被封存的,不得向任何单位和个人提供,但司法机关为办案需要或者有关单位根据国家规定进行查询的除外。依法进行查询的单位,应当对被封存的犯罪记录的情况予以保密。《刑诉解释》第557条第2款规定,对依法公开审理,但可能需要封存犯罪记录的案件,不得组织人员旁听。《刑诉解释》第578条第2款还规定,对依法应当封存犯罪记录的案件,宣判时,不得组织人员旁听;有旁听人员的,应当告知其不得传播案件信息。

《联合国保护被剥夺自由少年规则》第19条规定:"……释放时,少年的记录应封存,并在适当时候加以销毁。"《联合国少年司法最低限度标准规则》第21条也规定,"少年犯罪的档案不得在其后的成人讼案中加以引用"。这两项国际公约规定了未成年人犯罪记录封存的基本原则,我国作为签署国。建立未成年人犯罪记录封存制度,是我国未成年人刑事司法制度实现现代化的重要表现,有利于犯罪的未成年人重返社会。

【案例一】

[案情简介]

甲某因涉嫌抢劫犯罪被抓获，作案时未满18周岁，案件起诉到法院时已年满18周岁。本案是未成年人犯罪案件，关于本案的审理意见如下：(1)本案由少年法庭审理；(2)对甲某不公开审理；(3)对甲某进行审判，可以通知其法定代理人到场；(4)对甲某进行审判，应当通知其监护人到场。

[问题]

本案中关于未成年人犯罪案件的审理意见是否正确？

[解析]

本案考查未成年人犯罪案件的审理。《刑诉解释》第550条规定："下列案件可以由未成年人案件审判组织审理：(一)人民法院立案时不满二十二周岁的在校学生犯罪案件；(二)强奸、猥亵、虐待、遗弃未成年人等侵害未成年人人身权利的犯罪案件；(三)由未成年人案件审判组织审理更为适宜的其他案件。共同犯罪案件有未成年被告人的或者其他涉及未成年人的刑事案件，是否由未成年人案件审判组织审理，由院长根据实际情况决定。"本案中，甲某作案时未满18周岁，符合《刑诉解释》第550条第1款规定的情形，据此，本案应当由未成年人案件审判组织审理。所以，本案中关于未成年人犯罪案件的审理意见(1)正确。

《刑事诉讼法》第285条规定："审判的时候被告人不满十八岁的案件，不公开审理。但是，经未成年被告人及其法定代理人同意，未成年被告人所在学校和未成年人保护组织可以派代表到场。"本案中甲某在案件起诉到法院时已年满18周岁，不再属于上述规定中不公开审理的范围。本案中，甲某虽然作案时未满18周岁，但是审判时已经满18周岁，已不属于未成年人，也不属于《刑事诉讼法》第188条第1款规定的情形，本案应当公开审理。据此，本案的审理意见(2)是错误的。根据《刑事诉讼法》第281条的相关规定，对于未成年人刑事案件，在讯问和审判的时候，应当通知未成年犯罪嫌疑人、被告人的法定代理人到场。但是，本案中，甲某庭审时已满18周岁，不再属于"未成年被告人"的范畴，他已具备完全诉讼行为能力，不需要法定代理人代其行使诉讼权利，因此，对甲某进行审判不必通知其法定代理人，同理可知，审判已成年的甲某，也无须通知其监护人到场。据此，本案中关于未成年人犯罪案件的审理意见(3)、(4)错误。

【案例二】

[案情简介]

戊某抢劫案，法院受理后，发现此案可能符合附条件不起诉的条件。本案在审理中，关于附条件不起诉的理解如下：(1)增加了听取被害人陈述意见的机会；(2)有利于对未成年犯罪嫌疑人的转向处置；(3)体现了对未成年犯罪嫌疑人的特殊保护；(4)是刑事公诉独占主义的一种体现。

[问题]

本案中关于附条件不起诉的以上理解是否正确?

[解析]

本案考查附条件不起诉。根据《刑事诉讼法》第 282 条第 1 款规定:"对于未成年人涉嫌刑法分则第四章、第五章、第六章规定的犯罪,可能判处一年有期徒刑以下刑罚,符合起诉条件,但有悔罪表现的,人民检察院可以作出附条件不起诉的决定。人民检察院在作出附条件不起诉的决定以前,应当听取公安机关、被害人的意见。"由此可知,附条件不起诉只适用于未成年人案件,且适用附条件不起诉的条件之一为具有悔罪表现,据此,关于附条件不起诉的理解(1)、(4)正确。根据《刑事诉讼法》第 282 条第 3 款规定:"未成年犯罪嫌疑人及其法定代理人对人民检察院决定附条件不起诉有异议的,人民检察院应当作出起诉的决定。"因此,关于附条件不起诉的理解(3)正确。

根据《刑事诉讼法》第 282 条第 1 款的规定,人民检察院在作出附条件不起诉以前,应当听取公安机关、被害人的意见。公安机关、被害人不同意适用附条件不起诉的,根据《刑事诉讼法》第 179 条、第 180 条以及第 282 条第 2 款的规定,公安机关可以要求复议,在意见不被接受时还可以向上一级人民检察院申请复核;被害人不同意附条件不起诉的救济方式是可以向上一级人民检察院申诉,要求提起公诉。由此可知,附条件不起诉只需听取公安机关、被害人的意见而非征求公安机关、被害人的同意,据此,关于附条件不起诉的理解(2)错误。

第二节 当事人和解的公诉案件诉讼程序

▲ 知识背景

当事人和解的公诉案件诉讼程序是指公安机关、人民检察院、人民法院在法定范围的公诉案件中,犯罪嫌疑人、被告人真诚悔罪,通过向被害人赔偿损失、赔礼道歉等方式获得被害人谅解、双方当事人自愿达成协议的,可以对犯罪嫌疑人、被告人作出不同方式的从宽处理的程序。创建当事人和解程序有助于贯彻宽严相济刑事政策,有助于促进社会秩序的和谐安定,有助于提高诉讼效率和有效解决纠纷。

一、公诉案件当事人和解的适用范围

《刑事诉讼法》第 288 条采取明确列举和禁止的方式规定了公诉案件当事人和解程序的适用范围:

1. 因民间纠纷引起,涉嫌《刑法》分则第四章、第五章规定的犯罪案件可能判处 3 年有期徒刑以下刑罚的。这类案件必须符合以下三个条件:一是因民间纠纷引起。民间纠纷一般是指公民之间有关人身、财产权益和其他日常生活中发生的纠纷。二是涉嫌《刑法》分则第四章、第五章规定的犯罪案件。《刑法》分则第四章规定的是“侵犯公民人身权利、民主权利罪”，第五章规定的是“侵犯财产罪”。但是，这两章中的检察机关自侦案件除外。因此，即使是民间纠纷引起的，如果不属于《刑法》分则第四章、第五章规定的犯罪案件，也不适用于和解。三是可能判处3年有期徒刑以下刑罚。主流刑法理论认为，3年有期徒刑以下刑罚属于轻罪。将当事人和解的适用限于轻罪是为了充分发挥其积极作用，尽可能减少其负面影响。以上三个条件必须同时具备，缺一不可。

2. 除渎职犯罪以外的可能判处7年有期徒刑以下刑罚的过失犯罪案件。这类案件也必须同时符合以下三个条件：(1)“过失犯罪”。所谓“过失犯罪”，是指应当预见自己的行为可能发生危害社会的结果，因为疏忽大意而没有预见，或者已经预见而轻信能够避免，以致发生这种结果的犯罪。过失犯罪，法律有规定的才负刑事责任。《刑法》分则明确规定了过失犯罪的罪名。(2)“可能判处7年有期徒刑以下刑罚”。“7年有期徒刑”是多数过失犯罪的最高刑罚，这与过失犯罪的刑罚是相对应的。(3)渎职犯罪除外。渎职犯罪是指《刑法》分则第九章规定的犯罪类型。渎职犯罪违背了公务职责的公正性、廉洁性、勤勉性，妨害国家机关正常的职能活动，是严重损害国家和人民利益的行为，因而不属于当事人和解的范围。

3. 犯罪嫌疑人、被告人在5年以内曾经故意犯罪的案件不得适用当事人和解程序。也就是说，即使属于上述两种案件的范围，但如果该犯罪嫌疑人、被告人在5年内曾经故意犯罪，不论其是否被追究刑事责任，禁止适用当事人和解。在此类案中，犯罪嫌疑人、被告人的社会危害性、人身危险性以及主观恶性较大，属于从重处罚的情节。因此，此类案件不得适用对犯罪嫌疑人、被告人从轻处罚的当事人和解制度。

二、公诉案件当事人和解的诉讼程序

根据我国《刑事诉讼法》第288条、第289条、第290条以及最高法《刑诉解释》、最高检《刑诉规则》、公安部《刑诉规定》的有关规定，公诉案件当事人和解诉讼程序的基本内容如下：

1. 当事人和解的主体。我国刑事诉讼中当事人和解的主体是犯罪嫌疑人、被告人与被害人。他们之间自行协商、达成和解，这是我国当事人和解制度与海外辩诉交易以及认罪协商制度之间的重要区别。最高检《刑诉规则》第493条进一步规定：“被害人死亡的，其法定代理人、近亲属可以与犯罪嫌疑人和解。被害人系无行为能力或者限制行为能力人的，其法定代理人可以代为和解。”第494条进一步规定：“犯罪嫌疑人系限制行为能力人的，其法定代理人可以代为和解。犯罪嫌疑人在押的，经犯罪嫌疑人同意，其法定代理人、近亲属可以代为和解。”在刑事和解程序中，犯罪嫌疑人、被告人和被害人及双方的法定代理人、近亲属可以委托律师为他们的辩护人或者诉讼代理人。中共中央办公厅、国务院办公厅《关于完善法律援助的意见》提出要“建立法律援助参与刑事和解、死刑复核案件工作机制”，这对于保证刑事和解的质量具有重要意义。

2. 当事人和解的条件。当事人和解的条件主要有两个：一是犯罪嫌疑人、被告人自愿真诚悔罪，这是当事人和解的前提条件。悔罪是指犯罪分子犯罪后，法院裁判前认罪并悔悟的情况。认罪是承认犯罪并如实交代犯罪事实，悔悟是指有悔悟之心、并有悔悟的实际表现。二是必须是犯罪事实清楚，证据确实、充分。否则，表面上犯罪嫌疑人、被告人认罪，实际上可能是错案。

3. 当事人和解的方式。(1)犯罪嫌疑人、被告人应当通过赔偿损失和赔礼道歉等方式取得被害人谅解。赔偿损失包括赔偿物质损失和精神损失，这与附带民事诉讼只赔偿物质损失有所不同，因为在有的案件中，如强奸犯罪，被害人往往物质损失不大而精神遭受到严重打击。赔偿损失的方式主要是指经济赔偿。赔礼道歉既可以通过书面的方式，也可以通过口头的方式进行。(2)被害人必须是自愿和解。这里强调了被害人对犯罪嫌疑人、被告人谅解的基础上自愿和解，防止出现强迫被害人和解的现象。即便犯罪嫌疑人、被告人愿意和解，但被害人不愿意和解的，就不得和解。(3)只有在双方当事人和解的前提下，公安司法机关才能介入对和解进行审查。为了提高和解的可能性，最高法《刑诉解释》第587条第1款规定："……当事人提出申请的，人民法院可以主持双方当事人协商以达成和解。"

4. 审查的主体。审查的主体是公安机关、人民检察院和人民法院。公安机关、人民检察院、人民法院有职责对当事人的和解进行审查，以确定其是否有效。由于刑事诉是分阶段展开的，因此，双方当事人自行和解的，在侦查阶段，由公安机关负责审查；在审查起诉阶段，由人民检察院负责审查；在审判阶段，则由人民法院负责审查。当事人和解首先需要双方自行和解，但这并不意味着和解就生效了，还需经过公安司法机关的审查和确认。唯有如此，才能保证当事人和解活动的正当性并可能实现其预期的价值目标。

5. 审查的程序和内容。公安司法机关"必须听取当事人和其他有关人员的意见"，这是强制性规定，否则公安司法机关就不能主持制作当事人和解协议书。这里的"当事人"指的是犯罪嫌疑人、被告人与被害人。"其他有关人员"，可以是除当事人之外的其他诉讼参与人，也可以是非诉讼参与人。审查的内容是"和解的自愿性、合法性"。"自愿性"是指当事人和解的内容反映了双方当事人的真实意愿，而非出于对方当事人或第三方的各种强迫方法所致。"合法性"是指和解必须符合法律规定，包括实体上的合法性和程序上的合法性。自愿性和合法性是当事人和解的核心要求和基本原则，一切违反自愿性或合法性的当事人和解都是无效的。

6. 审查的结果。公安司法机关审查后，认为和解符合自愿性和合法性的，就主持制作和解协议书。"和解协议书"是公安机关、人民检察院和人民法院主持制作的记载双方当事人和解内容的诉讼文书。和解协议书是具有法律效力的诉讼文书，对双方当事人均具有法律拘束力。根据最高法《刑诉解释》第592条、最高检《刑诉规则》第498条以及公安部《刑诉规定》第326条的规定，和解协议书应当包括如下主要内容：(1)案件的基本事实和主要证据。(2)犯罪嫌疑人、被告人承认自己所犯罪行,对指控的犯罪事实没有异议,真诚悔罪。(3)犯罪嫌疑人、被告人通过向被害人赔礼道歉、赔偿损失等方式获得被害人谅解;涉及赔偿损失的,应当写明赔偿的数额、方式等;提起附带民事诉讼的,由附带民事诉讼原告人撤回附带民事诉讼。(4)被害人自愿和解,请求或同意对犯罪嫌疑人、被告人依法从宽处罚。和解协议书应当由双方当事人和办案主持人签名。

【案例】

[案情简介]

甲因琐事与乙产生纠纷,双方在殴打过程中,甲失手致乙死亡,甲被批准逮捕。案件起诉后,双方拟通过协商达成和解。本案关于和解的处理如下:(1)由于甲在押,其近亲属可自行与被害方进行和解;(2)由于乙已经死亡,可由其近亲属代为和解;(3)甲的辩护人和乙近亲属的诉讼代理人可参与和解协商;(4)由于甲在押,和解协议中约定的赔礼道歉可由其近亲属代为履行。

[问题]

本案中关于公诉案件和解的处理是否正确?

[解析]

本案考查公诉案件和解程序。甲、乙因琐事纠纷殴打,甲失手致乙死亡,属于过失致人死亡的情形,根据《刑法》第233条可知其量刑幅度在3年以上7年以下。根据《刑事诉讼法》第288条规定:"下列公诉案件,犯罪嫌疑人、被告人真诚悔罪,通过向被害人赔偿损失、赔礼道歉等方式获得被害人谅解,被害人自愿和解的,双方当事人可以和解:(一)因民间纠纷引起,涉嫌刑法分则第四章、第五章规定的犯罪案件,可能判处三年有期徒刑以下刑罚的;(二)除渎职犯罪以外的可能判处七年有期徒刑以下刑罚的过失犯罪案件。犯罪嫌疑人、被告人在五年以内曾经故意犯罪的,不适用本章规定的程序。"甲符合上述第1款第2项的情形,可以适用公诉案件和解程序。

根据《刑诉解释》第588条、第589条的规定:"符合刑事诉讼法第二百八十八条规定的公诉案件,被害人死亡的,其近亲属可以与被告人和解。近亲属有多人的,达成和解协议,应当经处于最先继承顺序的所有近亲属同意。被害人系无行为能力或者限制行为能力人的,其法定代理人、近亲属可以代为和解。""被告人的近亲属经被告人同意,可以代为和解。被告人系限制行为能力人的,其法定代理人可以代为和解。被告人的法定代理人、近亲属依照前两款规定代为和解的,和解协议约定的赔礼道歉等事项,应当由被告人本人履行。"本案中,由于甲在押,经过甲同意,其近亲属可以代为和解,但是无权自行与被害方和解,因此,本案的和解处理(1)错误。由于乙已经死亡,乙的近亲属可以与被告人和解,和解的双方当事人分别为被告人甲和被害人乙的近亲属,即乙的近亲属可以直接进行和解而非代替乙进行和解,因此,本案的和解处理(2)

错误。甲虽然在押,甲的近亲属代为和解的,和解协议中的赔礼道歉等事项仍应由甲本人履行,赔礼道歉属于具有人身专属性的行为,不能由近亲属代为履行,所以,本案的和解处理(4)错误。

我国《刑诉解释》第587条规定:"对符合刑事诉讼法第二百八十八条规定的公诉案件,事实清楚、证据充分的,人民法院应当告知当事人可以自行和解;当事人提出申请的,人民法院可以主持双方当事人协商以达成和解。根据案件情况,人民法院可以邀请人民调解员、辩护人、诉讼代理人、当事人亲友等参与促成双方当事人和解。"据此,辩护人、诉讼代理人可以参与和解协商,因此,本案的和解处理(3)正确。

第三节 缺席审判程序

知识背景

一、缺席审判程序概述

缺席审判程序,又称缺席程序,是指法院在被告人不出庭的情况下,对案件进行审理和判决的程序。由缺席审判程序形成的判决,称为缺席判决。

在我国司法实践中,一些犯罪嫌疑人、被告人逃往国外后,如果不能解决其刑事责任问题,就意味着他们可以长期保持"无罪"状态。而通过外交等途径与所在国交涉,又往往程序繁琐、耗时长久。正因如此,《刑事诉讼法》在第五编第三章规定了"缺席审判程序",意图对因犯罪嫌疑人、被告人外逃而导致诉讼程序"停滞"的贪污贿赂等案件,能够得以及时处理,既避免了因时间过长而出现证据灭失等不利情形,也使潜逃境外的贪官之流难以逃脱司法惩罚,从而为衔接《联合国反腐败公约》,打通国际司法协作的"引渡"渠道,提供了合适的诉讼制度。

二、缺席审判的类型

根据《刑事诉讼法》第291条、第296条和第297条的规定,刑事诉讼中存在四种类型的缺席审判:(一)被追诉人潜逃境外的缺席审判。对于贪污贿赂犯罪案件,以及需要及时进行审判,经最高人民检察院核准的严重危害国家安全犯罪、恐怖活动犯罪案件,犯罪嫌疑人、被告人潜逃境外,监察机关、公安机关移送起诉,人民检察院认为犯罪事实已经查清,证据确实、充分,依法应当追究刑事责任的,可以向人民法院提起公诉。人民法院进行审查后,对于起诉书中有明确的指控犯罪事实,符合缺席审判程序适用条件的,应当决定开庭审理。此为严格意义上的缺席审判。(二)被告人患严重疾病的缺席审判。因被告人患有严重疾病无法出庭,中止审理超过6个月,被告人仍无法出庭,被告人及其法定代理人、近亲属申请或者同意恢复审理的,人民法院可以在被告人不出庭的情况下缺席审理,依法作出判决。该类型的缺席审判集中体现了诉讼及时原则,在被告人无法出庭并不影响法庭全面收集与调查证据时,只要法定的相关人员同意接受缺席审判,审判机关就可以依法恢复法庭审理,以尽早案结事了,实现诉讼效益。(三)审理中被告人死亡的缺席审判。被告人死亡的,人民法院应当裁定终止审理,但有证据证明被告人无罪,人民法院经缺席审理确定无罪的,应当依法作出判决。该规定的立法目的在于贯彻司法公正的要求。一般而言,对于被告人死亡的案件,犯罪主体已不复存在,人民法院应当裁定终止审理,但是对于有证据证明被告人无罪的案件,裁定终止审理对被告人而言有失公允,因此,法律规定人民法院应当继续审理后依法作出无罪判决。(四)再审案件的缺席审判。人民法院按照审判监督程序重新审判的案件,被告人死亡的,人民法院可以缺席审理,依法作出判决。法律设置该类型的缺席审判程序的目的在于纠正冤假错案,维护司法正义,保障被告人及其亲友的人格利益与合法权益。

三、缺席审判程序的适用和救济

《刑事诉讼法》确立的四种缺席审判类型,实质上出于不同立法原因与目的,它们所涉及的价值判断、利益权衡不同,在具体的程序设置上亦有所不同。被告人患严重疾病的缺席审判、审理中被告人死亡的缺席审判和再审案件的缺席审判均属于广义上的缺席审判,是被告人因不可抗拒的外力因素介入而无法参加庭审,其审判程序基本应参照办理普通刑事案件的相关规定;而被追诉人潜逃境外的缺席审判是严格意义上的缺席审判,针对的是被追诉人故意逃避或抗拒司法程序的情形,其在程序适用和权利救济上体现出不同于普通审理程序的诸多规则。以下就被追诉人潜逃境外的缺席审判程序展开分析。

(一)适用范围

根据《刑事诉讼法》第291条第1款的规定,适用缺席审判程序的案件范围包括:第一,贪污贿赂犯罪。即《刑法》分则第八章规定的贪污贿赂罪和其他章节明确规定按照《刑法》分则第八章贪污贿赂罪的规定定罪处罚的犯罪。第二,危害国家安全犯罪。所有关涉国家存立、社会发展、国民福祉的可能事项都被纳入国家安全的范畴。此处的危害国家安全犯罪,包括《刑法》分则第一章规定的危害国家安全罪以及危害国家安全的其他犯罪。第三,恐怖活动犯罪。根据《反恐怖主义法》第3条的规定,恐怖活动是指恐怖主义性质的下列行为:(1)组织、策划、准备实施、实施造成或者意图造成人员伤亡、重大财产损失、公共设施损坏、社会秩序混乱等严重社会危害的活动的;(2)宣扬恐怖主义,煽动实施恐怖活动,或者非法持有宣扬恐怖主义的物品,强制他人在公共场所穿戴宣扬恐怖主义的服饰、标志的;(3)组织、领导、参加恐怖活动组织的;(4)为恐怖活动组织、恐怖活动人员、实施恐怖活动或者恐怖活动培训提供信息、资金、物资、劳务、技术、场所等支持、协助、便利的;(5)其他恐怖活动。恐怖活动构成犯罪即为恐怖活动犯罪。

(二)适用条件

贪污贿赂犯罪、危害国家安全犯罪和恐怖活动犯罪适用缺席审判程序有一定的条件限制。第一,犯罪嫌疑人、被告人在境外。作案后,为逃避法律的制裁而逃往境外的犯罪嫌疑人、被告人,无论是否明确犯罪嫌疑人、被告人在境外的具体藏匿处,均可适用缺席审判。第二,犯罪嫌疑人、被告人在境外的危害国家安全犯罪、恐怖活动犯罪案件,只有满足案件性质严重、有及时审判的必要性并经最高人民检察院核准三个条件,才适用缺席审判。第三,监察机关、公安机关移送起诉。按照法律规定,贪污贿赂犯罪由监察机关行使调查权,危害国家安全犯罪和恐怖活动犯罪由公安机关行使侦查权。由监察机关、公安机关移送起诉的规定,不仅是对适用缺席审判案件的审前程序的规定,更是对其证明标准的规定。监察机关调查的贪污贿赂犯罪和公安机关侦查的危害国家安全犯罪和恐怖活动犯罪,均应达到犯罪事实清楚,证据确实、充分的证明标准,方可移送起诉。第四,人民检察院认为犯罪事实已经查清,证据确实、充分,依法应当追究刑事责任的,向人民法院提起公诉。人民检察院是法律规定的公诉机关,缺席审判案件的公诉权由人民检察院依法行使。人民检察院审查监察机关、公安机关移送起诉的案件,应当按照《刑事诉讼法》的规定,对案件进行全面审查。第五,经人民法院审查,起诉书中有明确的指控犯罪事实,符合缺席审判程序适用条件。这是有关人民法院对人民检察院提起公诉的案件决定开庭审判的条件规定。这里"有明确的指控犯罪事实",是指人民检察院的起诉书中必须载明依据《刑法》规定应予刑事处罚的被告人的犯罪事实和提起公诉的具体罪名。"符合缺席审判程序适用条件",是指符合《刑事诉讼法》规定的缺席审判的相关程序要件,包括属于适用缺席审判程序的案件范围、经过最高人民检察院核准、传票和人民检察院的起诉书副本通过法定方式送达被告人等。

四、审理形式

人民法院审查后,对于起诉书中有明确的指控犯罪事实,符合缺席审判程序适用条件的,应当决定开庭审判。这是对人民法院依法审理被告人缺席案件的审理形式的规定。开庭审理是人民法院依法审理刑事案件的一般形式,也是实现审判公平正义、树立司法公信和权威所不可缺少的审理形式。即使被告人缺席,为体现审判的权威性、保障缺席被告人的辩护权等诉讼权利,也应当采取开庭审理而非书面审理的形式,将证据的举证质证、案件事实的认定、控辩双方的辩护均放于庭审中进行,既有利于维护案件的实体真实,也能够为缺席被告的辩护权等诉讼权利的保障提供空间。

五、管辖及审判组织

《刑事诉讼法》第 291 条第 2 款规定了缺席审判的级别管辖和地域管辖,即由犯罪地、被告人离境前居住地或者最高人民法院指定的中级人民法院管辖。

适用缺席审判程序的三类案件都是性质比较严重、案情重大或者影响重大的刑事案件,被告人又在境外,审理此类案件时需要更加慎重,确保审判质量,因此将缺席审判的案件交由中级人民法院一审。根据《刑事诉讼法》的规定,危害国家安全、恐怖活动案件由中级人民法院管辖。中级人民法院审理危害国家安全、恐怖活动案件,已经积累了丰富的审判经验，有利于审理这两类罪名的被告人缺席案件。此外，规定贪污贿赂犯罪案件亦由中级人民法院管辖，主要是出于被告人"涉外"的考量，由中级人民法院审理便于与外国司法机构对接，以顺利完成送达、司法协助等司法活动。

地域管辖对于确定管辖的法院，进而相应地确定负责调查、侦查和审查起诉的监察机关、公安机关和检察机关，具有十分重要的意义。刑事案件由犯罪地人民法院管辖，是划分地域管辖的一般原则。缺席审判的案件由犯罪地的人民法院管辖，有利于及时收集证据、查明案情，有利于诉讼参与人就近参加诉讼，并便于群众旁听案件。犯罪地包括犯罪预备地、犯罪行为实施地、犯罪结果地等。如果犯罪地管辖不便，可以由被告人离境前居住地管辖。这里所说的"被告人离境前居住地"，是指被告人的户籍地和被告人离境前在国内的常住地。如果存在被告人在犯罪地、离境前居住地民愤大或者案件影响大等特殊情况，或者被告人犯罪地、离境前居住地不明，或者最高人民法院认为由其他地方的中级人民法院管辖更为合适的，则由最高人民法院指定的中级人民法院管辖。

刑事缺席审判案件由合议庭审理。根据《刑事诉讼法》的规定，中级人民法院审理第一审案件，应当由审判员 3 人或者由审判员和人民陪审员共 3 人或者 7 人组成合议庭进行。组成合议庭审判案件，是为了发挥集体智慧，保证案件审判质量，防止独任法官可能出现的个人偏见或错误。缺席审判的案件由合议庭审理，也体现了立法者对缺席审判案件的审慎态度。

六、送达程序

送达是将法律文书和其他诉讼文件在法定的时间内送交收件人的诉讼行为。送达是一项诉讼活动，是诉讼程序的组成部分，直接关系到整个刑事诉讼程序是否顺利进行。《刑事诉讼法》规定了将传票和起诉书副本送达潜逃境外的被告人的方式及法律后果。被告人潜逃境外，无法按照普通刑事案件诉讼文书送达的方式送达文书，因此，人民法院应当通过国际条约中规定的或者外交途径提出的司法协助方式，或者被告人所在地法律允许的其他方式送达文书。其目的，一方面在于敦促被告人尽可能地出庭接受审判，另一方面在于穷尽手段来保障被追诉人的知情权，使之了解被指控的罪名和案件事实情节，为辩护作准备。而且，以被告人所在国承认的方式将传票与起诉书副本送达被告人，既是缺席审判具有正当性的基础，也是后续基于缺席判决要求返还涉案财物与引渡被告人的重要条件。在被告人收到传票和起诉书副本后未按要求归案的，可以视为被告人对出庭权的放弃，人民法院可以开庭审理，并作出缺席判决。

七、委托辩护及法律援助

根据《刑事诉讼法》第 293 条，缺席审判程序中被告人的辩护权包含以下两方面内容：第一，除被告人有权亲自委托辩护人之外，其近亲属可以代为委托辩护人。在常规的对席审判中，委托辩护人的主体是犯罪嫌疑人、被告人，并不包括近亲属。在缺席审判中，之所以将委托辩护人的主体扩大，将近亲属纳入其范围，是因为缺席审判与对席审判在保护被告人诉讼权利方面是有很大差别的。在对席审判中，由于被告人出席法庭，可以亲自行使辩护权等一系列诉讼权利，实现控辩双方的平等对抗，防止司法不公侵害其合法权益，督促法院公平审理与公正裁判；而在缺席审判中，被告人很可能因为消极应对诉讼而没有委托辩护人，导致诉讼之两造对立的基本格局被破坏，这既不符合审判的基本要求，也不利于被告人诉讼权利的维护，因此法律规定被告人的近亲属可以代为委托律师。第二，适用人民法院通知法律援助机构指派律师辩护的情形是"被告人及其近亲属没有委托辩护人"。与《刑事诉讼法》第35条关于法律援助适用条件的规定有所不同，缺席审判程序的法律援助在适用条件上更为宽松，无论被告人或其近亲属基于经济上的原因无力委托律师，还是基于经济困难之外的其他原因（如心理排斥、沟通不及时等）没有委托辩护人，均得以适用法律援助的相关规定，即此时人民法院应当通知法律援助机构指派律师为其提供辩护，进行无条件限定的指定辩护。

八、特殊的上诉权

缺席审判程序中关于上诉权最为特别的规定在于赋予了被告人的近亲属独立的上诉权。被告人作为案件的当事人，有着当然的独立上诉权，上诉后的法律后果由被告人承担。而被告人的近亲属在缺席审判制度中也享有独立的上诉权，即被告人的近亲属可以根据自己的意愿作出是否上诉的决定。被告人近亲属上诉的法律效果与被告人本人的上诉是一致的。在法庭审理阶段，被告人近亲属上诉是以被告人的名义进行的，法律后果由被告人承担。由于被告人缺席庭审，其无法亲自行使上诉权。若依据《刑事诉讼法》的一般规定，近亲属只有在征得被告人同意后才可提起上诉，将会严重影响被告人上诉权的行使。一方面，被告人潜逃境外，无论是境内的办案机关工作人员还是其近亲属与其之间的联系都受到一定的阻碍，易出现沟通不畅甚至是失联的状况。在此情况下，如果近亲属无法独立地为保障被告人的权益及时提出上诉，那么被告人的上诉权将会处于无人行使的状态，其权利救济将会大打折扣。通常来说，近亲属在情感与社会关系上是与被告人联系最紧密的人，也是代表被告人诉讼利益的最佳人选。另一方面，潜逃境外的被告人涉及的案件往往可能被判处没收财产、处以罚金等财产刑，被告人的近亲属多数为被告人财产的利益相关人，判决结果与其关系紧密，很可能影响其财产权益。为保证其财产权益不受侵犯，被告人的近亲属提出上诉亦在情理之中。因此，为避免被告人缺席而导致的上诉权行使拖延，也为保障被告人近亲属的相关利益，应当赋予被告人近亲属独立的上诉权，即规定"被告人或者其近亲属不服判决的，有权向上一级人民法院上诉"。

九、司法救济程序

贪污贿赂犯罪案件的缺席审判作为新增的审判模式，虽然《刑事诉讼法》对其在适用条件和适用程序方面作了较为严格的规定，但其自身结构具有的"天然缺陷"依然对被告人的诉讼权利形成了较大程度的限制。为了平衡刑事追诉和权利保障的双重价值目的,同时也为了使国际引渡、国际司法协助等工作顺利开展,刑事诉讼法赋予了被告人一定条件下的重新审判权、程序异议权和进行财产救济的权利。第一,在审理过程中,若被告人自动投案或者被抓获,被告人无法参加庭审的条件已经消失,应当出席庭审。为了保障被告人的合法权益,贯彻程序正义的要求,人民法院应当对案件重新审理。第二,罪犯在判决、裁定发生效力后归案的,应当将其交付执行刑罚。但是,若罪犯对判决、裁定提出异议的,人民法院应当重新审理,这也是基于人权保障与维护被告人诉讼主体地位的考量。同时,给予某些被缺席判决有罪的被追诉者获得重新审判的机会,也是国际上较为通行的惯例,有利于追逃引渡工作顺利地进行。第三,依照生效判决、裁定对罪犯的财产所作的处理确有错误的,应当予以返还、赔偿。概言之,通过一系列的程序救济机制和权利保障机制,缺席审判程序力求在最大程度上实现对被追诉人诉讼权利的维护。

【案例一】

[案情简介]

2022年10月,A法院受理了被告人王某涉嫌非法处置查封的财产罪案。公诉机关指控,2019年3月至2020年7月,被告人王某以原平原市某公司房地产开发商的名义,擅自出售已被人民法院查封的涉案房产5套,并委托某银行售卖涉案房产6套,涉案金额超过200万元。

案件受理后,2022年10月A法院向被告人王某送达了起诉书,被告人王某对指控犯罪事实和罪名无异议,并委托辩护人。在审理过程中,因被告人王某身患重病,无受审能力,法院依法对该案裁定中止审理。2023年6月A法院查悉被告人王某仍然无法出庭,经被告人近亲属申请恢复审理。为防止刑事诉讼过分迟延,A法院在充分考虑保障被告人王某的权利下,对该案进行缺席审理。

[问题]

结合本案分析A法院对被告人王某适用缺席审判程序是否正确?

[解析]

我国《刑事诉讼法》第296条规定:因被告人患有严重疾病无法出庭,中止审理超过6个月,被告人仍无法出庭,被告人及其法定代理人、近亲属申请或者同意恢复审理的,人民法院可以在被告人不出庭的情况下缺席审理,依法作出判决。最高法《刑诉解释》第605条规定:因被告人患有严重疾病导致缺乏受审能力,无法出庭受审,中止审理超过6个月,被告人仍无法出庭,被告人及其法定代理人、近亲属申请或者同意恢复审理的,人民法院可以根据《刑事诉讼法》第296条的规定缺席审判。符合前款规定的情形,被告人无法表达意愿的,其法定代理人、近亲属可以代为申请或者同意恢复审理。本案审判中,被告人王某身患重病,无法出庭接受审判,A法院裁定中止审理;从2022年10月至2023年6月,中止审理已经超过6个月,被告人王某仍无法出庭接受审判。且被告人近亲属向法院提出了恢复审理的申请。因此，A 法院对重病被告人王某适用缺席审判程序是正确的。

第四节 依法不负刑事责任的精神病人的强制医疗程序

◬ 知识背景

一、强制医疗的特征

1. 适用对象的特殊性。根据《刑事诉讼法》第 302 条的规定，我国强制医疗的适用对象是经过法定程序鉴定确认，实施了危害公共安全或者严重危害公民人身安全的暴力犯罪行为，并有可能继续危害社会的精神病人。据此，强制医疗制度的适用对象仅仅局限于具有暴力倾向且有社会危险性的精神病人。

2. 适用措施的强制性。与自愿性入院医疗不同，强制医疗的适用具有显著的强制性特征，即如果行为人符合法定的强制医疗的适用条件，无论其本人或其家属是否同意，只要经过司法机关认定和裁决都应强制入院，在专门的医疗机构中接受监护隔离和康复治疗。

3. 适用目的的双重性。强制医疗的目的具有双重性：一方面，通过积极康复治疗，使被强制对象恢复健康、改善精神状况，从而达到维护精神病人身体健康利益的目的。另一方面，通过强制性医疗，消除被强制对象的人身危险性，使其不再对社会公众构成威胁，从而实现保障公众安全、维护社会和谐有序的目的。

二、强制医疗的适用条件

依据《刑事诉讼法》第 302 条的规定，行为人如果同时满足以下三个条件，无论家属是否能够、愿意履行监护职责，都应入院接受强制治疗。

1. 实施了危害公共安全或者严重危害公民人身安全的暴力行为。立法将强制医疗的适用对象局限于具有暴力倾向以及主动攻击意识的精神病人，这在客观上要求行为人实施了暴力行为并造成了一定的危害结果，即对公共安全造成了危害或者严重危害了公民的人身安全。

2. 经法定鉴定程序确认为无刑事责任能力。我国精神病鉴定程序的相关内容主要规定在以下几部法律中：《中华人民共和国刑事诉讼法》、《全国人民代表大会常务委员会关于司法鉴定管理问题的决定》、《精神疾病司法鉴定暂行规定》、《检察院规则》以及《司法鉴定程序通则》（以下简称《司鉴通则》）。依据上述法律的规定，在侦查、审查起诉阶段，公安机关、人民检察院有权启动精神病鉴定程序；在审判阶段，针对控辩双方有争议的鉴定意见进行核实时，法院可以启动重新鉴定或者补充鉴定；犯罪嫌疑人的辩护人、近亲属在审查起诉阶段有权申请启动精神病鉴定程序，而侦诉机关已经进行鉴定的，应当将鉴定意见告知犯罪嫌疑人或者被害人，被害人死亡或者丧失诉讼行为能力的，应当告知被害人的近亲属或法定代理人，犯罪嫌疑人或者被害人（被害人死亡或者丧失诉讼行为能力时其近亲属或者法定代理人）有权申请重新鉴定或者补充鉴定。对于精神病的鉴定时限，《司鉴通则》第 28 条规定：司法鉴定机构应当在与委托人签订司法鉴定协议书之日起 30 个工作日内完成委托事项的鉴定。鉴定事项涉及复杂、疑难、特殊的技术问题或者检验过程需要较长时间的，经本机构负责人批准，完成鉴定的时间可以延长，延长时间一般不得超过 30 个工作日。司法鉴定机构与委托人对于完成鉴定的时限另有约定的，从其约定。在鉴定过程中，补充或者重新提取鉴定材料所需的时间，不计入鉴定时限。

3. 有继续危害社会的可能。所谓精神病人的社会危险性，是指已经实施了危害行为的精神病人再次实施危害行为的可能性。对于精神病人的社会危险性，可以从主观状态和客观表现两个方面来作出衡量和判断：首先，精神状况作为影响主观状态认定的主要因素，应由精神病鉴定人在精神病鉴定过程中附加作出相应的评估。其次，行为人实施的危害行为和造成的危害结果可以被视为社会危害性客观表现。最后，应由法院在综合考虑上述两方面的基础上，对于精神病人是否具有继续危害社会的可能作出判断和认定。

三、强制医疗的决定程序

1. 强制医疗的决定主体。《刑事诉讼法》第 303 条和第 304 条专门规定了精神病强制医疗的决定主体，即对于实施暴力行为精神病人的强制医疗，由人民法院组成合议庭审理、决定，即明确规定强制医疗的决定主体为人民法院。具体而言，根据《刑诉解释》第 631 条的规定："人民检察院申请对依法不负刑事责任的精神病人强制医疗的案件，由被申请人实施暴力行为所在地的基层人民法院管辖；由被申请人居住地的人民法院审判更为适宜的，可以由被申请人居住地的基层人民法院管辖。"

2. 法律援助制度。《刑事诉讼法》第 304 条第 2 款专门规定了法律援助制度，即如果被申请人或者被告人没有委托诉讼代理人的，人民法院应当通知法律援助机构指派律师为其提供法律帮助。

3. 鉴定人出庭作证。精神病鉴定意见作为判断行为人是否承担刑事责任的法定依据，以及决定是否对行为人适用强制医疗措施的主要证据，在精神病人强制医疗整个程序中占有举足轻重的地位。因此，如果精神病人的监护人、法定代理人、受害人或其辩护人、诉讼代理人对鉴定意见有异议的，或者人民法院认为鉴定人有必要出庭的，鉴定人应当出庭作证。经人民法院通知，鉴定人拒不出庭作证的，鉴定意见不得作为定案的根据。

4. 强制医疗的审理时限。人民法院经审理，对于被申请人或者被告人符合强制医疗条件的，应当在 1 个月内作出强制医疗的决定。

四、强制医疗的救济程序

1. 强制医疗的复议程序。依据《刑事诉讼法》第 305 条第 2 款及《刑诉解释》第 642

条和第643条的规定,被决定强制医疗的人、被害人及其法定代理人、近亲属对强制医疗决定不服的,可以自收到决定书第二日起5日内向上一级人民法院申请复议,复议期间不停止执行强制医疗的决定。对于不服强制医疗决定的复议申请,上一级人民法院应当组成合议庭审理。

2. 强制医疗的解除制度。《刑事诉讼法》第306条规定,强制医疗解除的申请程序可概括为以下两种方式:一是由医疗机构提出解除申请,即强制医疗机构应当定期对被强制医疗的人进行诊断评估。对于已不具有人身危险性,不需要继续强制医疗的,应当及时提出解除意见。二是由强制医疗的人及其近亲属申请解除强制医疗。无论采取哪种启动方式,都必须由决定强制医疗的人民法院作出批准。《刑诉解释》第647条第3款、第648条规定:人民法院应当在作出决定后5日以内,将决定书送达强制医疗机构、申请解除强制医疗的人、被决定强制医疗的人和人民检察院。决定解除强制医疗的,应当通知强制医疗机构在收到决定书的当日解除强制医疗。人民检察院认为强制医疗决定或者解除强制医疗决定不当,在收到决定书后20日以内提出书面纠正意见的,人民法院应当另行组成合议庭审理,并在1个月以内作出决定。

【案例】

[案情简介]

犯罪嫌疑人夏某涉嫌故意杀人被公安机关立案侦查。在侦查过程中,侦查人员发现夏某行为异常。经鉴定,夏某属于依法不负刑事责任的精神病,需要对其实施强制医疗。法院审理夏某强制医疗一案,关于强制医疗的审理程序如下:(1)由审判员和人民陪审员共3人组成合议庭;(2)鉴于夏某自愿放弃委托诉讼代理人,法院只通知了夏某的法定代理人到场;(3)法院认为夏某符合强制医疗的条件,依法对夏某作出强制医疗的裁定;(4)本案受害人不服法院对夏某强制医疗裁定,可申请检察院依法提起抗诉。

[问题]

本案中关于强制医疗的审理程序是否合法?

[解析]

本案考查强制医疗的审理程序。根据《刑事诉讼法》第304条第1款的规定:"人民法院受理强制医疗的申请后,应当组成合议庭进行审理。"以及《刑事诉讼法》第183条第1款和第2款的规定:"基层人民法院、中级人民法院审判第一审案件,应当由审判员三人或者由审判员和人民陪审员共三人或者七人组成合议庭进行,但是基层人民法院适用简易程序、速裁程序的案件可以由审判员一人独任审判。高级人民法院审判第一审案件,应当由审判员三人至七人或者由审判员和人民陪审员共三人或者七人组成合议庭进行。"人民法院审理强制医疗案件,既可以由审判员组成合议庭,也可以由审判员和人民陪审员共同组成合议庭,因此,本案中关于强制医疗的审理程序(1)符合法律规定。

根据《刑事诉讼法》第304条第2款的规定："人民法院审理强制医疗案件，应当通知被申请人或者被告人的法定代理人到场。被申请人或者被告人没有委托诉讼代理人的，人民法院应当通知法律援助机构指派律师为其提供法律帮助。"本案中关于强制医疗的审理程序(2)不符合法律规定。根据《刑事诉讼法》第305条第1款的规定："人民法院经审理，对于被申请人或者被告人符合强制医疗条件的，应当在一个月以内作出强制医疗的决定。"对于符合强制医疗条件的，人民法院应当依法作出强制医疗的决定而非裁定，据此，本案中关于强制医疗的审理程序(3)不符合法律规定。《刑事诉讼法》第305条第2款规定："被决定强制医疗的人、被害人及其法定代理人、近亲属对强制医疗决定不服的，可以向上一级人民法院申请复议。"据此，本案中关于强制医疗的审理程序(4)不符合法律规定。

第五节　犯罪嫌疑人、被告人逃匿、死亡案违法所得的没收程序

△ 知识背景

一、没收违法所得程序所适用的案件范围

根据《刑事诉讼法》第298条、《刑诉解释》第609条、《刑诉规则》第512条以及《公安部规定》第328条的规定，没收违法所得程序主要适用两类案件：一是贪污贿赂犯罪、恐怖活动犯罪等重大犯罪案件，犯罪嫌疑人、被告人逃匿，在通缉1年后不能到案的。贪污贿赂犯罪主要是指《刑法》第八章中贪污贿赂罪中的罪名，具体包括第382条至第396条中规定的贪污罪、挪用公款罪、受贿罪、行贿罪等。恐怖活动犯罪主要是指《刑法》第二章"危害公共安全罪"中第120条规定的组织、领导恐怖活动罪和第120条之一规定的资助恐怖活动罪；全国人大常委会2011年制定的《关于加强反恐怖工作有关问题的决定》，也对恐怖活动的含义作了进一步界定。除上述两类案件外，还包括洗钱犯罪、毒品犯罪等案件，案情重大的，也得适用本程序。根据1998年5月9日《最高人民法院关于处理自首和立功具体应用法律若干问题的解释》第7条第2款的规定，"重大犯罪"，一般是指犯罪嫌疑人、被告人可能被判处无期徒刑以上刑罚或者案件在本省、自治区、直辖市或者全国范围内有较大影响等情形。这些案件中，如果犯罪嫌疑人被告人逃匿，在通缉1年后不能到案，依照刑法规定应当追缴其违法所得及其他涉案财产的，得适用本程序。二是犯罪嫌疑人、被告人死亡的。根据《六机关规定》第38条的规定，犯罪嫌疑人、被告人死亡，现有证据证明存在违法所得及其他涉案财产应当予以没收的，公安机关、人民检察院可以进行调查；公安机关、人民检察院进行调查，可以依法进行查封、扣押、查询、冻结。人民法院在审理案件过程中，被告人死亡的，应当

裁定终止审理;被告人脱逃的,应当裁定中止审理。人民检察院可以依法另行向人民法院提出没收违法所得的申请。

二、没收违法所得程序的没收对象

根据《刑事诉讼法》第298条的规定,该程序的没收对象是犯罪嫌疑人、被告人的违法所得及其他涉案财产。此处的“违法所得及其他涉案财产”包括犯罪嫌疑人、被告人在犯罪过程中非法获取的财物及其孳息,以及与其他案件有关联的财产,包括动产、不动产、存款、汇款、债券、股票、基金份额等。根据《六机关规定》第37条的规定,犯罪嫌疑人、被告人死亡,现有证据证明存在违法所得及其他涉案财产应当予以没收的:公安机关、人民检察院可以进行调查;公安机关、人民检察院进行调查,可以依法进行查封、扣押、查询、冻结。人民法院在必要的时候,也可以查封、扣押、冻结申请没收的财产。

三、没收违法所得程序的管辖

根据《刑事诉讼法》第299条的规定,没收违法所得的申请,由犯罪地或者犯罪嫌疑人、被告人居住地的中级人民法院组成合议庭进行审理。这里需要明确的是,立案管辖和审判管辖与犯罪嫌疑人、被告人逃匿、死亡案件违法所得没收的管辖法院并不是一一对应的关系。当公安机关在侦查过程中发现有犯罪嫌疑人逃匿、死亡且可以适用没收程序的情形时,应当向对应的人民检察院提出申请。人民检察院经审查后应按照《刑事诉讼法》第299条的管辖规定向相应的中级人民法院提出没收违法所得的申请,而不必受审判管辖的约束。

四、没收违法所得程序的裁判

没收违法所得程序的审判方式是以公开开庭审理为原则,以不开庭审理为例外。其原因在于:一是该程序是在未对犯罪嫌疑人、被告人定罪量刑的前提下没收其财产,公开开庭审理能够保证诉讼的公正性。二是根据《刑事诉讼法》第299条的规定,人民法院应当组成合议庭进行审理。这说明该程序不实行独任制审判。三是根据《刑事诉讼法》第299条的规定,犯罪嫌疑人、被告人的近亲属和其他利害关系人有权申请参加诉讼,也可以委托诉讼代理人参加诉讼。利害关系人参加诉讼的,人民法院应当开庭审理。

根据《刑事诉讼法》第300条的规定,人民法院经审理,对经查证属于违法所得及其他涉案财产,除依法返还被害人的以外,应当裁定予以没收;对不属于应当追缴的财产的,应当裁定驳回申请,解除查封、扣押、冻结措施。因此,人民法院审理后,应当依据法律规定作出裁定并制作相应的法律文书:对于犯罪嫌疑人、被告人的赃款、赃物,一律予以追缴;对于被害人的财物应当及时发还;对于与案件无关的财物,应当及时发还犯罪嫌疑人、被告人的近亲属或者其他利害关系人。

五、没收违法所得程序的上诉、抗诉

根据《刑事诉讼法》第300条第2款的规定,对于人民法院依照前述规定作出的裁定,犯罪嫌疑人、被告人的近亲属和其他利害关系人或者人民检察院可以提出上诉、抗诉。虽然没收违法所得程序是特别程序,但法律并不能因此剥夺他们的上诉权和抗诉权,相反,赋予双方充分的救济权利是诉讼公正的内在要求。

六、没收违法所得程序的终止

《刑事诉讼法》第301条第1款规定,在审理过程中,在逃的犯罪嫌疑人、被告人自动投案或者被抓获的,人民法院应当终止审理。终止审理意味着案件将回归正常的审判程序,对犯罪嫌疑人、被告人涉案财物的处理问题将在判决中一并作出。

七、救济措施

《刑事诉讼法》第301条第2款规定,没收犯罪嫌疑人、被告人财产确有错误的,应当予以返还、赔偿。根据此条规定,一方面,应当允许犯罪嫌疑人、被告人或者人民检察院在没收裁定生效后向作出裁定的中级人民法院提出申诉,请求启动审判监督程序,同时,人民检察院和人民法院也能相应地启动对没收裁定的审判监督程序;另一方面,经过审判监督程序审理,发现没收裁定确有错误的,能够返还的应当返还,不能返还或者有毁损的,应当作出赔偿,即相应启动执行回转程序。

【案例】

[案情简介]

被告人马某,A市工商局局长,涉嫌收受贿1800万元。为保证公正审判,上级人民法院指令与本案无关的B市中级人民法院一审。B市中级人民法院受理此案后,马某突发疾病不治身亡。关于被告人马某的违法所得没收程序的处理如下:(1)应当由法院作出终止审理的裁定,再由检察院提出没收违法所得的申请;(2)应当由B市中级人民法院的同一审判组织对是否没收违法所得继续进行审理;(3)如裁定没收违法所得,而马某妻子不服的,可在5日内提出上诉;(4)如裁定没收违法所得,而其他利害关系人不服的,有权上诉。

[问题]

本案被告人马某已死亡,关于对被告人马某的违法所得没收程序的处理是否正确?

[解析]

本案考查犯罪嫌疑人、被告人逃匿、死亡案件违法所得没收程序。根据《刑事诉讼法》第16条的规定:"有下列情形之一的,不追究刑事责任,已经追究的,应当撤销案件,或者不起诉,或者终止审理,或者宣告无罪:(一)情节显著轻微、危害不大,不认为是犯罪的……(五)犯罪嫌疑人、被告人死亡的……"被告人在法庭审理过程中死亡的,法庭应当裁定终止审理或者宣告无罪,本案中马某是在法院受理此案以后死亡的,法庭尚未查明马某是否无罪,故应当作出终止审理的裁定。又根据《刑事诉讼法》第298条第1款的规定:"对于贪污贿赂犯罪、恐怖活动犯罪等重大犯罪案件,犯罪嫌疑人、被告人逃匿,在通缉一年后不能到案,或者犯罪嫌疑人、被告人死亡,依照刑法规定应当追缴其违法所得及其他涉案财产的,人民检察院可以向人民法院提出没收违法所得的申请。”马某系贪污贿赂犯罪案件被告人死亡的情形,其涉案财产的追缴应当由人民检察院向人民法院提出申请,因此,本案对被告人马某的违法所得没收程序的处理(1)正确。

根据《六机关规定》第39条的规定:“对于人民法院依法作出的没收违法所得的裁定,犯罪嫌疑人、被告人的近亲属和其他利害关系人或者人民检察院可以在五日内提出上诉、抗诉。”若裁定没收违法所得,马某的妻子可在5日内提出上诉,其他利害关系人也有权提出上诉。本案对被告人马某的违法所得没收程序的处理(3)、(4)正确。

根据《刑事诉讼法》第299条第1款的规定:“没收违法所得的申请,由犯罪地或者犯罪嫌疑人、被告人居住地的中级人民法院组成合议庭进行审理。”一般情况下,没收程序的管辖法院是犯罪嫌疑人、被告人居住地的中级人民法院。然而根据《刑诉解释》第626条的规定:“在审理案件过程中,被告人脱逃或者死亡,符合刑事诉讼法第二百九十八条第一款规定的,人民检察院可以向人民法院提出没收违法所得的申请……人民检察院向原受理案件的人民法院提出没收违法所得申请的,可以由同一审判组织依照审理。”在案件审理过程中,出现需要没收违法所得的情形,当人民检察院向原受理案件的人民法院提出申请的,可以由原受理案件法院的同一审判组织审理。本案中的情况即符合《刑诉解释》第626条的规定,当人民检察院向原受理案件的人民法院提出没收违法所得申请的,可以由同一审判组织审理。据此,本案对被告人马某的违法所得没收程序的处理(2)错误。处理(2)涉及没收程序的管辖问题。

【综合案例】

【综合案例一】

[案情简介]

法院受理叶某涉嫌故意杀害乙某案后,发现叶某可能符合强制医疗条件。经鉴定,叶某属于依法不负刑事责任的精神病人,法院审理后判决宣告叶某不负刑事责任,同时作出对叶某强制医疗的决定。本案关于强制医疗决定的救济程序:(1)对叶某强制医疗的决定,检察院可以提出纠正意见;(2)叶某的法定代理人可以向上一级人民法院申请复议;(3)叶某对强制医疗决定可以向上一级人民法院提出上诉;(4)乙某的近亲属可以向上一级人民法院申请复议。

[问题]

本案中关于强制医疗决定的救济程序是否正确?

[思路]

本案考查对强制医疗决定的救济程序。根据最高检《刑诉规则》第547条的规定:人民检察院认为人民法院作出的强制医疗决定或者驳回强制医疗申请的决定不当,应当在收到决定书副本后 20 日以内向人民法院提出书面纠正意见。据此可知，对叶某强制医疗的决定，检察院可以向人民法院提出纠正意见。因此，本案关于强制医疗决定的救济程序（1）正确。

《刑事诉讼法》第 305 条第 2 款规定："被决定强制医疗的人、被害人及其法定代理人、近亲属对强制医疗决定不服的，可以向上一级人民法院申请复议。"根据该条规定，有权向上一级人民法院申请复议的主体包括：被决定强制医疗的人及其法定代理人、近亲属；被害人及其法定代理人、近亲属。所以，被决定强制医疗的叶某的法定代理人对决定不服的，可以向上一级人民法院申请复议，据此，本案关于强制医疗决定的救济程序（2）、（4）正确。对于法院对任何事项作出的"决定"，都不可上诉。所以，本案关于强制医疗决定的救济程序（3）错误。

【综合案例二】

［案情简介］

丙某与戊某双方在殴打过程中，丙某致戊某死亡。案件起诉后，双方协商达成和解。本案适用当事人和解的公诉案件诉讼程序而达成和解协议的案件，关于达成和解协议后的处理程序如下：（1）公安机关可以撤销案件；（2）检察院可以向法院提出从宽处罚的建议；（3）对于犯罪情节轻微，不需要判处刑罚的，检察院可以不起诉；（4）法院可以依法对被告人从宽处罚。

［问题］

本案中达成和解协议后的处理程序是否正确？

［思路］

本案考查达成和解协议后的处理程序。我国《刑事诉讼法》第 162 条规定，"公安机关侦查终结的案件，应当做到犯罪事实清楚，证据确实、充分，并且写出起诉意见书，连同案卷材料、证据一并移送同级人民检察院审查决定；同时将案件移送情况告知犯罪嫌疑人及其辩护律师"，并结合《刑事诉讼法》第 290 条的规定，据此可知，在侦查阶段，对于犯罪事实清楚，证据确实、充分的案件，公安机关不能做出撤销案件的决定；即使当事人达成和解协议，公安机关也只能向人民检察院移送起诉，但是可以在起诉意见书中提出从宽处理的建议。《刑事诉讼法》第 290 条规定："对于达成和解协议的案件，公安机关可以向人民检察院提出从宽处理的建议。人民检察院可以向人民法院提出从宽处罚的建议；对于犯罪情节轻微，不需要判处刑罚的，可以作出不起诉的决定。人民法院可以依法对被告人从宽处罚。"据此可知，本案中达成和解协议后的处理程序（2）、（3）、（4）是正确的。

对于公安机关可以撤销案件的情形，《刑事诉讼法》第 163 条规定，"在侦查过程中，发现不应对犯罪嫌疑人追究刑事责任的，应当撤销案件；犯罪嫌疑人已被逮捕的，应当立即释放，发给释放证明，并且通知原批准逮捕的人民检察院"。因此，在侦查中发现不应对犯罪嫌疑人追究刑事责任时,公安机关应当决定撤销案件。这里的"不应当对犯罪嫌疑人追究刑事责任"是指犯罪嫌疑人的行为不构成犯罪、不存在犯罪事实或者有《刑事诉讼法》第16条规定的6种情形之一的,本案所述不属于这些情形,因此公安机关不能撤销本案件。所以,本案中达成和解协议后的处理程序(1)错误。

【综合案例三】

[案情简介]

甲(男,15岁)、乙(男,14岁)均系中学生;被害人丙(男,15岁)系中学生。甲、乙因涉嫌抢劫丙,被立案侦查。关于本案诉讼程序:(1)审查批捕讯问时,甲拒绝为其提供的合适成年人到场,应另行通知其他合适成年人到场;(2)讯问乙时,因乙的法定代理人无法到场而通知其伯父到场,其伯父可代行乙的控告权;(3)法庭审理询问丙时,应通知丙的法定代理人到场;(4)如该案适用简易程序审理,甲的法定代理人不能到场时可不再通知其他合适成年人到场。

[问题]

本案中关于未成年人刑事案件诉讼程序是否正确?

[思路]

本案考查未成年人刑事案件诉讼程序。《人民检察院办理未成年人刑事案件的规定》第二章"未成年人刑事案件的审查逮捕"第17条第5款规定:"未成年犯罪嫌疑人明确拒绝法定代理人以外的合适成年人到场,人民检察院可以准许,但应当另行通知其他合适成年人到场。"据此,本案关于未成年人刑事案件诉讼程序(1)正确。《刑诉解释》第266条规定:"……询问未成年被害人、证人,适用本解释第二十二章的有关规定。"丙是本案中的未成年被害人,法庭审理询问丙时,应当通知其法定代理人到场。据此,本案关于未成年人刑事案件诉讼程序(3)正确。

《人民检察院办理未成年人刑事案件的规定》第17条第4款规定:"讯问未成年犯罪嫌疑人,应当通知其法定代理人到场,告知法定代理人依法享有的讼权利和应当履行的义务。无法通知、法定代理人不能到场或者法定代理人是共犯的,也可以通知未成年犯罪嫌疑人的其他成年亲属,所在学校、单位或者居住地的村民委员会、居民委员会、未成年人保护组织的代表等合适成年人到场,并将有关情况记录在案。到场的法定代理人可以代为行使未成年犯罪嫌疑人的诉讼权利,行使时不得侵犯未成年犯罪嫌疑人的合法权益。"由此,乙的法定代理人不能到场的,其伯父作为其他成年亲属可以到场,但是其伯父并非乙的法定代理人,不能够代为行使乙的控告权。据此,本案关于未成年人刑事案件诉讼程序(2)错误。

《刑诉解释》第555条第1款规定:"人民法院审理未成年人刑事案件,在讯问和开庭时,应当通知未成年被告人的法定代理人到场。法定代理人无法通知、不能到场或者是共犯的,也可以通知合适成年人到场,并将有关情况记录在案。"《刑诉解释》第

555 条第 3 款规定："适用简易程序审理未成年人刑事案件，适用前两款规定。"由此，即使适用简易程序审理，甲的法定代理人不能到场时，也要通知其他合适成年人到场。本案关于未成年人刑事案件诉讼程序(4)错误。

▲ 资料链接

1. 陈光中主编：《刑事诉讼法》(第 7 版)，北京大学出版社 2021 年版。

2. 姚显森：《当事人和解诉讼案件诉讼程序研究》，法律出版社 2015 年版。

3. 叶青主编：《案例刑事诉讼法学》，中国法制出版社 2013 年版。

4.《刑事诉讼法学》编写组编：《刑事诉讼法学》(第 3 版)，高等教育出版社 2019 年版。

5. 卞建林、刘玫主编：《外国刑事诉讼法》，中国政法大学出版社 2008 年版。

6. 樊崇义主编：《刑事诉讼法学》，法律出版社 2020 年版。

7. [英]约翰·斯普莱克：《英国刑事诉讼程序》，徐美君译，中国人民大学出版社 2006 年版。

8. [德]托马斯·魏根特：《德国刑事诉讼程序》，岳礼玲、温小洁译，中国政法大学出版社 2004 年版。

9. 郑丽萍：《新刑诉法视域下的刑事和解制度研究》，载《比较法研究》2013 年第 2 期。

◈ 讨论思考

1. 未成年人刑事案件诉讼程序的法律依据有哪些？
2. 未成年人刑事案件诉讼程序的意义何在？
3. 未成年人刑事案件诉讼程序应当遵循哪些特有的原则？
4. 未成年人刑事案件诉讼程序有哪些特点？
5. 公诉案件和解与自诉案件和解有何区别？
6. 简述当事人和解的公诉案件诉讼程序的适用条件。
7. 简述当事人和解的公诉案件诉讼程序的适用范围。
8. 试述当事人和解的公诉案件诉讼程序的法律效果。
9. 简述依法不负刑事责任的精神病人的强制医疗程序。
10. 简述依法不负刑事责任的精神病人的强制医疗程序的特点。
11. 简述依法不负刑事责任的精神病人强制医疗的性质。
12. 简述依法不负刑事责任的精神病人强制医疗的适用条件。
13. 简述依法不负刑事责任的精神病人强制医疗的适用程序。
14. 简述依法不负刑事责任的精神病人强制医疗的法律救济。
15. 涉外刑事诉讼程序有什么特点？
16. 涉外刑事诉讼特殊的原则有哪些？
17. 为什么国际上对刑事司法协助有广义和狭义两种理解？

后　　记

本书是河南大学卓越法律人才案例教材之一，入选河南大学2017年度校级规划教材。该教材以配合卓越法律人才教育培养基地建设为宗旨，突出法学教育的实用性，培养卓越法律人才法律思维能力、职业技能和法律职业道德。在编写之初，本书主编多次组织召开编写会议，领会编写精神，明确编写目标和要求，制定编写提纲，通过课内授课和课外实践调研及广泛查阅相关资料，不断丰富内容。

该教材历经《刑事诉讼法》《监察法》《社区矫正法》《法律援助法》及其配套规范性文件的修订与颁行，法考重点、主要内容、案例乃至资料链接经过多次修改，感谢法律出版社的大力支持，尤其要感谢徐蕊编辑、李雪编辑，没有她们的精到审读，也不会有这本教材的顺利问世。

本教材由姚显森担任主编。编者分工如下：

主编：姚显森，第一章、第二章、第四章、第六章、第十二章、第十八章。
副主编：徐双喜，第三章、第八章。
副主编：杜启顺，第七章、第九章。
成员：郑铭勋，第五章、第十五章。
成员：杨硕，第十章、第十六章。
成员：杨贝，第十一章、第十三章。
成员：王孔容，第十四章，第十七章。

按照编写章节排序。本教材由主编姚显森通稿定稿。